1942年のヨーロッパ

- 併合された地域を含むドイツ
- ドイツ文民行政地域
- ドイツ占領地域
- イタリア／アルバニア
- イタリア占領地域
- 枢軸国の同盟国
- フィンランド，ルーマニア，ハンガリー，ブルガリアの占領地域
- 中立・非交戦地域
- ソヴィエト連邦

トロンハ
ノルウェー
ベルゲン
オスロ
北アイルランド
グラスゴー
北海
アイルランド
デンマーク
ダブリン
マンチェスター
コペンハーゲン
オランダ
イギリス
ハンブルク
ロンドン
ハーグ
ハノーファー
ベル
イギリス海峡
ベルギー
ドイツ
ブリュッセル
シェルブール
ケルン
ライプツィ
ルクセンブルク
プラハ
パリ
アルザス
ロレーヌ
ナント
ベーメン・メーレン
保護領
ミュンヘン
ウィー
ベルン
ヴィシー
リヨン
スイス
フランス
ミラノ
ポルト
ジェノヴァ
ザグレ
ローヌ川
トゥールーズ
ザダル（イタリア）
ポルトガル
マルセイユ
マドリード
イタリア
バルセロナ
コルシカ島
スペイン
ローマ
バレンシア
セビーリャ
サルデーニャ島
ジブラルタル（イギリス）
タンジール
スペイン領
モロッコ
地中海
メッシーナ
ラバト
オラン
アルジェ
チュニス
シチリア島
モロッコ
（フランス）
アルジェリア
（フランス）
チュニジア
（フランス）
マルタ島

THE HOLOCAUST

An Unfinished History

by

Dan Stone

First published by Pelican, an imprint of Penguin Press, 2023
Pelican is part of the Penguin Random House group companies

Japanese translation rights arranged with
Penguin Books Ltd. through
The English Agency (Japan) Ltd., Tokyo

終わらぬ歴史　ホロコースト　目次

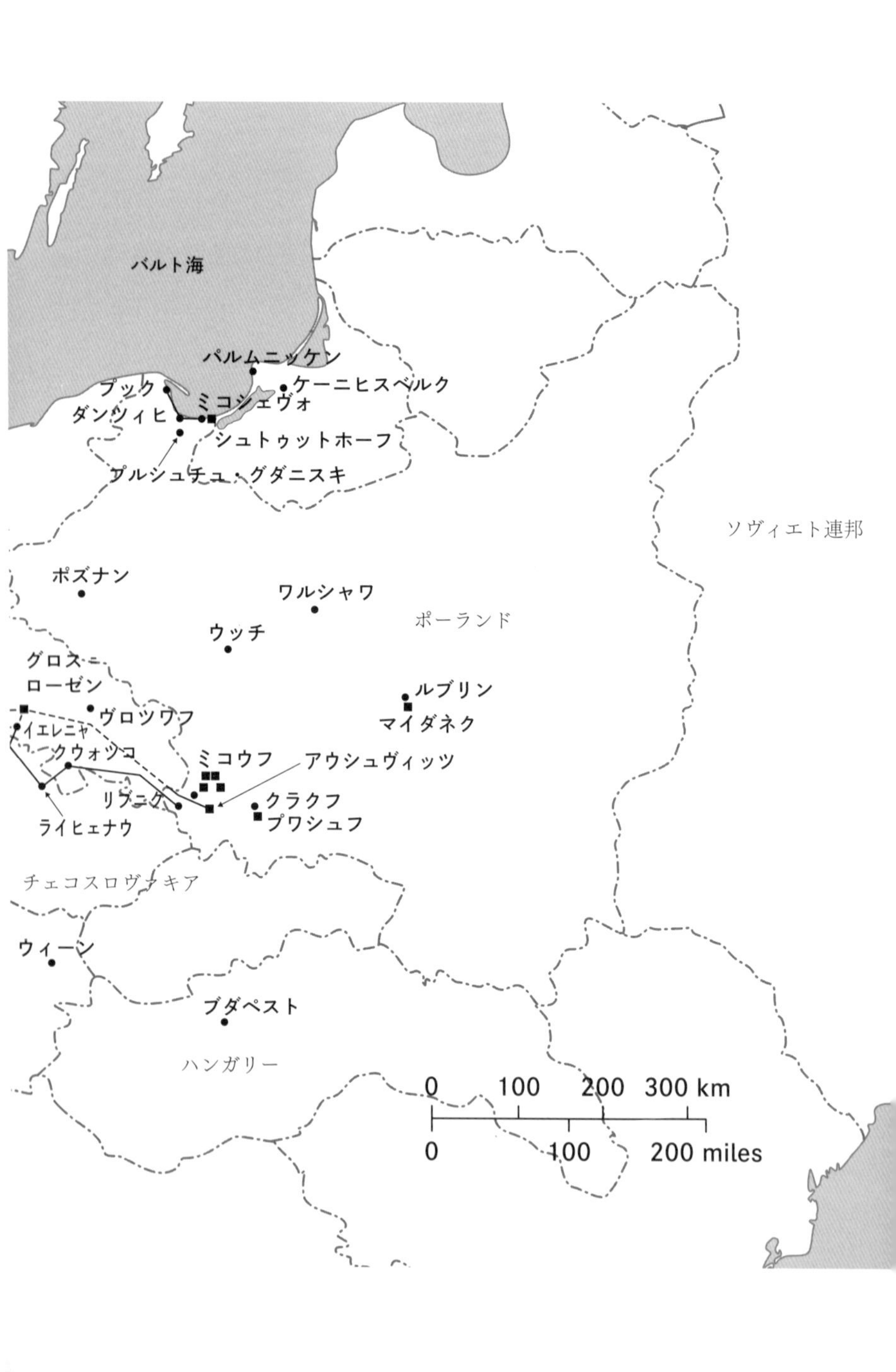

バルト海
パルムニッケン
プック
ケーニヒスベルク
ミコシェヴォ
ダンツィヒ
シュトゥットホーフ
プルシュチュ・グダニスキ
ソヴィエト連邦
ポズナン
ワルシャワ
ポーランド
ウッチ
グロス＝ローゼン
ルブリン
マイダネク
ヴロツワフ
イエレニャ
クウォツコ
ミコウフ
アウシュヴィッツ
リブニク
クラクフ
プワシュフ
ライヒェナウ
チェコスロヴァキア
ウィーン
ブダペスト
ハンガリー
0 100 200 300 km
0 100 200 miles

死の行進
1945年1〜5月
強制収容所
都市
徒歩による経路
列車による経路
北海
スウェーデン
デンマーク
ノイシュタット
リューベック
ハンブルク
ノイエンガンメ
ブレーメン
ザクセンハウゼン
ベルゲン＝ベルゼン
ベルリン
ハノーファー
マクデブルク
オランダ
ミッテルバウ＝ドーラ
ノルトハウゼン
ライプツィヒ
デュッセルドルフ
ブーヘンヴァルト
ドレスデン
ヴァイマル
オーアドルフ
ケルン
ベルギー
ドイツ
テレジエンシュタット
フランクフルト
プラハ
フロッセンビュルク
フランス
シュトゥットガルト
ダッハウ
マウトハウゼン
ミュールドルフ
カウフェリング
リンツ
ナッツヴァイラー
ランツベルク
ミュンヘン
グンスキルヒェン
オーストリア
ベルン
グラーツ＝サウス
スイス
イタリア

ダンツィヒ
シュトゥットホーフ
ペリッツ
東プロイセン
ラーフェンスブリュック
ザクセンハウゼン
ヴァルテラント
ベルリン
マクデブルク
グベン
シェルテンドルフ
シュライジアーゼー／グリューンベルク
ヴォルフェン
クリスティアンシュタット
ビルンバウメル
ワルシャワ
エルスニク
ハルバウ
クルツバッハ
タウハ
ディヘルンフルト
ホーフヴァイラー
ポーランド総督府
マルククリーベルク
グロス＝ローゼン
ドレスデン
アルテンブルク
グレーベン
エーデラン
ファルケンベルク
ヴュステグラースドルフ
ライトメリッツ
テレジエンシュタット
ズデーテンラント
クラクフ
プラハ
アウシュヴィッツ
ベーメン・メーレン保護領
スロヴァキア
マウトハウゼン
ウィーン
オーストリア
ブダペスト
0 100 200 300 km
0 100 200 miles

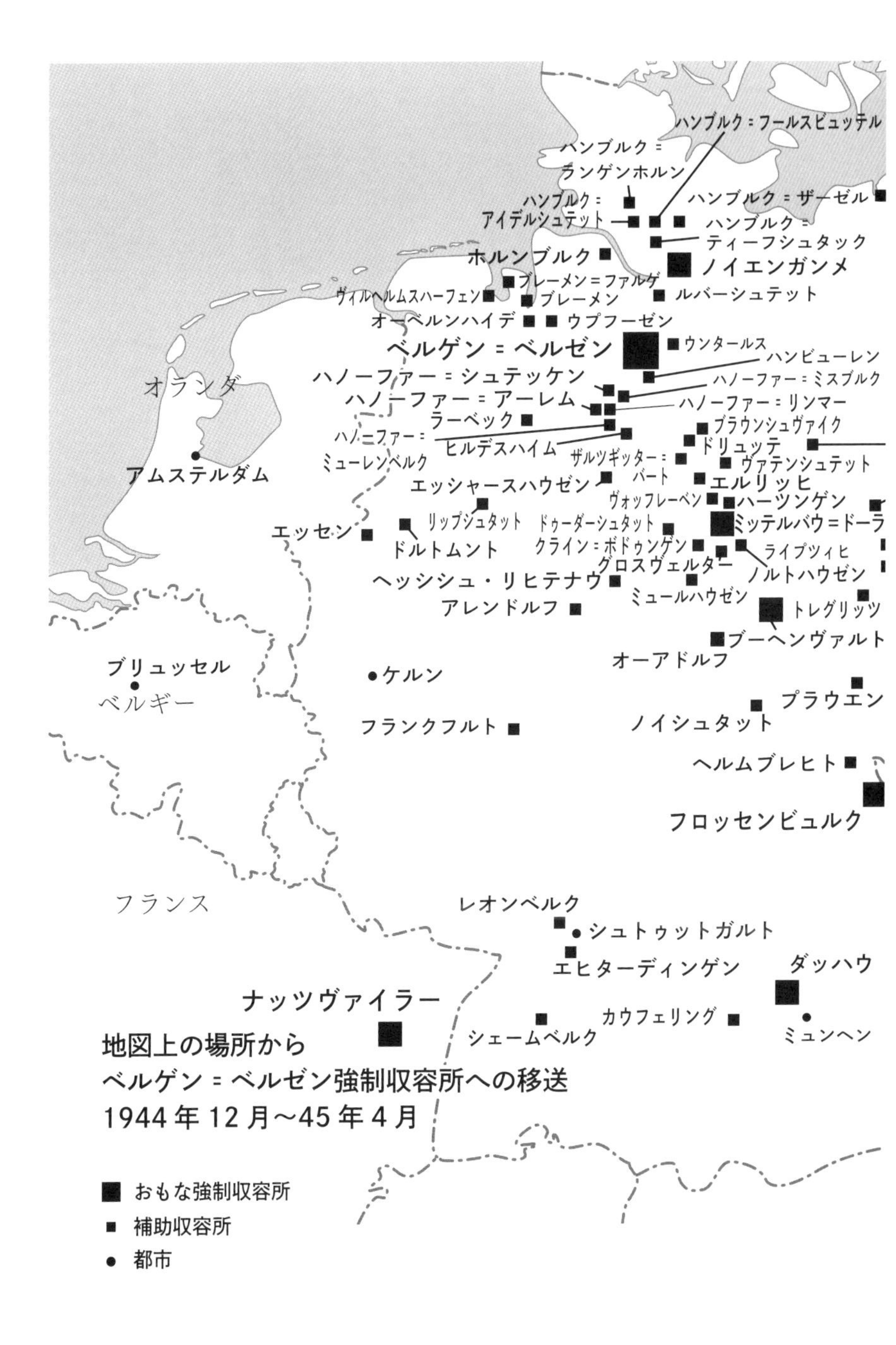

ハンブルク＝フールスビュッテル
ハンブルク＝ランゲンホルン
ハンブルク＝ザーゼル
ハンブルク＝アイデルシュテット
ハンブルク＝ティーフシュタック
ホルンブルク
ノイエンガンメ
ブレーメン＝ファルゲ
ヴィルヘルムスハーフェン
ブレーメン
ルバーシュテット
オーベルンハイデ
ウプフーゼン
ベルゲン＝ベルゼン
ウンタールス
ハンビューレン
ハノーファー＝シュテッケン
ハノーファー＝ミスブルク
ハノーファー＝アーレム
ハノーファー＝リンマー
ラーベック
ブラウンシュヴァイク
ハノーファー＝ミューレンベルク
ヒルデスハイム
ドリュッテ
ザルツギッター＝バート
ヴァテンシュテット
オランダ
アムステルダム
エッシャースハウゼン
エルリッヒ
ヴォッフレーベン
ハーツンゲン
リップシュタット
ドゥーダーシュタット
ミッテルバウ＝ドーラ
エッセン
ドルトムント
クライン＝ボドゥンゲン
ライプツィヒ
グロスヴェルター
ノルトハウゼン
ヘッシシュ・リヒテナウ
ミュールハウゼン
アレンドルフ
トレグリッツ
ブーヘンヴァルト
オーアドルフ
ブリュッセル
ベルギー
ケルン
プラウエン
フランクフルト
ノイシュタット
ヘルムブレヒト
フロッセンビュルク
フランス
レオンベルク
シュトゥットガルト
エヒターディンゲン
ダッハウ
ナッツヴァイラー
カウフェリング
シェームベルク
ミュンヘン
地図上の場所から
ベルゲン＝ベルゼン強制収容所への移送
1944年12月～45年4月
おもな強制収容所
補助収容所
都市

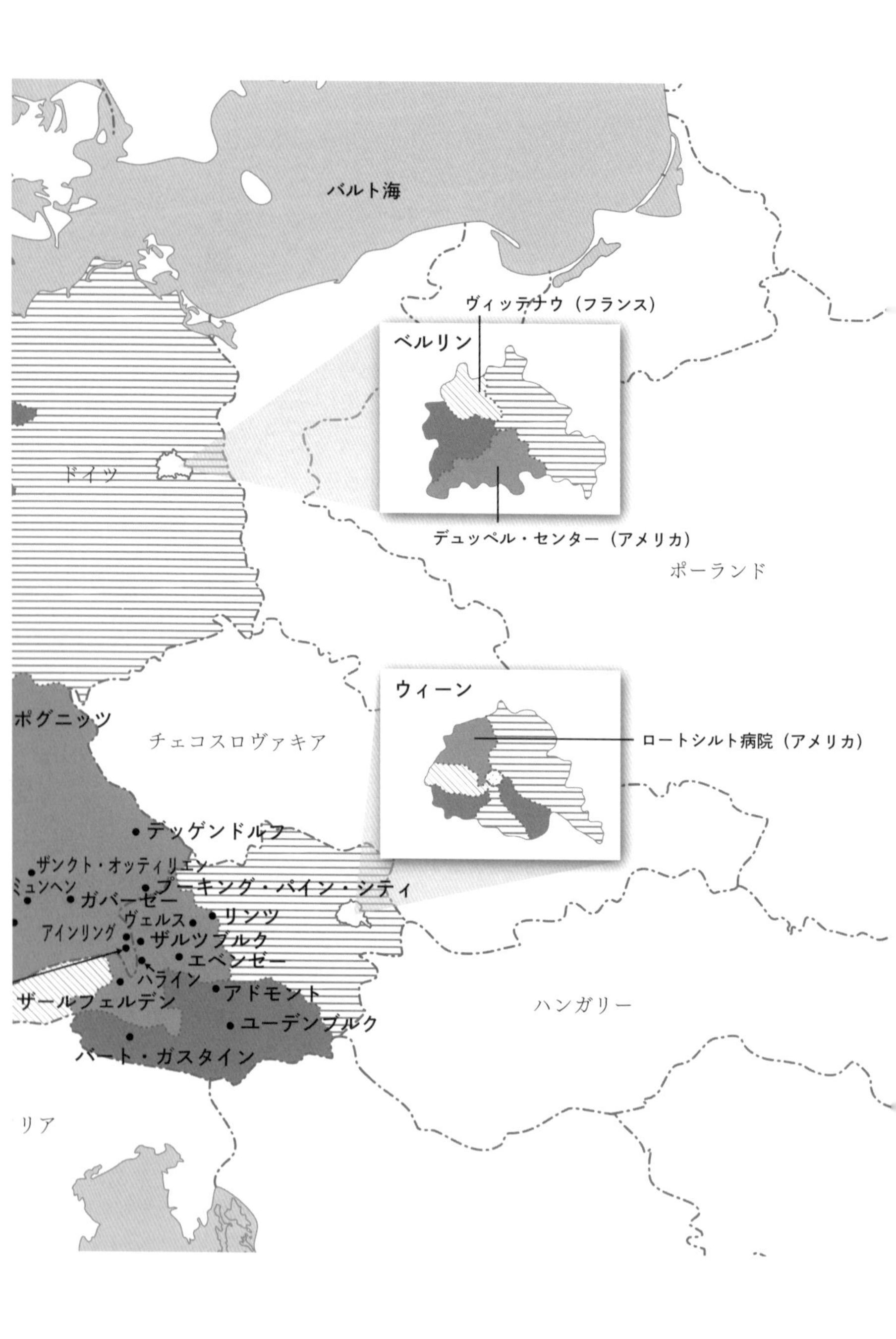

バルト海
ヴィッテナウ（フランス）
ベルリン
ドイツ
デュッペル・センター（アメリカ）
ポーランド
ウィーン
ロートシルト病院（アメリカ）
ポグニッツ
チェコスロヴァキア
デッゲンドルフ
ザンクト・オッティリエン
ミュンヘン
ガバーゼー
ブーキング・パイン・シティ
ヴェルス
リンツ
アインリング
ザルツブルク
エベンゼー
ハライン
アドモント
ザールフェルデン
ハンガリー
ユーデンブルク
バート・ガスタイン
リア

ドイツとオーストリアのおもな
DPキャンプ　1945～46年
イギリス軍占領地域
フランス軍占領地域
国際占領地域
ソ連軍占領地域
アメリカ軍占領地域
北海
オランダ
ベルギー
フランス
ルクセンブルク
ノイシュタット
ハンブルク
ベルゼン
ホーネ
リヒテナウ
バート・ザルツシュリルフ
ツィーゲンハイン
ツァイルスハイム
バーベンハウゼン
バンベルク
フュルト
ベンスハイム
ブルクベルンハイム
シュヴェービッシュ・ハル
シュトゥットガルト
ウルム
ライプハイム
ハイデンハイム
ビーベラッハ
ランツベルク
フェルダフィング
バート・ライヒェンハル
イタ
0 100 200 300 km
0 100 200 miles

地図出典

「１９４２年のヨーロッパ」（見返し）Mark Mazower, *Hitler's Empire: Nazi Rule in Occupied Europe* (London: Allen Lane, 2008), xviii–xix／「死の行進　１９４５年１〜5月」Daniel Blatman, *The Death Marches: The Final Phase of Nazi Genocide*, trans. Chaya Galai (Cambridge, Mass.: The Belknap Press of Harvard University Press, 2011). ©Anne Varet-Vitum Libraire Arthème Fayard, 2009. Source *Yad Vashem* Studies, vol. 28, 2000, pp. 138–9／「地図上の場所からベルゲン＝ベルゼン強制収容所への移送　１９４４年12月〜45年４月」Regine Heubaum and Jens-Christian Wagner (eds.), *Zwischen Harz und Heide: Todesmärsche und Räumungstransporte im April 1945* (Göttingen: Wallstein Verl g, 2015), 35／「ドイツとオーストリアのおもなＤＰキャンプ　１９４５年〜46年」(https://encyclopedia.ushmm.org/content/en/article/the-harrison-report.

はじめに――ホロコーストとは何か

「少なくとも原理上は、きれいな人間も汚れた人間も存在しない。選ばれた国というものも存在しない。しかし、許されることと許されないことの境界を知る人間と、それを知らないばかりか知ろうともしない人間はいる」

――アベル・ヤーコプ・ヘルツベルク(1)

「ユダヤ人に対する行動計画は、権利を剝奪し、汚名を着せ、市民権を否定し、個人と財産を暴力にさらし、さらには移送し、奴隷化し、強制労働に従事させ、飢えさせ、殺害し、絶滅させることなどからなっていた。陰謀家たちの目的がどの程度成功したかは、あくまでも推定にとどまるが、絶滅はヨーロッパの多くの地域で事実上完了した。ナチ支配下のヨーロッパ地域で暮らしていた九六〇万のユダヤ人のうち、控えめに見積もっても五七〇万人が姿を消した。そのほとんどはナチの陰謀家たちによって意図的に殺された人々である。生き残ったヨーロッパ・ユダヤ人はわずかしかいない」
——ニュルンベルク国際軍事裁判起訴状より、一九四六年六月七日(2)

若いユーゴスラヴィア・ユダヤ人女性、ハンナ・レヴィ＝ハスは、ベルゲン＝ベルゼン強制収容所で、ある少年がノミにたかられ、家族にうとまれる様子を日記に記している。

［彼は］体に巣くった害虫を殺すことができなかった。見えなかったからだ。奴らは体の奥深くに潜み、眉間にまで群がっている。彼の胸はノミとその巣で真っ黒になっている。そのような光景は見たことがなかったし、そんなことが起こるとは想像もしていなかった［…］誰もが彼を避ける。兄弟姉妹も彼の存在、彼のノミ、彼のわめき声を恐れている。この間の晩には、自由にならない体を引きずってベッドからベッドへと移動した［…］自分のために場所を空けてくれと懇願しながら。誰もが不快そうに彼を押しやった［…］悲痛な話だ。だがこれは特別なケースではない(3)。

この動物と人間の混在、自己が破壊されるという深いトラウマ、そして自分も同じ目に遭うのではないかと恐れる人々が抱く嫌悪感の描写には慄然とさせられる。そこにナチの迫害の悪夢のような結末を垣間見ることができる。

アイザイア・シュピーゲルがウッチのゲットーで書いたある物語には、ひとりのラビが登場する。路上でドイツ兵に嘲られたこのラビは、朝の礼拝で常軌を逸した様子を見せる。

一瞬、ブネム師は恥辱と吐き気に襲われ、体が動かなくなった。心臓から両手に血が押し寄せ、両手が震えだした。両眼は尋常ならざる緑色にらんらんと輝いた。超自然的な力がみなぎり、師は突然祈りを捧げるユダヤ人に向き直ると、彼らが手にしていた祈禱書を破り始めた。おびえたユダヤ人たちは、ブネム師が詩篇集を奪い取って破り捨て、彼らの頭に呪いの言葉を浴びせ続けている間、脇へと退いた。シナゴーグの暗がりのなか、怒りで顔を真っ赤にしながら、師は取り憑かれたような声で叫んだ。

「ユダヤ人よ！！！ 詩篇の朗唱をやめよ！！！ 神は敵方についている！［…］神はドイツ人とともにある！［…］お願いだ、もう詩篇を唱えないでくれ！［…］われわれの世界は暗闇に覆われている！」[4]

ラビは聖典を冒瀆し、祈りをやめるよう会衆に懇願する。

ホロコーストの歴史には、これまでに広まっているナラティヴ（物語）では理解されていない重要な部分がまだある。ルーマニア人がトランスニストリアと呼んでいた、ウクライナのルーマニア占領地域では、ユダヤ人が豚小屋に追いやられ、凍死させられたり、逃れようのない伝染病に苦しめられたりした。約束されていた労働の対価は支払われず、金品は強奪され、貴重品や衣服と引き換えに食べものを求めたが、だまし取られることも多かった。アクミチェトゥカでは「飢餓によって、ほとんどのユダヤ人はおよそ数週間のうちに着るものがなくなり、ぼろ布や紙で臀部を覆った」。知事のモデスト・イソペスクは、「ゴルタ県の収容所のなかでここが一番のお気に入りで、数回視察し、被収容者たちの悲運を楽しんだ。彼は移送された者たちが四つん這いになって草を食べる様子を写真に撮っている」。ペチオラでは「極度の飢えにより、被収容者たちは植物の根、小枝、葉、人間の排泄物、そして死体さえも食べるところまで追い込まれた。ルーマニア人とウクライナ人の看守は若いユダヤ人女性をレイプし、自殺に追い込んだ。そのような状況下で精神障害や自殺が増加した[5]。

こういった描写は、多くの人がホロコーストに対して抱きがちな「産業的殺人」という概念からはほど遠い。ナチの絶滅収容所でさえ、ジェノサイドを「工場のように」行ったという認識では誤解を招く恐れがある。後述するように、アウシュヴィッツですら殺人のプロセスは残忍で、効率的とは言い難かった。

ホロコーストは犠牲者たちの世界を根底から覆した。彼らの家や家族を破壊し、かろうじて生き延びた生存者の多くを故郷に戻れなくしたばかりか、価値観という面からも彼らの世界を覆した。ナチの攻撃により多くのユダヤ人が、戦中・戦後を通して、道徳や既存の規範に導かれた生活を送れなくなってしまった。ゲットーや収容所に閉じ込められた人々は、自分たちのいる場所が「別の惑星」ではなく、明らかに「アヌス・ムンディ」〔「世界の肛門」〕。SSの医師、ハインツ・ティロがアウシュヴィッツ強制収容所をこう呼んだ」なのだと悟った。そこでは文字通りの汚物と比喩的な汚物が存在を支配した[6]。これらは人間が作った場所であり、そこで人間が破壊された。ハンナ・アーレントが述べたように、おそらくホロコーストは、人間という概念そのものを根絶しようとする試みだったのだ[7]。

アーレントの急進的な主張から想起させられるのは、ホロコーストとは何だったのか、そしてその影響がどれほど衝撃的だったかを、私たちがある意味忘れていたり、あるいはまったく無視していたりするということだ。ホロコーストがもたらしたトラウマの深さを考えれば、私たちは「産業的なジェノサイド」という非人間的な解釈を乗り越えなければならない。ナチはそのイデオロギーにより世界のユダヤ人を一掃しようと強く願い、多くの国家の指導者は民族的に同質な集団を作りたいと考えた。このふたつの願望が合致してヨーロッパ全域で遍く協力体制が取られたということは、すなわちホロコーストをドイツだけのプロジェクトと考えてはならないことを意味する。ホロコーストはドイツ人（オーストリア人も含む）によって推進され、ほとんど実行されたが、私たちはナチの思考と行動の核となる、一種の幻想的陰謀論とも言うべきイデオロギーに注目しなければならない。そしてホロコーストの後遺症が戦後を形成し、今日まで続いていることを理解する必要がある。

　ホロコーストのトラウマは、歴史学からほとんど締め出され、追悼式典や公的な場での議論からも明らかに排除されてきた。人々が心を動かされていない、あるいは知らされていないわけではないし、この出来事を恐ろしいと感じていないわけではない。しかしホロコーストが個人や家族のレベルを超えて人々に与えた本当の苦悩の深さや、近代国家や現代の世界一般のあり方に対する深い意味合いに向き合うのは、人々にとってあまりに不快で気まずい、あるいはそのように思われる。三〇年前、ホロコースト文学の研究者ローレンス・ランガーが、ホロコーストの証言に関する画期的な著書のなかで述べたように、この問題は言葉の使い方にも関係している。

> 「生き延びる」「解放」といった言葉は、その語源にある生や自由といった意味によって、私たちを一種の言葉の魔法へと誘い込む。この魔法にかかると、絶滅収容所の試練や残存する悪臭の毒気はあまりにも簡単に消え失せてしまう［…］ありがちな語彙から引き出されるのは統一された自己見解で、それはホロコーストの体験を、大惨事の現実とは食い違った、事件のさなかのヒロイズムやその後の立ち直りの過程といった考えに適合させようとする。[8]

ホロコーストの表象が大衆文化にどれほど浸透しているかを考えると奇妙に聞こえるかもしれないが、「目をそらす」のが当たり前になっている部分もある。これは、ホロコーストを感傷的に扱った一般書や映画だけの話ではなく、多くのホロコースト教育の基盤や、ホロコーストの追悼式典を特徴づける敬虔な儀式にも当てはまる。涙は流されるかもしれないが、ホロコーストの犠牲者、そして彼らが生まれた社会にとってホロコーストがいかに破壊的だったかや、現代世界にとってホロコーストが持つ根源的な意味は、静かに見逃されてしまうのだ。

私たちはホロコーストがたんにドイツだけの出来事ではなかったということを忘れてはならない[9]。今日のヨーロッパにファシズムが復活した原因のひとつは、ヨーロッパ、そして世界の至るところで協力関係があったからこそ、ユダヤ人のジェノサイドがこれほど徹底的に残忍に行われたという事実にある。歴史家たちはかなり以前からそれに気づいていたが、この協力関係がどの程度のものだったかは、ヨーロッパじゅうの歴代の政府によって隠蔽されたままである。暴露は小出しにされ、そのたびに謝罪が小声で繰り返されてきた。そのことは、「ヒトラーのヨーロッパ」という形容では事実を表し切れず、第二次世界大戦時に実際には「反ユダヤ主義のヨーロッパ」と呼ばれるべきだった事態の深刻さを、私たちがいまだに測りかねていることを意味する。アメリカ合衆国ホロコースト記念博物館の『収容所とゲットーの百科事典（*Encyclopedia of Camps and Ghettos*）』の第三巻には、ナチ・ドイツと連携した政権が設置した収容所やゲットーの場所が記載されている。九〇〇ページを超えるこの巻には、ノルウェーの極北からアトラス山脈まで、ブルターニュからウクライナまでの約七〇〇か所の情報が載せられているが、いずれもドイツ人が管理する収容所ではなかった。すべてがユダヤ人殺害を目的とした「ホロコースト・サイト」だったわけではない。しかしユダヤ人を閉じ込め、強制労働に従事させ、深刻な放置と食料や医療の不足、移送によって死に至らしめる、という意味では、大多数が「ホロコースト収容所」だった。いくつかのケース、とくにトランスニストリアでは、数万人のユダヤ人が虐殺されたり、過酷な自然環境に放置されて「自然死」させられたりした。こういった場所や出来事は、戦後になって語られたドイツのホロコーストが部分的にしか正確ではないことを示すのみならず、産業的ジェノサイドという概念が（部分的には妥当だが）ホロコーストの犠牲者の大部分の経験を捉えていないに等しいことを示している。ホロコーストの犠牲者のほぼ半数はゲットーで餓死したり、対面で銃殺されたりした。後述するように、ガス室ですら残酷で、技術的効率性が高いわけでもなかった。犠牲者たちは恐怖におののき、言語に絶するほどの不潔な方法で移送され、ガス室の入り口を目にする前に多くの者が正気を失い、苦しみながら死んでいった。

ホロコーストは実際、国境を越えた出来事だった。つまり、ナチが実行した政策に同盟国が倣っただけでなく、逆もあったわけだ。ユダヤ人の迫害については、協力国が率先してナチに行動を強いる場合も多かった。たとえばフランスのヴィシー政権は、ナチに促されたわけでもないのに最初の「反ユダヤ法」を導入し、ナチに対し先手を打った。ある場所での迫害が別の場所での迫害を煽るという連動が、ヨーロッパ全域でファシストのイデオロギーを共有することで可能になり、ドイツ人だけでは実行に移すのがはるかに難しかったであろう大陸規模の犯罪が容易になった。

同じことが犠牲者の視点からも言える。歴史家たちはナチの網に直接かかっていないユダヤ人の経験をようやく詳細に調査し始めた。フランス、オランダ、ベルギー、スロヴァキア、ポーランド、ハンガリー、ギリシャなどのユダヤ人の移送と殺害については、これまでも何度となく述べられてきた。それにもかかわらず、新事実、とくに各地の非ドイツ人の実行者が果たした役割や、持続的な動きとして行われたホロコーストがどの程度のものだったかが、次々と明らかになっている。東欧のユダヤ人の多くは一九四一年の夏から秋に居住地で殺され、他は逮捕され移送されて死んだ者がほとんどだが、逮捕、集合、拘束、移送、移動、到着のプロセスは軽視されがちである。そしてホロコーストの多くの犠牲者は収容所から収容所へとたらい回しにされたため、物語ははるかに複雑だ。後述していくように、とくに戦争末期には、五か所、六か所、あるいはそれ以上の強制収容所で耐えた犠牲者もいる。その頃には特定の企業がSSから「ユダヤ人労働者（Arbeitsjuden）」を雇い入れ、企業に関連する小さな収容所で彼らを奴隷労働者として働かせていた。

さらに、歴史家たちはホロコーストがヨーロッパという範囲を越えたものだったことを、最近になってようやく記述するようになった。北アフリカはホロコーストの歴史からほぼ完全に除外されてきたが、ヴィシー支配下のマグレブや、ドイツとイタリアの占領地域でのユダヤ人迫害は、より広範なホロコーストの物語の一部を形成している。北アフリカのユダヤ人は、フランスとイタリアの人種法に従わされ、財産を奪われ、収容され、強制労働に従事させられた。フランスで暮らしていた北アフリカのユダヤ人と同様に、ヨーロッパの絶滅収容所に送られた者もいる。[10] 北アフリカのユダヤ人の体験に関する研究が進むにつれ、ホロコーストがどこで行われたかについての私たちの認識は覆され、ジェノサイドを「大陸規模の犯罪」と呼ぶのは、もはやまったく適切ではないように思われる。現在「北アフリカ」を形成する国々が当時はヨーロッパの植民地で、ある意味「ヨーロッパ」の一部だったとしてもだ。[11] また、一九四一年秋にポーランド東部から逃げてきたり移送されたりして、ソ連で難民として戦中を過ごしたユダヤ人が数十万人いた。彼らはナチの占領による重圧を十分に実感したわけではないが、人生で失ったものは膨大だった。終戦後彼らは帰国したが、反ユダヤ主義が相変わらず続いていたため、そこにとどまることはできないとすぐに悟った。さらに、ポーランド軍の一員として戦いイランを経由してヨーロッパに戻った多くのユダヤ人がいたことや、中央アジアやシベリアで生き延び、命を救ってくれた国に感謝しながらも、ソ連の不条理な官僚主義や権利の制限と戦わなければならなかったユダヤ人のたぐいまれな物語もほとんど知られていない。[12] たとえば、マリア・トゥマーキン〔ウクライナ生まれのユダヤ人でオーストラリアの文化史家、小説家〕のおばリナは、赤ん坊のときに家族とともにキエフからウズベキスタンに避難し、きつい労働に従事しながら生き延びようとしたが、家族全員がマラリアにかかってしまった。彼らが助かったのは、リナのおばタマラが、サマルカンドでハルキウ医科大学の元教授である恩師に偶然再会したからだった。タマラは医師だったので、マリュティンスカヤ医療ステーションの立ち上げに参加し、家族は生き延びることができた。[13] ポーランド・ユダヤ人難民の多くがソ連で過酷な現実を生き延びられたのは、このような偶然によるものが多かった。ユダヤ人はモーリシャスから日本軍統治下の満洲、ボリビアからフィリピンまで、世界じゅうに散らばった。ナチ占領下のヨーロッパはジェノサイドの中心地だったが、その影響は世界じゅうに及んだ。[14]

このように、ユダヤ人迫害からホロコーストにつながるプロジェクトはドイツによるものだったが（この点についてはいかに強調してもしすぎることはない）、ヨーロッパの多くのファシスト政権や独裁政権の思惑と一致していたのも事実である。ドイツの包括的なプロジェクトなしでは、ヨーロッパにおけるホロコーストは起こらなかっただろう。ドイツの同盟国は、ドイツ人ほどにはユダヤ人を「世界史的脅威」とは思い込んでいなかったが、とくにクロアチア、ルーマニア、フランスの指導者層にはそれに近い考えを持つ人々もいた。しかしヨーロッパ全域で多くの協力者が進んで参加しなければ、ドイツ人がこれほど多くのユダヤ人を殺すことはずっと困難だっただろう。ノルウェー、フランス、ハンガリーでは、現地の警察がユダヤ人を逮捕、監視、移送し、スロヴァキアではユダヤ人を移送しようとする推進力は、ドイツ人ではなく、この国の「教権ファシスト」の政府から生まれた。啓蒙主義の国とて違いはない。フランスの役人はユダヤ人を逮捕してフランスから移送するための法案を作成し、人員を提供した。フランスは「ドイツの直接の占領下でない地域からユダヤ人が移送された、西欧で唯一の国」[15]である。ルーマニアの場合は「国家指導者（conducător）」イオン・アントネスクの政権が、ドイツから与えられた機会に乗じて独自のホロコーストを実行し、ルーマニアに新たに併合した地域からユダヤ人を移送し、トランスニストリアで地元のユダヤ人やロマとともに殺害した。殺戮にはナチ政権や一部のナチ・シンパのみならず、ヨーロッパ全域がかかわったのだ。ナチに協力した後遺症はまだヨーロッパのあちこちに見られる。ユダヤ人をナチの占領軍に引き渡したポーランド人について暴露した歴史家たちを、ポーランド政府は告訴しようとしているが、ナショナリストの立場からは国家の名誉を「毀損する」ように見えるこういった研究に対する抵抗も、後遺症のひとつだ。最近ハンガリーに建てられ物議を醸している記念碑のように、自国が罪のない犠牲者やユダヤ人の救済者であるかのように過去を選択的に解釈する記念碑や博物館の建設を推進する動きも同じだと言えよう。そして何より憂慮すべきは、ヨーロッパの民衆のますます多くが、たとえば移民を犯罪や病気と結びつけるように、ファシズムに関係する思想やイメージや語彙に容易に手を伸ばしていることだ。

多くの人々は「最終的解決」を機械的なプロセス、つまり産業的ジェノサイドの計画だと解釈してきた。しかしそれでは、ほとんどの犠牲者に起きたことから目をそらすことになってしまう。ホロコーストで亡くなったユダヤ人は、残忍に対面で射殺されたり、ゲットーで餓死させられたり、絶滅収容所で殺されたりした。しかし「産業的ジェノサイド」という通説は、私たちの思考を妨げる常套句であるばかりか、ソ連西部の死の穴であれ、最盛期には非常に迅速に殺害が行われた絶滅収容所であれ、そこに見られる暴力的で凶悪で深いトラウマを残すプロセスを説明するのに的確ですらない。

私が強調したい今ひとつの側面は、「イデオロギーへの回帰」の必要性である。最近のいくつかの主要な総合的歴史研究はイデオロギーから離れる傾向にあり、かわりに強調されているのは、おもに軍事的な状況によって推進されたドイツの意思決定の反応特性だ。[16] 私が言っているのは、ナチがつねにそうするつもりだったからユダヤ人を殺したという単純な「意図主義」的解釈ではない。ナチがジェノサイド計画を実行に移すずっと前から、ユダヤ人のいない世界を夢見ていたという文化的空想についてだ。本書では、ナチの文書はもちろん、ホロコーストのさなかに書かれた日記、戦後の証言や記録、そしてフィクションも取り上げていくが、それらすべてに注意深く関心を向けることで、ホロコーストによって引き起こされた恐るべき破壊を理解できる。学問と感情とを結びつけてきた学者は少ない。学問は感情に対する障壁を築き、そもそもホロコーストが私たちの関心をなぜ必要としたかを忘れてしまっていることがあまりに多い。[17]

第二次世界大戦以前にヨーロッパのユダヤ人を殺す計画はなかったが、殺害が始まるずっと前から、ホロコーストはジェノサイドの空想として始まっていた。ナチは結党時から、「ユダヤ人のいない世界」を夢見ていた。[18] しかしヨーロッパの多くの国民国家にしても、それは同様だった。オーストリア＝ハンガリー帝国の後継者たち、統一イタリアやベルギーといった成立してからの歴史が浅い国々も、フランスのような長い歴史を持つ国々も、すべてナショナリズムの時代に大規模な移民排斥運動を経験しており、民族的に純粋な国家を作るという運動家たちの夢は、ユダヤ人や他の少数のグループを絶滅させるというナチの目標と一致していた。ジェノサイドに至るプロセスは、すべてさまざまな意味で場当たり的で、最近の研究が示唆しているように、軍事状況に大きく依存していた。つまりナチは、自分たちが占領していない国や、一九四三年以前のイタリアやフィンランドのように指導者が移送を望まない枢軸国からユダヤ人を追放することはできなかったのだ。しかしだからといって、ユダヤ人の殺害が偶然だったわけではない。[19]ユダヤ人に対する憎悪と、もっと重要なことだが、ユダヤ人に対する「恐怖」は、ナチの思考に深く染み込んでいた。ホロコーストは、現実の物理的な設計図によってあらかじめ決定されていたわけではないが、ユダヤ人のジェノサイドが一九二〇年代以降のナチの著述、演説、行動に予示されていたというように逆読みしてはならない。私たちはナチのイデオロギー、とくに広い意味での人種思想について新たに強調する必要がある。ナチの思想はたんなる人種科学ではなく、人種の神秘主義だ。ナチの思想家たちはそれに基づいて、ドイツ人は優秀だという形而上学と人類学とを打ち出し、一方にドイツ人、他方に脅威的な人種の破壊者ユダヤ人を置いて、歴史の動きはこの善と悪の衝突によって推進されると提唱した。[20]そのような著作物はヨーロッパ全域の人種思想に影響を与えた。国を問わずそういった著作物に共通するのは、ユダヤ人を悪魔扱いしている点だ。[21]

このような広い意味でのイデオロギー（たんに意識的に保持される政治的立場としてのイデオロギーだけでなく、「全般的な生活様式」としてのイデオロギー）は、東欧に生存圏（レーベンスラウム）を獲得して、帝国に「民族共同体（フォルクスゲマインシャフト）」を建設するというナチの空想とも結びついている。これらの夢は実際密接に結びついていた。アーリア人による統一され調和のとれた社会という概念には、その誕生を妨げるであろう人々の「排除」が必要だった。[22]排除されるべき人々とは、とくにユダヤ人を意味した。彼らは障碍者のように共同体の不完全さを示す美学的に不快な存在というだけではなく、積極的にドイツ人を破壊しようとしているとナチは信じていたからである。反ユダヤ主義、帝国、民族共同体といったカテゴリーを順番に取り上げて、それらがホロコーストの展開にどのように寄与したかを分析するのは可能だが、ナチにとって、それらは切り離せないものだった。[23] ヒトラーの頭の中では、東方のナチの帝国はインドにおける大英帝国、あるいはより強調して言うならば、拡大するアメリカ合衆国における「白人」文明の展開を再現するものであり、当然、反ユダヤ的なものだった。というのも、ナチはソヴィエト共産主義をユダヤ人(ユダヤ＝ボリシェヴィズム)と同一視し、国内の民族共同体はユダヤ人の徹底的な排除の上に成り立つと考えていたからである。ゆえに、ここで言うイデオロギーとは、ジェノサイド的な破壊によってしか自己構築できない内的共同体の存在を信じ創造しようとする、まさにその考えを意味している。

この議論は、至るところで協力が行われていたという先の指摘との間にある程度の緊張を生む。イデオロギーに焦点を当てると、ナチ政権とその協力者との違いが明らかになるのだ。ヨゼフ・ティソ、イオン・アントネスク、ホルティ・ミクローシュといった指導者が反ユダヤ主義の妄想に取り憑かれていたのは間違いないが、彼らはナチ指導者たちのように、ユダヤ人を悪の化身や世界を脅かす形而上学的な悪と考えていたわけではない。正当な権利を有する国がその潜在能力を発揮するのを妨げる狡猾な競争相手とみなしていたのだ。ホロコーストへの協力はさまざまな理由から起こった。国家建設、強欲、倫理観の欠如といった理由はもっともわかりやすいが、もっと大衆的なレベルでは、恐怖、自暴自棄、金銭欲もあった。歴史家ピーター・ヘイズはホロコーストへのドイツ企業の関与について次のように書いている。「ナチ・ドイツをホロコーストの道へと駆り立てた燃料が憎悪だったなら、その道はイアン・カーショーが言うように、たんに無関心によって舗装されていたのではなく、私欲によって舗装されていたのだ」。[24] ホロコーストは何よりもまずドイツのプロジェクトだったが、熱心な協力者はどこにでもいたので、イデオロギー、とくに反ユダヤ主義が暗黙の共通の枠組みをどのように構成していたのか、他者にも受け入れられる可能性の高いコンセンサスや提案をどのように構成していたのかに注目するのは非常に重要だ。[25] さらに、ナチ・ドイツに占領された国々や同盟国において、悪質な反ユダヤ主義のテキストや、ナチズムと非常に似通ったイデオロギーを持つ協力者の例を見つけるのは難しくない。協力は、たんなる日和見主義的なものではなかったのだ。

最後に忘れてはならないのは、ホロコーストが一九四五年五月の収容所解放で終わったわけではない点だ。むしろ生き延びたヨーロッパ・ユダヤ人は（比較的容易に帰国できた少数の西欧のユダヤ人は除いて）、家も家族も共同体も故国も失ったことに衝撃と怒りを覚えた。母国に戻ったポーランド・ユダヤ人（その多くは、戦時中、ソ連で難民として過ごしていた）は、ポグロムにさらされた。ハンガリーに戻ったユダヤ人を待っていたのは、自分たちのアパートを奪った者たちからの不信と軽蔑の目だった。オランダ人は一九四四年から四五年の「飢えの冬」の間、自分たちの苦しみで頭がいっぱいだったため、オランダ・ユダヤ人の物語から目を背けた。DP（Displaced Persons 難民）キャンプがこともあろうにドイツとオーストリアに（そしてわずかな数がイタリアにも）設置され、ユダヤ人の「違法」移住者（Aliyah bet アリヤー・ベート）はイギリス軍によってキプロスに抑留され、多くのユダヤ人生存者はヨーロッパにもはや自分たちの未来はないと感じた。自分たちが望む場所に再定住する助けを連合国に期待していた彼らは、拘束されたことに苦い失望を覚え、それが反射的なシオニズムとなって現れた。生存者の約半数は最終的にアメリカを目指したものの、少なくとも最初の段階ではパレスチナがほとんどの人々の目的地となり、兵士の大半がホロコーストの生き残りからなる戦争を経て、イスラエルの建国は、そうでなければけっして実現しなかったであろう一連の出来事のなかで実現した。

その後の数十年間、ホロコーストの記憶は国際問題に影響を与え続けた。公民権運動や反アパルトへイトの闘い、反植民地主義、アルジェリアその他の植民地での戦争などだ。協力した記憶、歴史の極右的な解釈、反ファシズムなどがすべて寄せ集められ、複雑で場合によっては有毒な混合物が出来上がった。[26] イスラエルではワルシャワ・ゲットーのレジスタンス戦士たちが、イスラエル国防軍（IDF）と新国家の軍事国家的姿勢の先駆者とみなされた。一九五三年のヤド・ヴァシェム（イスラエルのホロコーストの記念館であるとともに研究センター）の設立は、当然のことながらホロコーストを新国家の自己認識の中心に位置づけた。これはヨーロッパと米国に拒否された難民が取った本能的なシオニズムの行動である。イスラエル建国に伴う出来事、とくにユダヤ人入植者のためにパレスチナ人が町や村から追い出されたナクバ（パレスチナ人の大厄災）が、イスラエルの知識人や一般大衆に知られるようになるには数十年を要した。[27] 一九六八年にヨーロッパと南北アメリカで起こった学生運動では、ホロコーストの記憶は旧世代を批判する手段として利用されたが、ファシスト批判をする資格はあっても、学生たち自身がホロコーストの真の恐ろしさを理解していないと思われるケースも多かった。[28] それがもっとも恥ずべき形で示されたのが、一九七六年にイスラエルからフランスに向かったエールフランス機のハイジャック事件だ。ウガンダのエンテベ空港に着陸した西ドイツとパレスチナのハイジャック犯は、ユダヤ人とイスラエル人の乗客を人質として「選び」、残りの乗客を解放した。この行動において、彼らが親たちのファシズムを克服できなかったのは明らかだった。学生運動のリーダー、ヨシュカ・フィッシャーがのちに述べたように、これは「ナチの犯罪から距離を置こうとした人々が、ナチの犯罪を衝動的に繰り返した」事件だったのだ。[29]

しかしホロコーストの影響は、ナチが南米に逃亡するための縄梯子から、難民の権利に関する国際的な法の枠組みに至るまで、世界じゅうで感じられた。戦争賠償条約の交渉や、アルメニア人のジェノサイドと一九八〇年代のアルメニアのテロ問題についての国際的議論、さらには東西の冷戦関係など、西ドイツが主権国家であることを再び主張しようとする場においてホロコーストはその役割を果たした[30]。冷戦終結以降、多くの戦後神話が崩壊したことと、歴史修正主義的なナラティヴが急増したこととは密接に関連している。たとえば私たちは今ではヨーロッパ全域で地域住民の協力があったことについてより多くを知っているが、数十年前なら法的あるいはマーケティング上の理由で発表できなかったであろう、過去についての独断的・ファシスト的解釈も、最近は見かけられるようになっている。ホロコーストのイメージ、とくにキンダートランスポート〔ドイツでのユダヤ人迫害が激化した頃に、イギリスをはじめとする諸外国がユダヤ人の子どもを自国に受け入れたこと〕への言及は、二〇一五年以降、ヨーロッパにおける「難民危機」への最善策に関する議論や、多文化社会におけるイスラムの位置づけをめぐる議論において当たり前に見られるようになった[31]。ヨーロッパの急進的右派政党や運動がイスラエル首相ベンヤミン・ネタニヤフと同盟を結んだ時点で、何か奇妙なことが起こっている。現代の集団間の関係を無害化する方法として、たとえばナチズム支配下でイスラム教徒のロマが殺害されたことなど、イスラム教徒とユダヤ人がある程度同様の運命をたどったことを強調する必要があると考える学者がいても不思議はない[32]。

このように、「ホロコースト意識」（Holocaust consciousness）が記念式典や教育や大衆的な表現を通じて顕著になる以前にも、ホロコーストの影響は国際政治、世代間闘争、地政学的危機において見られた。たとえば、一九五〇年の西ドイツからイスラエルへの賠償金支払いについての交渉、一九六一年のエルサレムでのアドルフ・アイヒマンの裁判、一九六三年から六四年にかけて行われたアウシュヴィッツ看守のフランクフルト裁判などはすべて、ユダヤ人のジェノサイドを公的領域に持ち込んだもので、このジェノサイドを表現するのに「ホロコースト」という言葉が使われ始めた。一九八〇年代以降、とくに一九九〇年代には、映画、書籍、ドキュメンタリーその他の表現形態でホロコーストを扱った作品が爆発的に増えた。一九七八年のテレビドラマ『ホロコースト』から、アカデミー賞の複数部門を受賞した一九九三年の映画『シンドラーのリスト』に至るまで、ホロコーストに対する認識はおもに米国、西ドイツ（さまざまな複雑な方法で）、西ヨーロッパで急速に高まった。このプロセスには多くの中継点があった。一九八五年五月にロナルド・レーガンがビットブルク墓地を訪問した際、エリ・ヴィーゼルを筆頭とするホロコースト生存者たちは、とくにその墓地に一般の国防軍兵士とともにSS隊員が埋葬されていることが判明すると（国軍に敬意を表するのは構わないかのようだった）、憤りを露わにした。西ドイツの歴史家論争（Historikerstreit）では、ホロコーストをスターリンのグラーグ（強制収容所）と比較できるかどうかをめぐり、高級紙で論戦が高まった。そして冷戦後の統一でドイツの力が再び強まることに対する懸念は、一九九五年のドイツ国防軍の犯罪展をめぐる騒動で増大した。この展示により、一般の兵士たちが戦争犯罪に大きく関与していたことが明らかになったのだ。[33] 以来、ホロコーストの描写は止めることができないほど勢いを増し、ファシストの指導者のラベルが貼られたビール瓶から「ヒトラーに似た猫」のウェブサイト、コンピューターゲームから比較ジェノサイドに関する学術的な議論に至るまで、そのほとんどすべてがこのテーマの矮小化だと主張する批評家もいる。[34] 実際、ホロコーストの描写の拡散は、ホロコースト意識を高めることがいかに成功したかの表れだ。収容所のイメージやその他ホロコーストを象徴する図像はすぐに認識されるようになった。さらに、「道徳の門番」を自認する人々が適切と考える方法は別として、ホロコーストを扱うあらゆる方法を単純に非難する前に、若干の注意を払う必要がある。つまり、こういった議論が存在するという事実は、ホロコースト以後の年月の歴史も、やはりホロコーストの一部だということを示しているのだ。本書はそういった議論に対する見解をただ示すだけでなく、ホロコーストに対する認識の時代による変化が何を物語っているのかについて、議論そのものを分析していく。

トラウマ、協力、ジェノサイドに帰結した空想、そして戦後の結果が、本書を構成する四つの主要な枠組みだ。これらはナチの政策とそれが個人に与えた影響、ヨーロッパ全域に及ぶ途方もない規模の殺人、そしてヨーロッパ全域とその枠を越えたミクロの歴史の間を行き来するナラティヴに織り込まれていく。それぞれがホロコーストによって引き起こされた膨大なトラウマとその恐るべき遍在性を説明する助けになる。さらに、「ホロコースト意識」と現代の特徴とも言うべき排外主義的ナショナリズムの台頭の間には、一見したところ反比例の関係もある。細心の注意を払ってホロコースト教育を推進しているにもかかわらずポピュリスト右派が台頭しているのは、ホロコーストについて教えても、より広範な社会経済の課題に直面してしまえばほとんど無意味だということの表れだ。

二〇〇五年、ホロコースト犠牲者を想起する国際デーが国連によって制定され、世界の多くの国々が、赤軍によってアウシュヴィッツが解放された一月二七日をホロコースト記念日としている。ヨーロッパおよび英語圏の学校では、ホロコーストがカリキュラムに組み込まれている。ホロコースト・エデュケーショナル・トラストといった組織は政治家に働きかけ、ホロコースト教育と記念行事の推進を促している。ホロコースト博物館は米国、イギリス、イスラエル、オーストラリアのみならず、ノルウェー、マケドニア、ブラジル、ウルグアイ、ヨルダン川西岸にすらある。ホロコースト映画、劇画、演劇、ドキュメンタリー、ウェブサイト、ホロコーストの画像は遍在している。たしかに、ホロコースト意識はその任務を遂行したと考えるひともいるかもしれない。

それなのに、だ。現在、ナショナリズム、右派のポピュリズム、排外主義は強まりつつある。そういった動きが、部分的かつ不完全ながらも戦後の西側世界を特徴づけてきた国際協力と多文化主義の是認に圧力をかけている。そうでなければどうして、ドナルド・トランプやジャイール・ボルソナーロの大統領当選、国民投票によるブレグジットの選択、オーストリアやイタリアにおける極右議員の選出、ハンガリーとポーランドにおける自称非リベラル民主主義の成功、あるいは極右運動の台頭などを説明できるだろう。こういった動きは、ホロコーストで自国が果たした役割をごく最近になって「発見した」ギリシャのような国だけでなく、「ドイツのための選択肢」党のあるドイツや、「Ｖｏｘ」党のあるスペイン、「国民連合」のあるフランス、そして長年にわたりホロコースト教育や記念に熱心に取り組んできた米国、イギリスのような国々にも見られる。オーストリア、ハンガリー、ポーランドといった国々には、最近ホロコースト記念館や博物館が建設され、ホロコーストの問題について国民的な議論が交わされている。

答えのひとつは、研究や一般的な表現によって、ドイツ人だけがホロコーストの加害者ではないという認識が前面に押し出されたことだ。民主主義的な価値、寛容、多文化主義、国際主義の促進を意図した「コスモポリタンな記憶」に対する憤懣は、関係諸国で高まっている[35]。長年にわたり民族的に同質な国民国家を作りたいと願ってきた国々や組織、とくにハンガリー、ルーマニア、クロアチア、フランスによってユダヤ人が殺されたという事実が暴露されたことを、多くの人々（おそらくは枢軸国側で戦った家族を持つ人々の子孫や、ナショナリズムを反共産主義の義務だと考えている人々がほとんどだ）は、国家の恥を公衆の面前にさらす企てとみなし、苦々しい思いや憤りを感じている。たとえばポーランドでは、公式の協力組織がなかったにもかかわらず、ドイツの占領者だけでなくポーランドの地域住民もユダヤ人の殺害に加わった。だが、現在のポーランドでそんなことを言おうものなら、ポーランド国家を中傷した罪で起訴される危険がある。バルト三国には、「ダブル・ジェノサイド」〔双方にジェノサイドがあったという主張〕といってスターリン主義の犠牲者とホロコーストの犠牲者を並列に論じる言説があるが、たいていの場合、ユダヤ人が共産主義を東欧にもたらしたという陰謀論、すなわちユダヤ共産主義神話をアピールすることでスターリニズムの犠牲者を強調し、ホロコーストの犠牲者を曖昧にしようとしている。(36) ハンガリーでは、政府が出資した記念碑や博物館が、ハンガリーはより大きな外部からの邪悪な力によって苦境に立たされた犠牲者だったと訴えている。この動きは過去についての欺瞞であるだけではない。ハンガリー政府は国家の品位をたったひとりで脅かしたとされる投資家ジョージ・ソロスを標的にし続けることによって〔ユダヤ人であるソロスが移民の受け入れ拡大を支持していることなどから、ハンガリー政府は彼に対する攻撃キャンペーンを行っていた〕、陳腐な反ユダヤ主義幻想を新たな形で煽動している。(37) フランスには、反ドレフュス派からヴィシー政権の協力者、アルジェリア戦争(一九五四～六二年)の拷問者、ジャン＝マリー・ルペンの国民戦線とその後継者へと続く、直接の系譜がある。

しかし、現在世界で起きている右翼的な運動や民族主義的感情の高まりの直接的な原因がホロコースト研究やホロコースト記念館にあると主張するのはまったくの誤りだろう。実際、そう信じることは反ユダヤ主義に近い。国際問題におけるユダヤ人の影響は明白だとするのは、反ユダヤ主義の最古の言い回しのひとつだからだ。それよりも可能性が高いのは、このテーマに取り組む人々が、ホロコースト意識が世界を良い方向に変えると過大評価している点だ。むしろ重要なのは、一九三〇年代に見られたように、より広範な社会経済の状況なのだ。過去を知ることは警告やブレーキにはなるかもしれないが、趨勢を変えるほどの教訓にはならない。今日推進力となっているのは、緊縮財政、不景気に加え、「正義の管理者」を自任する人々の、移民がイスラム原理主義をもたらすという感情だ。新型コロナウイルスのパンデミックにより、ウイルスを拡散したとして他者を責める風潮が生まれ、恐怖の対象となる人々に対し管理のための境界を設置する口実ができた。敗戦国側で戦った人々（協力した国や占領された国の人々も含む）が抱く第二次世界大戦の記憶もそういったたぐいのもので、多くの人々が深い考えもなしに依存する語彙や価値観を提供している。[38]自分たちの生活の可能性が狭まっていると人々が感じれば、ホロコースト教育など隅に追いやられてしまう。それが現実だ。私たちはしばしばそれを取り違えてしまう。憎悪の高まりへの答えは、ホロコースト教育の強化ではない。というのも、それでは教育ができる以上のことを教育に求めてしまうからだ。むしろ、ホロコースト教育が有効であることを証明したければ、まず最初にしなければならないのは、平等と寛容を求める社会の構築であり、そのなかでホロコースト教育が推進する価値観が社会全体の価値観と一致するようにしなければならない。

始まりは、不景気、保護主義、「国民」を守ると約束する移民排斥運動だ。こういった立場から生まれた政策によって、人々が貧しくなり、他者を恐れるようになり、より自閉的になると、彼らの立場は硬化し、より執拗になる。そういった政策を推進する者は、失敗を見えざる手による妨害のせいにするしかないからだ。私たちはまだその段階に達してはいないし、ファシズムはまだ権力を得ていない。しかしファシズムは扉を叩き、それを許す環境（おもに四〇年にわたる新自由主義経済と二〇〇八年以降の緊縮財政の結果、国民の多くが貧困化したこと）に対する取り組みは依然としてなされていない。この状況を長引かせれば、単純な保護貿易策を主張する者により多くの論拠を与えるだけだ、と考える者もいるだろう。この課題への対処を怠れば、国際主義と個人の自由の上に築かれた戦後の秩序は――この三〇年ですでに衰退しているが――決定的に廃れ、十分に発達したファシズムとまではいかなくとも、独裁体制へと簡単に入り込んでしまうだろう。[39] ホロコーストは弱い者いじめの危険性についての教訓でもないし、憎悪の危険性についての物語でもない。エリートが権力に必死にしがみつこうとすれば、国家は恐ろしい、トラウマになるようなことをしかねないという警告であり、近代性の深層心理は、理性が眠ってしまって稼働しない状況ですら生み出すのに苦労するような怪物を作り上げるという警告なのだ〔スペインの画家フランシスコ・デ・ゴヤに『理性の眠りは怪物を生む』という作品がある〕。第二次世界大戦末期にホロコーストについて歴史家たちが論じ始めて以来、これは現在非常に切迫した問題となっているが、本書のあとのほうで改めて触れたい。

ホロコーストとは何か

先に進む前に、これから述べることについて要約しておいたほうがよいだろう。この非常に複雑な歴史は、さまざまな方法で語れるからだ。

ナチズムは第一次世界大戦後のヨーロッパの危機と大恐慌から生まれた。ナチは自分たちを「反植民地主義」の闘争を遂行する者たちと考えていた。つまり、ヴェルサイユ条約の「絶対的命令」を反故にし、それが国際ユダヤ人の「見えざる手」の仕業だったと明らかにすれば、ドイツを外国の支配から解放できるとナチは考えていたのだ。戦後の暴力の背景や、ドイツの東部国境地帯に限らず、義勇軍（フライコール）が超法規的な軍事力を予見させたやり方は、第一次世界大戦がヨーロッパ社会に与えた衝撃と同様に、ここでは非常に重要である。[40]「無国籍」、難民キャンプ、「例外状態」〔国家における非常事態〕といった概念が初めてヨーロッパの風景に欠かせないものとなり、ボリシェヴィキ革命はイタリアその他の地域におけるファシズムの台頭を煽った。ヴァイマル共和国の危機はふつう、共和制の拒否と政治の分極化に重点を置いて語られる。しかし共和国の崩壊を決定的にしたのは、一九二九年以降の経済恐慌だった。これ以降、ドイツでナチズムが台頭し、中産階級が足下の揺らぎを感じたからである。もっとも重要なのは、ナチズムがより広いヨーロッパのトレンドの一部であり、どこからともなく生まれたわけではないという点だ。大衆政治、失業、一九一八年以降の暴力行為、イタリアのファシズム、反共産主義、宥和政策、ヒトラーとヒトラーの思想、とくに「人種」の重要性に対する思想の過小評価、伝統的なキリスト教的ユダヤ人嫌悪と近代の反ユダヤ主義への変化、「帰ってきた植民地主義」としてのファシズムの概念。これらすべてがナチズムの魅力につながった。ナチズムはそれまでのヨーロッパの歴史とは無関係な「集団的狂気」の爆発ではない。むしろナチズムは、ごく当たり前の感情がもっとも極端な形で発露したもので、ヒトラーはそのための雨乞い師やシャーマンのような役割を果たした。ナチズムがたんなる野蛮人の再来だったというのが本当ならいいのだが。それなら私たちは、一九四一年にナチズムはドイツのロマン主義の派生物だと主張し、次のように明快に結論づけたピーター・ヴィーレックに同意できる。「イブニングドレスを着た猿、爆撃機に乗ったネアンデルタール人、ニューモデルの車を軽やかにとばす怜悧な野蛮人である。［…］文明の達成を文明以前の目的に適用するところに野蛮があらわれる」[41]。しかしアーレントが述べたように、ナチズムは掃き溜めから生まれたかもしれないが、掃き溜めもまたヨーロッパ文明の一部なのだ[42]。

最初の数年、ナチ支配の特徴は、反ユダヤの立法措置と攻撃、ドイツ社会を「統合する」試み、政敵への攻撃などにあった。この過程で重要だったのが、初期の強制収容所である。これはユダヤ人の監禁用に設置されたのではなく「政敵」用であり、一九三六年から三八年にかけては「反社会的な人々」、つまりナチの社会的・政治的行動の理想に適合しないドイツの「アーリア人」を収容するためのものだった。収容所にはもちろんユダヤ人もいたし、ユダヤ人は他の被収容者よりも一般的にひどい扱いを受けた[43]。しかし当時のユダヤ人と強制収容所の関係は、戦後に想像され、現在も混乱を招いているようなものではなかった。たとえ強制収容所の存在がナチの暴力的想像力をかきたて、浄化された社会という夢を支えていたとしても、SSの強制収容所のシステムとホロコーストが結びついたのは戦争の後半になってからのことである。

とはいえナチが権力を掌握するやいなや、ユダヤ人は暴力の標的にされ、自分たちの生き方やより広い共同体への包摂に対する猛攻撃に対処しようと、日々奮闘することになった。一一月のポグロム（「水晶の夜」）はドイツにおけるユダヤ人迫害の転機となった。釈放後にほとんどのユダヤ人が移住できた（つまりは移住を余儀なくされた）ものの、ユダヤ人が初めて大量に投獄された事件だったからである。国内に目を向ければ、ユダヤ人は今ではオーストリアを含む第三帝国で孤立していた。国際的には、独ソ不可侵条約（一九三九年八月）とイギリスの孤立は、ユダヤ人が見捨てられ、ますますナチ化するヨーロッパに閉じ込められることを意味した。

戦争が始まると、ナチのユダヤ人政策に変化が生じた。暴力を活性化させる力が広がり、戦況に左右される運命がユダヤ人共同体をさらなる危険にさらしたのである。ナチ占領下のポーランドにゲットーが設置される以前、つまりそこに収容されたユダヤ人を殺す計画が立てられる以前から、ポーランドでの戦争には、出動部隊（アインザッツグルッペン）が投入されていた。ポーランドの支配者層（聖職者、政治家、学者など）を検挙し、殺すためである。そのようなポーランドへの過激な攻撃は、戦前から存在していたポーランド社会の溝を広げ、一九三九年九月以前にすでに反ユダヤ的な法を制定しようとしていた国が、ナチのユダヤ人迫害にどう対処するかを示した。それはまた、暴力がさらに激化する場の誕生にもつながった。

ここでは軍事情勢が明らかに重要だ。ヒトラーが一九三九年一月三〇日のいわゆる「予言」で世界戦争という脅しをかけたように、イギリスを粉砕し米国を戦争から遠ざけようとする試みは、明らかにナチのユダヤ人政策と戦争とを結びつけていた。ナチはルーズヴェルトとチャーチルを操っているのが「ユダヤ人」で、もちろん「ユダヤ＝ボリシェヴィキ」のスターリンも同じだと想像していたからである。インド洋の制海権を掌握できなかったことなどにより、いわゆる「領域的解決」、つまりマダガスカルにユダヤ人を移送するというドイツ外務省の計画は頓挫した。しかし、ユダヤ人を標的にする現実的な可能性と軍事情勢との関連ですべてを説明できるわけではない。むしろ、ユダヤ人を生贄に選んだことから、占領下のポーランドでゲットーに収容したユダヤ人の扱いをめぐるさまざまな機関間での議論に至るまでが、ホロコーストの展開は戦争によって形作られはしたが、決定されたわけではないことを示している。

一九四一年六月二二日のソ連侵攻で、ユダヤ人に対する闘いと軍事戦争が統合された。ナチにしてみれば「ユダヤ＝ボリシェヴィズム」はソ連の体制と同義であり、ナチが支持し達成したいと考えていたすべてに対するアンチテーゼだったからである。ユダヤ人迫害は、それまでとは比べものにならないほど血なまぐさい段階に移行した。いわゆる「銃弾によるホロコースト」が行われ、一九四一年秋と四二年春の出動部隊（アインザッツグルッペン）による「一掃」で、約一五〇万人のユダヤ人が銃殺された。これはまだヨーロッパ規模のジェノサイド計画ではなかったが、急速にそうなりつつあった。ラインハルト作戦の絶滅収容所（ベウジェツ、ソビブル、トレブリンカ）〔以降、本書では適宜、これらの収容所をまとめてラインハルト収容所と表記している〕は一九四二年一月二〇日のヴァンゼー会議以前に、ポーランドのユダヤ人を抹殺するためにすでに計画されていた。ヘウムノではガス・トラックが使用され、一九四二年初頭にはセルビアでも対面による射殺ではない大量殺人が実行された。ラトヴィアのユダヤ人撲滅は迅速に完了し、フランスでの移送の準備も、SSがゲーリング、フランク、ローゼンベルクその他のライバルからユダヤ人政策のすべてを奪取する以前に進行していた。現在知られているいわゆる「最終的解決」は、ひとつの決定ではなく、一連の段階を踏んで到達したもので、それは計画が準備万端整った一九四二年春に確たるものとなった。

この時点では、ユダヤ人とSSの収容所システムにはまださほどつながりはなかった。彼らは東欧で対面で射殺されたり、ナチ占領下のポーランドの絶滅収容所で殺されたりしていたからだ。鍵となる年は一九四二年だ。三月の時点でホロコーストの犠牲者の約七五から八〇パーセントはまだ生存していたが、一九四三年二月半ばには、約八〇パーセントが死亡していた。[44] この段階での犠牲者はおもに宗教的な東欧ユダヤ人で、自分たちに起こったことを理解しようとした彼らの奮闘は、迫害の形がひとつではなかったのと同様に、犠牲者集団のさまざまな人々がさまざまな場所で、さまざまな方法で攻撃に反応したことを示すうえで非常に重要だ。

しかしホロコーストは、ドイツ以外の国々にも多くの加害者がいる、ヨーロッパの現象だった。フランス、ノルウェー、クロアチア、スロヴァキア、ハンガリー、ルーマニアといった国々で協力がなされていたことは明白だ。こういった国々でのユダヤ人殺害は、民族的に同質な国民国家を作ろうという長年にわたる国家主義者の願望に合致していた。また、ナチ・ドイツと手を結んだウクライナの反政府組織OUN（ウクライナ民族主義者組織）や、ノルウェーの国民連合やオランダのNSB（オランダ国民社会主義運動）といったナチ運動もそれに当てはまる。こういったイデオロギー的に立場を同じくするグループは、人種的に浄化されたヨーロッパというナチのビジョンを信じており、ドイツの覇権下につくことが自分たちの国益にもっともかなうと考えていた。また、デンマークからボスニアに至る、武装親衛隊に入隊した者たち、ウクライナやバルト三国の収容所の看守、地方レベルではポーランドのいわゆるシュマルツォヴニク（賄賂でユダヤ人を操ったり、SSに売り渡したりした者）のような、何百万人もの人々も協力者だった。[45] 協力は驚くべき範囲に及び、イデオロギー的なものからソ連の戦争捕虜の生死を決定するような単純なものまで、さまざまな理由によりさまざまな形で行われたが、それが明らかになったのは冷戦末期になってからのことである。その発見から生じたルサンチマンは、今日復活した急進的な右派運動にあまりにも歴然と表れている。

協力のもっとも明らかな例のひとつは、ルーマニアのホロコーストと一九四四年春のハンガリー・ユダヤ人の移送だ。こういった事例では、独立国家がホロコーストへの参加を自ら選択し、ナチ占領下の協力国がごく短期間のうちに何十万人というユダヤ人を移送して死に至らしめている。また、軍事的敗北が迫っているにもかかわらず、「仕事をやりおおせる」という決意がナチ政権にあったことも見て取れる。さらに、協力国の作戦がかなり自由裁量に任されていた様子も窺える（たとえばクロアチアに関して言うならば、NDH〔クロアチア独立国〕を「傀儡政権」とする一般的な表現は、アンテ・パヴェリッチのウスタシャ政権が独自の考えで協力していた姿勢を反映していない）し、ノルウェーからクレタ島、オルダニーからコーカサス、バルト諸国から北アフリカに至るまで、ナチによるユダヤ人移送がヨーロッパ全域でなぜ可能だったかがわかる。ホロコーストはポーランドのように破壊された国家だけで起こったわけではないのだ。[46] ルーマニアはその正反対で、つまり機能している国家が大規模な犯罪的政策を実行しようと思えば、そのための理由と資源は見つけられたということを意味している。

このヨーロッパ全域に及ぶ大規模な犯罪に対する「自由主義世界」の反応は、いわば鏡像のようなものだった。戦争難民委員会、大西洋憲章、国際連合の創設は、創設者の最善の意図にもかかわらず、創設のきっかけとなった犯罪の規模にはほとんど見合わなかったことを示している。ナチズムというものをまったく見極められなかったのは、戦間期の宥和政策と、一九四三年になってもナチの黙示録的な宣言を本気だと思えなかったことによる。このミスマッチを認識すれば、一九三〇年代以降のナチの収容所に関する大量の文献が存在し、洞察力に優れた情報網が存在したにもかかわらず、なぜ連合国がホロコーストの最終段階で発見したことへの準備をしていなかったのか、説明がつく。

戦争が最終段階に入り、戦争経済がますます逼迫すると、ナチ指導部は殺害計画の再考を迫られた。ユダヤ人殺戮がナチズムの中心にあったことを考えれば、これは驚くべき事実だ。一九四三年以降、ユダヤ人らは、SSの収容所に付属する補助収容所に送られて奴隷労働を課される可能性が、ただちに殺されるのと同じくらい高くなった。補助収容所システムの急速な拡大は、ホロコーストの一般的な歴史では説明しきれない部分も多いが、ジェノサイド計画が戦争の最後の一年半に多少弱まったからといって、ナチがそれを軽視していたことにはならない。むしろ奴隷労働者がどのように扱われたかを考えると、正反対である。「労働による絶滅」（これは資料にはあまり登場しない言葉だ）がすべてに当てはまるわけではないにしても、労働力が逼迫しているときですら、ナチはユダヤ人を消耗品扱いし、生産性のレベルを一般労働者並みに上げるための努力など払うべきではないと考えていた。

こういった補助収容所はほとんどがごく小規模で、被収容者は複数の収容所を経験していることが多かった。実際、多くの生存者の経歴を見ると、小さな補助収容所をいくつも経験している場合が多い。その名は今日ではほとんど意味をなさない（ノイ＝ダックス、アイントラハトゥッテ、クリスティアンシュタット、ユーバーリンゲン、ドンダンゲンといった名前を聞いたことがあるひとがいるだろうか？）。労働力の必要性が高まり、連合軍の接近で収容所を移転せざるを得なくなると、ホロコーストはしだいに「移動式」になった。私たちはホロコーストが特定の場所で起こったと考えがちだが、それはホロコースト体験のごく一部にすぎない。さまざまな輸送手段による移送から、収容所システムにかかわる移動、戦争末期の「死の行進」に至るまで、ホロコーストはヨーロッパ全域を移動しながら行われた。実際、ホロコーストにはまったく異なる地域と体験（ゲットー、収容所、列車、船）、気候、言語、占領、協力体制がからんでいるが、すべて同様の結末に向かって進んだ。ユダヤ人の殺戮である。ブルガリアやデンマークといった例外ケースについては、「善きイタリア人」といった単純化した表現や、それに類する、個人の行動と国の政策の違いを考慮に入れない短絡とは違う注意深い考察が必要だ。犠牲者にとって、この移動はひどく困惑させるもので、補助収容所の被収容者は、自分たちがどこにいるのかわからない場合も多かった。しかし、ユダヤ人を奴隷労働者として使うことで、そうでなければ簡単に殺されていたであろう多くの人命が救われたのは事実だ。たとえ死が先送りにされただけだったとしても、一九四三年後半からナチの人種法が予想外に緩和された結果、彼らの命は延びた。補助収容所に入らなかった場合よりも健康状態が少しましになったために、解放まで生き延びられたユダヤ人もいたのだ。

現在も集合的記憶を支配するホロコーストのイメージは、収容所の解放、とくにベルゼン、ブーヘンヴァルト、ダッハウの収容所の解放のイメージだろう。しかしドイツのこれらの収容所にユダヤ人が大勢いたのは、「死の行進」の結果にすぎない。東方から赤軍が接近すると、収容所の被収容者を生きたまま敵の手に渡してはならないというヒムラーの命令が、収容所からの撤退という奇妙な現象、つまり「死の行進」をもたらした。[47] これにより、被収容者たちが中央ヨーロッパ、とくにシレジア、チューリンゲン、ボヘミア、バイエルンのあらゆる小さな地方を通過することで、強制収容所とドイツは同義となっていった。住民全体の共謀は明らかで、戦後よく聞かれた「誰も知らなかった」という主張は擁護できなくなった。さらに重要なことだが、行進の途上で大勢が殺された。一九四五年一月時点で強制収容所の被収容者数は七一万四〇〇〇人以上にのぼったが、そのおそらく三分の一が戦争終結までに命を落とした。極度の疲労のために死んだり、道中で射殺されたりして、多くの場合、無名の墓や倒れた道端や現地の墓地に埋められた。

ベルゼンやダッハウといった収容所はユダヤ人を収容するために建設されたわけではなく、一九四四年後半までホロコーストとはほとんど無関係だった（ダッハウの場合、収容所の看守の訓練に使われてはいた）にもかかわらず、一九四五年には事実上、絶滅収容所として機能していた。とくにベルゼンの場合は、四月一五日に収容所がイギリス軍によって解放された際、約六万人の被収容者が瀕死の状態で発見された。ベルゼンの恐怖は世界の良心に傷跡を残し、以来、それにかかわる資料は読むのも見るのも聞くのも苦痛を伴う。

したがって、「解放」は鉤かっこをつけて理解する必要がある。多くの生存者はあまりに衰弱していたために手の施しようがないまま亡くなり、さらに多くの人々はナチ政権を生き延びたことに驚いたものの、自分たちがいまだに拘束されたままでいることにショックを受けた。行きたい場所にも行けず、自分たちの選んだ人生を始める権利を「自由世界」が与えてくれないこと、以前の生活を特徴づけていたあらゆるものが破壊されたことに深く失望したのだ。生存者たちの孤独は深刻で、ささいな噂をもとに親族を探しに出かけようとする必死の姿にそれは表れていた。しかし時が経つにつれ、DPキャンプは共同体として機能するようになり、政治、宗教、社会やスポーツのクラブや組織、報道機関、劇場、学校ができ、収容所を出てからの生活に備えて職業訓練も行われるようになった。こういった人々にとって、シオニズムは避けて通れないものだった。というのも、彼らはヨーロッパに拒絶されたと感じており、逆に今度は彼らがヨーロッパを拒絶したからである。それでも、いわゆるDPの「底辺層」と呼ばれる人々、つまりドイツを離れられない、あるいは離れようとしない人々は、ミュンヘン近郊のフェーレンヴァルトにあった最後のDPキャンプが一九五七年に閉鎖されるまで、何年もとどまっていた。その頃にはこのキャンプは、国際礼譲を尽くして主権を主張しようとする西ドイツにとってきまりの悪い存在になっていた。つまり、ホロコーストは、一九四五年五月に単純に「終わった」わけではないのだ。

実際、一九四五年が物語の終わりではないと考えるならとりわけ、ホロコーストの「余生」(あるいはローレンス・ランガーは「死後」といううまい表現をしていた)は、今では必然的にその歴史の一部になっている。私たちが世界史上の重要な出来事について話しているのだと考えれば、それは当然のことだ。さらに、「ホロコースト意識」が通過してきた「集合的記憶」の諸段階は、戦後のヨーロッパ社会と文化全般の重要な指標である。「ホロコースト意識」の高まりは、映画、法律、教育、広い意味での文化という多くのメディアを通じて示された。ジェフリー・アレグザンダーが言うように、ホロコーストは「戦争犯罪からトラウマのドラマへと」移行し、おそらくもっとも許し難い光景のひとつは、予期せぬ結果としてありがちだが、ホロコーストに対する知識の高まりが、その陳腐化や悪用につながっていることだ[48]。当然ながら、ホロコーストは世界のどこでも急進的右派に異議を唱える際の重要な議題であり続け、イスラエルでもポーランドでも、政治文化のバロメーターになっている。しかしおそらくもっとも問題なのは、西側世界におけるホロコーストの「美化」と呼ぶべきものだろう。生存者とその感動的な物語を称賛し、ホロコーストから「教訓を得よう」とすることだ。ホロコーストは、理性的な政治に何ひとつ依拠しない深い情念が人間を恐ろしい行為に駆り立て得るということ以外、何も教えてはいない。つまり、ホロコーストは私たちに何も教えてはくれない。危機の際に人々がこういった残虐な力を支援することは、何ものにも止められないからだ。

そのように手厳しく考えると、次のような疑問が浮かんでくる。ホロコーストは近代性について何を語っているのだろうか。[49] ホロコーストは、手段・目的関係の論理的な結論ではなく、むしろ現代世界が明確なはけ口を持たない深い情念を生み出し方向づけたことの結果だった。原理上は、ホロコースト教育やホロコースト記念館は何も悪いことではない。しかし、こういった活動が私たちを導くべき根本的結論に、私たちは進んで向き合うべきだ。つまりホロコーストが犠牲者にとって深いトラウマとなる出来事だったこと、ホロコーストから生じたポジティブな結果（差し当たりは民主的なドイツが創設され、一九四五年以後、ヨーロッパのほとんどの地域では戦争がなくなったこと）もあるけれど、暗い遺産、すなわち危機の瞬間に人々が直感的にすがってしまう「ファシズムの魅力」という「深層心理」が残ったこと、そしてホロコーストは近代国民国家とそれを支える柱（法の支配、軍隊、宗教、支配層エリート）の脆弱なアイデンティティと恐ろしい力を明らかにするだけでなく、その組織と機能自体にも疑問を投げかけているということだ。ホロコーストを狂気の政権が取った凶暴な行動として説明することはできない。ホロコーストは現代社会にとって政治的・宗教的・文化的・社会的意味合いを持ち、だからこそ、公的な追悼式でそういった重要性がほとんど述べられなくとも、ホロコーストの影響は非常に強く感じられる。本書で私は、その意味するところは何なのか、そしてホロコーストが不寛容や憎悪についてのたんなる「教訓」ではないのはなぜか、社会が危機的状況に陥り、既存のエリートを含む多数派が自分たちの立場を脅かされると感じたとき、どのように最悪の犯罪に加担していくのかを明らかにする。

ホロコーストについて考える

ホロコーストについて研究する者は誰でも、このテーマを扱う学問が非常に大きな広がりを持つことにすぐに気づき、少なくとも最初はたじろぐこともしばしばだ。すべての領域にわたり、精通するのが不可能なほど膨大な文献が存在するからだ。ホロコーストに関する歴史的記述に限ってすら、学術的な文献の規模と範囲にはじつに驚かされる。これを過剰生産、あるいはもっと皮肉な言い方をすれば、とどまるところを知らぬ「ホロコースト産業」の表れと見るべきではない。むしろ、ホロコーストは思考する人々すべてを悩ませる現象であること、そして多くの学者が（一般の人々も）ホロコーストに取り組まなければならないと感じていることの表れだ。実際、歴史的文献の豊富さは有利に働く。つまり、さまざまな視点から多くのことを学び、ひとりの人間やひとつの家族についての詳細な研究であれ、壮大かつ総合的な概説であれ、学者によってなされた研究を知り、理解できないように思われる現象を理解し、ホロコーストの余生が一九四五年から現在に至るまでどのように形成されたかを知ることができる。それによって、私たちは私たち自身の時代の変遷を示すことができるのだ。

この数十年というもの、ホロコーストの歴史的文献は手に負えないほど膨大になっている。たとえ主流の動向を知り、あらゆるヨーロッパの言語で発表されている文献を概観できたとしても、すべてを読むのは不可能だ。以来、この学問はテーマやアプローチの方法によって枝分かれし、新たな洞察が生まれ続けている。もっとも革新的なアプローチとしては、次のようなものがある。ホロコーストの体験にジェンダーがどう影響したかを明らかにする、たとえば収容所跡地の研究に考古学と犯罪科学を利用する、地形についての理解を深めるために空間の地理的概念を研究する、「通常の例外」という概念、つまり、一見ささいに見える出来事がより大きな状況を照らし出すことがいかに可能かを示すミクロヒストリーへの転換を図る、難民研究、人類学、精神分析学、環境学、その他の関連する分野から借用した考え、などだ。

歴史家たちは最近、サブカルパチアのルテニアから北アフリカといった、これまで注目されてこなかった場所や地域のホロコースト研究に着目しており、また、同様に特定の地域、とくに東欧の多様な民族の関係にも焦点を当てている。また、ほとんど知られていない施設、とくにナチの占領地域やヨーロッパの枢軸国に多数存在した補助収容所、いわゆる傍観者の果たした役割、アーリア化、つまりドイツその他の地域におけるユダヤ人の財産の占有や奪取、ソ連やイベリア半島その他の場所でのユダヤ人難民の運命、一九四四年末から四五年初頭の連合軍接近を受けて強制的に収容所を退去させた、いわゆる「死の行進」、また、イタリアのDPキャンプや収容所からの生還者の組織の設立、DPキャンプで印刷されたイディッシュ語の新聞、モーリシャス、上海、ドミニカ共和国のような遠隔地へのユダヤ人難民の再移住、イスラエルのカポの裁判、「追悼の書」(yizker-bikher) の執筆、東欧の失われた共同体、戦後初期のユダヤ人行方不明者の捜索、国際追跡サービスの目覚ましい働きといった多くの余波の問題についても、さまざまな研究が進められている。[50] ホロコーストの記憶にかかわる膨大で学際的な文献においては、証言についての精緻な研究が行われており、個人の証言がいつどこでなされたかによってどのような違いがあるかを示したり、証言のアーカイヴの構築に収集活動や方法論がどう影響したかについて調査したりしている。[51] 記念館、博物館、歴史委員会、賠償、略奪された財産の返還、共産主義ポーランドから冷戦後のフランスまで、さまざまな環境におけるホロコースト関係の裁判、そして歴史文献そのものについての研究は、いずれもホロコースト意識の定着について述べており、この問題に関する学術文献のなかで目立ち、かなりの部分を占めるようになってきている。[52] 生存者による戦後初期のテキストが数多く再発見されたことで、犠牲者の反応についての理解は深まっている。ホロコーストと他のジェノサイドのケースをどの程度比較すべきかというジェノサイド研究の議論を加えると、文献はさらに膨大なものになる。[53]

しかし、まだ手つかずのテーマも多い。ナチの思想はまだ持続的な研究の対象にはなっていない。それはおそらく、歴史家たちがナチズムに過度な知的信憑性や一貫性を与えたと見られることを恐れているからだろう。もちろん、ナチ・ドイツの科学に関する文献の増加が示しているように、例外もある。しかし多くの歴史家にとって、ナチズムの思想史という概念は矛盾したものだ。イデオローグとは対照的に、ナチの思想家もしくは哲学者という概念そのものがあり得ないと思えるからだ。現在の研究プロジェクトは、ホロコーストを生き延びた子どもについての研究、DPキャンプや難民について、とくに生存者の軌跡やネットワークを示すデジタル・マッピングを用いた研究、ヨーロッパ全域のミクロヒストリーに関する研究、そして最近まで加害者中心の研究が支配的だった歴史学に被害者の反応を統合する試みなどが進められており、はるかに多くの成果が期待できそうだ。戦後初期の歴史家、フィリップ・フリードマン、ラヘル・アウエルバフ、エーファ・ライヒマンなどの論文が再発見され、多くがイディッシュ語で書かれていたり大学を基盤としていなかったりする研究だが、とくに被害者中心のアプローチを強調する視点に立っており、さらに精密に調査する価値がある。[54]

これらはすべて経験的なテーマであり、その研究は、歴史家の必須条件であるアーカイヴへのアクセスに基づいている。しかし資料をどう扱うかについての考えも、変わることがある。ジェンダー史やデジタル・ヒューマニティーズといった方法論の新機軸と同様に、鍵となる解釈の枠組みも年々大きく変化している。戦後期のファシズムや全体主義といったキーワードから、冷戦終結直前直後の反ユダヤ主義と近代性、そして近年のジェノサイドとイデオロギーに至るまで、歴史家はホロコーストについて競合する解釈を提示してきたが、その解釈自体が歴史化され得るものだ。解釈の枠組みは歴史家が発した問いかけによって形成されるが、彼ら自身も自分たちが生き、書いている社会文化的な環境によって形成されている。今日、戦後秩序は終焉の危機に瀕し、国際協力の構造が解体されつつあるなか、気候変動によって引き起こされた地球への脅威の陰でナショナリズム、外国人嫌悪、人種差別が高まっている。そのような環境下で執筆しているひとりの歴史家として、ホロコーストはほんの数年前とは異なる様相を呈しているように思われる。[55] アロン・コンフィノが書いているように、「歴史家の最良のナラティヴは、人間性の喪失と残虐性の過程を、糾弾や涙は交えず、起こった出来事の現実を照らし出す言葉で提示することだ」というのはたしかに真実である。[56] これほど嫌悪感を抱かせるテーマについて書くのに、道徳的な説明は不要なはずだ。それなのに、そのような立場を貫く理由、つまり、通常優れた歴史と考えられるものを書く基本となる理由は、一九四五年以降のどの時期よりも今、曖昧になっている。[57]

本書で私はイデオロギーに焦点を当てているが、それは「発想が行動につながった」という図式を安易に信じろと言っているのではない。ヒトラーが『わが闘争』でユダヤ人を罵倒したから、ヨーロッパ・ユダヤ人が殺されたわけではない。とはいえ、ヒトラーの発言とユダヤ人のジェノサイドの間には関係がある。[58] ヒトラーの考えが支持を得られた戦間期ヨーロッパの危機的背景において、ユダヤ人は、ファシズムが克服しようとした近代性の症状、つまり根無し草、世界主義、普遍性、共同体の喪失、急速な変化、標準化、無情さといった症状を象徴する存在として機能していたのではないか。これはホロコーストが起こったイデオロギー的枠組みであり、一九三三年あるいは一九四〇年にユダヤ人殺害計画が存在したというのとは意味が異なる。ナチの反ユダヤ主義はユダヤ人という抽象的な概念を攻撃するもので、ナチはユダヤ人が近代性の欠点すべての具現だと考えていた。その結果、ナチの定義によるユダヤ人という理由で、約六〇〇万人が殺害されたのだ。よって、ここではユダヤ人に焦点が当てられる。ロマ、身体障碍者、ソ連の捕虜、同性愛者その他の人々もナチの犠牲者であり、彼らの運命を併せて研究することはじつに理にかなっている。[59]しかしある集団の苦しみを優先させず、包括的であらんとして、こういった集団すべてを包含するために「ホロコースト」という言葉を使うのは、実際にはユダヤ人以外の集団に不利益をもたらす。ナチはこういった集団を別のさまざまな理由で迫害しており、それらをすべてひとまとまりにしてしまうと、理由を理解できなくなってしまうからだ。

このように、ナチは私が「民族神秘主義」と呼ぶものを非常に重視していたが、これは先祖返り的な退行ではなく、近代の危機に対する反応だった。しかしナチは近代性の象徴であるユダヤ人を攻撃することによって、危機を引き起こしたそもそもの原因、とくに大恐慌を引き起こした原因である戦間期の無秩序な資本主義の横暴はそのまま放置し、かわりに「そういった社会形態の象徴」に不満を集中させたのである。[60]ナチがその憎しみをユダヤ人に集中させたのは偶然ではない。ユダヤ人は西側キリスト教徒にとって伝統的な他者であり、西洋文明の構成要素であると同時に、征服されるべきものを思い出させる存在でもあった。キリスト教ヨーロッパは歴史上、ユダヤ人に対する儀式的殺人やポグロムを周期的に行って、磔刑を再現してきた。ある辛辣な批評家が言うように、ホロコーストは「無意識的に行われるありふれた行動の脈動を白日の下にさらした。それはナチズムという世俗宗教に移植された脈動で、ナチズムによって組織的に作動させられた」のだ。[61]反ユダヤ主義の近代の変異種は、アウトサイダーかインサイダーかを説明するまでもない「他者」に、完全に近代的な起源を持つ状況がもたらす恐怖を投影したものだった。

ホロコーストの偉大な歴史家ソール・フリードレンダーの言葉を借りれば、「近代の反ユダヤ主義がユダヤ人に適用した「アウトサイダー」という考えそのものが頑強だったのは、ユダヤ人という違いのせいだけでなく、その宗教的ルーツの深さのせいでもあった」[62]。それはヨーロッパ人の空想の深層心理を近代の危機に当てはめた、「再活性化された千年王国幻想」だった[63]。たとえば、哲学者エルンスト・カッシーラーによれば、ナチの神話は、神話を全面的に拒絶する宗教を信じる人々への攻撃で成り立っていた。神話の拒絶とは、たとえば彫像の禁止であるが、それはナチが傾倒した人種崇拝の否定を意味する。このことからカッシーラーは、ナチの反ユダヤ主義はたんなる支配のテクニックや大衆の注意をそらす手段をはるかに超え、「ユダヤ人の完全な絶滅でしかその終わりを見いだすことのできない、生死を賭けた闘い」を求めるものだったと結論づけている[64]。ゆえにホロコーストに見られるのは、フリードレンダーが簡潔に述べているように、「魔術的信念を強制するための官僚的手段の使用」なのだ[65]。もし同じこと、つまり急進的右派が移民、イスラム教徒その他、あらゆる種類の「他者」を攻撃し、それによって象徴を実体と取り違えるといったことが今日にも当てはまるなら、それを言うことは、現代の問題を利用して過去の問題を説明することではない。むしろ逆である。私たち自身が二一世紀の大惨事へふらふらと足を踏み入れつつあるこのとき、ナチの魅力が理性の力を超えた犯罪の遂行にいかにつながりかねないかを示しているのだ。

歴史家はときに説明を避け、何がどのように起こったかを詳述することを好む。これはとくに、説明が精神分析的になったり、実証が容易ではない要因だったりする場合にそうなる[66]。しかし説明を試みることの必要性は、いかなる説明も不完全で示唆的でさらなる思考を促すにすぎないという明らかな真実より重要だ。ホロコーストの恐怖を前にして混乱したり圧倒されたりするのは当然のことで、もちろんすべてのテーマに言えることだが、どの本もそのテーマに関する最後の言葉にはなり得ない。しかしとくにホロコーストの場合、歴史は未完であるべきと考えるのが適切だろう。終わりのない問いかけと新たな考えを受け入れる姿勢は、最終的な解決や最後の言葉、完了への欲求に論理的に対抗するものとして機能する。

第一章　ホロコースト以前

「身体としての共同体という考えは、つねに「神話的な」考えであり、つねに（キリスト教共同体の場合に限らず）「コルプス・ミスティクム（神秘的な体）」を確立する」

エリック・フェーゲリン[1]

前提として

イデオロギーはどこからともなく生まれるものではない。思想の歴史はきわめて重要だが、ナチズムの歴史的な起源を説明するには十分ではない。ドイツが第一次世界大戦に敗れたのち、そしてとくに世界大恐慌の悪影響を受けたのち、ある瞬間には取るに足らないと思われた思想が、別の瞬間に決定的なものになった。ホロコーストを煽った勢力を把握するためには、終末論的な運動を前面に押し出した思想と出来事が混じり合って有害な結果を生み出したということを理解しなければならない。ナチズムはたんなる政治的プログラムではなく、ゲッベルスが述べたように、「われわれが呼吸する空気そのもの」であろうとした。それはたんなるイデオロギーではなく、世界観（Weltanschauung）だった。[2]

しかし、世界観はどこから来るのだろう。歴史家たちは長い間、ナチの世界観の起源が、一方ではアルテュール・ド・ゴビノー、ヒューストン・ステュアート・チェンバレン、ジョルジュ・ヴァシェ・ド・ラプージュといった一九世紀の作家の神秘的でフェルキッシュ（völkisch　民族的）な反ユダヤ主義、人種至上主義、文化的悲観主義に、他方では社会ダーウィニズム、優生学、人種心理学（Volkerpsychologie）、犯罪学といった科学的人種主義にあると考えてきた。二〇世紀初頭には前衛的とみなされていた思想体系である。こういった人種の伝道者によって生み出されたほとんど読むに値しない小冊子を、初期のナチズムの理論家であるディートリヒ・エッカート、ヒトラーの側近で「党の哲学者」だったアルフレート・ローゼンベルク、「血と土」を論じた古参のナチ党員リヒャルト・ヴァルター・ダレ、人種理論家ハンス・F・K・ギュンターなどが第一次世界大戦後に簡略化し、仰々しい哲学的人種主義をさまざまな方法でプロパガンダ的な中身のない言葉に変えていった。同時に、生の哲学（Lebensphilosophie）、未来主義あるいは生気論といった、戦間期に流行した多くの思想は、ブルジョワ依存との決別を強調し、生命の本質を狭義の共同体の有機的な「体」に求め、ファシズムに向かう傾向があった。優生学と民族共同体（フォルクスゲマインシャフト）は戦間期にはけっして右派だけの思想ではなかったが、一九三〇年以降のドイツではそうなった。このことは多くを物語っている。なぜなら、ヴァイマル共和国の成立以来この国を分断してきた断層線が本当に影響を及ぼし始めたのは、大恐慌以降だったからである。(3)

しかしフェルキッシュ思想と人種科学のどちらがナチズムの起源をより適切に説明しているかという議論は、オランダの小説家ハリー・ムリシュが理解しているように少々的外れで、「ヒトラーにはゴビノーからローゼンベルクまでの著作物は必要なかったというのが本当のところだ。彼はそれを一種の権威ある伝統として評価した。それはヒトラー自身が持っていたはるかに恐ろしいもの、つまり神秘的な啓示の次、あるいは背後に続くものだった。彼には書く必要も考える必要もなかった。彼は「知っていた」のだ」[4]。言い換えれば、ナチの指導者たちはこういったテキストを勉強する必要がなかった。その多くを彼らはほとんど理解できなかっただろう。むしろ彼らは「適者生存」といったスローガンのなかで単純化されたバージョンを吸収し、人種という思想を信じたいがために、それらが道理にかなっていると「理解した」のである。なぜ信じたかったかと言えば、それは彼らが国家の再生、外国勢力によって被った国家の屈辱の解消、そして国内の敵の排除を約束する運動を指揮していたからである。だからといって、ナチズムは既存の思想の寄せ集めにすぎず、独創性や知的な厳密さを欠いていたので絶対的な影響を与えられなかった、あるいは世界観として真剣に受け止めるべきではなかったなどとは言えない。実際にはまったく逆のことが起きている。ナチズムを深刻に受け止めなかった人々は、「ナチの絶大な力を自らの肉体に感じた」のであり、私たちはナチのレトリックを論じる「だけ」でも、生死についての問題を論じていることになる[5]。

反ユダヤ主義はナチの世界観においてとくに重要だった。ナチズムが自らを反植民地闘争と認識すること、つまりヴェルサイユ条約の絶対的命令を覆し、それが国際ユダヤ人の隠れた手の仕業だと明らかにすることは、ナチの目から見れば、ドイツを外国の支配から解放することを意味した。そしてナチ指導者たちにとって、「外国の支配」は、過酷な債務返済や戦争責任条項以上に意味のあることだった。「外国の支配」からの解放とは、ドイツがこのような目に遭っているのは「ユダヤ人」が世界の指導者たちを陰で操り、秘密の陰謀団の指示に従わせているせいだと暴露することを意味した。このような考えは、ヨーロッパに中世から存在するユダヤ人嫌悪の上に成り立っていたが、それをはるかに超え、ユダヤ人についての既成概念を急進化させ、抽象的なユダヤ人を近代的な害悪の具現とし、反ユダヤ主義

を形而上学的な手引きに変えた。(6)

セルビアの小説家アレクサンダル・ティシュマは、アウシュヴィッツから生還したユーゴスラヴィア人カポ〔強制収容所の被収容者のうち看守の補助的任務を与えられた者〕が後年、収容所での自分の行為に苦しむという小説で、反ユダヤ主義のあらゆる理由を、自分のかわりに主人公のカポ、ラミアンの心のなかで語らせている。ラミアン自身もユダヤ人の血統だが、偏見と迫害を避けるために両親が洗礼を受けさせた。彼はユダヤ人をあらゆる健全な特質の対極にあるとみなす、さまざまな古典的反ユダヤ主義について次のように述べている。

根無し草で、国や言語への忠誠心を欠き、必要に応じて忠誠心を変え、あらゆる所属や境界を軽んじ、歴史、地理、国の色やシンボルに縛られることを見下す。マルクス主義者、フロイト支持者、エスペランティスト、フェミニスト、ヌーディスト、あらゆる革命の支持者、あらゆる目新しいことを受け入れる彼らは、日光浴の好きな猫の爪に突かれるまで、ネズミのようにあちらこちらを駆け回っていた。(7)

述べられている内容は人種哲学や社会ダーウィニズムとはあまり関係ないが、人種哲学も社会ダーウィニズムもナチの反ユダヤ主義の古典的主張を形成する背景となっており、この主張が古今の比喩的用法を排除による再生という憎悪に満ちたナラティヴにまとめ上げた。ナチズムは、贖罪の物語としての歴史を信じる偏執的な陰謀論だった。善と悪の闘い、つまりアーリア人対非アーリア人の闘いが歴史の中心にあり、ドイツ人民が生存圏を獲得するには、当然、あらゆる社会的・政治的な敵の排除を必要としたが、何よりも必要なのは、アーリア人文明を破壊しようとする黒幕、つまりユダヤ人を絶滅させるための生死を賭けた闘いだった[8]。ディートリヒ・エッカートは「ユダヤ人の秘密」について、彼らは「世界から精神的意味を奪うことを望んでいるのであって、それ以外の何ものでもないが、これは絶滅を意味する」と主張している。アルフレート・ローゼンベルクは、ユダヤ人の世界的陰謀の中枢にある秘密結社が出版したとされる『シオン賢者の議定書』を一九二三年に分析し、「ドイツ人居留地が汎ユダヤの私的なシンジケートに取り込まれつつある」と主張した。ナチ党綱領が一九二一年という初期の段階からヴェルサイユ条約の破棄や「ドイツ民族を養い過剰人口を定住させるための」土地取得を主張していたのは驚くには当たらないし、また次のようにも主張している。「民族同胞だけが国民になれる。どの教会に属していようが、ドイツ人の血を引く者だけが民族同胞になれる。ゆえにユダヤ人は民族同胞にはなれない[9]」。当時の観察者たちがナチの反ユダヤ主義にたんなる野心や政治的立場や支配のテクニック以上のものを見たとしても不思議ではない。著名な弁護士でユダヤ系イギリス人のネヴィル・ラスキは一九三九年に次のように書いている。「反ユダヤ主義はナチズムの枝葉の事柄ではない。ナチの信条のまさに根元であり、とくに指導者の心のなかでは、教義の本質なのだ[10]」。ナチの犠牲者たちは、このことをとりわけ明確に理解していた。アウシュヴィッツからの生還者で反ファシスト運動家として知られるエラ・リンゲンス゠ライナーは、戦後まもなく出版した本に次のように書いている。「反ユダヤ主義はナチの信条の基本教義のひとつであっただけでなく、総統という神聖な存在は別として、おそらく教義の唯一のポイントであり、比較的理性的なナチでさえ論じようとはしなかった。信じるか信じないかのどちらかだった[11]」。

第一次世界大戦後

こういった知的傾向だけでナチズムの出現を説明できるのだろうか。当然、答えはノーだ。思想を運用できるようにするためには、あるいは実現するためには、社会と政治の環境を変える推進力が必要だからだ。工業化に伴う経済的変化、人口動態の変化、社会的変化といった背景すべてが、ナチズムには必要だった。しかしそれは二〇世紀のいかなる運動にも同様に当てはまる。私たちはナチズムが生まれた背景である大規模な文脈は説明できるが、他のファシスト集団や独裁政権と比較しても、ナチの世界観を特徴づける特定の活力や貪欲さを説明することはできない。そしてナチズムがファシズムの急進的な異型だったことを覚えておくのは重要だ。[12]歴史家トマス・メルゲルの観察によると、一九一八年以降のヨーロッパの独裁国家で、「ナチほど社会を徹底的に改造しようとした政権はなかった」[13]。ナチ・ドイツがもっともよく比較されるスターリンのソ連と比べても、ナチズムの特徴である終末論的な側面と、それに対する民衆の絶大な支持は独特だ。[14]ここでは、次のような循環論法が働いていることになる。思想が行動を駆動する。暴力的で犯罪的な体制を促すイデオロギーを探しているときには、私たちはとくにそう考えている。しかし一方で、思想は変化する状況から生まれるのである。国民社会主義のような桁外れの現象の出現をより正確に説明するには、いくつかの点を詳しく見ていく必要がある。新たな反ユダヤ主義者やフェルキッシュ思想の持ち主、優生学者が信奉するような多くの思想が二〇世紀初頭には広まっていたが、それがドイツの国家政策の基本的な原動力となるまでに何が起こったのだろうか。

変化をもっとも促したのは第一次世界大戦だった。その重要性は、当時のナチ側の論者も敵側の論者も、何世代にもわたる歴史家も、ほぼ見過ごさずにきた。歴史家ベンヤミン・ツィーマンが述べているように、第一次世界大戦は「ドイツのあらゆる政治集団の政治的想像力に大きな影響を与え、国民の帰属意識、階級意識、市民意識の概念を根本的に形成した」[15]。当初から、左右の政党はヴァイマル共和国の全一性を危うくするどころか、完全に破壊する恐れがあった。あらゆる面で、ドイツの政治家たちはカイザーの支配するヴィルヘルム帝国の記憶と、戦時の軍事独裁下でドイツは調和していたという幻想に囚われたままだった。それは政党間の対立をおそらく超越したもので、政党民主主義固有の対立が存在する一方で安定を渇望するという矛盾を引き起こした。ヴェルサイユ講和条約は、共和制がまさに誕生した際、こうした内在する矛盾を前面に押し出した。条約を支持したのは議会のぎりぎり過半数で、政治的対立を超えた支持者の多くも、連合国が含めるよう主張した戦争責任条項には嫌悪感を示さざるを得なかった。メルゲルが指摘しているように、「そういった意味では、ドイツ初の民主主義には、その存在を可能にした諸条件を当初から詳細に見直したがっているという特徴があった」[16]。

以来、学童たちは何世代にもわたり、ヴェルサイユ条約がヒトラー台頭の主因だと教わってきた。しかし実際には、ヴァイマル共和国ではいかなるイデオロギーを持つ政治家も、ほとんどが条約に反対していた。ナチズムが政権を掌握したのは一九三三年で、条約についての議論がまだ新鮮だった一九二三年ではない。哲学者で歴史家のR・G・コリングウッドがヴェルサイユ条約について述べているように、「導火線の火花だけが爆発の原因ではない」のだ[17]。屈辱感とドイツの名誉回復への願望は、戦間期を通じて明らかに重要な問題だったが、それはナチに限ったことではない。しかし世界大恐慌の頃には、そして政権が目まぐるしく交代したあとには、多くの有権者にとってナチはまだ試されていない最後の選択肢で、紳士クラブ（Herrenklub）（政治家のエリートクラブで、大多数の国民が苦しんだなか、大恐慌を無傷で乗り切った人々だと一般の有権者からは信じられていた）とのかかわりに汚されていない唯一の選択肢と思われた。一九二五年以降、そして決定的になったのは一九三〇年以降だが、ヴァイマル憲法の有名な第四八条（大統領緊急令）によって大統領の支配傾向が強まり、緊急命令による統治が常態化した趨勢のなかでは、ナチへの方向転換はさほど大きな影響を及ぼすものではないように思われた。ナチが政権に参加できたのは、伝統的な保守エリートが政権を死守したいというはかない望みを抱いて下した決断に加え、ナチが選挙で勝利したからだった。一九三二年七月の得票率は三七・三パーセント、一九三二年一一月の得票率は三三パーセントで、NSDAP（国民社会主義ドイツ労働者党）〔別称ナチ党〕はヴァイマル・ドイツの最大政党となった。

さらに重要なのは第一次世界大戦が市民権や帰属意識に新たな意味をもたらしたことで、それは世界がどのように機能しているかについての一般大衆の感覚を脅かし、独裁政権だけが安定を回復させるという思い込みを引き起こした。「祖国のすべてがよろめき始めた」と一九一八年の秋、ある国民社会主義者が述べている。[18]ドイツがユダヤ人とボリシェヴィキ（あるいはユダヤ人ボリシェヴィキ）によって背後から刺されたという伝説は、ヴァイマル時代を通して反共和制を唱える右派のレトリックを赤い糸のように貫いており、ナチの政権掌握後は、ナチの取った手段を正当化するため、何度も繰り返しアピールされた。ヴァイマル憲法第四八条が具現した例外状態は目新しいものではなかった。ドイツもフランスも戦時中は軍事独裁政権として運営されており、ポワンカレ大統領はフランスに非常事態を宣言し、それは一九一九年一〇月一二日まで続いた。

例外状態の大きな特徴のひとつは収容所だった。収容所（比較的最近考案された木造のバラックが遍在していた）[19]には八〇〇万から九〇〇〇万という前例のない数の戦争捕虜が収容された。これは軍服を着ている兵士の九人にひとりに当たる。このような莫大な数は、近代国家が人々を輸送し収容する能力を有していたことを物語っている。そして近代技術が戦争行為に利用され、世界における自分たちの位置づけに対する人々の理解がそれによってどう変わったかも物語っている。ロシアに捕らえられたオーストリア＝ハンガリー帝国の戦争捕虜の九パーセント以上、オーストリアに捕らえられたイタリア人兵士の約二〇パーセント、といった大勢の戦争捕虜が亡くなったが、それは本人の生きる能力というよりは、十分な食糧を与えないという国家の決定によるものだった[20]。

第一次世界大戦ではヨーロッパで初めて、多数の一般市民が抑留された。ヨーロッパ列強の海外の植民地では、奴隷制の時代以降、そういった事態は定期的に起こっていた。拡大する米国、ドイツ領の南西アフリカ、イギリス統治下のオーストラリアで、住民グループ全体が土地や財産を取り上げられ、強制的に退去させられたのだ。第二次世界大戦後、フランツ・ファノンやエメ・セゼールといった反植民地主義の作家は、ファシズムを一種の「帰ってきた植民地主義」だと主張したが、それを裏づける動きのなかで、このような収容所がヨーロッパにも見られるようになった。第一次世界大戦末期に、ドイツでは一一万一八七九人ほどの「敵性民間人」が、イギリスでは二万四二五五人のドイツ人、オーストリア人、ハンガリー人が収容された。オーストリア＝ハンガリー帝国のイタリア人は、「場違い」という理由で国外追放されるか、強制収容所と呼ばれる施設に収容された。このような方法で民間人を検挙し収容した理由が何であれ（スパイへの恐れ、報復としての拿捕、あるいは強制労働させるためというのが一般的だった）、第一次世界大戦末期に帝国から国民国家への移行が具体化しつつあるなかでこういった行動が取られたのは、国家が自国の概念に新たな緊張感と被害妄想を抱いていたからだった。無国籍という概念はこの時代に生まれている。ヨーロッパに難民の最初の大きな波が押し寄せた時期でもある。革命の結果、ロシアからの移民を収容するための難民キャンプが設置され、戦争末期には「人口移動」という婉曲的な呼び方で民間人が移送された。第一次世界大戦後のヨーロッパは狭義の国家帰属意識に取り憑かれ、それまで以上に、脅威的なよそ者（とくに国内のよそ者）に対し恐怖と幻想を抱くようになった。

こういった大規模な人口移動と市民権の意味の変化は、特定の集団に対する既存の恐怖や幻想と交錯した。たとえば、ヨーロッパ全域でファシズムを推進した要因のひとつである共産主義への恐怖について言えば、ロシア人戦争捕虜の存在がドイツ人の恐怖を（事実無根だったが）高めた。共産主義革命の成功がドイツにも迫っているのではないかと考えられたのだ。ドイツ全土の収容所に一四〇万人以上のロシア人戦争捕虜が収容されており、彼らがひとたび解放されれば「はるばるライン川まで世界的革命を広めるための革命軍を結成する」ことは容易に想像できた。[21] スパルタクス団の蜂起を鎮圧するために、エーベルト大統領が義勇軍（フライコール）（一九一八年に復員を拒否した急進的右派の民兵組織）の招集を決断したのは、戦争、ファシズムの出現、ヴァイマルにおける民主主義者のジレンマが地続きであることを示していた。社会民主党の大統領だったエーベルトは、この共産主義者の蜂起を鎮圧するために、急進右派の武装メンバーに頼らざるを得なかった。ヒトラーは『わが闘争』のなかで、戦後の混沌とした状態について次のような解釈（ナチの影響力が増すにつれてこの解釈は広く大衆に受け入れられることになる）を主張している。戦争によって「ドイツの英雄の血」は「取り返しのつかないほど」流れたが、「革命の真の組織者であってその実際の黒幕」は「国際的ユダヤ人」[22] なのだ、と。

このような恐怖は戦後の混乱のなかで容易に明確化し、広く受け入れられた。旧帝国が崩壊し、形式上民主的な憲法を持ちながら民族的には国家主義的な願望を抱くポーランドのような新たな国民国家が暴力的に誕生したことで、中欧および東欧の人口動態、政治、宗教、言語の状況は完全に塗り替えられた。この再形成に伴う混沌と混乱は、歴史家のキャシー・カーマイケルが、ヨーロッパ全域に及ぶ「排除主義者の集団」と呼ぶもの、つまり暴力によって民族の同質化を達成しようとする過激派を生み出す大きな要因となった。[23] ドイツの場合、新たな共和国は敵意のなかで誕生し、敗戦は裏切りのせいにされ、国民の屈辱とそれを克服しようとする意志とが、社会が結束する数少ない源泉となっていた。急進的なものへの準備はこれで整った。フェルキッシュ思想と第一次世界大戦の影響が組み合わさって、ナチズムのビジョンの出現とそれが生み出した暴力につながったのだと言えよう。世界大恐慌という不測の事態がナチズムに対する大衆の急激な熱狂を後押しし、エリート層は有権者に従ってヒトラーを政権に招き入れるという危険な賭けに出た。しかし民族共同体（フォルクスゲマインシャフト）が繁栄できるドイツ帝国、つまり生存圏（レーベンスラウム）をヨーロッパに建設するという意欲を理解するには、ナチにとって人種が何よりも重要だったことを理解しなければならない。

人種——血で考えるということ

ナチズムに明確な知的系譜を探すのは誤っている。ナチが人種について理路整然とした考えを持っていて、時と場所を超えてそれを矛盾なく適用していたと考えるのが間違いであるのと同じだ。しかし一貫性や知的な厳密さを欠いていたからといって、ナチの人種についての妄想が情熱的でなかったとか、破滅的でなかったということにはならない。

ナチにとってヒトラーは、第一次世界大戦後のドイツ右派にありがちな恐怖や幻想の多くを体現した指導者だったが、彼は内気かと思えば舞台上のカリスマに変貌し、むっつりしているかと思えばわめきちらす、奇妙な人物でもあった。彼の「ランツベルクの聖書」、すなわち『わが闘争』は、一九二三年のクーデター失敗後に書かれ、教養ある人々からは嘲笑され、翻訳者からは激論の的にされたが、ヒトラーに富をもたらしただけでなく、権力を掌握したあかつきには何をするかについてのかなり正確な手引きでもあった。[24] もっとも重要なのは、この本によって、ヒトラーが自らの世界史的使命に対して抱いていた壮大な意識が明らかになったことだ。どのページにも、尊大で無自覚な言い回しが並んでいる。

したがって、ユダヤ人は今日ドイツの徹底的破壊を狙う大煽動者である。われわれがこの世界でドイツに対して書かれた攻撃を読む場合には、その製造業者はつねにユダヤ人である。まったく平和時代であろうと戦時であろうと変ることなく、ユダヤ人の金融新聞およびマルクス主義新聞は、ついに諸国家が続々と中立性を放棄し、自国民の真の利益を断念して世界大戦の連合国に役立とうと参加するまで、ドイツに対する憎悪を計画的にあおったのである。[25]

当時、これを真剣に受け止めた評論家はほとんどいなかった。彼らはヒトラーを風刺の対象としてしか見ていなかった。風刺は重要だったが、同時に致命的な誤りも招いた。ヒトラーの発言が本気だと認識していなかったのである。労働党の有識者、ハロルド・ラスキはこう述べている。多くの人々にとって「残酷で腐敗した寡頭政治にたいして大多数が無力な奴隷である世界、力による支配のみが存在し、力だけが支配にとって十分な資格をもつものだと確信させられる世界を、二〇世紀の子供が誰一人として、真面目に想像し得るなどとは、信じがたいことであった[26]」。例外は、一九三八年にドイツから亡命した法律研究者、セバスチャン・ハフナーだ。ハフナーは次のように理解していた。

言ってみれば、ヒトラーを思想史のなかで示し、歴史的なエピソードに貶めることは、見込みのない事業であり、非常に危険な見当違いを招くだけだ。この人物を正確に評価するには、まったく逆の方向から考え、ドイツとヨーロッパの歴史をヒトラーの私生活の一部と考えれば、もっと前進できる。[27]

『わが闘争』は二流の頭脳によって生まれた、とりとめのない支離滅裂な本だったかもしれないが、その暴力性、自己確信、無限の憎悪、途方もない幻想のなかに、ひとつの世界観の基盤となるものが提示されている。それが演説や法を通じて大衆に提示されると、合理的な意思決定や、有権者の判断基準になると評論家がみなしがちな費用対効果分析とは無縁な魅力を持つことが証明された。

ナチズムを直接経験し、よく知るドイツ人のなかにも、ナチの人種的強迫観念を熟知している者は少数だが存在した。[28] 一九三三年に出版された、ナチの人種思想に関する洞察に富んだ研究書のなかで、哲学者エリック・フェーゲリンは、ユダヤ人が人口に占める割合は非常に低いのに、ドイツ人の「対抗概念」となったのはいかに「驚くべきこと」かと述べている。これは「ドイツ人側の劣等感、ユダヤ人に支配されることへの恐怖（これは反ユダヤ主義の文献のなかで繰り返し述べられている）、そしてアーリア人、とくにドイツ人を究極的で全面的な経済的奴隷にしようと狡猾に企む悪魔のような全ユダヤ人の世界組織の存在をドイツ人が信じていた」せいだと彼は主張している。フェーゲリンによれば、この考えは「ユダヤ人について何も明らかにしておらず、むしろ絶対的なものとみなされている共同体について大いに明確化している。[29] その共同体と比べれば、ユダヤ人などなきに等しいのに」。フェーゲリンはナチが人種幻想を裏づける科学的証拠を探していることをよく承知しており、反ユダヤ主義はおもに政治的目的のためのもの、団結した非常に排他的な共同体を作り上げるためのものだと主張した。「理性的な人類学に超越論的に揺るがされることもなければ、生物学や科学的人類学の流れに本質的に深く影響されることもない独断的な考え」と連携した人種理論は、実際には「科学的迷信のたぐい」だった。[30]

フェーゲリン自身は人種について準神秘的な考えを持っているのではないかと嫌疑をかけられ、現象学者オーレル・コルナイ（ユダヤ教からカトリックに改宗した）に「すばらしい洞察力と冷静さを備えたファシストの学者」と非難されている。[31] コルナイはフェーゲリンのファシズムへの共感度を誇張して述べているが、コルナイが今もナチ思想に関する優れた研究書とされる『西側との戦い』を出版した一九三八年当時、そういった主張をしたのは無理もない。この大著の一二〇ページにわたる「国民と人種」と題した章は、『わが闘争』のもっとも悪名高い章のタイトルを意識的になぞっており、批判的分析の傑作だ。ナチの思想を矛盾語法として退ける過ちを犯すことなく、コルナイはナチの人種哲学者たちの思想を掘り下げて研究し、辛辣に批評している。エーヴァルト・バンセ、ルートヴィヒ・シェーマン、ルートヴィヒ・フェルディナント・クラウス、エルンスト・クリーク、アルフレート・バウムラー、ハンス・F・K・ギュンター、アルフレート・ローゼンベルクその他多くの作家（ほとんどが学者で、全員男性）を引き合いに出して、コルナイはナチズムがいかに国家と「民族（フォルク）」を同一視しているか、いかに戦争行為に没頭しているか、とりわけアーリア人の血をいかに守ろうとしているかを示した。コルナイは人種思想が厳密に科学的な側面よりも神秘的な側面を重視している点に着目し、フェーゲリンと同じく、ナチズムについては、「私たちは人類や正しい人種といった人類学的テーマにはまったく関心がなく、政治的・社会的・哲学的理由から、ネオ・ドイツ的な重点が人種に置かれていることに関心を抱いているにすぎない」と述べている。また、とくにエルンスト・クリークを引き合いに出しながら、「人種という哲学的信条は一種の原始的で宗教的な威厳を主張するもので、不確かで変化する科学的研究による裏づけに左右されるものではない」と嫌悪感を露わにしている。[32] こういった洞察は一九三〇年代にはおそらく受け入れやすかっただろう。一九四二年になっても、コルナイの主張はイギリスのナチズム支持者に薦められている。「コルナイ氏の本には、世界が見たことのない精神的背徳と邪悪さが綴られているので、ロンドンデリー卿やネヴィル・ヘンダーソン卿のような人物〔ともに親ナチと言われていた〕や英独親睦会の人々全員が、この本を読まなければいけない」[33]。対照的に、ヨーロッパが荒廃し何百万人もの死者が出た戦後には、ナチズムを思想体系として深刻に受け止めたこの種の哲学的分析は、不快だとみなされた。ナチズムを一種の「狂気」として退けるほうが簡単だったのだ。実際、一九四五年以降は、ナチズムを西側のリベラルな規範から逸脱したものと理解する分析が優勢になった。どの分析にも評価すべき点はあったが、ナチのイデオロギーを厳密に分析する必要性を回避し、ナチズムが人種の統合という神秘的な思想にどれほど本気で傾倒していたかを正しく評価できていなかった。

　戦前のドイツ国外には、ナチが人種にこだわる深刻さを評価するだけの洞察力や理解力を持つ評論家はほとんどいなかった。二〇世紀前半には教養の有無にかかわらず、人種というくくりでの思考が社会集団すべてに共通していたという事実を考えれば、これはいささか驚くべきことだ。優等人種と劣等人種という概念は、推進されたわけではないにせよ、一九世紀ヨーロッパの帝国の拡大に伴って生じたものであり、植民地における最悪の残虐行為は、軍事面や費用便益面だけでは筋が通らないが、人種というレンズを通して見れば説明できる。たとえばベルギー領コンゴや、シエラレオネ、〔マラヤの〕ペラ州、スーダンにおけるイギリスの「小規模戦争」などだ[34]。「人種の改良」を目的とする優生学は、少なくとも一九二〇年代まで、右派の知識人と同じく左派の知識人にも見られた過激な考えだが、左派の知識人が、「弱者」を排除するという考えに不思議なほど興奮したアンソニー・M・ルドヴィチのように暴力的な熱意をもってビジョンを語ることは、めったになかった[35]。白人至上主義者たちは、とくに米国に限ってのことではないが、多元発生説という考え〔人間には進化上の起源が複数あるという考え〕に基づいて、黒人と白人は同じ種に属するのかという疑問を投げかけ、解放後の黒人の分離を正当化した。[36] とはいえ、環境による要因を排除して生まれつきの特質を重視する考えは、戦間期の他のどこの国よりも、ドイツの優生学（ドイツでは人種衛生学、Rassenhygiene と呼ばれていた）の特徴だった。[37] イギリスでは下水道といった公共インフラの整備が、下層階級は本質的に病的で堕落しているという主張に対する明確な反論となった。移民の国、米国では、ドイツ生まれの人類学者フランツ・ボアズが、社会的・経済的状況が改善されれば、移民の子どもはその両親よりも健康で頑強になることを明らかにし、堕落した階級は本質的に変えられないという強硬な優生学者の主張が誤りであることを証明した。[38] カトリック諸国では、カトリックの知識人と優生学者の間に協力関係があったものの、神の意図に干渉するという考えにはかなりの反発があった。[39]

人種に対する考えが非常に支配的になっていたドイツと他の国々との違いは、それゆえに科学的な裏づけがあるかどうかといった問題ではなかった。むしろ、ナチズムは準神秘的な帰属意識を提供したのだ。ジョージ・L・モッセやウリエル・タールといった戦後の歴史家たちは、信仰にも似たナチズムの特質を強調し、ナチズムを終末論の一形態と理解した。ナチ指導者にとって諸悪の根源にほかならない「国際ユダヤ人」との戦いの名のもとに、ナチズムはヨーロッパを破壊という致命的な道へ駆り立てたと考えたのである。[40] しかし第三帝国において差異の構築と抑圧を担うのは、日常的にはおそらく、人種科学とそれを管理するために設置された機関、人種法廷と家系査定者だった。彼らの任務は、人々を人種のカテゴリーに分けてアーリア人証明書（Ariernachweis）や福祉を受けるための証明書や共同体に属する権利の認証を与えることから、断種法やのちの安楽死計画の根拠となる優生学的原則の設定、さらには非社会的な人々や労働意欲のない人々、ロマ、同性愛者、売春婦といった好ましくない人々の撲滅運動に至るまで、多岐にわたった。民族共同体（フォルクスゲマインシャフト）との違いやそこからの排除は、おそらくは科学原理を適用する問題だっただろう。[41]

ナチは人種をすべての社会現象の根本だと考えており、したがって人種は第三帝国の一種の統一的枠組みを提供するものだった。同時に、人種は同質でも安定した概念でもなかった。歴史家たちはイデオロギーが単一かつ不変の現象ではないことを示してきた。実際、ナチのイデオロギーは第三帝国の発展とともに構築され急進化した。そして同様に、人種の意味もそれが帯びるものも、ひとつではなかった。人種は国を指すこともあれば、関係する民族間の関係という超国家的な考えを指すこともあり、また、身体的・精神的特徴を指すこともあった。さらに科学的な分析やプロパガンダの対象となることもあった。実際のところ、それらをきれいに区切ることはできなかったものの、第三帝国における差異の構築と抑圧は、科学的な側面と神秘的な側面両方に基づいていた。科学的な人種思想と神秘的な人種思想は、最終的には同じ方向、つまりアーリア人種賛美へとつながった。しかし当時は、多くの人種理論が科学に基づくものとして世界じゅうで受け入れられていた。私たちが今日まったく幻想にすぎないと理解している概念だ。ゆえに劣等人種や、アーリア人の「堕落した者」がもたらす脅威は科学的に正しいというナチの考えを検証するのは、一方では理にかなっている。しかしこういった「科学的な」主張と、ユダヤ人の政治的野望についての主張、つまりユダヤ人がアーリア人を粉砕し世界征服を企んでいるという主張とは区別すべきである。ユダヤ人が陰謀をめぐらすのはユダヤ人固有の不変の人種的特質のせいだというならば、そこには何の科学的根拠もない。

人種のプロパガンダを単純かつ一貫性のあるものにする仕事は、ヴァルター・グロスに任された。NSDAPの人種政策局（Rassenpolitisches Amt）局長だったグロスは、ラジオ放送、演説、大衆雑誌『ノイエス・フォルク』を通じて、弱者や病人からアーリア人を守るというナチのメッセージを熱心に広めた。それによって彼は、「民族体（Volkskörper）」を個人ではなく社会的価値の尺度にした。彼は正当性を科学に求めたが、その一方で、子ども向けのラジオ放送で述べていたように、自分のメッセージはもともと科学的なものではないと強調していた。「私たちにとって血と人種についての教えは、生物学の重要かつ興味深い部分を意味するのではなく、何よりも、政治的・哲学的な原理を意味するのであって、それは人生の多くの問題に対する姿勢を基本的に決定する」。この立場は遺伝の原則に基づいており、それによれば個人の能力は特定の人種に属する結果であって、個人が優秀か否かだけによるものではなかった。「人類の人種的な差異にある深遠で精神的な意味の認識」は、世界の人種の「同等化」をもたらそうとする「病的な野望」への反論だった。[42] グロスの世界観はかなり雑で、哲学的な響きを持つ用語で飾り立てられており、信頼に値するドイツ的価値観を、「国際ユダヤ人」が民主主義や弱者への配慮という堕落した倫理とすり替えて人種の悪化を引き起こした、というナチならではの論理を展開するものだった。人種の繁栄に関するグロスの熱心な提唱は、「ドイツ史に流れる血の声」という存在への信仰と、「偽りのヒューマニズム」や「誇張された哀れみ」の拒否に基づいていた。[43] 血は何よりも重要だったのだ。

これは科学というよりは倫理や政治から導かれた見解だった。ある学者はこう書いている。「ナチの理論家は、ユダヤ人がドイツ人を人種的に汚染しただけでなく、歴史に倫理を、とくに西洋の倫理的な言説に良心という道徳的なものを持ち込んだと非難した」。その結果、強者はかつて明晰さと自信をもって弱者を支配できたのに、それができなくなったというのだ。[44] ノーベル賞を受賞した物理学者、ヨハネス・シュタルクは、SSの機関紙『ダス・シュヴァルツェ・コーア』で、人種における反ユダヤ主義の勝利は「部分的勝利」にすぎないと述べている。「われわれはユダヤ人の精神も根絶しなければならない。彼らの血は、美しいアーリア人の道を保持していれば、今日も以前と同じように妨げられることなく流れることができる」[45]。ユダヤ人に関するこういった主張は、それらが自然法則に一致しているとし、ユダヤ人の不変とされる特徴を特定した点で人種的だった。しかし物理的な人類学的測定という意味での科学や、病気、血清学、遺伝学に関する実験室での実験にはほとんど役に立たなかった。ギュンターのような大衆的な人種理論家とグロスの違いは、実権を行使するそれぞれの能力にあった。ギュンターはヒトラーに称賛され、ユダヤ人についての学術研究（Judenforschung）の分野では大きな影響力を持っていたが、意思決定者ではなかった。グロスは、ナチの政策立案者にはユダヤ人に対してより厳しい姿勢を取るようつねに強く勧めていたが、一般大衆に演説する際には控えめな表現を使った。SSのメンバーでなかったため、グロスはけっしてアドルフ・アイヒマンやラインハルト・ハイドリヒといったレベルの権力を手にすることはなかった。それにもかかわらず、科学用語と、ドイツにとって何がいいか悪いかという「精神的な問い」を織り交ぜることで、アメリカ大使ウィリアム・ドッドが言うように、ナチの人種イデオローグを代表する人物となった[46]。

グロスのような強い影響力を持つ人種思想家は、アーリア人の優越性、弱者を絶滅させる必要性、ユダヤ人の脅威といったメッセージを、科学に裏づけられたものだと主張して広めた。しかしこういった科学という風格をまといながら、グロスは人種や排除すべき人間の問題に対応しないとドイツ人に危機が及ぶという政治的な主張をしていたのである。歴史家クローディア・クーンズが述べているように、「ヒトラーとその同志たちは、独習型の偏執者で、夢想的北欧人種主義と粗雑な反ユダヤ主義を一緒くたにしていた。遺伝子型（ジェノタイプ）、表現型（フェノタイプ）、頭蓋骨測定、メンデルの遺伝法則といった難解な用語はちんぷんかんぷんで、どうでもよい話であった」。グロスは医師だったため、ナチ指導部の見解に科学的な裏づけを与えるように見せることで、彼らに好印象を与えた[47]。しかし彼とナチ指導者たちが信奉していたのは、実際には神秘的な政治的・倫理的アジェンダだった。優生学者フリッツ・レンツは早くも一九三一年にはヒトラーを称賛していたが[48]、一九三三年に「価値原理」としての人種について述べることで、ナチの望む真理により近づいた。同様に政治学者でハイデルベルク大学学長だったエルンスト・クリークは、驚くほどあからさまに、次のように書いている。「われわれは、チェンバレン、なかでも総統の教えから、人種が存在する事実を学び、もしかすると人種の存在自体を知るには、人工的な科学手段を用いる必要さえないのかもしれない。［…］人種の存在は疑いもない。なぜならわれわれは心の中に、精神に、魂に人種は宿っており、そうでなければ、人種が真実になるよう望んでいるからである[49]」。さらに重要なのは、正真正銘の権力者ヨーゼフ・ゲッベルスが、一九四三年にその内なる本質に従って行動せずにはいられないので、「国家と人民を消滅させる」と述べたことだ。ユダヤ人は国家の安全保障の問題として「ヨーロッパから全ユダヤ人を破壊する」、それゆえに彼らこそ破壊されなければならない、としたのである[50]。これはナチの人種イデオロギーの好例だが、その主張は科学に従順でもなければ、科学に依存しているわけでもない。科学者たちがその権威を利用してそういった声明を擁護した場合は別だが。

ここで重要なのは、フェルキッシュ思想の複雑な系譜や、人種の起源と発達についての学術的な議論に、政権が関心を示さなかったという点だ。むしろ政権は、ユダヤ人への恐怖と嫌悪に対置されるものとして、またユダヤ人への攻撃を正当化するものとして、ドイツ民族の偉大さについての明確でわかりやすいメッセージを求めていた。これは露骨な攻撃の正当化を思想に求めるといった、単純で唯物論的な見解ではない。実際、露骨な攻撃は、そういった思想の力がもたらした結果の一部だった。しかしナチの指導者にとって、その説得力は長い研究の末に到達した結論ではなく、その単純さと人種の宿命を信じたいという願望にあった。たとえばエルンスト・クリークのような政治学者ならば、学術誌『フォルク・イム・ヴェアデン』で「フェルキッシュな政治人類学」を支持することもできたが、それによってナチの「公式の」理論家アルフレート・ローゼンベルクとの対立が生まれた。学術的なアプローチはあまりにも複雑だったのだ。[51]

人種科学と人種神秘主義は簡単には切り離せないし、ナチの思想家たちにとって、その区別は無意味だった。ナチが支配するヨーロッパの至るところで人種科学が盛んになったのは、ドイツの優生学と人種人類学の力、財政的支援、アピールに負うところが大きかったが、ホロコーストとして知られるようになるユダヤ人への攻撃は、ナチの優生学の論理的な派生物ではなかった（あるいはそれだけではなかった）。ユダヤ人に特殊で危険な特質があるという考えは、もちろん人種イデオロギーの表れだったが、それはユダヤ人の身体的、あるいは精神的特徴に関する優生学あるいは人類学研究から生まれたものではなく、「血で考える」という神秘的な考えや、民族共同体（フォルクスゲマインシャフト）の統一に基づくナチ的倫理の必要性や、危険なユダヤ人の倫理および世界的陰謀と距離を置く必要性から生まれたものだった。[52]ナチの医学と人種科学についての専門家が述べているように、「科学は人口を整理し駆除するという巨大なシステムの一要素だったが、進化生物学から導き出すのは難しいナチの狂信的価値観と融合させる必要があった」。[53]ヒトラーは明らかに低俗な科学用語を使い、世界の多くの優生学者に倣って、自然は人種交雑の可能性を制限し交雑が起こらないようにすると主張し、「人種の自然的更新過程」は「人種的に純粋な要素の基礎が生き残り、さらなる人種の粗悪化が起こらないかぎり」起こり得ると主張した。[54]同様に、ＳＳと

SD〔親衛隊保安局、SSの諜報機関〕の知識人たちも人種科学にもちろん夢中だったが、それはおもに既存の人種政策に好都合だったからで、そのなかでユダヤ人は先天的に危険な人種と考えられていた。[55] 生物学的人種理論と政治的（あるいは生政治的な）人種理論がある程度切り離せないものだったとしても、生物学的人種理論がそれほどまでに成功したのは、ひとえにそれらが科学の世界とは無関係に存在する政治的人種理論の裏づけを提供したからだ。その結果、実際に存在した範囲での民族共同体（フォルクスゲマインシャフト）もホロコーストも、科学者の測定によって生み出された統計ではなく、ユダヤ人の陰謀がアーリア人にもたらす脅威という政治的判断から引き起こされた。

人種についてはこのくらいにしておこう。一部のナチが試みたように、その概念を神秘化し、神聖視しないことがきわめて重要だ。同時に、人種が社会的・概念的な標識や偏見の源としての力を保持しているとしても、今私たちがしているように、生物学的・人類学的概念としては無意味だと主張していると、ナチ指導者にとっておそらくもっとも重要な原動力を見落とすことになる。ナチ思想家の、そしてナチが実践したことにおけるこの概念が、不安定かつ多義的な性質であったにせよ、第三帝国が自らを「人種的に整えた」ことは明らかだ。[56] 善と悪の闘いというナチズムの終末論的世界観（アーリア人対ユダヤ人と同義）において、ユダヤ人はアーリア文明が勝利を収めるために粉砕しなければならない形而上学的な悪の代表だった。ヒトラーは、アーリア人を救済する歴史の弁証法的な動きを明らかにした一種のシャーマンとみなされた。社会理論家のノルベルト・エリアスが書いているように、「ヒトラーがドイツで素朴な部族集団の雨乞祈禱師か魔法使いかシャーマンに酷似した機能を果たし、酷似した特徴をもっていたと言うのは、決して言葉のあやではなく、事実の確認にすぎない。雨乞祈禱師が長期間の乾季のために飢えや渇きに怯えている人々に向かって、雨をふらせてやると断言するのと同じように、彼は動揺し苦しんでいる国民に向かって、最も望んでいるものを与えてやると断言した」[57]。あるいは、偉大な人類学者ブロニスワフ・マリノフスキが老年になってから講演旅行に出かけた米国で、ナチズムの危険性を警告し主張したように、日常生活における魔術の重要性を明らかにしたメラネシアでのフィールドワークが、現在の全体主義にも同様に当てはまるかもしれない。マリノフスキはこう書いている。「人種におけるアーリア人の優越性と支配者人種による世界支配の権利という教義は、本質的に神秘主義的だ」[58]。マリノフスキにとって、魔術はたんなる「白昼夢のシステムではなく、憎しみや絶望の自然な発露でもない」。むしろ実用的な「行動の一形態」で、その「結合機能」が、その最大の特徴だ[59]。ナチにとって、人種はアーリア人共同体を結びつける魔術だったのだ。

実際、この「結合機能」はきわめて重要だが、あれほどまでに多くのドイツ人がこの人種構想をなぜ受け入れたのか、その理由は単純ではない。たしかに、多くの人々がこの人種構想を信じる道を選択した。ヴィルヘルム二世時代以後のドイツに文化的慣例として存在した反ユダヤ主義が、人口の九五パーセントが教会の敬虔な会員であるこの国で、伝統的なキリスト教徒のユダヤ人嫌悪と結びついたことは、重要な背景だ[60]。しかし歴史家ソール・フリードレンダーが言うところの「贖いの反ユダヤ主義」を国家の政策の中心に据える必要があるほど、ドイツ人の大多数が「ユダヤ人」をアーリア人にとっての脅威と心から信じていたとは考えにくい[61]。より直接的な原因は、ヴェルサイユ条約後にドイツ人が感じた国家的屈辱や、インフレと恐慌によってもたらされた確実性の喪失などで、その結果、多くのドイツ人は自分たちが抱える問題に対する単純な答えを求めていた。一九三〇年代に歴史家ルーシー・ヴァルガが述べたように、「足下の地面がなくなるような感覚」を味わった人々は、ドイツの偉大さの再生を約束してくれる答えを求めていたのだ[62]。農場を抵当に入れなければならなくなった父親を持つある男性は、ナチに傾倒した理由を次のように説明している。

> 先祖代々三〇〇年以上耕してきた土地から父を追い出す、とユダヤ人は脅した［…］悪の張本人とも言うべきユダヤ人は皆、自分の計画を達成するために農夫を手なずけなければならなかった［…］一九三〇年以降、私はドイツ国家人民党［DNVP、右派政党］に背を向け、ナチ党の会合に定期的に出席したのち、国民社会主義に傾倒した。(63)

ヒトラーの政権掌握後、絶滅による救済というナチズムの神聖なナラティヴに専心したのはごく少数の信者だけだったものの、大多数のドイツ人はさっさとアーリア人証明書（Ahnenpässe）を取得し、人種のプロパガンダを展開する展示会や映画に押し寄せ、民族共同体（フォルクスゲマインシャフト）を形成すべく労働キャンプに参加し、ドイツは再び世界の舞台で偉大な国になるという考えを賛美した。一九四三年に出版された『ドイツの闇』のなかで、イギリスの教育者エイミー・ブラーは、通りに集まってヒトラーがやってくるのを待つ群衆は、「溺れかけた人々が救済のチャンスをヒトラーに見いだしたかのようだった」と書いている。(64)「人種に関する科学的主張の基盤は不合理」だったが、ある歴史家は、人種信仰と科学を区別したクリークの人種哲学について次のように述べている。「非常に多くのドイツ人が、人種思想は科学的に証明されたと信じ「たがって」いた(65)」。また、文化省のカール・ヴェーバーは、一九三〇年代半ばにドイツを視察に来たエイミー・ブラーに次のように述べている。

> 英雄的な生き方に対する若い世代への呼びかけがこの哲学に含まれているのは、一目瞭然です。というのも、

この人種という現実は、彼らを認め、彼らに基準を与え、彼らの全人生を正しい方向に導くものだからです。この偉大なインスピレーションは、知的な概念からだけもたらされるのではありません。この国で、血と人種という事実と必然的に結びついた、われわれが生命に対する深い感情と呼ぶもの（Lebensgefühl）が呼び起こされたからこそ得られるのです。総統はわれわれの誰もが多少なりとも経験していること、つまりわれわれがたんなる存在から尽きることのない生命へと移行したことを示してくださっているのです。[66]

ナチズムが運動として成功したのは、その改革主義だけが理由ではない。ヴァイマル体制との結びつきに汚染されていないように見えたのもひとつの要因だ。ナチズムは権利を奪われたと感じていた大衆に政治的プロセスへのアクセスを提供し、「新しくなった国家、すなわち第三帝国」を約束するポピュリストの蜂起の焦点となったからである。[67]実際、やがて、つまりほどなく、「ほとんどのドイツ人は、国民社会主義がドイツの歴史を癒したと信じるようになった」。[68]歴史は有機的なもので、傷つくこともあり癒しを必要とするという考えは意味深い。ナチズムはアーリア人とユダヤ人の闘いを歴史の力強い原動力とみなし、その闘いを勝利に終わらせるのがヒトラーの運命だと考えたのである。民族共同体（フォルクスゲマインシャフト）の創造は、ユダヤ人を負かすことによって実現する。この考えは最初からナチズムの基本だった。[69]そして多くのドイツ人が自発的に新体制と連携したので、「国民社会主義が新たな人種の道徳規範を確立するための桁外れの努力を動員し、あらゆるレベルでドイツ人をナチの計画に積極的かつ堅固に加担させていった」ことは驚くに当たらない。[70]

このように一切妥協せず正しいのは自分だけと考えていたからこそ、ヒトラーは批判に鈍感で、自分の運命に自信満々だったのであり、それは多くのドイツ人が彼に魅かれた理由でもあった。それに対し英米の評論家たちは彼を真の意味で理解できなかったし、彼を道化とみなし、まともに取り合わなかった。また、宥和政策が（西側諸国が再軍備のために時間稼ぎができた以外には）破滅的な失敗に終わったことも、ハフナーのような亡命者に、「ドイツに譲歩」できないというのは「狂犬のような男を粉砕するには十分な理由だ」と明言させたのも、同じ理由による。民主主義的な譲歩の精神は役に立たないことが証明されたと、一九四〇年にハフナーは述べている。ヒトラーにはヒトラーが理解する条件でしか対処できないことが明らかになったのだ。「ヒトラーの魔力は、彼がもはや指導者や支配者ではなく、詐欺師として扱われるようになった瞬間に消え失せるだろう。彼の解任は和平交渉の準備段階の必須条件だ」[71]。ヒトラーの正体が暴かれず交渉が続けられたのは、ひとつには民主主義が衰退しつつあったからだ。ラスキは一九四〇年に宥和派について次のように述べている。「彼らはこうした見解がまったくの間違いであることに気づいたが、すでに遅きにすぎた」[72]。しかし既存のエリートに対する疲弊、国家再生への願望、ヴァイマル共和国に対する大衆やエリートの信頼の欠如、大恐慌によって引き起こされた苦痛と絶望、ナチ思想の改革主義と包括的な約束といったことがすべて組み合わさって、ナチの運動に危険な魅力を与え、それはヒトラーを権力の座にとどめるのに、英米の外交よりもはるかに大きな役割を果たした[73]。さらに、ヒトラーは「イデオロギーについて強い固定観念を抱いていたが、それにもかかわらず並外れた柔軟性を発揮でき、それは敵味方の両方を当惑させ、彼をもっともよく知る人間にすら、ヒトラーは予測不可能な存在だった」[74]。

ドイツ人のある世代は、「ドイツを先の敗北と屈辱から「救済」しようと努力し」、「規律と秩序を熱望し、同質で調和のとれた「民族共同体」、つまりフォルクスゲマインシャフトの建設で救済を実現しようとした」[75]。アルフレート・ローゼンベルクはすでに一九二四年の時点で、「国民社会主義の指導者たちは、あらゆる反対や不可避な絶望をものともせず、新たな国家の理念を勝利に導くか、必要とあらば全ドイツ国民とともに滅びるかのどちらかであることを明確に理解させた」と断言している[76]。そして一九一八年の記憶がナチのイデオロギーに影響を与えたのは、トラウマ的な記憶の力、つまり「加害者に「二度と繰り返させない」症候群」と呼ばれるものの典型的な例だ。「一九一八年一一月九日の件で、彼らが何の罰も受けぬというわけにはいかない」とヒトラーは一九三九年にチェコスロヴァキアの外相に述べている。「あの日の借りは返さなければならない［…］ユダヤ人はわれわれの土地で滅ぼされなければならない」[77]。ヒトラーは『わが闘争』で述べていたこと、つまり「ユダヤ人は、民族と人種の「分解酵素」であって、その「ドイツのボリシェヴィズム化」、すなわちドイツ労働者階級がユダヤ人の世界的金融資本下で抑圧されることは、「ユダヤ人の世界支配の趨勢を更に拡大するための前奏曲と考えられているに過ぎない」ということを再確認している[78]。これらの発言は、ナチズムの勝利から破滅への軌跡だけでなく、ナチズムの求心力と、その支持者が示した驚くべき傾倒ぶりをよく表している。これが、仮想の敵に自分の空想の企て（この場合は絶滅と世界征服）の責任をなすりつけるという、ジェノサイダーの古典的な戦術であることは言うまでもない。ナチズムはひとたび権力を掌握すると、政治的暴力、脅迫、そして政敵を拘束するための強制収容所といった衝撃的な戦術を使い、他者を従わせるためにこういった脅威を利用することで、その魅力を強化した。本章で見てきたように、ナチズムはどこからともなく生まれたわけではない。大衆政治、失業、一九一八年以後の暴力、イタリアにおけるファシズムの台頭、反共産主義、帝政後に誕生した国家におけるナショナリズム、宥和政策と、ヒトラーおよび彼の思想、とくに「人種」重視に対する過小評価、ファシズムを「帰ってきた植民地主義」と考えたこと。こういったすべてがナチズムの魅力につながった。

ナチズムはこうして、既存の信念構造の上に築かれ、急進化した。歴史家のウリエル・タールは、ナチズムの根底にある原動力を明らかにしようとした多くの人々のなかで、このことを誰よりもみごとに表現している。つまり、ナチズムは「たんなる宗教の否定ではない」と。それどころか「ナチズムは一神教の、特にキリスト教のもつメシアニズムの構造を盗用し、その真なるメッセージを取り除き、キリスト教の救済の流れの意味を逆にし、この新しい擬似宗教を自らの政治目的のために非常にうまく利用したのである」[79]。ナチズムがこの終末論的な原動力にどの程度突き動かされていたか、そしてそれが犠牲者にとって何を意味するかを認識していたのは、もっとも鋭敏な評論家だけだった。一九三八年、フライブルクに住む六五歳のユダヤ人、マックス・マイヤーが、ナチの人種用語でミシュリン（Mischling 混血者）と呼ばれる孫のペーター・ペプケに手紙を書き、こう説明している。ナチはドイツが「ユダヤ人やその要素から浄化され、解放される」必要があると信じている、と。この手紙は結局送られなかったが、思考の明晰さは特筆すべきだ。

「イデオロギー」を装ったこの理論［世界観（Weltanschauung）］を実現するために、ユダヤ人から全面的かつ組織的に資格を剝奪する手続きとともに人種憎悪の声がかまびすしくなった。党全体、報道機関、職業訓練、放送、公的なプロパガンダ、若者への政治教育、国民生活全体――こういったすべてが、個人の身分にかかわらず、ユダヤ人の名誉と社会的受容性を剝奪する作業に利用されてきた。彼らは家や生計手段を取り上げられ、なすすべもなく移住を余儀なくされ、劣等人間であるという考えがアーリア人の思想世界に十分に取り込まれている。[80]

オックスフォード大学の哲学者で歴史家でもあったR・G・コリングウッドは、二〇世紀前半のもっとも非凡で卓越したイギリス人思想家のひとりだったが、一九四〇年に亡くなる直前に、「ファシズムとナチズム」と題する論文を発表した。そのなかで彼は、ファシズムが成功したのは、その支持者が自由主義や議会制民主主義の擁護者では呼び起こすことができない情熱にかきたてられたからだと主張している。「ファシストとナチの活動には、それに抵抗しようとする人々の活動には見受けられない推進力と精神力の強さがある」とコリングウッドは書いている。これは反ファシストにとっては深刻な問題だった。

この反ファシストと反ナチは、自分たちが人間ではなく悪魔に対抗しているかのように感じている。そしてこの感情を分析した人々は口を揃えてこう言う。ファシズムとナチズムは信奉者の感情的なエネルギーを自分たちのために呼び起こすことに成功している、そういったエネルギーは彼らの対抗者にはまだ表れていないかまったく存在しないかのどちらかだと。ファシズムやナチズムは愚昧かもしれないが、信奉する人々はそれを強く信じ、自分たちが戦いに勝利することに大いに関心を寄せ、関心を持っているからこそ勝利するのだ。

ファシズムとナチズムの「成功は、感情的な力を自在に操れたことによる」[81]。あるいは、型破りなマルクス主義哲学者、エルンスト・ブロッホの言葉を借りよう。彼はナチのイデオロギーを、大組織が大衆に真の利益を認識させないよう放った陽動作戦ではなく、それ自体が分析に値するものとみなした点で異例だった。「国民社会主義者たちの「理論」はさておき、かれらのエネルギーや、ただ単に絶望と愚かさだけから発しているのではない熱狂的・宗教的な色あい、妙な掘りおこされかたをした信念の力などは、真剣なものである」[82]。この原動力は内側ではアーリア人共同体の創造に向けられ、外側ではホロコーストと呼ばれるユダヤ人への制止できない暴力の波を数年で解き放つことに向けられた。こういった事態が避けられなかったのは、エッカートやローゼンベルクのようなイデオローグの著作のせいだけではない。しかし、あとの章で述べていくように、ナチの独裁政治の性質と、それが存在するように仕向けた環境と、何よりも戦争とその破滅的な結果は、ヒトラー、ヒムラー、その他ナチ指導者がかつてないほど極端な手段を用いることを促進した。

第二章　ユダヤ人への攻撃、一九三三～三八年

「人種イデオロギーは逸脱を排除し、例外を許さず、冷酷なまでに決定論的である」

——ミハウ・グウォヴィンスキ(1)

反ユダヤ主義はナチのイデオロギーの核だった。第三帝国の指導者からすれば、ユダヤ人への攻撃はアーリア人を国際ユダヤ人による破滅から救う手段だった。ナチの人種政策は徐々に発展していったと考える歴史家もいるが、何世代にもわたって社会環境の一部だった集団を孤立させ破壊するには、六、七年という期間は短い。早くも一九三三年八月の段階で、ハンブルクに拠点を置くユダヤ人弁護士クルト・ローゼンベルクが日記に次のように書いている。「ユダヤ人の人権と尊厳に対する攻撃は日々続き、数えきれないほどの侮辱が浴びせられている。その一方で、生体解剖を禁止し動物愛護を促進する動物愛護法の可決が騒ぎを引き起こしている。毎日私たちを悩ませる小さな事件は数えきれない(2)」。戦争前の六年間で、ナチはドイツの（一九三八年以降はオーストリアとチェコも）ユダヤ人を彼らが居住していた豊かな共同体から悲惨な極貧生活へと追いやり、さらに大多数の人々の義務感、道徳、礼節からも排除

した。どうしてこのようなことが起こったのだろう。

ユダヤ人の世界的な陰謀をめぐるナチ指導者の強迫観念を考えれば、彼らが神秘的で形而上学的な言葉でこのテーマに取り組んだのも不思議ではない。ナチの指導的哲学者のひとりアルフレート・バウムラーは一九四〇年にこう書いている。「問われているのは、これまで無意識のなかにあった存在の形を、意識の光のなかで新たに創造することにほかならない［…］合理的な手段で不合理なことを育む［…］人種のもっとも純粋な衝動から生まれるものだ」[3]。その数年前には、大衆に向けて人種理論を「学術的に」説明したヴァルター・グロスがこう指摘している。「人種的な反ユダヤ主義は、硬直した合理主義に対し国民社会主義がもたらした遠大な革命の成就であるとともに、もっとも神聖な象徴でもある［…］それは人種的な生命力の再生へとわれわれを導いてくれる。この生命力は、ユダヤ人の抽象的な思考形式によって力を失っていたものだ」。

こういった一節から、「ナチ指導者にとって、人種的反ユダヤ主義の不合理性こそがナチ革命の偉大さの証だった」と解釈されても不思議はない[4]。バウムラーが不合理礼賛について執筆した頃には、ドイツのユダヤ人は共同体としては終焉を迎えていた。半数は自国を離れ、残りは捕らえられ、まもなく移送されて死ぬ運命にあった。

当時多くの論者が述べていたように、私たちもまず、反ユダヤ主義がたんなる国民社会主義の一側面ではなかったことに留意しなければならない。たとえナチ自身が一九三〇年代初頭にはそれを軽視していたとしても、あるいはドイツを団結させるためにユダヤ人を好都合なスケープゴートとして利用しているにすぎないと一部の評論家が考えていたとしても。むしろ一九三九年に出版されたナチ・ドイツのユダヤ人関連書の著者が述べているように、「ナチ政権が内的・外的困難に直面していなければユダヤ人は攻撃を受けなかっただろう、というのは真実ではない」。彼はこう続けている。「著名なナチ指導者のほとんど誰もが述べているように、人種の問題、そしてこれはおもにユダヤ人問題を指すのだが、この問題はナチの教義の基本原理のひとつ、いや基本原理そのものなのだ」[5]。ヒトラーが権力を掌握するやいなや、つまりナチが連立相手やライバルを手玉に取ってこの国を完全に支配するには至らず、ヒンデンブルク大統領もまだ存命だった頃から、ユダヤ人への攻撃は始まっていた。これらの攻撃はリチャード・エヴァンズが言うように「あらゆるレベルでナチズムの核心にあった反ユダヤ主義的憎悪、憤怒、暴力が表出した」のであって、ナチ指導者たちは暴力の制御を望んでいたが、解き放たれたダイナミクスは「現実に、彼らの言辞や、ユリウス・シュトライヒャー率いるナチ新聞『デア・シュトゥルマー』に掲載される反ユダヤ主義の論説によって、それを煽りつづけていた」[6]。

今ではよく理解されているように、ナチの主たる野望は、飴と鞭で敵を撲滅することだった。鞭は新たに建設された強制収容所への収監という脅しで、この収容所はニュルンベルク裁判の判決にあるように、「政府に反対する者、あるいはドイツの権威に対して不都合な者をすべて裁判なしで投獄するために」建設された[7]。SA〔突撃隊〕とゲシュタポは、まず場当たり的な「荒っぽい」収容所を彼らの本部の地下に設けた。最初の専用収容所であるダッハウがこれに代わると、その運営は政権によって熱心に宣伝された。大多数の人々にとって、飴は秩序と雇用と帰属意識を約束するものだった。

ナチの最初の餌食は政敵、つまり共産主義者と社会民主党員だった。他の党の代表や支持者は多かれ少なかれ、俗に言われるように、新たな現実に適合するために進んで「協調」した。中道右派の政治家でナチのやり方に進んで異議を唱えようとする者はほとんどいなかったが、それはひとつにはやり方には不賛成であっても一部同じ考えを共有していたからであり、自分たち自身の安全に対するもっともな恐れからでもあった。中道左派の政治家たちに選択の余地はなかった。彼らは正々堂々と勇気ある発言をしたかどうかとはかかわりなく、標的にされた。共産主義者はナチの一番の標的であり、ナチの頭のなかでは共産主義者とユダヤ人の結びつきは見過ごすべきものではなかった。歴史家ソール・フリードレンダーは次のように指摘している。

ヒトラーが煽動者としてのキャリアをスタートさせた初期の頃、つまり『わが闘争』が執筆された時期も含めて、政治的なボリシェヴィズムは、つねに世界征服を企むユダヤ人が使う手段のひとつと認識されていたものの、ヒトラーの中心となる妄想のひとつではなかった。ボリシェヴィズムは、そこにユダヤ人が関係する場合にのみ、主要なテーマとなるのだ。[8]

しかし直接の脅威として、ナチは政敵をまず標的にした。そのなかには多くのユダヤ人が含まれており、彼らは一九三三年四月七日のいわゆる職業官吏再建法の犠牲者でもあった。そのなかの「アーリア条項」は、ユダヤ人を公務職から排除するというナチの公約を実行に移したもので、ユダヤ人からドイツ市民権を剝奪し、彼らを共同体から排除するための第一歩だった。とくにユダヤ人を対象とした活動や法律は、このプロセスにきわめて重要だった。一九三三年四月一日のユダヤ人商店の「ボイコット」[9]（実際には封鎖と考えたほうがよい）、ユダヤ人のプール使用の禁止、人種恥辱罪（Rassenschande）を犯したユダヤ人と非ユダヤ人の起訴などがそれに当たる。ユダヤ人汚染に対するあからさまに性的な恐怖と、ドイツ人の血を守ろうとする試みは、明らかにこういった活動の原動力となった。それは若者へのユダヤ人憎悪教育にも見られる。たとえば、児童書『毒キノコ（*Der Giftpilz*）』は、非常に危険な憎悪を植えつける、まさに悪意に満ちた本だ。この本の終わりのほうでは、三人の子どもがナチのイデオローグ、ユリウス・シュトライヒャーの講演会への参加を計画する。彼らはNSDAPの機関紙、『フェルキッシャー・ベオバハター』の影響力を高めるために使われたような壁貼りのポスターで、講演会の宣伝を目にしたのだった。

ヒトラー・ユーゲントに入団していた一番年上の子は、二年前に聞いたシュトライヒャーの話を回想する。シュトライヒャーは冒頭で政権掌握以前のナチの闘争について語った。それからユダヤ人問題に話を向けた。

シュトライヒャーが目指していることは、ぼくたち少年にも理解できるくらい明快でわかりやすかったよ。彼は何度も繰り返し人生についての実例を挙げて語った。陽気に話したり冗談を言ったりしたので、ぼくたちは皆笑ったよ。でも、それから深刻な口調になって、会場はあまりに静まり返ったので、ピンが落ちる音も聞こえるほどだった。彼が語ったのは、ユダヤ人とその恐ろしい悪事についてだった。ユダヤ人が世界で行う企てがどれほど危険かについて話したんだ。「ユダヤ人問題の解決なしに、人類の救済はない!」ってね。彼はそんなふうにぼくたちに呼びかけたんだ。彼の言っていることは皆によく伝わった。(10)

ドイツの状況を説明しようとする外部の人間たちは、こういったことをすべて観察していた。一九三六年、イギリスの出版者、ヴィクター・ゴランツが『黄色い染み——ドイツ・ユダヤ人の絶滅』という本を出版した。将来を予知するような題は非常に印象的だが、その真の価値は、ナチ支配の最初の三年間に起こったユダヤ人迫害に関する詳細な記録にある。この本の冒頭はこうだ。「国民社会主義が権力

児童書『毒キノコ（*Der Giftpilz*）』の挿絵．ユリウス・シュトライヒャーの講演を宣伝するポスター．

を掌握して以来、ドイツのユダヤ人を撲滅しようとするその努力はとどまるところを知らない」。この本はナチの反ユダヤ主義を一過性のもの、社会秩序の急進的な再編成の短期的な特徴かもしれないがすぐに終わるもの、とみなす一種の自己満足に警鐘を鳴らした。

ごく最近まで、ドイツ内外の多くの善良な人々は、第三帝国におけるユダヤ人迫害は個々のユダヤ人に大きな苦難を引き起こすかもしれないが、やがて過ぎ去るべき種類の激変にすぎないと考えていた。徐々に寛容になり、劣った形でも均衡が保たれることを期待する楽観主義者がどの国にもいた。ドイツにすら、そのように考えるユダヤ人がいた。彼らは自分たちの先祖が何世紀にもわたって暮らし、芸術、科学、経済の発展に大いに貢献してきた国から苦しめられるとは思ってもみなかったのだ。[11]

こういった楽観主義者の気持ちを変えたのは何だったのか。大きな転機となったのは、一九三五年九月のいわゆるニュルンベルク法の発布である。これは当時のある観察者が指摘しているように、「ドイツのユダヤ人から市民の通常の権利を剝奪することのみを目的とした法令」だった。[12] このとき発布されたふたつの法令のうちのひとつ、帝国市民法は、ドイツの人間にはふたつのカテゴリー、つまり市民とたんなる国籍所有者がいるという事実を確立した。ユダヤ人に国籍しか与えないことで、ナチは一九二〇年代初期から存在していた党綱領の主要目的のひとつを事実上達成した。「帝国の市民とは、ドイツ人またはその同じ血を引く者で、品行によってドイツ人民と帝国に忠実に奉仕することを望むとともに、それにふさわしいことを示す者である」。[13] ニュルンベルク法のもうひとつは、いわゆる「ドイツ人の血と名誉の保護に関する法」である。この法には、ユダヤ人による「帝国旗もしくは国旗」掲揚を禁じる条項が含まれていた。一見ささいな法律だが、ユダヤ人を共同体からより明確に排除する目的を効果的に果たすものだった。「ドイツでは町や村全体が旗で飾られる機会が非常に多い」からである。[14] さらにこの法は「ユダヤ人とドイツ市民あるいはその血を引く者」との結婚を禁じ、「ユダヤ人とドイツ市民あるいはその血を引く者との性的関係」も禁じ、ユダヤ人が「家事使用人として四五歳以下のドイツ人もしくはその血を引く女性」を雇うことを禁じた。[15] 実際、ナチの法律にはよくあるケースだが、この法はドイツにおける変化を促進すると同時に、変化に対する反応でもあった。アウグスト・ランドメッサー（非ユダヤ人）とイルマ・エクラー（ユダヤ人）が結婚の登録をしたのは一九三五年八月でニュルンベルク法施行の一か月前だったが、ハンブルクの戸籍役場は彼らの婚姻の公示を拒否した。[16]

ナチの反ユダヤ主義に性的な側面があることに気づかない者はいなかった。たとえその現象の意味を解明するには精神分析医が必要だとこっそり認める者がいたとしても。[17] さらにこの法律は、人種の純潔が損なわれることにナチが抱いていた恐怖の度合いを明らかにするだけでなく、「ミシュリン」（混血者）とその扱いに関する奇妙で複雑な問題を引き起こした。この問題は実際、ナチの反ユダヤ主義が急進化しつつあることを示す一種のバロメーターであると同時に、人種についての怪しい主張の限界を示すものでもある。内務省のユダヤ人問題の専門家、ベルンハルト・レーゼナーは、混血者をユダヤ人だと立証するのは科学的に不可能だと認める発言をしている。

振る舞いや血といったものによって、その人物にユダヤ人の血が混じっているかどうかを決定する有効な手段は存在しない、あるいは少なくとも差し当たっては見つかっていない［…］人種調査専門官［アヒム・ゲルケ］は実際は家系調査の専門家だ。つまり、ある人物がユダヤ人の血筋かどうかを判定する任務を課せられると、担当者は家系図をたどる。要するに系図を調べることでユダヤ人の祖先が存在するかどうかを明らかにするのだ。[18]

ユダヤ人の科学的定義が見つからなかったので（そのようなものは存在しないという単純な理由による）、ナチは家系図の調査を使って、ユダヤ人とは宗教的にユダヤ人である、つまりシナゴーグの会員である祖父母がいる者をユダヤ人だと定義した。ユダヤ人の祖父母がひとりかふたりしかいなくても、ミシュリンが生き延びる可能性は、時の経過とともにしだいに怪しくなった。

それでもドイツのユダヤ人は、数世代前の解放前の状態に戻っただけだ、と諦めの境地でニュルンベルク法を受け入れた、という主張がなされることもある。ニュルンベルク法、とくに異人種間の結婚の禁止は、現状を確認するものであり、第三帝国ですでに定着していた慣習を明確にするためだけに法律が制定されたようなものだった。[19] ナチ・ドイツの中心的なユダヤ人組織、ドイツ・ユダヤ人全国代表機関（Reichsvertretung der deutschen Juden　RV）のような団体は、ニュルンベルク法制定後、「中傷やボイコットがなくなることで、ドイツのユダヤ人とユダヤ人共同体は精神的・経済的に自立できるようになる」と期待したかもしれない。しかし彼らは騙されたわけではなかった。同時に、RVはドイツでのユダヤ人の生活が終焉を迎えると十分承知のうえで、移住も推奨した。[20]

実際、ドイツのユダヤ人のなかで愛国心を持ちドイツに同化していると感じていた者たちよりも、外部の観察者のほうがナチの意図に惑わされていた可能性が高い。ゴランツや他の率直なナチ政権批判者たちのように、外部の人間すべてが嫌悪感を抱いていたわけではない。女優でかつてドイツに住んでいたこともある婦人参政権論者のシシリー・ハミルトンは、著書『ある英国人女性が見た現代のドイツ』のなかで、ナチによるユダヤ人襲撃を、ユダヤ人の守銭奴ぶりに対する正当な反応だと弁護している。

嫉妬がユダヤ人迫害の原動力の大半を占めているのは間違いない。おそらく人間の感情のなかでもっとも醜いものだが、状況によっては、ある程度の弁解も可能だろう。苦難に見舞われたひどく貧しい人々が、自分たちの破滅をよそに繁栄する民族を目にする。彼らが嫉妬で心をかき乱し、その民族に属する者たちすべてに対し不当利得行為だという非難を声高に叫ぶのも無理はない。ユダヤ人が今日、クアフュルステンダム（かつて帝都ベルリンのメイフェアと呼ばれた上流階級の街）に堂々と住んでいられるのは、他者の苦境の上で肥え太ったからではないのか。[21]

ハミルトンがユダヤ人迫害（ユダヤ人敵視の煽動）と呼んだものは、あからさまな暴力から種々の社会的排除やささいな法律に至るまで、さまざまな形を取った。たとえばゴランツは、ハミルトンとは異なる角度から、ベルリンの「ユダヤ人ブルジョワジーの居住区」である「クアフュルステンダムの戦い」について記述している。[22]スウェーデンの反ユダヤ主義映画が上映されていた際、映画館の暗がりでブーイングを浴びせたユダヤ人がいたというばかげた理由で、『フェルキッシャー・ベオバハター』紙やゲッベルスの『デア・アングリフ』紙による煽動が行われ、ユダヤ人が標的にされたのだ。ゴランツは次のように書いている。

一列目のテーブルはひっくり返され、カトラリーや陶器は破壊され、ドアのガラスは粉々に砕かれた。叫び声が上がり、殴打される者もいた。客のなかには通りに押し出され、殴り合う拳の列をすり抜けて退却せざるを得ない者もいた。殴られ、血を流して地面に横たわる者もいた。数分後、カフェは修羅場と化した［…］客は血を流しながら奥の部屋に逃げ込んだ。苦痛の叫び声が通り全体に聞こえた。しかしさらに大きかったのは、昔ながらのポグロムのときの声とスローガンだった。「ユダヤ人を滅ぼせ!」「ユダヤ人に死を!」

ポグロムは「村落の目立たない場所から、いわば海外特派員の目の前までまっすぐにやってきた」とゴランツは指摘している。一九三三年七月の時点ではまだ、これを異常行動と捉える特派員もいたが、この暴力の噴出を無視することはとてもできなかった。[23]

しかしクアフュルステンダムの暴動をきっかけに、反ユダヤ主義のスローガンから殴打に至るまで、ドイツ全域で反ユダヤ活動が激化したものの、このようなポグロムは比較的まれだった。[24] それよりも言葉による暴力や、通りや電車や学校で辱めを受けることのほうが多かった。第三帝国の最初の数年間で、ユダヤ人は法律による集中攻撃を受け、移動と行動の自由が奪われた。プールの利用を禁じられただけでなく、いくつかのリゾート地から完全に締め出されることもあった。ユダヤ人は投票、集会、オクトーバーフェストといった祭りへの参加、ラジオでの発言、軍務に就くこと、アーリア人と同じ学校に通うこと、医師がアーリア人の患者を診察すること、絵画の展示などを禁じられた。ゴランツはこれを「「禁止」のポグロム」とうまく表現している。[25] また、暴力の爆発や攻撃的な垂れ幕以上に決定的だったのは、ナチがユダヤ人の生計手段を組織的に奪ったことだと的確に主張している。

ドイツのユダヤ人が直面しているもっとも深刻な問題は、経済生活から徐々に締め出されていることだ。暴力や煽動といった迫害はより大きな恐怖を引き起こすかもしれないし、たとえば子どもの立場はもっと同情を引くものかもしれないが、結局のところ、あらゆる職業、あらゆる商売や雇用の道、新たな世代のための生計手段や労働技術へのあらゆる道が断たれれば、もっとも強烈な打撃となるに違いない。この作戦に物理的な力や虐殺、銃弾は使用されないが、それにもかかわらず、決定的な破滅を意味する。[26]

「アーリア化」のプロセスが開始され、これによりユダヤ人事業主は事業を大幅に値下げして売却することを余儀なくされた。いわば強制的な所有権奪取の婉曲表現である。これには商店主、貿易業者、職人など、すでにナチ政権誕生時からボイコットされていたユダヤ人事業主の大半が含まれていた。実際、ドイツ全域の小さな町の商店主や商人は、ナチの政権掌握後、あっという間につぶされた。[27]マンハイムのオータムフェアや、一九三五年のミュンスターの大規模な家畜競り市ではユダヤ人の参加が禁じられた、と地元の新聞が報じている。[28]つまり、彼らは存在する手段を奪われたのである。しかし正式な法による「アーリア化」の手続きが導入されたのは一九三八年一一月のポグロムのあとであって、ナチ・ドイツの公式の政策が現地の実情に追いついていなかったことが改めて窺える。しかしポグロム以前でさえ、ユダヤ人は経済的に排除されていた。当事者であるユダヤ人にとっては、移住を余儀なくされて経済的手段を奪われるのも、「アーリア化」によって財産が法的に非ユダヤ人の所有に移されるのも、ほとんど違いはなかった。こうして、ヨーロッパ全域でのユダヤ人大量虐殺が起こるはるか以前に、ナチとその共犯者は歴史上もっとも大がかりな窃盗を実行した。第三帝国はすでに最初から泥棒政治（クレプトクラシー）であることを示していたのだ。フォルク（フォルクスグート〔公共財産〕というドイツ語は、この概念を非常に正確に包含している）から「盗まれた」富を「取り戻した」ことで多くのナチが豊かになったため、強奪の手段はますます残忍になった。[29]同時に、このプロセスには何百万ものドイツ人が、「競争相手、購入者、投資家、あらゆる種類の不当利得者、仲介者、受託者、そして最終的には専門家集団、経済団体、商工会議所の代表者として」かかわった。アーリア化は第三帝国がドイツ人民の間に根深い共犯関係をどのように作り上げたかを示すもっとも明確な例のひとつで、ナチ政権が「トップダウンで動く独裁以上のもの」だったことを示している。アーリア化は「多様な方法でドイツ社会を巻き込んだ、首尾一貫した社会的実践」だったのである。[30]

おそらく、ニュルンベルク法から一一月のポグロムまでの間に取られたもっとも有害な措置で、当初考えられていたよりもはるかに破壊的だったのは、一九三八年八月に制定された法律だろう。これにより、ユダヤ人男性はイスラエル、ユダヤ人女性はザラと名乗ることを義務づけられた。[31] この法が成立した背景には、いくつかの前提があった。ナチの考えでは、ユダヤ人はドイツ人の名前を名乗ることで出自を隠そうとするので、ユダヤ人だとわかるようにする必要があること、そして服装、階級、宗教儀式など、外見上の違いはあっても、ユダヤ人は基本的に同質だということ、などだ。「ユダヤ人とユダヤ人の間に違いはない」と数年後にゲッベルスは述べている。「どんなユダヤ人も、ドイツ人の不倶戴天の敵なのだ。敵意を露わにしていないとしても、それは臆病さや内気さのせいであって、われわれを愛しているからではない」。[32] 一見ばかげているこの法律は、個人のアイデンティティの核心を突くものだった。ユダヤ教のどの系統に属していようが、あるいは無宗教でどの宗派にも属していなかろうが、たいした問題ではなかった。政治的見解がどうであろうと、ドイツの国家主義者であろうが無政府主義者であろうが関係なかった。どのサッカーチームを応援しているか、どんな食べものが好きか、どんなクラブに所属しているか、金持ちか貧乏かも関係なかった。彼らは皆、ただ、ユダヤ人なのだ。

ユダヤ人に対する公的な仕打ちはよく知られているが、その意味を正しく理解するには、影響を受けた人々の反応を考えなければならない。共同体から排除されたという感覚、堅固だったものが空気に溶けていくような、普通だと思われていたものすべてが少しずつ、しかも急速に断絶していく感じだ。脅威と暴力の現実、悪いことが起こりそうな雰囲気。すべてがドイツのユダヤ人世界の崩壊につながる。一九三六年四月二六日、クルト・ローゼンベルクが日記にこう綴っている。

> ユダヤ人が活動できる範囲はかつてないほど狭められている。規制、また規制だ。今度はユダヤ人の薬剤師と獣医が影響を受けている。明日は？　そして明後日は？　法や規則に該当しなくても、すべてがボイコットの対象になる。何週間もの間、ユダヤ人たちはささやき合っていた。八月のオリンピックが終わったらもっとひどくなるだろうと。延々と続く道。ちょっとしたことや祝い事を、私たちはずいぶん前から喜べなくなっている。というのも、あらゆるものの上に永遠の疑問が垂れ込めているからだ。まだそうする価値があるのか、と。そこに別の疑問が続く。私たちはどこへ向かっているのか。[33]

ヨーロッパの全ユダヤ人の絶滅と理解される「ホロコースト」のはるか以前に、ナチ・ドイツのユダヤ人は共同体として破壊され、格好の的として見捨てられ放置された。戦前のドイツでユダヤ人がこれほどの暴力に見舞われたのは、「ユダヤ人は負かさなければならないライバルではなく、駆除すべき「害虫」とみなされていた」からだということを、こういったすべてが示唆している。[34]

一一月のポグロム

ユダヤ人は無差別に襲われ、威嚇され、仕事から排除され、事業の売却を余儀なくされたにもかかわらず、それまではドイツで大規模な物理的暴力の犠牲にはなっていなかった。それが一九三八年一一月九日から一〇日にかけての一一月のポグロム、通称「水晶の夜（クリスタル・ナハト）」（砕けたガラスの夜）で一変した。その二日前の一一月七日、パリのドイツ大使館で外交官エルンスト・フォム・ラートが銃撃されたのち亡くなった。犯人は一七歳のポーランド人、ヘルシェル・グリュンシュパンで、両親や兄弟姉妹を含む約一万八〇〇〇人のポーランド・ユダヤ人がドイツとポーランドの国境に置き去りにされたことへの復讐だった。ユダヤ人に対する怒りは、すでに銃撃から数日後にカッセルその他近郊の街も含め、地域レベルでは噴出し始めていた[35]。しかしナチ指導部からは、より広範な攻撃への許可が出された。フォム・ラートの殺害はドイツからユダヤ人の追い出しを促すための口実にすぎなかった[36]。フォム・ラートの射殺事件を受けて、『フェルキッシャー・ベオバハター』紙は八本の記事を掲載し、うち一本はこの事件を「ヨーロッパの平和に対する犯罪」と呼んだ。ゲッベルスの新聞、『デア・アングリフ』は、ユダヤ人に「もっとも厳しい結果」を課すべきだと主張し、ベルリンの地方紙は、ドイツ人はこの殺人に対し「ユダヤ人の十分かつ真に公正な処罰」を見るべきだと求めた[37]。ここで鍵となったのは国際的重要性だ。宥和政策の結果、ヒトラーは止めようがないほどの勢いで対外政策を成功させ、オーストリアとズデーテンラントを併合していた。オリンピック後のナチ政権の人気、公然と反対する勢力の排除、経済復興は絶頂期にあったが、その経済復興が戦争の必要性を前提としており、ドイツを戦時体制下に置くものだということは、ハフナーのような一部の鋭い観察者しか理解していなかった。こういった対外政策の成功で、ヒトラーは自分が無敵だと信じ込み、「国内のユダヤ人に対する作戦拡大を決意した」[38]のである。

　フォム・ラート死亡の報を受け、ゲッベルスはミュンヘンで嵐のような演説を行った。ミュンヘンではNSDAPの「古参闘士」（古くからの党員）が集まってヒトラーが投獄されるきっかけとなった一九二三年の「ビヤホール一揆」（失敗に終わったクーデター）の記念式典を催しており、ゲッベルスは演説の中で、人々はユダヤ人に怒りを示せると感じるべきだとほのめかした。のちにナチの機密報告書に記されているように、ゲッベルスの演説はその場にいた人々に、「表向きは［…］党が威嚇行動を引き起こしたように見られてはならないが、実際には行動を組織し実行する」よう示唆していた。[39] 彼らはそれに従って地元の支持者に電話し、周知の結果を引き起こした。ドイツ全域で一七七のシナゴーグが焼き払われ、さらに多くのシナゴーグが甚大な被害を受けた。ユダヤ人の事業所約八〇〇〇が多数の家屋とともに破壊された。ウィーンでは四二のシナゴーグが焼き払われ、二〇〇〇世帯が家を追われた。約一〇〇人のユダヤ人が殺され、さらに多くのユダヤ人が負傷し、ユダヤ人男性三万人がダッハウ、ブーヘンヴァルト、ザクセンハウゼンに連行され、その結果一〇〇〇人以上が死亡した。

しかしその夜に起こったのはそれだけではない。ゲッベルスが演説した際、聴衆のなかにラインハルト・ハイドリヒがいた。ハインリヒ・ヒムラーの若き副官で、しだいにSSのなかで力を強めていた人物である。ゲッベルスの行動に驚き、驚かされたことにいらついたハイドリヒは、真夜中にゲシュタポの長、ハインリヒ・ミュラーに電話して、SSが事態を確実に制御できるよう指示した。[40] 示威行動が進められることを認めたうえで、ハイドリヒは「こういった手段はドイツ人の生命と財産を危険にさらさない場合にのみ取られるようにせよ（たとえばシナゴーグは近隣の建物が火事になる危険がない場合にのみ焼き払われる）」と命じた。彼はまた、ヒムラーと同じく中産階級的倫理感への奇妙なこだわりを見せて、「ユダヤ人の仕事場やアパートは破壊してもよいが、略奪してはならない」と命じ、「たとえユダヤ人であっても、外国人には危害を加えてはならない」と断固主張した。[41] ハイドリヒがいらだっていたのは、ゲッベルスが主導権を握っていたからだけではない。街頭暴力を不都合とみなしていたからでもあった。彼はユダヤ人問題に対して、もっと体系的で合理的なアプローチを望んでいたのだ。とはいえ、ゲッベルスの行動は最終的にSSにとって好都合な結果をもたらした。ハイドリヒがユダヤ人問題におけるSSの支配を主張するよい機会になったからである。このプロセスはその後さらに加速することになる。そしてポグロムの結果、ドイツ・ユダヤ人の出国願望が高まったことをハイドリヒは喜んだ。[42]

ハイドリヒとSSはユダヤ人迫害の先頭に立ち、オーストリア併合後、アドルフ・アイヒマンを長とするユダヤ人移住局の創設という新たな展開を見せた。移住局はユダヤ人のオーストリアからの移住を促進し、その過程でできるだけ多くの金を彼らから巻き上げた。オーストリア併合直後、ヒムラーとSSの行政局長だったオスヴァルト・ポールは、リンツ近くのマウトハウゼンの採石場を視察し、オーストリア（オストマルクと呼ばれるようになっていた）初の大規模強制収容所建設を決めた。[43] ハイドリヒは印刷物でも意見を述べている。一九三五年、SSの機関紙、『ダス・シュヴァルツェ・コーア』に、「有史以来ユダヤ人は、北欧人の指導力と人種の絆で結ばれた全国家と人民の不倶戴天の敵であり続けた。ユダヤ人の目的は、概ね際立ったユダヤ人エリートによる世界支配であり、それは今も変わりない」と述べ、さらに不気味な口調で「ユダヤ人がドイツにもたらす危機を排除するには、アーリア法だけではとても十分とは言えない」とつけ加えている。[44] 一九三五年の時点で、こういった言葉がユダヤ人絶滅計画を意味していたとする証拠はない。これは「ネズミと戦うには銃ではなく毒やガスを使う」といった発言にも当てはまる。これはそうするという意志の表明というよりはむしろ「暴徒の反ユダヤ主義」に対する攻撃だった。しかしユダヤ人をどうにかして排除するという幻想は、ナチ指導部の頭につねにあった。[45] この空想的思考がとくに顕著になったのは、一一月のポグロム後、「「ジェノサイド心理への兆候」がナチ指導部に明確に現れたときである[46]」。

こういったジェノサイド論理の潜在を考えると、犠牲者の末路は恐ろしいものだった。第一次世界大戦で兵役経験のあるルドルフ・ビングと妻のゲルトルートは、その夜、ニュルンベルクの自宅で就寝中、暴徒の声で目を覚ました。警察に電話すると、「アーリア人か」と聞かれた。否定すると電話は切られた。隣人が攻撃されている様子が聞こえ、ビング夫妻は窓枠にシーツをくりつけ、窓からマットレスを放り、暴徒がアパートのドアを壊している隙に窓から飛び降りた。「妻は窓枠とリネンのシーツでは自分の体重を支えられないと判断した」とビングは一九四〇年に書いている。「突然、妻は指先でぶら下がっていた窓台から手を離し、幸いにも私の腕の中に落ちてきた。というのも、私は彼女の真下、自分が投げ捨てたマットレスの上に立っていたからだ」。その夜ふたりは、クリスマスツリーをしまってある小屋に隠れた。こうしてふたりは身体的には無傷で逃げおおせたが、ドイツからパレスチナに逃れる際、金はほとんど取り上げられた。[47] トロイヒトリンゲン（ミッテルフランケン）では地元の女性の多くが、ユダヤ人とその財産への攻撃を煽動し、実行に関与した。リンバッハ（ヘッセン）では、ナチ党の集団がユダヤ人の一家に暴力を振るい、家を焼き払った。歴史家ヴォルフガング・ベンツの言葉を借りれば、ポグロムは参加者が「サディスティックで、幼稚で、性差別的で、攻撃的な行動にふけることを可能にするエネルギーの解放」で、多くの人々がこの機会に乗じた。[48]

一九三八年一一月一二日、ナチ指導者たちはゲーリングの航空省で会合を開き、その結果、「ユダヤ人商店・工場における街路美観修復のための命令」という驚くべき名称の法令が定められた。この法令にはユダヤ人事業家が修繕費を負担することが明記され、さらに驚くべきことには、「ドイツ国民と帝国に対し、卑怯な殺人すら辞さないユダヤ人の敵対的態度」の報いとして、一〇億ライヒスマルクの罰金をユダヤ人共同体に科した。[49] このナチのめちゃくちゃな世界では、ユダヤ人は罪人であり、償うべきは彼らなのだった。ドイツがユダヤ人の支配に反撃するという考えはこれ以上ないほど明確で、のちに恐ろしい結果を招くことになる。ゲーリングが会議の終わり頃に「私はドイツのユダヤ人にはなりたくないな」とコメントしたのは驚くことではない。それは余談で結果論だが、その単純さのなかに深い洞察力があった。[50]

下品なプロパガンダ雑誌、『デア・シュトゥルマー』から、ヴァルター・グロスの大衆向けプロパガンダや、クラーゲスやバウムラーの上品な哲学的反ユダヤ主義に至るまで、反ユダヤ主義のテキストはナチ政権の一二年間、絶え間なく作り続けられた。実際、この手のテキストは異常と言っていいほど氾濫していた。法律から法の解説書、ユダヤ人についての学術研究（Judenforschung）からジャーナリズム、犯罪学から人類学、国防軍の訓練マニュアルから学校の教科書まで、反ユダヤ主義の思想はドイツ社会に浸透し、実際、今では想像し難いほど、まさにドイツ人の呼吸する空気になっていた。ドイツの文化生活におけるこの急激な変化を見極めることは、歴史家たちにはまだできていない。[51] たとえば一一月のポグロムの頃、ある「ユダヤ人詐欺師」に関する本は、「ほとんどがユダヤ人の産物である」犯罪者の地下組織が存在するのは、「ユダヤ人と他の民族が違っていること」と「顕著な劣等感」の証拠だと論じている。[52] 人類学者でSS将校のフリッツ・アルトは、「ユダヤ人に対する最終闘争」と題した論文で、反ユダヤ主義はつねに存在してきたが、キリスト教、とくにプロテスタントが台頭して以来政治的な影響力を失ったと主張している。ヒトラーの新たな血の革命は、反ユダヤ主義を復活させただけでなく、ユダヤ人を非ユダヤ人の社会に受け入れる橋渡しとなる洗礼をしなかった教会以上に踏み込んだものだった。かわりに、「血に基づく反ユダヤ主義は、次のようなことを立証した。ユダヤ人は自分の信条を好きなように賞揚し、その意志の向くまま、国家への忠誠を宣言できる［…］非ユダヤ人の共同体に加わるために渡れる橋はない。ゆえに、人種にもとづく反ユダヤ主義は、ユダヤ人に対するすべての闘争の歴史のなかで最後の闘争なのだと言えよう」[53]。詩人で歴史家のピーター・ヴィーレックは一九四一年に「ナチ思想の源流」に関する研究で次のように述べている。「ナチズムは、環境によって条件づけられるという考えに正面から対立する」。つまりナチズムは、「環境によっては、たとえばユダヤ人やスラブ人もドイツの文化・道徳を身につけることができるということを［…］否定する。文化・道徳のようなものは生まれる前から動かしがたく決定されている[54]」と考えているのだ。

　しかし、すべてのドイツ人が社会領域の人種化、つまり「人種の魂」の普遍化に納得したわけではないように、少数派への暴力が白昼堂々と行われることにすべてのドイツ人が好印象を抱いていたわけでもない。国民の多くがショックを受けていた様子は、ナチの機密報告書でも指摘されている。たとえばラールでは、イデオロギー教化局が、「われわれの地区でも実行されたユダヤ人作戦は、多くの人々の賛同を得られなかった。それは広範な住民、党員やＮＳＤＡＰの政治的指導者たちもが、ユダヤ人問題に直面したときに無力であることの表れだ[55]」。実際、ヒムラーとハイドリヒも同様の嫌悪感を抱き、少なくとも帝国内では、公然と暴力を振るうのではなく体系的な措置を支持することが確認された。

　暴力に対する嫌悪感は広がっていたものの、反対するドイツ人の大部分は、ユダヤ人迫害が誤りだと考えていたのではなく、暴力行為を目にしなければならないことに反対していたのだった。迫害は「正しく」行われるべきだと考えていたのだ[56]。こうしてハイドリヒとヒムラーは、ユダヤ人に対する攻撃は今後もっと秩序正しく行う必要があると結論づけたが、同時に、もっと急進的な方法を進める勢いも得たのである。歴史家ピーター・フリッチェが指摘しているように、ポグロムはそれを裏づけるものだった。

ドイツのユダヤ人はたんに迫害されるマイノリティではなく、自力で移住しない、あるいはできない場合、ナチが「格好の餌食」として喜んで殺害する、人種の敵だった。ポグロムが明らかにしたのは、ナチが警察、街の役人、その他市民の協力を得てもっとも極端な政策を実行できるということだった。[57]

若干の懸念や嫌悪の表明はあったものの、全体的には「地域住民の間に驚くほどのコンセンサスと協力」があった。[58] こうして一一月のポグロムはナチのユダヤ人政策が急進化する決定的瞬間となり、ユダヤ人を堂々と攻撃できるという自信がナチ・エリートの間で深まっただけでなく、移住の可能性が低くなることを考えると、ジェノサイドにますます近づく選択肢をもたらした。[59]

こういった残虐行為の犠牲者はもはや個人的な惨事にとどまらず、共同体の終焉に直面していた。とくに同化していた中産階級のユダヤ人の大多数にとっては、待ち受けているのは慣れ親しんだ世界の崩壊だった。ハーバード大学は一九四一年、「一九三三年一月三〇日以前と以後のドイツでの私の生活」をテーマにした作文コンクールに寄せられた二〇〇本以上の作文をもとに、次のような指摘をしている。人々は「安全な場所を探し回り、政治的なシオニズム、地下運動の噂、宗教活動など、要するに気を紛らわせてくれるものや希望を与えてくれるものなら何でも試した」[60]。ユダヤ人は果てしなく続く法規制に疲れ果て、そのひとつひとつは不自由を感じさせる程度だっただろうが、まとまると生活が脅かされた。彼らは暴力の脅威に直面し、いわゆる社会的な死に直面した。国外脱出を決意した人々は、お役所仕事の悪夢に直面するだけでなく、その過程で金品を巻き上げられることになった。一九三八年一二月末にニューヨークの避難所で書かれたある証言は、ナチ・ドイツから出国しようとするユダヤ人移住者がいかに不条理な目に遭ったかを鮮明に物語っている。アメリカのビザが下りなかった場合に備えて、念のためウルグアイやブラジルなど、さまざまな国へのビザ申請を行ったり、「家具が粉々に壊されなかったのは幸運だった」と荷物の整理をしたり、外国為替管理局（Devisenstelle）に掛け合ったりと、徒労に終わることも多い用事で目まぐるしい忙しさだった。報告は次のように続く。

ご承知の通り、私は税務署から私たちふたり分の通関証明書（Unbedenklichkeitsschein）をもらっていました［…］私たちはこういった通関証明書がもう配られないこと、そしてそれを作成してもらう前に二〇パーセントの負担金（一一月のポグロムを受けて一一月一二日に出された賠償命令による）を支払わなければならないということを聞きました。しかしすでに説明したように、誰も有価証券を売ることが許されていなかったので、この二〇パーセントのお金と、さらにまだ支払っていなかった母のための帝国出国税（Reichsfluchtsteuer）をどうやって支払えと言うのか［…］それに通常は税関検査（Zollfahndung）があり、これは細部まで徹底的に調べられました。[61]

もうひとつは医師ゲルハルト・カンが書いた手紙だ。取り残されることへの恐怖を示す一方で、助けてくれるかもしれない友人や親類と疎遠になることを恐れて、あまり絶望していないよう装う必要があった様子が見て取れる。ニューヨークにいる友人、ハインツ・ケラーマンに、カンはベルリンから手紙を書いている。

周囲の壁が日一日と高くなっていくのがわかる。出国を妨げる要因が毎週新たにもたらされる。希望と計画は葬り去られ、中欧では苦しむ仲間がどんどん増えている。

「移住する方法を真剣に粘り強く探している」と語るものの、カンには障害しか見えていないようだ。

私たちの計画と希望は、事実上すべて失敗に終わった。ここの領事館に登録したが、君の言うとおり、アメリカに行ける可能性はかなり低そうだ。ペルーになら行けるかもしれない。いずれにせよ、入国にはひとりあたり四〇〇〇フランス・フランが必要で、それは海外で調達しなければならない。それからビザも必要だ。どうすればやり遂げられるのか、見当もつかない。(62)

その後、カンは開戦前になんとかパレスチナに逃れ、その後ボリビアに渡り、医師として働いた。カンのような話を聞くと、ユダヤ人が必死に出国しようとしたこと、一九三〇年代のドイツ人の大多数にとっては地図で名前を知っている程度のボリビアやペルーといった国に、不確かな未来を求めてすべてを捨ててでも喜んで行こうとするほど事態が切羽詰まっていたことがわかる。

数年後の一九四〇年から四一年にかけて、ヨーロッパからアメリカに脱出する最後の港だったリスボンで、ユダヤ人とドイツの政敵とみなされた非ユダヤ人は、お役所的な対応に同様のいらだちを感じることになった。ナチ・ドイツからのユダヤ人難民を受け入れてくれる国はほとんどなく、ドイツから出国するハードルと、新たな国へ入国するためのハードルという二重の障害は、ドイツとオーストリアのユダヤ人の多くが出国できないことを意味した。ユダヤ人の出国を奨励する政策を取りながら、それを困難にすることに矛盾はなかった。貧困に陥ったユダヤ人を新たな受入国に放り出すことで、ドイツは反ユダヤ主義を輸出しようとしたのだった。

出国できなかった人々のなかにフリュアウフ一家がいた。ヒルデ・フリュアウフはニューヨーク生まれで米国の市民権を持っていたものの（両親も米国に移住していたが、一八九七年にドイツに戻っていた）、他の家族はお役所的な不条理に巻き込まれ、最終的に殺された。宣誓供述書を送っても返送され、保証が約束されても反故にされ、船便を予約してもキャンセルされ、再予約しても、いつもなにか不備があった。乗船券の予約にはビザが必要で、ビザを取るには乗船券を見せなければならない。「近頃は何でも試してみなければならない」と一九四一年七月二三日にフェリックス・フリュアウフは書いている。しかし彼らは不運だった。[63]

受け入れと排除

ここまで見てきたように、暴力は被害者にとって恐ろしいものだった。しかし暴力は加害者にも影響を与えた。ドイツのユダヤ人はもはや良識をもって扱われる人間ではない（実際、一九三八年の終わりには、もはや人間とはみなされていなかったかもしれない）と明示すると同時に、加害者側にも共同体意識をもたらしたのである。[64] 加害者はポグロムに積極的に参加した者だけではない。故意であろうとなかろうと、ポグロムで利益を得たすべての人々だった。ドイツの「アーリア人」たちは、ナチを支持していようがいまいが、しだいに民族共同体（フォルクスゲマインシャフト）の建設というナチのレトリックが一九三〇年代末には現実のものになりつつあると感じるようになった。ヴァルター・タウスクは一一月のポグロムの際、ブレスラウのユダヤ人が経営する酒屋が壊され、群衆がそれを取り囲んでいるところに遭遇した。そこでたまたまでくわした同僚はこう言った。「もし俺が一緒に行っていたら、歳末助け合いのときみたいに、荷物を運び出すのを手伝っていたんだがなあ！」タウスクの認識では、ユダヤ人商店は「端的に言って襲撃され、略奪された」のだが、同僚の言葉で明らかなとおり、共同体の論理は犯罪を隠し正当化した。[65] それはうなずきとウインクでなされることもあるだろう。完全雇用や清潔な街路を実現し、階級の垣根を取り払う「秩序という名の革命」の論理は、ナチに抵抗したいドイツ人ですら、気がつけばナチ化された生活を送っていることを意味した。[66]

このようなアイデンティティの圧迫によって、反ナチのドイツ人が自らを偽らない人生を送る機会はますます限られ、しだいに日常生活をただ送るだけで体制に協力する形になったが、その逆も言えた。ユダヤ人とアーリア人という概念は、もちろんナチが定義し押しつけたカテゴリーだ。とくに犠牲者とその反応について書く際に、このことを忘れている歴史家もいる。もっとも歴史家のなかには、ユダヤ人だと自認していないのに（多くの人々がそうだった）、ナチ政権によってユダヤ人と認定された人々について話しているのだと強調するために、ユダヤ人に鉤かっこをつける者もいる。[67] ユダヤ人は均質な共同体を作っていたわけではなく、政治や宗教もじつにさまざまだった。しかしナチの法律は、同化した人々もユダヤ教とは何の関係もない人々も、人種的にユダヤ人だと定義した。祖父母はユダヤ教徒だが、自分はキリスト教徒だという者も多かった。同化していたユダヤ人は、一九三〇年代にはユダヤ人共同体の施設に助けを求めて避難することを余儀なくされたが、非ユダヤ教徒の「ユダヤ人」はこういった安堵を得ることすらできず、「アーリア人」からも「ユダヤ人」共同体からも締め出された。そのため、ワルシャワのゲットーには教会が複数あった。[68] 彼らは本当の意味ではユダヤ人ではなかったので、こういった「ユダヤ人」はユダヤ人団体の記録には登場しないことも多いが、彼らは何万人もいた。彼らの物語はまだ調査する必要がある。[69]

一九三〇年代後半に書かれ、一九四二年にメキシコで出版された注目すべき小説『第七の十字架』のなかで、著者のアンナ・ゼーガースは、ナチに反対していたドイツ人労働者たちがいかに身を潜め、自分の考えを内に秘めることを学んだか、そしてアパートの監視人や職場でのイデオロギー管理制度など、社会監視と適合という体制からの要求に、普通のドイツ人がいかに容易に順応したかを描いている[70]。ユダヤ人は権利を剝奪され、とくにボイコットや地元のクラブや組織からの排除によってアーリア人から切り離されていたので、地元のナチ当局者は「社会的・文化的・政治的な共同体の秩序を変容させることができた」[71]。共同体の異分子が強制収容所に送られ再教育されたように、アーリア人のドイツ人は、ヒトラー・ユーゲントやドイツ少女同盟、あるいは階級の境界を取り払うことを目的とした労働キャンプなど、さまざまな種類の一時収容施設に少しずつ慣れていかざるを得なくなり、国民社会主義者としての意識を作り上げられていった。反ナチの見習い弁護士セバスチャン・ハフナーも、イデオロギー教育のために労働キャンプに送られ、仲間の司法修習生とともに、求められるまま歌ったり行進したり、イデオロギーの教育集会に出席したりした。それによって、どんなに不本意であろうとも、自分たちが変わってしまったと認めざるを得なかった。「参加したゲームのルールに従うことで、私たちは自動的に、完全なナチとはいかないまでも、ナチが使える材料に変わったのだ」と彼は正直に書いている。彼らはゼーガースの労働者と同様に、「仲間関係の罠」にはまったのだ[72]。

強制収容所ほど、ナチの人種共同体が基盤としていた過激な排除を強く象徴する施設はない。「口を開くと死の恐怖について語るような表情をするひとがいる。人間の言葉で表現することがほぼ不可能な経験から心を解放できたとき、彼らの言葉には恐怖が響き渡る。彼らはドイツという強制収容所から解放された囚人なのだ」[73]。実際、この報告は、当時アムステルダムにあったウィーナー図書館がまとめたドイツ系ユダヤ人移民による三五〇の報告書のひとつで、戦前の強制収容所の様子を知るうえで注目に値する情報源だ。ナチの政権掌握後、最初の一、二年にドイツの強制収容所に関する「いくつかの情報」は発表されたが、世界は収容所について「しだいに沈黙していき」、報告書は諭すような文体で続いていく。

国民社会主義の力が強固になれば、この最悪の恐怖の形態はゆっくり消えていくと考えた者もいたし、ヒトラー政権が内外で成功を収め安定化すれば、一九三三年から三五年にかけて起こった非人道的事件の要素は徐々に根絶されると考える者もいた。この考えは誤りだ！[74]

匿名の報告者は、ブーヘンヴァルトとオラニエンブルク（ベルリン近郊のザクセンハウゼン）の強制収容所の開所、そして一九三八年の強制収容所の急速な拡大について述べている。彼はまた、恐怖の要素が徐々に治まるという思い込みがいかに間違っていたかを強調しようと苦心している。「強制収容所は検事も判事もなしで下される死刑判決を意味し、緩慢で苦痛を伴う恐ろしいほど秩序だった精神的・肉体的破壊を意味する。絞首台や打ち首や電気椅子による処刑のほうがまだ人道的だ」[75]。収容所での「生活」のあらゆる側面を占める拷問についてかなり詳細に述べたこの報告書は、ユダヤ人退役軍人に向けられた特別な敵意についても記している。

とくにユダヤ人退役軍人を迫害したのは、容赦ない反ユダヤ主義を自分自身のために正当化しなければならないという本能的な感情からで、自分の悪質さや行為の無意味さを否定したかったからだ。とくに敵に立ち向かっていく勇敢さで際立っていたユダヤ人は憎まれ、収容所に到着した時点で鉄十字章（Eiserne Kreuz）や戦傷章

(Verwundetenabzeichen) を上着からはぎとられ踏みにじられ、嘲られ、罵られ、虐待された。黒いSSの制服を着た野蛮な拷問者は、自分たちがドイツ軍人の名誉も汚していることに気づいていなかった。彼らにはそういった理解がまったく欠けていた。[76]

報告書はさらに、延々と続く骨の折れる強制労働、まともな食べものや飲みものの欠如、衛生設備の欠如、病気の蔓延、看守による殴打や悪意ある無差別な虐待、そしてナチの強制収容所を特徴づける拷問について述べている。「強制収容所から出ることを許された少数の人々が、心身ともにぼろぼろになって、保護と回復に数か月を必要としたのは当然だが、差し迫る移住のプレッシャーはそれをほとんど許さなかった[77]」。しかし今になって考えると、この人々は「幸運」だった。強制収容所の被収容者は、戦前にはユダヤ人も含め、ほとんどが解放され、一一月のポグロムのあと、ユダヤ人はすみやかに出国することを条件に釈放された。[78] ほとんどの者は催促されるまでもなく、一九三九年初頭にユダヤ人移住局が設立されると、財産を失うにもかかわらず、可能な限り早く出国した。一一月のポグロムのあと、出国するユダヤ人から財産を巻き上げることを目的とした、いわゆる帝国出国税の総額は三億四二六〇万ライヒスマルクに達した。[79] 一九三七年の末までに約一三万人のユダヤ人がドイツを離れた。一九三八年には三万三〇〇〇人から四万人が移住し、一九三九年には七万五〇〇〇人から八万人に急増した。[80] ポグロム後、SSの秘密文書には次のように述べられている。「ユダヤ人、少なくともドイツ国籍を持つユダヤ人および市民権のないユダヤ人は、ドイツの共同生活から完全に排除されたため、ユダヤ人が生きていくための唯一の選択肢は移住だということが確認されている[81]」。ナチの矛盾した措置、つまり移住を奨励しながら移住の手段を奪う、という措置がなければ、移住するユダヤ人の数はもっと増えていただろう。この措置のせいで、多くのユダヤ人はとどまるしか選択肢はないと判断したり感じたりしたからである。

一九三九年、駐独米国大使の娘、マーサ・ドッドは、「もしヒトラーがドイツにとどまることを自国民や世界の人々や指導者たちが許すなら、最終的にドイツからユダヤ人はいなくなると私は思う」と自著で警告している。彼女はこう続ける。「ファシズムがその地域による特徴や名前とは無関係にユダヤ人の絶滅を決意していることを、ユダヤ人ははっきり認識すべきだ」[82]。たとえ開戦までにユダヤ人の半数が出国していたとしても、また、残った人々（大半は女性と高齢者だ）が世界的陰謀の先導者にはとても見えないとしても、ドッドの主張に反論することは難しかった。彼女はこう続ける。「たしかに、彼らは皆、死んだわけでも、亡命したわけでも、難民になったわけでもない。だからといって全員が幸運だったわけでもない。彼らはドイツにとどまることを余儀なくされ、職業にも就けず、人類の一員としての恩恵も権利も否定され、子どもたちは嘲笑され、侮辱されている。人々は冒瀆され、つねに暴力や飢餓の危険にさらされている」[83]。ドイツとオーストリアのユダヤ人にとって、警告は遅すぎた。ナチ・ドイツにとどまった者は出国しようと躍起になったが、一九四一年一〇月二三日にユダヤ人の移住が禁止されると、その選択肢は完全に消滅した。この時点で、移住はもはやナチのユダヤ人政策の目的ではなくなっていた。次章で述べるように、彼らはすでに大量殺人に舵を切っていたのだ。

第三章　「最終的解決」以前

ドイツがポーランドに侵攻し戦争が勃発するはるか前から、時局が戦争に向かっていることは当時の観察者の目には明らかだった。ヒトラーの「奇妙な平和主義」は、ドイツから亡命したS・エルクナーが述べているように、ドイツが国際連盟を脱退し（一九三三年）、徴兵制を再導入し（一九三五年）、ザールラントを再獲得し（一九三五年）、ラインラントを再軍備し（一九三六年）、ヴェルサイユ条約に違反して大規模な再武装と再軍備計画に着手するにしたがって、否応なく戦争への道を開いた。ナチが「国防」として提示したものは、実際には、一九三三年以後の再建を破壊されようとしていたドイツ国民のみならず、ナチが言う「戦争と国家の間の有機的関係の回復」の意味を悟りつつあったヨーロッパの他の人々にとっても、「偽の牧歌」だった。

> 「牧歌」の真の姿は侵略戦争であり、その準備のためには経済システム全体を「警戒態勢」に置かなければならない。あらゆるものを動員し、どの家にもガスシェルターを設置し、コンクリートの地下室で生活し、つねに戦争という観点から考え、伝染性のイデオロギーに全国民を感染させ、もっとも人道的な武器としての残虐行為、つまり「神々の黄昏」という衝撃的結末の準備をしなければならない。[1]

ドイツ軍の元参謀将校の偽名であるエルクナーがこう記した時点では、まだオーストリア併合も、ズデーテンラント占領も、ダンツィヒとポーランド回廊をめぐる要求も、もはや宥和政策では対処しきれない一九三九年三月のチェコ占領も起こっていなかった。しかしドイツがどの方向に向かっているのか、彼にはすでにはっきりわかっていた。ヒトラーの「破局へ向かう意志」とは、すべてが「組織的な狂気の行為を数百万の国民に準備させるために行われる」ことを意味しているのだと。[2]

エルクナーの言う「組織的な狂気の行為」とはもちろん戦争を指していた。実際、戦争によって数千万人が亡くなり、インフラは破壊され、資源は途方もなく浪費され、環境も甚大な損害を受けた。しかし今日、第二次世界大戦というより広い文脈のなかでは、組織的な狂気の行為として突出しているのは、ヨーロッパ・ユダヤ人の殺害である。一一月のポグロムでは、どの建物を破壊し、どの人間を傷つけるかについての厳格な規則にのっとって、カーニバルのような光景が繰り広げられ、一種の管理された暴動がすでに発生していた。それに続くナチの大陸規模のジェノサイドは、組織化された犯罪の一形態と見ることができる。戦争末期にジェノサイドがアウシュヴィッツで頂点に達した際、それが官僚的に組織立って行われていたのは間違いない。しかしナチは犯罪への許可を与え、殺戮プロセスのあらゆる側面に広がる共通の高揚感に拍車をかけもした。人々を熱狂させるナチの演説は、大量射殺の第一波の際、身近に死体があることから生じた恐怖や身体的脅威と同様の高揚感を生み出し、それがさらなる殺人へとつながった。ナチはつまり、過剰な行為を広く解き放ったのだ。開戦後、戦争そのものの範囲が広がり、悲惨さが増し、激化するにつれ、ユダヤ人殺害を取り巻くこの許可の広がりと狂乱した空気の高まりはますます顕著になった。[3] ドイツの敗戦が濃厚になっているのに、コルフ島や南フランスのようなヨーロッパの辺鄙な場所でユダヤ人狩りと移送が継続的に行われたのは、冷静で合理的な準産業的事業とはとても言えず、ユダヤ人を殺すという熱狂的な必要性がナチの自己理解の基盤にあったことを示している。戦争末期、ヨーロッパ・ユダヤ人のほとんどがすでに亡くなっているのに、ナチのプロパガンダがますます苛烈を極め、ユダヤ人の報復という言葉でドイツ国民を脅したのにも同じことが当てはまる。

ドイツのユダヤ人にとって、一一月のポグロムからポーランド侵攻までの期間は絶望の日々だった。政権がますます狂信的になるにつれ、ユダヤ人の首にかかった縄も締まっていった。一九三八年末の時点で、ユダヤ人をユダヤ人だけが住む家、つまり「ユダヤ人の家」に移す措置が進められた。一九三九年初頭にはユダヤ人は薬剤、歯科、獣医学の分野から排除され、ミシュリンに関する法律は厳格化された。ユダヤ人は車の運転や武器の所有を禁じられ、食堂車や寝台車から排除され、文化行事への参加を禁じられ、宝石や貴金属といった貴重品を国に供出することを余儀なくされた。失業したユダヤ人は、アウトバーンやダムの建設現場や採石場などで強制労働に従事させられた。これは内務省の「ユダヤ人専門家」、ベルンハルト・レーゼナーが言うように、ユダヤ人が「兵役から除外されている代わり」とみなされる措置だった。(4) ユダヤ人に対する資産税は、すでに彼らを貧困化させるために課せられていた負担をさらに増やした。フォム・ラートが銃撃された翌日の一九三八年一一月八日、ヒムラーは武装親衛隊「ドィチュラント」連隊の指導者たちに演説を行い、次のように断言している。「ドイツのユダヤ人は自活できなくなるだろう。それはあとほんの数年の話だ」。彼はさらにこう説明をつけ加えた。「われわれは比類なき無慈悲さをもって、彼らを追放することになるだろう(5)」。彼らに強いられた多種多様な措置から考えると、ユダヤ人はドイツから追放されるだけでなく、排除されるのに代償まで支払わされたということもつけ加えなければならない。(6)

だが、ドイツとオーストリアのユダヤ人にとって、行き先を見つけるのは容易ではなかった。ドイツ・ユダヤ人の約半数と、オーストリア・ユダヤ人の三分の二強（一八万人中一二万六〇〇〇人強）が一九四一年末までに出国したものの、その多く（オーストリアの場合はおそらく五万五〇〇〇人）は避難先がのちにドイツに占領されるヨーロッパ諸国だったため、その後捕らえられ移送されて命を落とした。(7) ドイツとオーストリアから北アフリカ、南米、中国、オーストラリア、ニュージーランドなどへなんとかたどり着いたユダヤ人もいたが、一九三〇年代後半には選択肢がなくなった。それでも帝国から脱出できた人々は、たとえ当時はそうは思えなくても、幸運だった。ウィーンのユダヤ人、トビアス・ファーブは一九三九年初頭に上海に到着し、戦中をそこで過ごした。到着した際の彼のショックは明白だ。

二月二二日から上海にいる。惨めな気持ちだ。到着した際の第一印象と、戦火に包まれた地域を抜けてのキャンプ地までの道のりは、言葉にできないほど憂鬱だった。私たちが直面している状況、嘆かわしい懐具合、職を得ることへの絶望感、世界のよそよそしさ、いつかここから出ていくことの困難さ、病気の蔓延への恐怖。こういったことが次々と、言いようのない絶望感をもたらし、すでに非人間的な苦しみを経験せざるを得なかった私たちを完全なる衰弱に追い込んだ。まだ今のところはなんとかまっすぐに立っているが、到着したばかりでも、苦しみがまだまだ続くことはわかっている。(8)

地球の反対側では、パラグアイに亡命したエドゥアルト・コーンが、アメリカ・ユダヤ人共同配給委員会（「ジョイント」）に、ウルグアイにいる妻子とアスンシオンで合流できるよう助力を願う手紙を書いている。出入国管理局は、ひとりあたり一五〇〇ペソを支払わなければ入国を許可しない。「右も左もわからないモンテビデオで妻がその金を作ることは不可能で、工場で働く私の収入では、必要な金額を妻に送ることもできない。当分の間、離れたままで暮らすしかないと観念するほかない」[9]。ドイツとオーストリアのユダヤ人は四散し、最終的にビザを発行してくれる国ならどこにでも行った。ファーブやコーンは今になって思えば幸運だったが、当時を生き抜いた人々にとっては、家も失い、次に何が起きるかもわからないまま世界じゅうを転々とした経験は、当然ながら絶望的だった。

オーストリア併合直後に、ルーズヴェルト大統領がナチ・ドイツからの移民問題を討論するために「自由主義世界」の代表からなる会議を提案したのはこのためだった。会議は一九三八年七月にようやくジュネーヴ湖畔のエヴィアン・レ・バンで開かれたが、懸念が行動に結びつかないのは最初から明らかだった。当初ルーズヴェルトは会議をジュネーヴで開こうと計画していたが、スイスに拒否された。イギリスは、イギリス本土に関しても、世界ユダヤ人会議からすればもっと急を要するパレスチナに関しても、移住の規則について譲歩する気はないと宣言した。そしてアメリカはこの会議を招集したにもかかわらず、他国の出席を促すために、自国も含め、どの政府にも規則の緩和は求めないとすでに宣言していた。さらに会議では、ユダヤ人への言及を避けるよう注意深く言葉が選ばれた。話題は「政治的難民」と「難民問題」ばかりだった。ドイツからの政治的難民のために政府間難民委員会という新組織が設立されたのが会議の「成果」といえば「成果」だったが、ビザその他の実際的な支援は得られなかった。「ユダヤ人の移住先としてパレスチナに大きな可能性があることを考慮せずしてユダヤ人難民問題を議論することはできない」という世界ユダヤ人会議の声明は無視された[10]。

七月一三日付の『フェルキッシャー・ベオバハター』の見出しが、「誰も彼らを望まない」だったことも、九月の演説でヒトラーが「民主主義の帝国」の偽善を非難したのも、『デイリー・エクスプレス』

紙が難民となりそうな人々の窮状を描いた漫画を掲載し、彼らに行き場がないことを明らかにしたのも、驚くには当たらない。実際、出席者たちは、もしドイツ・ユダヤ人に寛大な援助をすれば、反ユダヤ主義的措置を始めたり計画したりしているポーランドのような政府が、アメリカやイギリスに対し、国境を開放してさらに多くのユダヤ人を受け入れるよう要求してくるのではないかと恐れていた。

「権力掌握」——ナチの典型的な婉曲表現のひとつ——の六周年記念日に、ヒトラーは特別国会を招集し演説した。こんな機会でもなければ、国会はもはやまったく機能していなかった。彼の全キャリアのなかでおそらくもっとも有名なこの演説は二時間半にも及んだが、彼は国民社会主義運動の歴史を振り返り、宥和政策を批判するイギリス人と、そのユダヤ人の黒幕を攻撃した。それから彼はユダヤ人に矛先を向けた。今やヒトラーの「頭から離れないイデオロギーの妄想」には、「発作的な表現」が加わっていた。

そしてこの日、おそらくわれわれドイツ人にとっては忘れられない日となるだろうが、私はもうひとつつけ加えたいことがある。わが生涯において、私はしばしば予言をしてきたが、そのほとんどは冷笑された。権力を求め闘ってきた時代に、私がいつの日にかドイツ国家と全ドイツ人民の指導者になり、ユダヤ人問題は私が最終的に解決する多くの問題のひとつになるだろうという予言を笑い飛ばしてきたのは、おもにユダヤ人だった。しかし私は信じている。ドイツのユダヤ人が今ではその大笑いの声で窒息しかかっていることを。

そのあとに恐ろしい脅しが続く。

1938年10月17日付『デイリー・エクスプレス』紙に掲載された漫画.

今日、私は再び予言者となって言おう。もしヨーロッパ内外の国際ユダヤ人資本家が諸国を再び世界戦争に突入させることに成功したなら、その結末は世界のボリシェヴィキ化やユダヤ人の勝利ではなく、ヨーロッパ・ユダヤ人の絶滅となるだろう。[11]

ユダヤ人がドイツを滅ぼすべく巨大な陰謀をめぐらせているというヒトラーの想像と、ドイツに残されたユダヤ人の困窮という暗澹たる現実との乖離は、これ以上ないほど明白だった。歴史家ソール・フリードレンダーが「古典的なナチ思考」と呼ぶもののこれ以上明確な例はない。この思考において描写されている内容の深刻さは、現実から完全に切り離されている。[12]しかし、これから見ていくように、このパラドックスは戦争が進むにつれてますます顕著になり、ヨーロッパのほとんどのユダヤ人が死んだり恐怖に震えていたりするのに、ナチのプロパガンダは「国際ユダヤ人」を糾弾し、ユダヤ人が報復してくるとドイツ人を脅すまでになった。「ロシア人、イギリス人、アメリカ人を火中に追いやり、ドイツ人民に対する絶望的な闘争で大勢の外国人の命を犠牲にするのは誰なのか?」とゲッベルスは一九四五年一月二一日付の『ダス・ライヒ』紙の論説で問いかけている。その答えは「ユダヤ人だ!」である。[13]

しかし一九三九年一月のヒトラーの「予言」演説には、もうひとつの役割があった。戦争にかかわるなとアメリカに警告することである。ヒトラーが「再びの世界戦争」に言及したのにはこういった含みがあったのだ。[14] オーストリア併合とズデーテンラント併合という「勝利」ののち、ヒトラーは世界各国の指導者たちに干渉するなというメッセージを発していた。しかし重要なのは、ヒトラーが自由主義世界の影の支配者を国際ユダヤ人資本家とみなしていた点である。ヒトラーの頭のなかでは、ドイツの拡大主義継続の前に立ちはだかるアメリカの脅威は、ユダヤ人が演じる役割と切り離すことができなかった。ヒトラーが考えていたのは、ドイツの軍事力や、世界大戦にアメリカが介入すればドイツの軍事力がいかに低下するかについてばかりではない。彼はまた、アメリカと「ユダヤ人」を完全に同一視していた。ゆえにユダヤ人を絶滅させるという脅しは、アメリカを寄せつけないための手段だったのだ。

新たな領土

ドイツ・ユダヤ人が被った状況は、一九三八年と三九年にナチ・ドイツが獲得した地域でも再現されていた。実際、オーストリアで併合後に講じられた政策は、とくにその財産の没収という点において、アルトライヒ（一九三八年以前のドイツ）のユダヤ人の扱いに直接かつ迅速な影響を与えた。オーストリアはユダヤ人政策の実験場になり、ウィーン・モデルがナチの搾取と所有権奪取の基準となった。一九三八年三月にオーストリアが併合されると、ドイツでナチが権力を掌握した一九三三年一月よりも激しい暴力が、ユダヤ人に向けられた。ヒムラーとハイドリヒはオーストリアの警察統合のためウィーンに赴き、ゲシュタポ本部が三月一五日に開設された。同日、オーストリア出身でベルリンの親衛隊保安部からウィーンに派遣されていたアドルフ・アイヒマンはユダヤ人指導者に出頭を命じ、移住の手続きとしてユダヤ人の所有物を没収する組織の創設に着手した。このユダヤ人移住本部は「ウィーン・モデル」としてナチ内で有名になり、のちにベルリン、プラハ、パリでもこれが手本とされた。[15] 一九三九年、ユダヤ人移住本部は国家保安本部（ＲＳＨＡ）の一部となり、その頃にはユダヤ人共同体の協力を管理と資金調達の面で強制する「分業」方式が大きな「成功」を収めていた。「ユダヤ人が苦しめば苦しむほど、当局は欲深になった」とある歴史家が指摘している。[16] 開戦までに一二万六四八一人のオーストリア・ユダヤ人が出国したが、その前にまずは財産を奪われた。[17] 強制労働、ユダヤ人から略奪するための厳しい課税措置、移住促進のために連携する事務局の組み合わせは、他の場所でも採用されることになる。それにより、アイヒマンはナチのユダヤ人政策の中心人物としての地位を固めた。

ズデーテンラントでは、ドイツが支配権を掌握するや、まだ占領されていないボヘミアに多くのユダヤ人が逃げ始めた。この際に逃亡したユダヤ人は一万五〇〇〇人にのぼったが、数か月後にチェコの残りの地域が占領されると、ドイツ軍の手に落ちた。彼らはすぐに、ドイツ政権がオーストリアで確立していたアーリア化の措置を受けることになる。とどまっていた者たちはドイツ・ユダヤ人と同様の扱いを受けたが、ドイツでは実現に五年かかったことが、ズデーテンラントでは数日で遂行された。ズデーテンラントのユダヤ人は「権利を剝奪され、「ユダヤ人の家」に押し込められ、完全なる貧困に陥るまで略奪された。働ける者は強制労働に従事しなければならなかった」。[18] そしてこういったすべてはすぐに効果を上げた。

ドイツ兵がプラハに侵攻し、ボヘミアとモラヴィアがドイツに占領される頃には、ヨーロッパじゅうのユダヤ人が、ナチの支配下に置かれるとどうなるかを悟った。この頃がヒトラーの戦前の絶頂期で、第一次世界大戦後の合意は完全にドイツに有利な形に修正され、ドイツの平和と少数民族の民族自決だけを望んでいるというヒトラーの主張に列強は欺かれ、宥和政策はイギリスとフランスが軍備面でドイツに追いつくための時間稼ぎにはなったものの、ヒトラーは戦争に突入することなく自分の要求をすべて満たした。それにもかかわらず、好景気に沸くドイツ経済は（これにより多くの一般ドイツ人がナチ政権を受け入れ、同時に、一見とどまるところを知らない対外政策に魅了された）、ドイツを戦争へと向かわせていた。エルクナーらが当時指摘していたように、そしてその後も多くの歴史家たちが示してきたように、この好景気は完全に戦争準備に基づいていたからだ。ヒトラーの膨張主義への意欲は、ドイツが持っている資源に見合うものではなかった。その結果、戦争への意欲はこのような不足を悪化させただけだった。ヒトラーは、ドイツの経済的弱点を補う領土と資源の獲得を期待して、経済の役割は「国民の内なる力を確保することであり、それによって対外政策の領域で自己主張ができる」と説明した。[19] こうして再軍備は第三帝国の経済復興を支配した。[20]

一九三九年九月一日にドイツがポーランドに侵攻したのは、「ダンツィヒ問題」とドイツ人マイノリティの権利を口実に、生存圏（レーベンスラウム）を獲得するためだった。『わが闘争』を注意深く読めば、ヒトラーがポーランドをロシアへの足がかりとしてしか見ておらず、北米の植民地開拓者が「先住民」を扱ったのと同様に、そこに住んでいる後進的な野蛮人をおとなしくさせる必要があると考えていたことがわかる。[21] それ本人がどれほど否定しようとも、ヒトラーがポーランド占領だけで満足しないのは明らかだった。それにもかかわらず、ポーランドをナチとソ連で分割した独ソ不可侵条約は、このイデオロギー的には敵対する二者の同盟に不意打ちを食らった当時の多くの人々の目を欺いた。

三五〇万のポーランド・ユダヤ人は、一九三九年の時点で人口の約一〇パーセントを占めていた。ポーランドへの最初の攻撃は、ユダヤ人に対する闘いと考えられていたわけではないものの、ポーランドの民間人への猛撃はポーランド・ユダヤ人に偏って向けられていた。これはおそらくは、ポーランド・ユダヤ人を『デア・シュトゥルマー』流のステレオタイプのままに描いた執拗なプロパガンダの結果だった。堕落していて迷信深く、汚くて心のねじ曲がった人間、という描写だ。彼らの多くは、ドイツのユダヤ人に何が起こったかを知っていたので、東方のソ連占領地域に逃げた。ドイツ国防軍は一九三九年九月初頭から一〇月末までに約一万六〇〇〇人の民間人を射殺したが、それはドイツが占領下のポーランドの管理を文官当局に引き渡した時期にあたる。その年の終わりには、ドイツ保安警察は地元の民族ドイツ人支援グループの助けを借りて、約五万人の民間人を殺害した。そのなかには少なくとも七〇〇〇人のユダヤ人が含まれていた。ドイツは聖職者、学者、政治家といったポーランドのエリート集団を粛清しようとしたのだった。[22]彼らはまもなくポーランドの残りの地域を直接は帝国に組み込まれない、いわゆる総督府の統治下に置き（たとえば、リッツマンシュタットと改称されたウッチを含むヴァルテラントや、オシフィエンチム、つまりアウシュヴィッツを含む東上シレジアなど）、「人種のゴミ捨て場」として、ユダヤ人や住居を追われたポーランド人を押し込めた。ポーランド占領当初から、民間人に対するドイツの政策は過酷だった。残忍な扱いを受けたポーランド人カトリック教徒は、多くの場合、自分たちが生き延びるのに必死だったため、より窮地に立たされていたポーランド・ユダヤ人に援助の手を差し伸べることはできなかった。

ポーランドは五週間というごく短期間で征服されたため、ポーランドにおける殺戮の第一波は、ソ連侵攻の特徴とも言うべき出動部隊(アインザッツグルッペン)による組織的な銃殺とは異なっていた。それにもかかわらず、殺戮部隊は一般住民を恐怖に陥れ、いくつかのユダヤ人共同体が戦争のごく初期の段階で一掃される結果となった。(23) たとえばポーランド北東部のオストルフ・マゾヴィエツカという小さな町では、戦前にはユダヤ人七六〇〇人を含む二万五〇〇〇人が住んでいた。それが一九四〇年の春までに皆殺しにされた。(24) ホロコースト史のもっと広い文脈から見れば、これは比較的小さな数字だが、この数字の陰には、オストルフのユダヤ人に起こった恐ろしい現実が隠されている。たとえば九月一〇日、一六歳から六〇歳までのユダヤ人男性はすべて市庁舎前の市場に集まるよう命じられた。状況は次のとおりである。

待っていた人々はポーランド人中学校の校庭に連れて行かれ、座らされた。六時頃、ドイツ人のひとりが、もしドイツ人が撃たれたら町は破壊されると告げた。六時以降、ユダヤ人は通りを歩くことができない。彼は人々に帰宅するよう命じた。人々が立ち上がり帰途につくと、銃撃が始まった。目撃者の話では、見知らぬ兵士の一団が到着したところに出くわし、すぐに銃撃されたのだという。恐怖にかられた人々は安全を求めて逃げ出した。その日何人が亡くなったかは不明だが、報告書によると、犠牲者の数は二一人から三〇〇人までまちまちだった。(25)

その後一一月に、オストルフの残りのユダヤ人住民は、老人や女性と子どもも含めて銃殺され、第九一警察大隊の兵士がそのために用意した町はずれの穴に投げ込まれた。ドイツの占領軍にとって、これはまだ標準的な方法ではなく、関係した警察官にとっては大きな試練だったが、ちょうど一年半後には、この行動様式はソ連での既定路線となった。実際、オストルフで加害者となった者たちのなかには、ソ連で大量虐殺者としてのキャリアを継続する者もいた。著名な歴史家エマヌエル・リンゲルブルムはワルシャワで書いた日記のなかで「オストルフでの有名な殺戮」に触れており、事件の概要だけでなく、この事件が意味するところを、ポーランドの他のユダヤ人も感じ始めたことが明らかに窺える。[26]

これらの出来事からわかるように、ソ連における戦争の急進的な性質は、ポーランドとの戦争で予示されていた。[27] リチャード・ベッセルは次のように指摘している。「当初は想像が及ばず従来と同じ戦争に思えたとしても、ポーランド遠征が非常に邪悪なものであることはドイツの占領の状況からすぐに露呈した」。[28] ゲッベルスは一九三九年一一月にウッチを訪問した際、自分が見たユダヤ人について次のように日記に記している。「奴らは人間ではない、動物だ。ゆえに人道的な行動ではなく、外科的な処置が必要なのだ」。この言葉は広く引用されているが、大規模な移送はユダヤ人（この段階ではゲットーに入れられ、総督府に移送されていた）だけでなく、ポーランド人カトリック教徒についても行われており、数十万人が移送された。ゲッベルスはユダヤ人を動物呼ばわりすると同時に、ポーランドの街路を「アジア」と総括し、「ポーランド人に対する過激な行動」を思い描いていた。[29]

ポーランド、そしてもちろん、一九四〇年の西欧での迅速な勝利により、ソ連に対するナチの期待は膨らんだ。ポーランドではとくに将来東方で起きることの下地が作られた。というのも、出動部隊（アインザッツグルッペン）が初めて使われたのも、ヒムラー（一九三九年一〇月七日に、ドイツ民族性強化国家委員（RKFDV）に任命された）が第三帝国の内部闘争で頭角を現したのも、SD、SS、ゲシュタポ、刑事警察局の融合から新たに創設された国家保安本部（RSHA）がハイドリヒのもとで活動を開始し、安楽死作戦が体系化されたのも、ポーランドでだったからだ。ユダヤ人を集めゲットーに押し込める措置はポーランド占領直後に始まり、ポーランド人カトリック教徒の弾圧と移送はソ連における絶滅戦争への重要な通過点となった[30]。ポーランド占領により、SSの空想的ビジョンの展望はますます広がった。ドイツ国防軍にとっても、より邪悪な展望が浸透した。「ドイツの軍人の多くは、ポーランドとドイツの闘争を競合する民族集団の闘いと考えてきたようだ」とある歴史家は書いている。彼はこの考えが「人種生物学的な言葉で戦争を定義する政権の考え方の全般的な受け入れを促進した」と続けている。その結果、戦争は「偏見や人種主義や、他者に対する暴力の称賛によって深く毒された姿勢が急増するにふさわしい文脈を提供した」と彼は指摘している。「それゆえ多くの点で、一九三九年のドイツの戦争行為の悪質さは、そのあとに起こるさらに大きな暴力の前兆であることを証明した。ユダヤ人の絶滅とジェノサイドという戦いの基盤を、この暴力は提供したのである[31]」。

しかし、ナチのジェノサイドに拍車をかけたのは、ポーランドにおける戦争の残忍さだけではなかった。ポーランド・カトリック教徒およびユダヤ人の殺戮と並行して、ナチ政権はいわゆる安楽死計画により組織的な最初の殺戮に着手した。作戦本部がベルリンのティアガルテン通り四番地にあったことからT4という暗号名をつけられた、この心身障碍者の殺害は、平然と殺人を行う点で恐ろしく異様で、優生学に触発されたこの時代最大の大量殺人である。

優生学とは、より優れた人間の繁殖を研究する学問で、一八八〇年代にイギリスのフランシス・ゴルトンによってこの言葉が作られて以来、二〇世紀前半に広く世界で信じられ、実践されていた。不妊手術に関する法律も数多く生まれた。インディアナ州は一九〇七年に強制断種をアメリカで初めて導入した州だったが、同様の措置は世界各国に広がっていった。優生学を批判する人々は、G・K・チェスタトンの著作に見られるような宗教的観点によるものであれ、倫理的、社会的、科学的観点によるものであれ、第一次世界大戦以前からその願望を冷笑していた。バーナード・ショーのように優生学をあざ笑い、信奉者が望んでいるのは不適格者を「苦痛を伴わず」に排除する「処刑室」の設置だと主張する者もいた。[32] しかし優生学に基づく法律はイギリスでは成立せず、それはおそらく社会改革への動きが優勢だったからだろう。スラム街の撤去や下水施設の整備によって貧困者の生活が改善された結果、「不適格者」は遺伝性で不変だという優生学者の主張が弱まっていたのだ。遺伝学の研究が進み、遺伝の背後にある科学は優生学が考えている以上に複雑だということがわかってくると、強硬な遺伝主義的優生学の勢いは世界の多くの地域で徐々に弱まっていった。しかし、ドイツではまったく逆だった。優生学はドイツでは人種衛生学とも呼ばれていたが、物議を醸す分野だった。戦間期には他の国々と同じように社会主義者やユダヤ人の優生学者がいたが、ヴァイマル時代の右派傾向の高まりは科学にも反映され、オイゲン・フィッシャー、オトマー・フライヘル・フォン・フェアシュアー、フェリックス・フォン・ルシャンといった一流の遺伝学者が科学とナチズムの調和を主張した。[33]

ナチが権力を掌握すると、すぐに優生学に関する法案が提出された。遺伝病子孫防止法（一九三三年七月一四日）、いわゆる断種法である。これは法的手段によってドイツの身体障碍者に対する文化的姿勢を強制的に変えようとする大規模な試みだった。子どもたちは学校で、このような「社会の石ころ」を維持するために国家がどれくらい費用をかけなければならないかを教わり、国民全体は強者を賛美し弱者を嘲笑する価値観を植えつけるプロパガンダ映画を見せられた。[34] この法律は他の国々（たとえばデンマークはナチがインスピレーションを得た国のひとつだった）よりもさらに進んでいて、盲人の断種を合法化している。これは彼らの知力が劣るからという理由ではなく、メンデルの法則の典型例とみなされた盲目の遺伝が、「病気は遺伝する」という説を支持するナチに根拠を与えたからだ。[35] 開戦までに約三〇万人が断種され、一九四五年五月までにさらに一〇万人が手術を受けた。このなかには、強制断種で「優生学的中絶」を受けた三万人の女性も含まれている。[36] ここでナチのジェンダーについての前提が彼らの優生思想ともっとも強く結びついた。ヒトラーはすでに『わが闘争』のなかで、民族国家は「ただ健全であるものだけが、子どもを産むべきで」、「反対に、国民の健全な子どもを産まないことは、非難されねばならない」と宣言していた。[37] 強制中絶を許可する法律（一九三五年六月二五日）と遺伝的適格性について結婚を審査する法律（婚姻健康法（Ehegesundheitsgesetz）、一九三五年一〇月一八日）により、ファシズムが女性を生まれながらの権利を持つ人間としてではなく繁殖のための道具、人種の運び手と考えていたことが見て取れる。[38]

こういった優生学に触発された考えは、経済学的考察によってさらに拍車がかかり、障碍のある子どもを手始めに、殺害計画へと急速に進んでいった。ある障碍を持つ子どもの両親がヒトラーに慈悲死を求める手紙を書いたときには、計画はすでに進行中だったと思われるが、政権は構想を実行に移す機会としてこの瞬間を待ち望んでいたとみなされることが多い。[39] ヒトラーは自分の主治医であるカール・ブラント（大言癖のある医師。狂信的なナチで、党や国家官僚とは距離を置くヒトラーの側近のひとりできわめて重要な人物）と、総統官房長フィリップ・ボウラーを作戦実行に当たらせた。一九三九年秋から一九四一年夏まで、特別病棟で子どもたちがおもに餓死させられた。これが実際には何を意味するかが驚くほど明らかになることもあった。エッセンの精神科病院に入院している兄（彼はのちにここで亡くなる）を見舞ったクリスチーネ・ヴァイスは、隣の病室から子どもの泣き声がするのを聞いたという。「ドアを押してなかを覗くと、男の子がベッドにいました」と彼女は言う。「その子の頭皮ははがれ、脳があふれ出していました。生きているのに」。[40]

T4計画はやがて子どもの殺害から成人の殺害へと進む。ナチズムが人種生物学を支援してくれることに惹かれた医師がナチ組織の代表的な専門家集団であり、ほぼ四五パーセントがナチ党員で、二五パーセントがSAに、七パーセントがSSに所属していたという事実が、この移行を後押ししていた。それに対し、二番目にナチ化された集団である法律家たちが党員である割合は、二五パーセントほどだった。[41] 医師たちは精神科の入院患者に最低限の健康診断をしただけで(患者をまったく診ないことも多かった)、用紙に殺すべきだと記入した。疑うことを知らない犠牲者は当惑しながらも、「人間としてではなく、家畜のように」トラックで運ばれ、人里離れた場所でガス殺された。[42] その後は六か所の専用施設のガス室が使用されることになる。[43] 驚くべきことだが、不治の病の患者を苦しみから解放するためという主張にもかかわらず、精神病患者のなかには何が起こるかを知っている者もいた。ヘレーネという名前だけがわかっているあるてんかん患者は、リーベナウの精神病院から父親に手紙を書いている。「残念ながらどうにもなりません。ですから、この地上の生活から永遠の故郷へ向かう私の別れの言葉を私は今日お父さんに告げねばなりません。[…] 私の病気とこの犠牲がそれに対する償いなのだと神様が受け取って下さいますように」。[44]

一九四一年八月に安楽死計画が公式に終了した時点で、約七万人のドイツ人(そのほとんどが人種的に不完全とみなされたアーリア人だった)が殺されていた。障碍者を「苦しみ」から「解放する」必要性について国民に認めさせようとしたにもかかわらず、T4は不安を広げ、限定的ではあるものの、政権に対する反発を招いた。もっとも有名なのは、ミュンスター司教、クレメンス・アウグスト・グラーフ・フォン・ガーレンが、「生きる価値のない命」を持つ者に適用された抹殺の論理は、負傷兵にも容易に適用されてしまうと説教したことだ。[45] その結果、ヒトラーは公式には計画を終了し、不評を買いかねない決定に足跡を残してはならないという教訓を得た。ヒトラーがユダヤ人のジェノサイドを命じた文書が見つかっていない理由のひとつはこれである。実際は、ドイツでも占領地域でも、殺戮はひそかに続けられていた。精神病院の患者は残忍に抹殺された。国防軍の負傷兵を収容する場所を提供するためであり、「14f13作戦」（いわゆる「無法安楽死」）では、強制収容所の被収容者が殺された。

　このように、T4はナチの拡大するジェノサイド構想の重要な部分を占めていた。それにもかかわらず、ナチ・イデオロギーにおけるユダヤ人の比類ない位置づけは、ホロコーストが安楽死計画のたんなる論理的拡大ではなかったことを意味する。ユダヤ人はたんに人種の進歩のために排除する必要のある亜人とみなされたわけではなかった。彼らが世界的な権力を握っているという臆測から、人種の脅威になると考えられたのである。ナチの反ユダヤ主義政策を推進し急進化させたことに人種科学者が重要な役割を果たしたという証拠はあまりない。彼らはそういった政策を支持し深くかかわったが、優生学の観点からは、ロマとシンティの殺戮のほうがより理にかなっていた。ナチは彼らを「人種の汚染物質」と信じていたからである。[46] しかし技術（この言葉はT4やラインハルト作戦のガス室が高機能のものだったと誤解を与えないよう、注意を払って使う必要がある）や人材という点でのT4とのつながりは、「安楽死」がホロコーストへ移行する際に好都合だったと言える。ベウジェツ、ソビブル、トレブリンカでのポーランド・ユダヤ人殺害の「成功」に、それが不可欠だと判明したからだ。ここでもっとも重要なのは、T4への反対がなかった（フォン・ガーレンその他による抗議はあったものの）ことは、安楽死計画がナチのジェノサイド思考を後押しすることにつながり、それが安楽死計画の真の意義となったということだ。とはいえ安楽死計画は、重要ではあるものの、ユダヤ人に対する攻撃が急速に激化した原因のひとつにすぎない。

　ナチのビジョンの急進化は、一九四一年六月以前の対ユダヤ人計画に如実に表れている。この計画は優生学やT4作戦の論理とはほとんど無関係だった。独ソ不可侵条約の調印からバルバロッサ作戦までのほぼ二年間に、ナチ帝国はポーランド南東部のサン河にまで到達していた。ユダヤ人居留地(Judenreservat) 計画が作成されたのはこの地だった。中心となったのはいわゆるニスコ計画で、ルブリン近郊のニスコにあった中継収容所にユダヤ人を移送し、そこから特定されていないさらなる東の目的地に移動させるというものだった。この計画は段取り上の理由で失敗したが、のちのマダガスカル計画と同様に、この「ユダヤ人問題」の「領域的解決」は、ナチの空想するジェノサイド像が発展していくうえで重要な道しるべとなった。ソ連侵攻開始の時点でナチ・ドイツの指導部がすでに重要な精神的飛躍を遂げていたのは明らかだ。歴史家たちの意見は、そのうちのひとりが記した次のような点で一致している。「ホロコーストの起源は、一九三九年九月にポーランドで人種戦争を戦う決意をしたことにある」[47]。さらに明確に述べた者もいる。「戦争という状況下で規範的な行動制約が急速に崩壊し、なんでもできるという思い込みがナチ・エリートの間に高まっているときにこれらの計画が失敗したことで、最終的にアウシュヴィッツへの扉が開かれた[48]」。

戦争の意味

一九四一年三月、アルフレート・ローゼンベルクは、フランクフルトのユダヤ人問題研究所の開所式で次のように述べた。

現在の戦争は、最大規模の世界的闘争である。その結末は何世紀にもわたり諸国の運命を決定づけるだろう[…]ニュルンベルク法は世界の歴史にとって革命的なものであり、今日も将来も、一九一八年一一月九日のような事態が二度と起こらないようにすること、そしてユダヤ人による同様の支配が間接的にでも絶対に起こらないようにすることが、国民社会主義運動の目的である［…］今日、アドルフ・ヒトラーの最高指揮下でドイツ国防軍が遂行している戦争は、それゆえに巨大な変革の戦争なのである。フランス革命の知的世界に打ち勝つだけでなく、ユダヤ人とその私生児がヨーロッパの人々のなかで阻まれることなく一〇〇年以上にわたり発展させてきた、血を汚染する全細菌を直接消し去ることでもある。ユダヤ人問題は、二〇〇〇年間ヨーロッパの人々に課せられ、解決を見なかった課題だが、これ以降、ドイツと全ヨーロッパのために、国民社会主義革命の結果として解決される！［…］ヨーロッパにとってユダヤ人問題は、最後のユダヤ人がヨーロッパ大陸を去ったときに初めて解決されるのだ。(49)

ローゼンベルクがこの演説をした時点で、ナチ・ドイツはポーランドを一年半にわたり占領してソ連と二分割し、一九四〇年の春からは、フランス、ベルギー、ルクセンブルク、オランダ、デンマーク、ノルウェーも占領していた。西欧のユダヤ人の扱いは、大陸規模の計画という意味での「ユダヤ人問題の最終的解決」の展開にきわめて重要だったが、一九三九年秋のポーランドでの出来事は、ジェノサイドへの第一歩としてもっとも重要だった。それまでナチの反ユダヤ人政策の犠牲となっていたのはドイツとオーストリアのユダヤ人だったが、一九三九年三月にチェコスロヴァキアの残りの部分が併合されると、数千人のチェコのユダヤ人も強制収容所か地元の刑務所に送られた。ポーランド侵攻後、ヒムラーは帝国内に住む一六歳以上のポーランド人男性すべてを「敵性外国人」として検挙するよう命じた。そのうちの約二〇〇〇人がザクセンハウゼンとブーヘンヴァルトに送られて特別区画に収容され、それ以前の強制収容所でユダヤ人が経験したよりも残虐な扱いを受けた。(50)

ポーランドでのユダヤ人の体験は、多くの人々に急激に逃亡を決意させたようだった。一九三九年秋にドイツの支配下には約一五〇万人のユダヤ人がとどまっていたが、あっという間に身動きが取れなくなり、彼らの生活は急速に悪化した。一九四〇年五月、リンゲルブルムは「西部戦線での［ドイツの］連勝は強烈な印象を与えた。民衆は深い憂鬱につつまれている」と書いている。[51] ゲットーの建設によって、状況はさらに悪化するばかりだった。

ヒムラーがドイツ民族性強化国家委員に就任して最初に行ったのは、SSの計画実現に向けてハイドリヒに最大の活躍の場を与えることだった。そのために一九三九年九月二一日、ハイドリヒは出動部隊（アインザッツグルッペン）の長たちに緊急指令書（Schnellbrief）を送り、鉄道の分岐駅からできるだけ近い都市にポーランド・ユダヤ人を集めるよう命じた。指令書の内容は、宛先に向けてというよりも、その写しを受け取ったSS以外の機関に、すでに動き出している政策への協力を要求し、SSへの従属を確実にするためのものだったと思われる。[52] ハイドリヒは次のように書いている。「以下のことが区別されなければならない。一、最終目標（これにはかなりの時間を要するだろう）。二、この最終目標達成のための諸段階（これは短期間で実行されるだろう）」。[53]「最終目標」という言葉は今にして思えば不吉で、実際そのとおりだった。しかし一九三九年九月の時点では、「最終的解決」の意味は、その言葉が二年後に意味する内容と必ずしも一致していたわけではない。差し当たっての目標は、ドイツが十分な生活圏を勝ち取ってユダヤ人を東方に移送できるようになるまで、彼らを街や都市に集めておくことだった。この指令は、ゲットーの建設を命じてはいなかった。ゲットーはむしろ草の根的な発意で出現したもので、ポーランド・ユダヤ人に遭遇したドイツ人が彼らを恐怖の目で見ていたこと（ある兵士の言葉を借りれば、「言葉どおりの意味でのユダヤ人の巣［…］汚物のコロニー」）への対応だった。[54] とはいえ、最初からゲットーへの囲い込みの過程は殺人的だった。ゲットーそのものが死の罠だっただけでなく、たとえ「最終目的」が時間の経過とともに変化したとしても、ユダヤ人をウラル山脈の東に移送するという当初の願望は、その含意において間違いなくジェノサイド的だった。ナチはその目的の達成を手伝わせるために、ユダヤ人評議会を組織した。その役割は、ドイツ人に代わってゲットーを管理することであって、ユダヤ人評議会がドイツ人の命令を実行することで、自分たちを苦しめているのはユダヤ人評議会なのだとゲットーの住民に思わせた。

しかし封鎖式のゲットー（すでに住んでいた場所に閉じ込める、あるいは占領軍がユダヤ的とみなした場所に強制的に移動させる措置が取られた）は一斉に導入されたわけではなく、地域のイニシアチブに依存する部分が大きかった。ウッチの大規模なゲットーの準備は一九三九年一二月に始まったが、正式に告知されたのはさまざまなナチの機関間での議論を経た一九四〇年二月八日で、一九四〇年四月三〇日に封鎖された。トゥリシュクフ、パビャニツェ、ブレジニーといったヴァルテガウ〔ヴァルテラント帝国大管区〕の比較的小さなゲットーは、一月から四月にかけて作られた。ラドム地区では最初のゲットーが一九三九年一二月に設置されたが、ワルシャワにゲットーができたのは、ようやく一九四〇年四月になってからのことである。総督府の首都だったにもかかわらず、クラクフのユダヤ人は一九四〇年の春から徐々に追放された。一九四一年三月になってクラクフ＝ポドグジェのゲットーがようやく完成し、封鎖された。[55]

一九四一年までナチの政策は、ユダヤ人をナチ帝国のもっとも端の地、現在のポーランド南東端に追放することだった。戦争が成功裏に終われば、その後ウラル山脈の東にさらに追放する予定だった。ゲットーが長期化したのは、対ソ戦争がヒトラーが期待したほど早く終わらなかったからで、この予想外の長期化は、ゲットーをとにかく廃止すべきか（削減派）、あるいは捕らえたユダヤ人を戦争努力のために働かせるか（生産派）という議論を、競合するナチ機関の間に生じさせた。[56]

このナチ内部での議論をあまり大きく考えるべきではない。数千人のユダヤ人が戦争努力のために働き生き延びたケースはあるが、大多数はその潜在的な有用性にかかわりなく死んでいったのだ。生産派は自分たちの立場を、ナチの勝利を促進するための一時的な措置としか考えていなかった。勝利が確実になれば、ユダヤ人の命はもはや必要とされないし、容認もされない。ウッチが属するカリシュ地区の行政長官、フリードリヒ・ユーベルヘーアはゲットー建設の責任者だったが、次のように書いている。「ゲットーの設置は、もちろん一時的なものにすぎない［…］最終目的は、いずれにせよ、この災厄の地を焼き尽くすことだ[57]」。だからといって、ゲットーが限界まで搾取されずに済んだわけでもないし、経済的配慮が何の役割も果たさなかったわけでもない[58]。しかし結局のところ、議論は現実的なものではなかった。「費用便益」の観点から厳密に言えば、もっとも成功したユダヤ人評議会の議長、ハイム・ルムコウスキは、その有用性をドイツ文官当局に納得させることによって、一九四四年夏まで大幅に縮小されたウッチのゲットーをなんとか存続させたが、それでも最終的に七万七〇〇〇人の住民が残ったゲットーの解体は阻止できなかった。ルムコウスキも含めたほぼ全員がアウシュヴィッツで命を落とした。イデオロギーはつねに勝利したのだ。

ゲットーがどのような構想から生まれたにせよ、最後は絶滅収容所への移送で終わった。しかしこれで問題が終わったわけではない。ゲットーが設置された時点ではジェノサイドの青写真は存在しなかったが、あるナチ関係者が言うように、ゲットーそのものが「死の箱」だったことに注目すべきである。ジェノサイドのために以前から存在していた計画の一部としてゲットーが導入されたのではなくても、その結末は大量虐殺的だ。約五〇万人のユダヤ人がゲットーで亡くなったのだから。生活環境は想像を絶するものだった。汚物があふれ病気が蔓延し、ゲットーの住民は路上で人々が死んでいくことに慣れ、ワルシャワでは勇敢な子どもたちによる密輸のおかげで、餓死者の数をいくぶん減らすことができた。ワルシャワでマリー・ベルクは次のように日記に書いている。ワルシャワのゲットーの通りには、「パンを夢見るひとたち」がいた[59]。ワルシャワのペレツ・オポチンスキは一九四一年に日記にこう書いている。「危険を冒して物資をひそかに運び込んでくれたひとのためにいつか記念碑を建てるべきだ。そのおかげで大勢のワルシャワのユダヤ人が餓死から救われたのだから[60]」。ゲットーはユダヤ人を、ナチのプロパガンダに登場するような人々に変えてしまった。シラミがわき、堕落し、薄汚い部屋に住んでいる人々。だがもちろん、悪名高い映画『永遠のユダヤ人』に描かれたように、床下にお宝を隠しているわけではない。オポチンスキは次のように続けている。

耐え抜く者、恐ろしい過密状態や汚物や不潔さのせいで、そしてパンと引き換えに最後のシャツを売らなければならなかったせいでゲットーに蔓延する病気。そうした病気から生き延びる者、そのような英雄になる者は誰でも、人間の生活が荒れ果てた町で捨て犬同然になり下がった世代と時代の恐ろしい物語を語るだろう[61]。

ポーランド人の勇敢な密使、ヤン・カルスキは、ポーランド亡命政府の密命を帯びてワルシャワ・ゲットーに潜入したが、そこで遭遇したものに衝撃を受け、数十年後に覚悟を決め、自分の経験を語った。彼は一九四四年にボストンで出版された著書『私はホロコーストを見た——黙殺された世紀の証言1939—43』〔吉田恒雄訳、白水社、二〇一二年〕でもゲットーについて記しているが、一九七〇年代にクロード・ランズマンの映画『ショア』でインタビューを受けた際、自分が見たものを必死に説明した。「あれは世界ではなかった。人間らしさはなかった［…］なんというか［…］地獄だった［…］彼らが人間以下なのは明らかだった。彼らは人間ではなかった」。彼は映画のなかで口ごもり、ナチはユダヤ人の人間性を喪失させることで、プロパガンダの目的を果たしたのだと述べた。[62] ゲットーにいた者なら同意するだろう。歴史家エマヌエル・リンゲルブルムがワルシャワ・ゲットーで創設したオネグ・シャバト〔ゲットー内で秘密に作られたユダヤ人迫害の記録保管所の暗号名〕のグループがゲットーの指導者たちに質問状を送ったところ、ユダヤ人評議会の公衆衛生と病院の部門の長だったイズラエル・ミレイコフスキは次のように返答してきた。

一見して明らかなのは、ワルシャワのユダヤ人の慈悲心が麻痺していることだ。貧しさのためにみすぼらしい家から路上に放り出された何千人という同胞の絶望的な状況に同情することもなく、私たちはほとんど無関心に、かろうじて生きている不運な人々や紙を掛けられた餓死者の死体の前を通り過ぎていく。残忍さが私たちの心を支配し始めると同時に、私たちの行動も支配し始めた。[63]

一般的には、ゲットーがユダヤ人文化の場所であり、そこでの精神的な抵抗と文化活動の共有が、ユダヤ人の精神を破壊しようとするナチの企てを軽減する方向に作用した、と想像されることが多い。しかし実際にはゲットーは屈辱の場であって、そこでは個人は押しつぶされ、連帯も断たれた。ウッチのゲットーで日記を書いたヨセフ・ゼウコヴィチによると、「ゲットーは人々が何世紀にもわたり育んできた文明と進歩を根底から否定する場所」で、「高潔さと侮辱の境界をあっという間に消し去った。自分のものと他人のもの、許されることと禁じられること、正しいことと間違ったことの境界を消し去ったように」。そしてその点を強調するために次のようにつけ加えている。「しかし、この境界の曖昧さの代償が血と頭脳でないとは考えないでほしい」[64]。ユダヤ人評議会のメンバーだったゼウコヴィチがユダヤ人の家を訪問して目にしたのは、衣服や衛生についての良識や恥を失った人々、自分の家族のものを盗む人々、希望を失い精神に異常をきたした人々だった[65]。

このようなゲットーの管理をドイツ人から課されたユダヤ人評議会の苦闘は理解できる。評議会は、大衆が苦しんでいるのに自分の身を守り贅沢な生活を楽しんだエリートで吸血鬼だった、と生き延びた人々から非難されてきた。移送するユダヤ人を集めるために、ユダヤ人評議会が警察部隊を組織したのは事実だ。歴史家でオネグ・シャバトの創設者でもあるエマヌエル・リンゲルブルムが「ユダヤ人評議会の壁からはゲシュタポの雰囲気が漂っていた」と書いているのも理解できる[66]。しかし彼らもまた、教育、医療、基本的な衛生設備における福祉を提供しようとしていた。非常に尊敬されたコヴノ（カウナス）のエルハナン・エルケスのように、自分にもコヴノ・ゲットーの住民たちにも大きな危険が及ぶ可能性がありながら、レジスタンスを組織するよう積極的に促した評議会議長もいる。悪名高い誇大妄想狂で「ユダヤ人の王」と非難されたルムコウスキのように、幻影でしかない権力の座に安住していた者たちもいる。しかし評議会が、文学者ローレンス・ランガーの言うところの「選択できない選択」に囚われていたことを忘れてはならない。彼らがドイツの庇護下で行動したのは、彼らに選択の余地がなかったからで、自らナチの命令を実行することによって、ナチの直接支配という最悪の影響を軽減できるという、おそらく正しい信念を持っていた。それでも、ウッチの報告にあるように、「母親から子どもたちを引き離し、子どもたちから両親を引き離すことをユダヤ人警察は強いられていた」といった話を読むと、恐ろしさを感じる。[67] 評議会の選択が合理性に反するものだったと考えればもっともよく理解できる、という歴史家ダン・ディネーの指摘は正しい。つまり、彼らは自分たちが作ったのではない枠組みに囚われていたのだ。その結果、論理的で合理的と思われる決定でさえ、最終的には破滅につながった。[68] ゲットーの住民の大多数には知られていなかったが、評議会もそれは理解していた。ビアウィストクのゲットーの議事録には、次のようなコメントが記されている。「われわれは財源も予算も正貨準備もない国家だ［…］事態は困難だ。決断するのは結局のところユダヤ人評議会でも、執行委員会でもない。決定はドイツ人が下すのだ」[69]。

ビアウィストク・ゲットーは一九四三年八月に解体された。

ウッチのゲットーや総督府で何万人もの死者が出始めた頃、ドイツ外務省はユダヤ人問題の独自の解決策、いわゆる領域的解決を準備していた。当初、ユダヤ人をポーランド南東部のニスコに移送する計画が立てられたが、すでに述べたように、それは失敗に終わった。ドイツではとくにゲーリングが異議を唱え、総督府では総督のハンス・フランクが、自分の領域が人種の「ゴミ捨て場」として使われることに抗議したのだった。これに取って代わったのが、アフリカ東岸に浮かぶ大きな島、マダガスカル島のフランス植民地にユダヤ人を移送するという大がかりで一見無謀なアイデアである。ナチ・イデオロギーにありがちなことだが、これは新奇な案というわけではなく、一九世紀からたびたび言われてきた反ユダヤ的幻想だった。イギリスの反ユダヤ主義の作家、ヘンリー・ハミルトン・ビーミッシュとアーノルド・リースが戦間期にこのアイデアを推進し、一九三八年のルーマニア首相オクタヴィアン・ゴガのような他のヨーロッパの政治家もそれに追随していた。第三帝国では外務省のフランツ・ラーデマッハーやヒムラーがかなりの労力を割くほど、ある種の人々には真剣に受け止められている案だった。一九四〇年、ヒムラーはヒトラーに、物理的絶滅という「ボリシェヴィキ的な方法」を避けるために、「アフリカかどこかの植民地への」ユダヤ人移送を推進するという手紙を書いている。ヒムラーは「内なる確信から」、物理的絶滅は「ドイツ的ではなく不可能」と考えていた。しかし一九四〇年九月、ヒトラーがイギリスを敗北させられなかったため、マダガスカル計画は破綻した。島への移送は、イギリスが制海権を握るインド洋を渡ることが前提条件だったからだ。

短命に終わったことと、SSではなく外務省主導で推進されたことから、歴史家はしばしばマダガスカル計画を重要視してこなかった。しかし一九四〇年の時点では、この計画はナチのユダヤ人政策の目標だった。ゲットー化政策と同様に、何百万人ものユダヤ人を何のインフラもない島に移送して適応させるという計画そのものがジェノサイド的だという事実を見過ごしてはならない。その失敗は東方でのジェノサイドのための心理的な砕氷船となったのである。

絶滅戦争の準備

歴史家ソール・フリードレンダーは次のように書いている。

ドイツの街路にいるユダヤ人が無力に見えようとも、彼らはドイツを地獄に落とそうとする悪魔的な力の持ち主なのだと、いずれにせよ、政権はあらゆる情報からそう思い込んでいた［…］このように明白な戦術上の目標と並行して、さらにはそれ以上に、開戦前夜には別の考えも生まれていた。殲滅計画が立てられてはいなかったし、明確な意図が確認されていたわけでもない。しかし底なしの憎悪と、ユダヤ人にこれまで以上に過酷な措置を取りたいという抑えきれない渇望は、つねにヒトラーとその追随者の心のごく表面近くにあった。全面戦争が避けられないことはヒトラーも彼らも承知していたので、ユダヤ人に対する一連の過激な脅迫は、しだいにアーリア人救済のための最終戦争というビジョンと一体化していった。[70]

ボリシェヴィズムそのものではなく、ボリシェヴィズムという退廃的な毒をユダヤ人が撒き散らしているということ、そして生存圏を獲得する手段としての戦争というだけでなく、ドイツ人の繁栄を妨げようとするユダヤ人を粉砕するために生存圏を獲得することが、戦争とユダヤ人殺戮の中心にあった。ホロコーストを戦争の副産物、あるいはボリシェヴィズム嫌悪の結果と考える歴史家は、事態を見誤っている。この戦争はそもそも、アーリア人のドイツを滅ぼそうとして「ユダヤ人」が用いる手段のひとつ（おそらくはもっとも脅威的な手段）としてのボリシェヴィズムを根絶やしにするという、殲滅戦争だったのだ。[71] そして生存圏を確保する必要は、ユダヤ人殲滅のために生じた。彼らはほとんど土地を持たない小さな人口集団だったが、ナチの目には国家を崩壊させる征服者に映っていたのだ。ソ連侵攻時には、ナチ政権はすでにユダヤ人の特定の集団への無差別攻撃に着手していた。しかし今やこの絶滅戦争はさらなる一歩を踏み出した。全ユダヤ人共同体の大量殺戮に着手したのである。

学者たちはナチのソ連占領について詳細に述べてきたが、その結果、生存圏（レーベンスラウム）のための戦争とホロコーストを切り離すことができなくなった。[72]「ユダヤ＝ボリシェヴィズム」の撲滅は、ヒムラーが思い描いたドイツ人の楽園に道を譲るためにスラブ人数千万人を追放する壮大な計画と連携していた。ポーランドにおける迅速な勝利の興奮が、一九四一年の人種の幻想に期待の武者震いを引き起こしたのだとしたら、ソ連が簡単には降服しないと判明したことは、ナチにその幻想の実現に向けた準備を迅速に整えさせることになった。[73]

最終的解決への準備期間で見えてくるのは、ナチ指導部が領域的解決に真剣に取り組んでいたということだけではない。外務省のユダヤ人問題担当者（Judenreferat）に、SSがより過激な手段を取るのを察知されないようにしていた様子も窺える。さらに、居留地への移送という初期の政策と、のちの絶滅政策をあまり区別すべきではないことが明らかになった。どちらもジェノサイド的だからだ。これを区別してしまうと、「ナチのユダヤ人政策の管理者の計画の核心を見落としてしまう」危険が生じる。なぜなら、「『領域的解決』はつねに「最終的解決」として考えられており、それは最終的にユダヤ人大多数の物理的破壊に向けられていたからである」[74]。実際、マダガスカル計画は「華々しい流星のように［…］ナチのユダヤ人政策という空に燃え上がり、唐突に燃え尽きた」が、「最終的解決に向かう重要な心理的前進だった」。戦況によってインド洋を横断する航路を確保できなかったせいで、この計画は急速にしぼんだものの、「ナチがこの計画を意図していたとおりに実行できていたら、殺人的な作戦になっていた」のは明らかだ[75]。ヒムラーは次のように書いている。「私はユダヤ人をアフリカもしくは他の植民地に移住させる可能性によって、「ユダヤ人」という概念が完全に消えることを願っている」[76]。一九四〇年の時点で、マダガスカル計画によってユダヤ人問題の早急な解決策を見つけようとする動きがあったことがわかる。それは「ジェノサイドという意味合いを持つ」計画から、ナチ占領下のヨーロッパにおいて実行されたジェノサイドへの小さな一歩にすぎなかった[77]。一九四一年に変化したのは、無意識のうちにだろうが、ジェノサイドの意図がまだある程度隠されていた比較的限定的な政策ではない。ジェノサイド計画の全体的な構想だった。

第四章　絶滅戦争

「天国は無人だと思うことがある。そうでなければどうして、隣人を愛することや魂の純粋さについての格言を説明できるのかと思うからだ。一方では、こんな言葉を口にする人々が人間を憎悪しているのに。すべての宗教的信念は、前向きな解決にはけっしてつながらない悪魔のような発明だ。ひとはすべての動物のなかで、もっとも残酷だ。分娩中の女性を撃ち殺した例すらある。人間は生まれつき悪なのだ」

――バルーフ・ミルヒ[1]

一九四一年一〇月六日、第三五四歩兵連隊第一二中隊のある兵長（Obergefreiter）が、オルシャ地区のクルプカ（ベラルーシのクルプキ）という村で、ユダヤ人の大量処刑に携わったことを日記に記している。中尉が肝の据わった兵士一五人を募った際、彼は進んで志願し、起こったことについて記録した。

クルプカ村には約一〇〇〇人のユダヤ人がいて、全員が今日射殺されることになっていた［…］七時にユダヤ人全員が集合場所に来るよう命じられた。男も女も子どもも。リストが読み上げられ、一番近い沼地へと全員が行進した［…］沼地に着くと、彼らは全員来た方向を向いて座らされた。五〇メートル先には水をたたえた深い溝がある。最初の一〇人はこの溝のところまで行って下半身の服を脱ぎ、水の中に入らされた。銃殺隊、つまり私たちは彼らを見下ろすように立った。中尉と下士官もいっしょにいた。一〇発が発砲され、一〇人のユダヤ人が倒れた。全員を撃ち終えるまで、それは続いた。平静を保てた者はわずか数人だった。女性は男性にしがみつき、子どもたちは母親にしがみついた。それはすぐには忘れられない光景だった。

数日後、同じ兵士がホロペニヒで、今度は別の処刑を手伝っている。「だが、ここには沼地はない。あるのは砂地だけだ。それで私たちはユダヤ人を砂地に「押し込んだ」[2]」。

ポーランドでの戦争は残忍で、ドイツと同盟国のイタリアおよびルーマニアが一九四一年六月二二日にソ連に侵攻する頃には、ポーランドのカトリック教徒数千人が殺され、ポーランドの人民を奴隷のレベルにまで落とそうとするナチの計画は軌道に乗っていた。強制連行、大学の閉鎖、蔵書や美術品のコレクションといった国宝の略奪、記念碑の破壊、重要人物の迫害などが当たり前のように行われた。一九四〇年一〇月、ヒトラーは総督ハンス・フランクにこう説明している。

ポーランドが持つことのできる主人はただひとり、ドイツ人であることを、総統は再び強調しなければならない。ふたりの主人が存在するなどあり得ないし、あってはならない。よって、ポーランド知識人の代表者はすべて殺害されなければならない。残酷に聞こえるかもしれないが、それが生命の法則なのだ。総督府はポーランドの保留地であり、大いなるポーランドの労働収容所なのだ。[3]

ソ連占領下のポーランド東部に逃げられなかったポーランド・ユダヤ人にとって、事態はさらに深刻だった。ゲットーに押し込まれ、先のこともわからないまま餓死寸前になり、戦前に自分たちの生活を特徴づけていたものは、気がつけばすべて根底から覆されていた。この変化についてはフランクが明確に説明している。一九四〇年四月二三日、食糧相ヘルベルト・バッケが出席した会議で、フランクは総督府にいるウクライナ人に死なない程度、そして働ける程度の食糧を支給すると説明した。残りはポーランド人に支給し、さらに必要なら自力でやりくりさせる。ここにユダヤ人は含まれない。フランクは明確にこう述べている。「ユダヤ人は最下層で、軍人と公務員が最上層だ。ポーランド人の大多数は、ユダヤ人よりははるかによい待遇を受けるだろう。われわれはユダヤ人には何の関心もない[4]」。

しかし一九三九年九月からポーランドで起きたことが衝撃的だったと言うならば、一九四一年六月以降にソ連で起きたことはそれ以上だった。フランクの姿勢は厳しかったが、それでもSSにとっては十分とは言えなかった。SSはヒムラーの指導下で重要な権力基盤へと急速に成長し、ナチの世界観、とくに人種政策の遂行に関しては革新をなすと自負していた。SSがユダヤ人政策の責任を負うようになると、クラクフにあるハンス・フランクの本部の重要性はしだいに失われた。ソ連侵攻とともに、この大胆な権限の奪取はすぐに明白になった。ソ連侵攻から一九四二年春までの短い期間に、第三帝国はポーランドで行っていたような、大規模だが場当たり的な暴力とゲットー化によるユダヤ人迫害から、本格的な対面での大量殺戮に舵を切った。そして一九四二年半ばには、大陸規模のヨーロッパ・ユダヤ人絶滅計画に移行した。そうなった過程については、歴史家の間で膨大な議論が交わされてきた。とくにドイツのさまざまな競合する機関が関与していたこと、迫害や殺戮が各地域の状況、とくに軍事情勢によってさまざまな割合、さまざまな場所で行われたこと、導入された占領体制のタイプ、SSの相対的な強弱度、協力したエリートやドイツと同盟を結んだ独立政権や準独立政権の果たした役割などを考えると、じつにいろいろな意味で複雑だ。しかしすぐに明白になる点がふたつある。まず、ヒトラーの命令があったにせよ、ヒトラーから注目されようと争っていた部下（歴史家イアン・カーショーはこれを「総統に向けての努力」と呼んだ[5]）にヒトラーから暗黙の権限が与えられていたにせよ、ヒトラーがユダヤ人殺戮の原動力であったことは疑問の余地がない。政策立案者であるヒムラーとその副官ハイドリヒは、ヒトラーが何を望み何を求めているかに絶えず注意を払っており、ヒトラーの許可がなければ、この段階では何もしなかっただろう。第二は、一連の段階ではなく「決定」について述べるのであれば、ヨーロッパ全土のユダヤ人を殺害する決定が一九四一年九月から一〇月にかけての対ソ戦勝利の高揚感の際になされたのであれ、アメリカ参戦後（ヒトラーが一九三九年に「予言」したように、ヨーロッパ・ユダヤ人の絶滅で終わる世界戦争がこうして始まる）、対ソ戦での後退に激怒したのちになされたのであれ、一九四二年半ばにはライヒスバーン（ドイツ国営鉄道）から行政機関に至るまで、必要とされるすべての機関がそれを知らされ、関与するようになった点だ[6]。

一九四二年という見晴らしの利く時点から振り返ってみると、加害者側（SSだけでなく関与したすべての機関、つまり文民、地方政府、産業界、研究機関など）の誰にとっても、自分たちが大規模な大量殺戮計画の加担者になっているのは、驚くようなことだったに違いない[7]。これは世界征服という第三帝国指導者の誇大妄想的な夢が実現可能と思われるにつれ、膨れ上がっていった幻想的ビジョンだった。しかしこの終末論的な言葉やナチのビジョンのワグナー的壮大さ、あるいは殺された人数の膨大さに惑わされて、ユダヤ人のジェノサイドにドイツの人材や資源の相当量が注がれたと考えてはならない。実際、ユダヤ人虐殺はドイツの戦争遂行能力に何ら影響を与えなかった。さらに、アウシュヴィッツに駐屯していた部隊はもっとも多いときでも、国防軍の一個連隊に満たない人数だっただけでなく[8]、収容所自体も物々交換による資材や既存の建物を使用していた。つまり、ホロコーストを実行するために使われた第三帝国の資源は、ごくわずかだったわけだ。さらにこういった資源はほとんどが不足する前に使われていた。歴史家ピーター・ヘイズは次のように指摘している。「ホロコーストで殺害されたユダヤ人の四分の三は、ドイツ軍がスターリングラードで降服する前に亡くなった[9]」。ヘイズは驚くような統計分析によって、移送列車で絶滅収容所に運ばれたユダヤ人の数（一九四二年から四三年にかけて、約二五〇万人）は、その期間にライヒスバーンが運んだ乗客六六億人以上の〇・五パーセントにも満たないとしている。一九四四年を考慮に入れれば、移送されたユダヤ人の割合は〇・三パーセントになる。ユダヤ人殺戮目的の移送に関与した総督府外からの列車の数は八二一本で、三年間に使用された貨車の総数、二万四三一七両は一九四二年から四四年にかけてライヒスバーンが毎日使用した貨車の総数（一四万九二〇〇両）の一六・三パーセントに当たる[10]。ホロコーストはドイツの資源、ましてや鉄道にはほとんど影響を及ぼさなかった。

ソ連への侵攻に伴い、ユダヤ人に対する闘いは軍事戦争と一体化した。ナチの目からは、「ユダヤ＝ボリシェヴィズム」はソヴィエト体制と同義であり、ナチが支持するすべてに対するアンチテーゼだったからだ。ユダヤ人迫害の観点からは、それまでと比べて新しく、はるかに血なまぐさい段階に入った。いわゆる銃弾によるホロコーストで、SSの出動部隊（アインザッツグルッペン）によって約一五〇万人のユダヤ人が射殺された。これはまだヨーロッパ規模のプロジェクトではなかったが、急速にそうなりつつあった。一九四二年一月二〇日に開かれたヴァンゼー会議では、ハイドリヒがSS、ナチ党、行政府の代表者たちに最終的解決について説明したが、ラインハルト作戦の最初の絶滅収容所（ベウジェッツとソビブル）は、ポーランド・ユダヤ人を抹殺すべく、ヴァンゼー会議以前にすでに計画されていた。セルビアのガス・トラックやヘウムノの絶滅収容所はすでに対面での射殺を伴わない大量殺人を実行していた。エストニアにわずかに残っていたユダヤ人、約一〇〇〇人（戦前の住民の四分の三は逃亡するかロシアへ追放された）は瞬く間に一掃された。ラトヴィアではドイツ国防軍が協力者であるアライス・コマンド〔ヴィクトールス・アライス率いるファシスト部隊〕の助けを借りて、この国の七万五〇〇〇人のユダヤ人のうち約六万九〇〇〇人を一九四一年末までに殺害した（残りの人々は強制収容所、大半はカイザーヴァルト収容所に送られた）。フランスでの移送の準備も、ハイドリヒとSSがゲーリング、フランク、ローゼンベルクその他の競争相手からユダヤ人政策にかかわる全権限を奪取する前に進行していた。とはいえ、一九四一年の秋から冬にかけて、SSの注意の大半はソ連での殺戮と、ポーランドにあるヨーロッパ最大の巨大なユダヤ人共同体への攻撃開始に向けられていた。[11] 現在私たちが最終的解決と呼んでいるものは、一連の段階を経て到達したもので、ひとつの決定を指すわけではない。準備はおそらく一九四一年秋には事実上整ったと思われるが、一九四二年春には頂点に達し、その時点で計画は完全に形が出来上がり、運用可能になった。

重要な例を挙げると、一部の歴史家は、一九四一年一二月のアメリカ参戦は政策決定の過程における重要な瞬間だったと主張している。ユダヤ人はもはやアメリカの参戦を阻止するための人質ではなくなったからである。一九三九年一月三〇日の演説で、ヒトラーが「世界戦争」に言及したのも、そのためだ。ヒトラーは、国際ユダヤ人の隠れた手によって操られているアメリカ人は、ユダヤ人の運命が危機に瀕しているなら参戦しないのではないかと考えていた。しかしこの考えは逆説的でもある。もしヒトラーが考えていたようにユダヤ人に強大な力があるのなら、彼らはなぜアメリカの参戦を阻止したり、ナチの占領下にあるユダヤ人の命を助けたりすることができなかったのだろうか。さらに、決定がなされたのはその瞬間ではなかったはずだ。ヒトラーと他のナチ指導者たちはその数か月前にすでにユダヤ人の絶滅についての声明を出していたのだから、なおさらだ。[12] 一九四一年七月二二日、ヒトラーはクロアチア軍のトップ、スラヴコ・クヴァテルニクに、「もしヨーロッパからユダヤ人が一掃されれば、国民国家の統一を邪魔するものはもはやない。ユダヤ人がどこに送られるかは、シベリアだろうがマダガスカルだろうが関係ない」と語った。[13] また、一九四一年一一月二八日には、エルサレム大ムフティー、ハジ・アミン・アル゠フセイニに「ドイツはユダヤ人問題を解決するために、ヨーロッパの国々に次々と圧力をかけることを決意している」と語った。ゲッベルスは、「ユダヤ人は有罪だ」と題した一九四一年一一月一六日の重要な演説のなかで、次のように述べている。「ユダヤ人は戦いを欲し、そして今、それを始めた［…］ユダヤ人はわれわれ国民の結束を危険にさらすのだから、ドイツの共同体から排除されなければならない」。とくに一九三九年一月三〇日のヒトラーの「予言」に言及して、ゲッベルスは次のように明確に述べた。「われわれはこの予言の成就を目の当たりにしている［…］世界のユダヤ人はこの戦争を引き起こすために自由に使える戦力の見積もりを完全に誤った。そして今、私たちのために計画し、もし能力があれば何のためらいもなく実行したであろう絶滅のプロセスを徐々に自分たちが経験している」。[14] ヒトラーは明らかに一九四一年一二月より前にヨーロッパ・ユダヤ人の殺戮命令を出していた。そうでなければ、ゲッベルスがこのような演説をするとは考えられない。ゲッベルスがヒトラーについて「きわめて楽観的な精神状態」[15] と呼ぶような状況で、論調がより過激になった一九四一年秋から、（物流上の制約から必ずしも具体化はしていなかったにせよ、理論上は）全体的な計画が整った一九四二年春までの間に見られるのは、ドイツ国内や同盟国のあらゆる必要な機関から協力を得るための調整のプロセスであり、言い換えれば、すでに決定されていることを広めるプロセスである。ドイツの当局者が抱く疑問は「もはやなぜユダヤ人を殺すべきか、ではなく、なぜユダヤ人を殺してはいけないか」へと変化した。[16]

この時点では、ユダヤ人はまだSSの収容所システムとはあまり関係がなかった。彼らは「東方」で対面で射殺されるか、ナチ占領下のポーランドの絶滅収容所で殺されたからである。重要な年は一九四二年だ。この年の三月の時点では、ホロコーストの犠牲者の七五から八〇パーセントがまだ生きていた。それが一九四三年の二月半ばには、約八〇パーセントが死亡している。[17] ラインハルト作戦によってポーランド・ユダヤ人は一掃され、ビルケナウ（アウシュヴィッツII）は、一九四二年後半には、殺戮センターとしてフル稼働していた。第一段階（一九四一～四二年）では、犠牲者はおもに信仰心の厚い東欧ユダヤ人だった。そして一九四二年の秋からは、もっと同化していた中欧や西欧のユダヤ人が、スロヴァキア、フランス、オランダ、ベルギー、チェコの占領地域から移送された。自分たちに何が起きているのかを理解しようとする彼らの奮闘は、迫害の形態がひとつではなかったのと同じく、後述するように、さまざまな地域のさまざまな犠牲者集団のさまざまな人々が、さまざまな方法で自分たちが受けた攻撃に反応したことを示すうえで非常に重要である。

ドイツおよび保護領のユダヤ人

一九四一年一〇月二三日をもって移住が禁止されると、ドイツに残ったユダヤ人は抜き差しならない状況に追い込まれた。そのほとんどが女性と高齢者、そして「異人種間」結婚をした者たちだった。たとえばヘルタ・ファイナーは非ユダヤ人の夫と離婚したが、混血の娘がふたりいるため、ベルリンに残ることを許された。彼女と前夫は、娘たちをスイスの学校に入れて戦争を生き延びさせようと準備していた。彼女はしだいに制限されつつある生活の現実から娘たちを守ろうとしたが、ふたりへの手紙には苦悩がにじんでいる。「私たちは本当に長い間会うことができずにいるわね」。一九四一年一月にヘルタは娘のインゲに手紙を書いている。「でも、いろいろなことをあれこれ話せる日がもうすぐ来ることを願っています[18]」。そのときは来ない。ヘルタは失業後、苦境に立たされたベルリンのユダヤ人共同体のために働いてなんとか生計を立てていたが、とうとう一九四三年三月にベルリンからアウシュヴィッツに移送された。彼女はその途中、友人からもらっていた毒のカプセルを飲んで自殺した。

ドイツ・ユダヤ人の移送後の殺害はすでに一九四一年一〇月から始まっていたのに、その間も生活をさらに制限するささいな法律の支配を彼らが受けていたのは不条理としか言いようがない。一九四二年五月一五日の法律でユダヤ人はペットを飼うことを禁止され、七月一七日の法律では、盲目であったり体が不自由だったりするユダヤ人が障碍者用の腕章をつけることを禁じられた。ドイツ・ユダヤ人が移送されただけでなく、総督府のユダヤ人がこの時点でラインハルト作戦により集団で殲滅されていたことを考えれば、この法律による攻撃の異様さに衝撃を覚える。同時に、ユダヤ人はイタリアやヴィシー・フランスの抑留収容所にも収容され、あるいはドミニカ共和国や上海その他の場所で難民生活を送っていた。

ボヘミアとモラヴィアの保護領（チェコスロヴァキアの残りの地域）〔ベーメン・メーレン保護領〕でもユダヤ人は苦境に立たされていた。タイプライター、自転車、楽器、毛皮のコート、ラジオを強制的に没収されるといった、生活を悪化させる多くの法にさらされ、プール、公園、映画館、路面電車といった公共の場から排除され、多くの食料品の購入を禁じられ、一九四一年二月からは買い物を午後三時から五時までに制限された。一九四一年の後半、ハイドリヒが保護領副総督（Reichsprotektor）として着任後まもなく、ウッチと、プラハの北約六〇キロにある旧オーストリア゠ハンガリー帝国守備隊駐屯都市の跡地に設置されたゲットー、テレジエンシュタットへ、保護領からの移送が始まった。ユダヤ人共同体は恐怖に襲われたが、ナチは、これは単なる再定住なのだと納得させるために大いに努力した。ただしドイツの高齢ユダヤ人とは違って、彼らは、テレジエンシュタットでの終末期介護のための老人ホーム契約金として老後の貯えを供出させられることはなかった。[19] しかし、テレジエンシュタットについてのナチのプロパガンダは、中欧ユダヤ人が耳にしていた遥か東方での状況とは著しく異なっており、彼らは脅え、戸惑った。[20] 五四歳の未亡人、マリエ・ベイダーは、新しい恋人であるまたいとこのエルンスト・レーヴィに何通も手紙を書いた。彼はギリシャ北部のテッサロニキに逃れていた。手紙をやり取りする間、マリエは平静を装っていたが、一九四二年四月にテレジエンシュタット行きの通知を受け取った際には、自分が聞いている内容は真実なのだと、エルンストと自分自身を安心させようとしている。

予定されている居住地はゲットーのようなもので、すべての規則に従えば、ここでのような制約なしに生活できるという利点があります。ひとつのバラックに最大三〇〇〇人が住み、ときには男性が女性を訪ねることもできます。五五歳までの女性はその能力と業績に応じて働き、老人は老人ホームか療養所に入り、子どもたちは養護施設に入ります［…］とくにうれしいのは、女性はテレジエンシュタットでも、自分の体の手入れや入浴ができるという点で、また、まじめなものから面白いものまで、夜には有益な講義が行われるなど、すばらしい、心地よい社交の場があるとも聞いています。だから人々は、少なくとも一部のひとは、そんな場所でもどうすれば楽しく過ごせるのか、知っているのです。[21]

マリエはおそらく文通相手と自分自身を安心させようとしていたのだろうが、実際のテレジエンシュタットは彼女が想定していたよりもはるかに過酷だった。友人たちが手助けしてくれると確信していたにもかかわらず、不運にも彼女が到着したのは、司令官ジークフリート・ザイドルが週四本の臨時輸送便を出し、ひと列車につき一〇〇〇人ずつをポーランドに移送するよう命じた、まさにそのときだった。テレジエンシュタットに到着して三日後にマリエはイズビツァに移送された。ここは戦前にはほぼユダヤ人だけが住んでいた、小さな孤立した町だった。町の状況は最悪だった。多くの人間が飢えとチフスで死亡した。ほとんどの男たちはルブリンでの強制労働に従事し、マイダネクに住まわされたが、ユダヤ人女性と子どもと老人の多くはイズビツァからベウジェツかソビブルに送られ、そこで殺された。マリエがどこで亡くなったかは不明だが、イズビツァに到着後、彼女の消息が聞かれることは二度となかった。[22] 同じことが六九歳の未亡人、ヘンリエッテ・ポラチェックにも起きた。ナチがプラハを占領した際、彼女はボヘミア北部からは逃れていたが、すでにスイスに逃れ、のちにキューバに逃れた息子から、一緒に来るようにと懇願されたにもかかわらず、手遅れになるまで、自分が馴染んできたものすべてを捨てることを望まなかった。移送が迫った一九四二年五月、ヘンリエッテはこう書いている。「どうしたらこんな生活に耐え続けられるのかとずっと自問している。あまりにも長く続きすぎて、もう神経が持たない」。そしてこうつけ加えている。「できる限り連絡するつもりだけれど、もうそんなに長くは続けられない」。[23] そのとおりになった。ヘンリエッテは一九四二年七月一三日にテレジエンシュタットに移送され、そこから一九四二年一〇月一九日にトレブリンカに送られ、そこで殺された。

こういった運命から逃れた者はきわめて幸運だった。あるいはハンス・ノイマンのように、幸運であるとともに勇敢な者だった。プラハからの移送を逃れる最大の手立ては、むしろ危険な場所に身を置くことだと考えたハンスは、一九四三年五月、偽造証明書を持って列車でベルリンに行き、アーリア人のチェコ人、ヤン・シェベスタになりすまし、ドイツ軍と取引のあるワルネッケ&ベーム社に塗装技術者として就職した。非常に冷静で、ありふれた風景の中に溶け込んだ彼は、ナチが「自分たちのばかばかしさを認識できない、あるいは何に対しても不合理さを理解できない、ということに気づいた。想像力を欠いた彼らを予測することは可能だった。そう気づいたおかげで、私は危険を判断できた。思いもよらない行動や、彼らにとって予想外の行動をすれば、生き延びるチャンスを高められると考えたのだ」[24]。彼は戦争を生き延び、戦後ベネズエラで新たな人生を築いた。

戦争とホロコースト

現実的に判断すれば、冬が始まる前にナチがモスクワ攻略に失敗したことで戦争の長期化と困難化は避けられないという結論に、一九四一年の末には達していただろう。国防軍幹部は、占領地での自給自足ができない可能性を考えれば、兵たちの生存がはるかに困難になるとわかっていたにもかかわらず、さらにそれと同時に、とくに一九四一年一二月のアメリカ参戦後は資材や兵力の点でドイツが圧倒されることもドイツ軍戦略家たちには予測できたにもかかわらず、自己欺瞞と「血で考える」ことは規範であり続けた。狂信者にはドイツの勝利以外考えられなかった。そしてそれは果てしない残虐行為を基盤とした勝利だった。ドイツの指導者たちは「都市の爆撃や一般市民の飢餓をそれ自体戦争の目的とみなしていた」とある歴史家は書いている。そして「この破壊的なエネルギーは、とくにユダヤ人に向けられた」ともつけ加えている。[25] たとえば一九四二年、ハイデルベルクの政治学者ギーゼルヘル・ヴィルジングは、ロシアが復活してヨーロッパにおけるドイツの支配を脅かすことはもはや不可能で、「アメリカ主導によるアングロサクソンの世界支配」というルーズヴェルトの夢も、ドイツが支配するヨーロッパのみならず極東の日本の勢力圏まで打ち負かす必要があるので、実現できないと主張した。「広大なドイツ＝ヨーロッパ支配圏は、今や大西洋からカスピ海沿岸近くまで広がっており、じつに無尽蔵な、相互補完的な経済的豊かさを有している」[26]。ナチの大陸支配の絶頂期で、連合国が苦境に立たされていた一九四二年の時点でさえ、このような発言はばかげていた。戦争末期、「われわれの最強の武器、つまり勝利への狂信的な信念」を訓示文が誇示した際、最後の瞬間まで非常に現実的な恐怖を実行し続けたこのナチの信仰の非現実さが、非常に明瞭になった。[27]

　この狂信は、第二次世界大戦を典型的な軍事衝突、領土や貿易の支配権をめぐる争い、地域的な権力闘争における力の主張とみなすべきではないことを示唆している。ナチから見れば、この大戦はむしろ哲学的な闘争であり、人種の生死をかけた戦い、つまり絶滅戦争（Vernichtungskrieg）だった。[28] ナチにとってソ連侵攻は、ヒトラーが『わが闘争』で述べていた生存圏（レーベンスラウム）を獲得するチャンスだった。ヒトラーは、戦後に生存圏（レーベンスラウム）の定義を示すと述べた。「この戦争が終わったら、われわれはヨーロッパの支配者になりたい［…］そうすれば、ついにわれわれは「持てる」国のひとつとなり、資源を所有し、大きな植民地帝国となるだろう」[29]。彼が言わんとしていたのは、ヨーロッパにおける一大植民地帝国の建設だった。しかしこの野望と、それに付随するソヴィエト体制の本質への理解と切り離せないのは、ユダヤ人絶滅の必要性に対する信念だった。ロシアに生存圏を獲得するということは、共産主義の打倒を意味する。共産主義は彼らの目からすればユダヤ人の創作物なので、戦争の目的にはユダヤ人の「打倒」も含まれなければならなかった。ヨーロッパ・ユダヤ人の殺戮は、多くの歴史家が示しているように、場当たり的だった。[30] しかしたとえナチの当初の計画がソ連を打ち負かし、ヨーロッパ・ユダヤ人を「ウラル山脈の東」のどこかに追放することだったにせよ、ユダヤ人に対する何らかの対処はつねに計画されていた。これは共産主義への憎悪と恐怖がユダヤ人憎悪と恐怖につながったからではなく、逆だった。「ユダヤ人」を絶滅させたいという願望が、ナチズムに「ユダヤ＝ボリシェヴィズム」の破壊を目指させたのである。

この十字軍において、ユダヤ人を攻撃した機関はけっしてSSだけではなかった。戦後長きにわたり、とくに西ドイツで一般的だった「清廉な国防軍」という考えを、歴史家たちはずっと以前に覆しており、今日、一般の兵士や警察官および他の多くの機関もユダヤ人殺害に関与したという事実に異議を唱える歴史家はいない。戦前には、軍幹部は国防軍の関与を明言していた。陸軍元帥フォン・ライヒェナウは、「東方における指揮命令」のなかで次のように述べている。

ドイツの報復手段の恐怖は、さまよえるボリシェヴィズムの残党の脅威よりも強くなければならない。将来のあらゆる政治的配慮にかかわらず、兵士はふたつの任務を果たさなければならない。
一、ソヴィエト国家とその軍隊における誤ったボリシェヴィズム教義の完全なる消滅。
二、外国の裏切り行為や残虐行為を容赦なく根絶し、ロシアにおいて軍人の生命を保護すること。
三、ドイツ人民をアジア・ユダヤ人の危険から完全に解放するというわれわれの歴史的使命を果たすには、これが唯一の方法である。[31]

そして侵攻の直前に陸軍最高司令部（OKW）は、「ロシアにおける部隊の行動に関する指示」を出した。これがSSのような特殊部隊ではなく正規軍に出されたということは、とくに注目に値する。

一、ボリシェヴィズムは国民社会主義者であるドイツ国民にとって命取りとなる敵だ。ドイツの闘いはこの破壊分子のイデオロギーとそれを行使する者たちに向けられる。

二、この戦いでは、ボリシェヴィキの煽動者、ゲリラ、妨害工作者、ユダヤ人に対する冷酷で精力的な行動と、すべての能動的または受動的抵抗の完全なる排除が求められる。[32]

厳密には軍事戦略的見地から必要なものを超えた、大量殺戮の舞台が整えられたのだ。

東欧

ナチ思想のこういった終末論的な側面は、やがて東欧ユダヤ人に対する扱いに現れた。ナチはソ連をユダヤ＝ボリシェヴィズムの核とみなし、そこに住むユダヤ人を危険な住民とみなした。それゆえにナチは、一方ではユダヤ人を強力な世界的陰謀の象徴としながら、ヨーロッパの海外帝国で「劣等人種」が経験したような植民地的待遇を、東欧ユダヤ人にも強いたのである。東欧ユダヤ人に対するナチの徹底して残忍な扱いは、「ナチが昔ながらの植民地的感覚で彼らを原住民とみなし、先祖のドイツ人の土地に入植した悪者とみなした」結果だった。「それによってユダヤ人は土着の他者と植民地化する他者、両方の具現となり、軽蔑と恐怖の入り混じった破滅的な存在になったのである」。[33]

ユダヤ人排除への衝動は、公務員から軍隊、SS、その他看護師や教師や農民に至るまで、非常に多くのさまざまな機関や団体による協働がいかにして可能になったかを説明するのにも役立つ。「反ユダヤ主義はナチの多様な植民地化集団の結束を高める力として働き、各集団は東方に生存圏（レーベンスラウム）を建設するという植民地的使命をさまざまな形で追求していた」[34]。歴史家ダーク・モーゼスは、ナチからすれば、ユダヤ人のジェノサイドは「サバルタン・ジェノサイド」、つまりユダヤ人による植民地的征服からドイツを解放するための「民族解放運動」による行為だった、と指摘している。その考えに照らせば、東欧ユダヤ人は原始的でありかつ世界情勢を操作する恐ろしい存在ともなり、そうした認識が東欧ユダヤ人への悪辣な攻撃方法につながったと思われる[35]。

SSの出動部隊（アインザッツグルッペン）の活動ほど、その凶暴さを裏づけているものはない。四分隊の隊員は総数わずか三〇〇〇人にも満たなかったが、国防軍の進軍につき従い、北はバルト海から南は黒海まで、全地域のユダヤ人を対面で射殺する最初の掃討作戦を実行していった。

一九四一年一〇月五日、モギリョフのSSと警察本部の管理職者だった警察官ヴァルター・マトナーが、大量殺戮に参加したことを妻への手紙に書いている。

もうひとつ、君に言っておかねばならないことがある。じつは私も先日大量殺戮の現場にいたのだ。最初のトラック一台分では撃つ手が震えたが、慣れるものだ。トラックが一〇台目になる頃には、落ち着いて狙いを定め、大勢の女性、子ども、幼児を正確に撃てるようになった。自分にふたりの幼児がいることも考えたが、うちの子どもたちも一〇倍とは言わないまでも、この大群にひどい扱いを受けていただろう［…］幼児は弧を描いて空中高く飛んでいき、私は彼らが穴や水に落ちる前に、空中で彼らを殺した［…］ヒトラーが開戦のときに言ったことが真実味を帯びてきている。もしユダヤ人がヨーロッパで再び戦争を起こそうと考えるなら、この戦争は彼らの勝利ではなく、ヨーロッパ・ユダヤ人の終焉となるだろう［…］モギリョフからはゼロが三つつく数のユダヤ人がいなくなったが、それはたいしたことではない。実際、私は満足しているし、ここでは多くの人々が言っている。われわれが本国に戻れば、今度はドイツのユダヤ人の番になるだろう、と。(36)

これよりも一〇倍ひどい扱いとはどういう意味だろうか。これは軍事的な必要性による殺害や一般的な敵の戦闘員を殺すことについての記述ではない。洗脳と定型化された残忍な扱いと仲間や上官や国家に対する義務感とが組み合わさって、家庭的な男がやすやすと大量虐殺者に変えられてしまったのだ。実際、マトナーの言葉が犠牲者にとって何を意味したかを知るのは難しいことではない。戦後かなり経ってから、ノーベル文学賞を受賞したスヴェトラーナ・アレクシエーヴィチのインタビューを受けたひとりが、ベラルーシで起きたことを話す際に泣き崩れた。

ドイツ人の体制がはじまった……。あたしらのとこにはユダヤ人がおおぜい住んでた。アヴラム、ヤンケリ、モルドゥフ……。彼らは集められて大きな村につれていかれた。まくらや毛布を持っていたよ、でも、すぐにみな殺しにされてしまった。地区じゅうから集めて一日で撃ち殺したんだ。穴のなかに投げすてられた……。何千人も……何千人もの人が。三日三晩血が地面ににじみ出ていたんだと……大地は息をしていた……生きていたんだよ、大地は……。あの場所はいまじゃ公園になっている。休息の場所よ。ひつぎのなかから声はしない。だれもさけんだりしない……。そういうこと。あたしはそう思うの。（泣く）。(37)

ベラルーシでの戦争の残忍さは、英語圏ではまだ正しく認識されていない。人々がホロコーストと考えているもの、つまりガス室での大量殺戮とはほど遠く、ベラルーシ当地での殺戮には、ナチが後進的で原始的な地域とみなしたものをどれだけ蔑視していたかがよく表れている。これはベルギーの植民地政権がコンゴをどのように考えていたかに似ているかもしれない。アレクシエーヴィチのインタビューを受けた別の人物は、ミンスクのゲットーについて、そして戦争がユダヤ人にとって何を意味したかを率直に語っている。ゲットーのユダヤ人射殺を奇跡的に生き延びたのち（ドイツ兵によって「小さな子どもたちがひとつの穴に放り込まれ［…］ドイツ人たちは穴のなかをのぞいてわらいながら」）、男に見つかったが逃がしてもらえた。インタビューを受けた匿名の人物は、パルチザンとともに森の隠れ家に潜み、ドイツ兵から身を隠したが、パルチザンの残忍さについても語っている。「深夜、ぼくたち……掩護班の生きのこり組の三人は……殺された馬たちの腹を切りさいて、内臓をすべて放りだし、そこへもぐりこんだ」。二日後、「ぼくたちははいでた。全員血まみれ、腸まみれ……クソまみれ……。精神錯乱状態」。戦後、一五歳になった彼は自分の体験について話すことができなかった。ソ連では公然と訴えることのできない偏見に直面した。家族のアパートを盗んだ人間が「ユダヤ人は二度ともどってこない、という考えに慣れていた」のだ[38]。

開戦後、ヒムラーは四隊の出動部隊（アインザッツグルッペン）を組織した。国防軍に同伴し占領地でユダヤ人住民を虐殺するのが任務で、SSの隊員から編成され、狂信的なナチに率いられた。そのなかには神学者や法律家もいて（出動部隊（アインザッツグルッペ）Aの司令官、ヴァルター・シュターレッカーは法学の博士号を取得していたし、行動中隊（アインザッツコマンド）1bの指揮官、ヘルマン・フービヒや、特殊部隊（ゾンダーコマンド）7aの指揮官、ヴァルター・ブルーメも同様だった）、三〇〇〇人の隊員は開戦の年、二回の掃討作戦でユダヤ人一五〇万人を殺害した。北から南へ巨大な弧を描きながら、彼らはパウル・ツェランの有名な言葉を借りれば、死がドイツからやってきたマイスターであることを証明した。しかし彼らは孤独ではなかった。国防軍や警察大隊の一般兵士は、ＳＳの犯罪行為に染まっていない清廉潔白な存在として長年にわたり描かれてきたが、今では多くの男たち（そして一部の女たち）が対ソ戦の初期段階において、東部戦線で銃撃その他の残虐行為による大量殺戮に関与していたことは疑問の余地がない。

そういった部隊のなかでもっとも重要だったのが、秩序警察（Ordnungspolizei またはオルポ Orpo）である。これは消防隊や沿岸警備隊といった通常の法執行に必要な部隊からなっていた。一九四一年まで彼らはすべてのドイツの警察機関と同じく、ヒムラーの国家保安本部の管理下にあったが、ＳＳに指揮されていてもＳＳの一部ではなかった。クルト・ダリューゲの指揮下でオルポは軍隊化され、ソ連での戦いに備えた。クリストファー・ブラウニングが一九九一年に先駆的な著書『普通の人びと――ホロコーストと第１０１警察予備大隊』〔谷喬夫訳、筑摩書房、一九九七年〕で示したように、「左派傾向の強い」ハンブルクから来た中年の警察官のグループといった、もっともありそうにない人々でさえ、あっという間に厚顔な殺人者へと変貌していった。さらに、他の歴史家たちが示しているように、彼らは出動部隊（アインザッツグルッペン）の隊員よりも数が多く、したがって、殺戮作戦の中心部隊として、出動部隊（アインザッツグルッペン）よりも多くの人々を殺した。さらに注目すべきは、普通の人々が瞬く間にいとも簡単に殺人者となった、その過程を彼らが実証している点だ。[39]

兵士や警察官の大多数がこの道を進んだのは、たんなる仲間意識の文化や仲間からの圧力の結果ではない。そういった環境的な要因も重要だったが、その陰には暗黙のイデオロギー的枠組みがあり、それは広く理解されていたので必ずしも明確に述べる必要はなかった。ソ連との戦争は「世界観の闘い」で、それには「ヨーロッパを率いる民族」であるドイツ人による、「世界の敵」、すなわちユダヤ人の粉砕が必要だと、多くの文書がSSに指示していた。[40] 国防軍の指導者たちは（念のため言っておくが、SSではない）ある時点から、そういった言葉はもはや言わずもがなであると明確に感じていた。一九三八年に出された指令は、部隊へのイデオロギー教育の目的を次のように示している。「あらゆる状況において、将校が第三帝国のイデオロギーに従って行動し、さらにそういったイデオロギーが公的規則や法令、あるいは戦地に待機している際の命令に明確に表現されていなくとも、そういった行動をとるのは当然である」。[41] ユダヤ人の殺害は当然理解されていた。とはいえ、大量殺戮が方針とされた際、直接、しかも簡単な言葉でそれが伝えられることもあり、ナチが婉曲的な表現しか使わないと考える人々を驚かせる。一九四一年一二月、秩序警察の訓練雑誌は率直にこう述べている。

　ユダヤ人が起こした新たな戦争がもたらす結果は、反ユダヤ主義のドイツの崩壊ではなくユダヤ人の終焉だと総統は［一九三九年一月三〇日の演説で］述べられたが、このお言葉は今まさに遂行されようとしている。ドイツとヨーロッパが今植民地化のために手にしている東方の広大な領域は、近い将来、ユダヤ人問題の決定的な解決を手助けしてくれる。これは寄生する人種を権力からだけでなく、ヨーロッパの人々の家族から排除［Ausrottung］することも意味している。ほんの二年前には不可能だと思われていたことが、今では一歩ずつ現実のものになりつつある。戦争が終わったあかつきには、われわれはユダヤ人のいないヨーロッパを見ることになるだろう。[42]

戦後彼らが主張した内容とは異なるが、関係者には銃撃に参加しない選択肢もあった。一九六二年の反対尋問で、かつての行動中隊（アインザッツコマンド）3のメンバー、フリードリヒ・Wがそれを明らかにしている。

私が参加したミンスクにおける処刑では、コマンドの指揮官、ブラートフィッシュ博士が演説した。とりわけ、彼は次のように述べた。われわれはユダヤ人を殲滅せよという総統の命令［um auf Führerbefehl die Juden zu vernichten］を遂行するために、国家保安本部［ＲＳＨＡ］の命令でここに配置された。これはたいへんな仕事になるが、命令に背くことはできない。しかし、良心に反するので銃撃に参加できないという者は報告すべきだ。理解してくださるだろう。参加を重荷に感じるべきではない。総統がおっしゃったように、ユダヤ人はもはや人間とはみなされないからだ。この演説はコマンドの隊員すべてによく知られていた。(43)

ＳＳ以外で殺戮に参加したのは、ドイツの警察官だけではない。ソ連西部の占領地域では、地元の協力者が進んで参加した。「ユダヤ＝ボリシェヴィズム」という反共産主義の考えに染まって、ユダヤ人への憎悪から参加した者もいた。反共産主義者だからといってユダヤ人を憎む必要はなかったが、こういったふたつの憎悪が組み合わさって凶暴な合成物が出来上がったのだから、何よりもまずこれが反ユダヤ主義の一形態であったことを再度強調しておく必要がある。もっとも有名な例のひとつは、いわゆる「カウナスの殺人者」で、この男は鉄の棒でユダヤ人を殴打した。血の川が勢いよく流れていく様を傍観者が立って見ていた。この場面に驚愕し撮影していたドイツ人兵士の報告が参考になる。

腕まくりをしたひとりの若い男（リトアニア人に違いない）の手には鉄製のバールがあった。彼は集団のなかから男をひとりずつ引きずり出すと、後頭部を一度、あるいはそれ以上バールで殴った。四五分ほどの間に、彼は同じ方法で四五〜五〇人のグループ全員を殺した［…］その場にいた一般市民（女性も子どももいた）の振る舞いは信じ難いものだった。ひとり殺されるたびに彼らは手を叩き、国歌が始まると、一緒に歌い、拍手したのだ(44)。

物欲のために参加した者もいた。彼らはユダヤ人にまったく社会的恩義を感じていなかったので、ユダヤ人の排除は、たとえほんのわずかであっても利益を得る好機と考えたのである。ポーランド人ジャーナリスト、カジミエシュ・サコヴィッチは次のように述べている。「ドイツ人にとって三〇〇人のユダヤ人は三〇〇人の人類の敵だったが、リトアニア人にとっては三〇〇足の靴、三〇〇本のズボンを意味した(45)」。

理由はどうあれ結果は同じだった。そして殺人者がドイツ人であれリトアニア人であれ、ユダヤ人が浅い墓穴に撃ち落とされたのであれ、街の広場で殴り殺されたのであれ、そこにあるのは同じ残虐性だった。サコヴィッチは二年間にわたり、ポナリの街はずれで、リトアニア・ユダヤ人が巨大な穴に撃ち落とされ、殺される様子を記録した。たとえば一九四一年九月の初めには、約四〇〇〇人のユダヤ人の殺害を記録している。「もっぱら女性と多くの赤ん坊」が酔っ払ったリトアニア人の協力者によって射殺されたのである。実際は男性も撃たれたが、女性と子どもが多かったのはヴィルニュスのユダヤ人男性の多くがすでに殺されていたからだった。この作戦行動は表向き、ヴィルニュスのふたりのドイツ兵が攻撃されたことへの報復として行われた。ふたりに怪我はなかったが、サコヴィッチの言葉を借りれば、「ドイツ兵に偽の発砲をしたことに対する罰」をドイツ軍が実行する好機となった。彼の記述から、ドイツ軍に触発された大量殺戮とこの地域の民族憎悪、そして地域経済の複雑な関係が見えてくる。「彼らは撃ち終えると死体を踏みつけた。そして死体の上を歩いた！［…］九月三日と四日には、女性用の服が盛んに取引された！」[46]

出動部隊（アインザッツグルッペン）とオルポが実行した対面での殺戮がいかに衝撃的な性質を帯びていたかは、日々ベルリンに送られる報告書からは感じ取れない。これらの報告書は官僚主義的な、感情を排除した統計的概要であって、自己弁護と奥歯にものの挟まったような言葉で表現されており、あまりにも度を越した大量殺戮を、「治安対策」といった「合理的な」見え透いた言い訳でごまかしている。[47] それに対し、目撃者や生存者の証言は、場面の描写に圧倒的な力がある。ガリツィア（現在のウクライナ）東部のトゥーステでは、一九四二年に何度か殺戮「行動」がとられ、地元のユダヤ人医師バルーフ・ミルヒが目撃している。彼は殺戮について血も凍るような描写をしているが、ナチがもたらした惨状を理解するうえで、次の記述はさらに恐ろしい。

> 五月二八日の午後、妻と義兄と私は、犠牲者が死へと進んだ道をたどり、ユダヤ人墓地に行った。もはや泣くことすらできなかった。道には写真、書類、髪の塊、衣服、血だまりが点々と散らばり［…］空の薬莢もあった。墓地の古い墓の上には三つの巨大な穴が不気味に掘られていた。片側には死体が山積みにされ、死体はまだ町や野から運び込まれていた。積み上げられた死体のなかから愛するひとや友人を探し、見つかれば新たな墓穴を掘るひともいた。
>
> 私の家族がどの穴に埋められているのか、知る手立てはなかった。どの穴のそばにも、殺人者は血に汚れた歩み板を残していた。薬莢もここにはたくさんあった。私はそれをひとつ持ち帰った。[48]

ソ連における最初の処刑とゲットーでの暮らしを生き延びた人々は、残された手紙が裏づけているように、自分たちの運命を予期していた。ソフィア・ラトナーは一九四一年九月六日に、ヴィテフスクのゲットーから子どもたちに手紙を書き、ゲットーで苦しみ続けるよりも「死んだほうがまし」と述べ、「私たちはまだ生きている。ゲットーは有刺鉄線で囲まれている。私たちは餓死する運命にある」と手紙を結んでいる。[49] ヴィニツァからはトゥメル・ホンチャルが一九四二年四月一五日に、息子たちにこう手紙を書いている。「生きたいという願望と衝動を表現する言葉が見つからないが、それが叶わないのは明らかだ[50]」。

ヨーロッパ・ユダヤ人の殺害計画に責任があるのは紛れもなくナチ・ドイツであり、殺戮はこの全体的な枠組みのなかで起きた。しかし地域レベルでは、殺戮の方法は絶滅収容所で行われたような工場方式とはまったく異なる。多くの地元民が殺戮に加担していたからなおさらだ。

東欧の村や街や都市で何世紀にもわたりキリスト教徒の隣人と共存してきたユダヤ人にとって、知人や同僚や級友や友人が自分たちを敵視し、捕らえ、ナチの殺人者に引き渡したという事実は、ホロコーストが外国の敵による殺人的侵略だっただけでなく、かつては親しかったのに今では殺意につながるほど敵意を抱いている地域社会の虐殺でもあったことを意味する。[51]

実際、歴史家オメル・バルトフが例に挙げたガリツィア東部のブチャチ（現在はウクライナ領）の状況は、ユダヤ人の殺害がけっして思いつきで行われた一度限りの出来事ではなく、オーストリア＝ハンガリー帝国の時代にポーランドとウクライナ（またはルテニア）でのナショナリズムの勃興とともに始まり、第一次世界大戦、シオニズムや共産主義やファシズムの台頭、そして三つの集団が故郷と呼ぶ土地に対する互いに排他的なビジョンがますます暴力的に衝突した結果悪化した、長期的な暴力のサイクルの一部だったことを示している。[52]

西欧や中欧のユダヤ人と異なり、東欧のユダヤ人は移送されたのではなく、自宅近辺で殺害された。東方におけるホロコーストは、地域的であると同時に大規模だった。[53] 工場方式のジェノサイドというイメージはいまだに世間一般に行き渡っているが、膨大な数の人々が自宅のすぐ近くで、残忍かつ下劣な状況で銃殺されたのは忘れられがちだ。

もっとも有名で衝撃的な、そしてホロコーストにおいてドイツ人が実行した最大の虐殺は、一九四一年九月二九日から三〇日にかけて、キエフのはずれのバビン・ヤール（バビ・ヤール）峡谷で行われた。虐殺を行った直接の原因は、ドイツ軍占領後にキエフで起こった一連の爆発で、爆弾はソ連軍の撤退前に内務人民委員部（NKVD）によって仕掛けられていた。爆発によってドイツ軍の高位の将校が多数死亡したため、ドイツ人、そして多くのウクライナ人はユダヤ人を非難した。彼らは遅かれ早かれ死ぬ運命にあったが、ユダヤ人とはまったく無関係な爆発のせいで、おそらく殺害は早められた。九月二九日、ウクライナ民兵の支援を受けた出動部隊（アインザッツグルッペ）Cの各部隊は、ドイツ国防軍の正規兵が警備するなか、キエフのユダヤ人をバビン・ヤールに連行した。到着したユダヤ人は服を脱ぐよう命じられ、二日間にわたり峡谷に撃ち落とされた。運転手のフリッツ・ホーファーは、「血まみれの痙攣する体を見て驚愕し、茫然としたあまり、詳細を正しく認識できなかった」と述べているが、彼はユダヤ人が死者の上に寝かされて撃たれ、それから荷造り人と呼ばれるウクライナ民兵がその上にさらにユダヤ人を横たわらせて、射殺工程がうまく回るようにしているのを見たとも証言している。[54] 銃撃者のひとり、クルト・ヴェルナーは、戦後こう証言している。「峡谷の上端に到着して最初に死体を目にしたユダヤ人がとてつもない恐怖を感じていたのを今でも思い出す。多くのユダヤ人は恐怖で泣き叫んだ。あそこで汚い仕事をするのにどれほど心臓が強くなければならなかったかは、想像を絶する。恐ろしかった[55]［…］」。

ソ連西部のユダヤ人が出動部隊（アインザッツグルッペン）に虐殺されていたのと同じ頃、ブカレスト、ザグレブ、ベオグラード、トランスニストリア、ブルガリア占領下のトラキア、マケドニアのユダヤ人共同体も、ドイツ軍だけでなく現地のファシスト政権からの攻撃を受けていた。実際、ブカレストのポグロムはソ連侵攻より五か月先行していた。著しく残虐だったこのポグロムは、鉄衛団（大天使ミカエルの軍団にちなんでレジオナーレとも呼ばれていた）とイオン・アントネスク政権との闘争という状況下で起こった、ユダヤ人に対する激しい暴力の爆発だった。世界ユダヤ人会議は「醜悪な行為のサディズムと蛮行」に深い衝撃を受け、攻撃について次のように報告している。

野生動物はかみついたり殺したりするが、こういった罪のない生き物はすべて、死体を冒瀆しようとはけっして考えない。舌を切り取られ、目をくり抜かれ、指や手を切り落とされ、まだ生きている体の皮を剝がれ、虐待され、切り刻まれ、傷つけられ、「コーシャー」と札をつけて屠畜場のフックに吊るされ、首を切り落とされ、臓器を引き出される。これがレジオナーレのヒロイズムのバランスシートなのだ[56]。

約一〇〇人のユダヤ人がブカレストで殺されたが、さらに一〇〇〇人ほどがルーマニアの首都からトラックで運ばれ、ジラヴァの森で殺された[57]。

クロアチアでは、ナチと同盟を結んだクロアチア独立国の元首アンテ・パヴェリッチのもと、ユダヤ人は嫌がらせを受け、財産を没収され、ドイツではなくクロアチアが運営する収容所に即移送された。

クロアチア・ユダヤ人迫害の迅速な開始を総括するある報告書には、次のように述べられている。

ユダヤ人の会社や商店には「管財人」が入り、ユダヤ人は家を去らねばならず、彼らの財産はまず動産、それから不動産すべてが没収され、ユダヤ人の収容所への移送が始まった。街の東部にあるマクシミル公園では大勢のユダヤ人が銃殺された。逃れる唯一の手立ては、すぐに出国するか、ユーゴスラヴィアのイタリア占領地域に逃げるかだった。しかし財産をすべて奪われていたため、難民たちは普通は着の身着のままで逃げるのがやっとだった。(58)

出動部隊(アインザッツグルッペン)の歴史やホロコーストの初期段階を物語る際、残虐な話に残虐な話を重ねるのは簡単だ。だがそれが意味するところを熟考するのはもっと難しい。ソール・フリードレンダーが述べているように、「ドイツ軍やその同盟国に新たに占領された地域で展開された反ユダヤ主義行動の叙述には、大きな動揺を感じさせると同時に、感覚を急速に麻痺させる何かがある。歴史は大量殺戮作戦の連続であり、ほとんどそれしかないように思われる」(59)。ドイツやフランスだけでなく、ルーマニア、ギリシャ、クロアチアにまで範囲を広げると、これらの国はホロコーストのナラティヴの主流になることはまれだが、残虐行為の記述はさらに増えるばかりだ。加害者や、サコヴィッチのような傍観者（目撃した犯罪を記録するのもかなり危険な行為だった）が作成した資料だけに頼るのではなく、ユダヤ人の支援団体が作成した報告書を利用するにしても、迫害、奪取、殺人という一連の物語が痛ましく繰り返されることになる。これらの資料を補うには、犠牲者の経験がどのようなものだったかを私たちに感じさせることのできる他の資料が必要だ。

ウッチのゲットーでは、一九四二年九月の移送に対するゲットーの住人の反応を、イレーネ・ハウザーが日記に書いている。

午前四時、子どもたちが駆り集められている。あまりにも時間がかかるため、軍の助けを借りている［…］神に頼ろう。誰もいないのだから、誰も私たちを助けることはできない。外出禁止令が出て店は閉まっているのに、朝六時から彼らは立って、パンを待っている。誰も働いていない。私たちは一〇万人の臆病者で、身動きひとつしない。(60)

ブチャチ近郊の野原に隠れようとしたアリエフ・クロニツキは、自分と妻の置かれた絶望的な状況を日記に綴っている。

私たちに勝ち目はない。金もなく、泥棒どもに囲まれて、生き続ける希望があるだろうか。農民にとってユダヤ人は人間ではなく、金品を巻き上げるカモにすぎない。私たちの努力はすべて無駄で、存在するために闘い続ける気にほとんどなれない。(61)

そしてトランスニストリアのジュリンのゲットーでは、一九歳のミルジャム・コルベルが生きる気力をいかに失っているかについて日記に書いている。「私が書くことは無意味だ。誰が読むわけでもないし、もし生き延びることができたら、私がジュリンで過ごした呪われた時間に関するすべてを喜んで火のなかに投げ込むだろうから」。五か月後、彼女は再び自分が「無気力」だと書き、自分と家族が強いられている苦難について説明してほしいと神に求めている。「この罰はどんな罪のため？　どんな過ちを犯したというの？　私たちが生きる不確かさは、どんな死刑宣告よりも過酷だ[62]」。

こういった手紙や考察の内容をほとんど包含しているのが、一九四二年九月にアンナ・グラスベルク＝グルナがワルシャワ・ゲットーから友人のマリアに宛てた手紙だ。マリアはアンナの幼い娘エリカをかくまっている。アンナが働いていたゲットーの工場では女性がもう働けないと決まったので、娘と一緒にいられるようにアーリア人側に隠れ場所を見つける手助けをしてもらえないかと頼んでいる。「私たちに失うものは何もありません。あなた、あるいはあなたの親戚や友人は、私、いえ私たちを助けてくれるでしょうか。結局のところ、こんな幼い子どもが母親を奪われてどうなるのでしょう。そしてひとは少しでも長く生きていたいものなのです[63]」。

しかし程度の差こそあれ、ナチの犠牲者が自分たちの身に起きていることを理解し表現できたとしても、彼らは絶望のなかにいた。果てしなく続くように思われる残虐行為を語ることで何かが麻痺するというのは間違いなくそのとおりだ。それは起こったことの反映でもあり、被害者の感覚を麻痺したままにする。そしてときには、小さな残虐行為（大規模な殺戮からすれば小さなものだが、受けた当人にしてみれば全世界にも匹敵すること）に向き合うことも大切なのだ。戦時中、バルーフ・ミルヒは妻、姉、義兄とその息子とともに潜伏していたが、九歳の甥ルネクがたてた音がもとで、かくまってくれた男から追い出すと脅され、父親は息子を絞め殺した。その記述は淡々としている。

私たちは再び座り、黙って静かにしていたが、ルネクがまた暴れ出した。彼をなだめることができず、私たちは気が狂いそうだった。突然、雷に打たれたかのように義兄が立ち上がり、息子の柔らかな喉に叫び声を抑えるように手を回した。少年の目は見開かれ、舌は飛び出し、彼は静かになった。父親は絞めるべき位置を正確に知っていた。私と同じく彼も医師だったのだ［…］ようやく手を離したとき、息子は絶命していた。私は彼の手を取って脈が止まっているのを確認した。父親は息子の顔を毛布で覆い、隅に座り、髪をかきむしり始めた。「私は息子を手にかけたのだから、永遠に呪われる」と彼はつぶやいた。「だが、息子にこれ以上の苦しみは与えずに済んだ。少なくとも、殺人者たちの手で死なせずに済んだのだから」[64]。

西へ向かい、東に戻る

ヒムラーの当初の目的は、ヨーロッパの西から東へとユダヤ人を「一掃」すること（ハイドリヒがヴァンゼー会議でそう表現した）だったが、実際はユダヤ人の大量虐殺は東方で始まり、西へと広がった。ユダヤ人の移送が西欧で始まる頃には、ソ連やポーランドのユダヤ人に講じられた地域的な解決策とは対照的に、最終的解決の準備はほとんど整っていた。そしてポーランド・ゲットーのユダヤ人を率いるユダヤ人評議会が窮地に立たされていたのと同様に、ウィーンその他の中欧や西欧のユダヤ人評議会もナチによって権威は与えられたものの、無力だった。

最終的解決の準備は一九四二年春には整った。それまでに、出動部隊（アインザッツグルッペン）はソ連で一〇〇万人以上のユダヤ人を殺していた。ドイツのユダヤ人は一九四一年一一月にリガに移送され、ガスによる最初の大量殺戮はヘウムノで始まり、一九四一年一二月にベウジェツで絶滅収容所の建設が始まっていた。一九四一年一〇月二三日にナチはヨーロッパの占領地域からのユダヤ人の移住を全面的に禁止し、同時期に、ソ連の戦争捕虜に対する最初の実験的なガス殺がアウシュヴィッツで行われた。意思決定が正確にはどのような順序で行われたにせよ、ナチが一九四一年末には大量殺戮の包括的な計画に邁進していたのは明らかだ。[65]

その後歴史家が明らかにしてきた細部、たとえばラインハルト収容所の建設、安楽死計画とユダヤ人殺害の関連性、占領下の東欧で地元の計画立案者が果たした役割などを見ても、ナチが一九四一年末までに局地的な大量殺戮を大陸規模のジェノサイドに転換していたのは確かだと思われる。進む方向は明らかだった。バルバロッサ作戦が当初成功していたことを受けて、ヒトラーは帝国と保護領からの最初の移送を許可し、ゲーリングは一九四一年七月三一日、ユダヤ人政策の指揮権をハイドリヒに付与した。彼はこう書いている。「これにより、ヨーロッパのドイツ勢力圏におけるユダヤ人問題の全面的解決のために、必要となる組織的および財政的準備をすべて委任する」。[66] おそらく面目を保つために書かれたこの文書は、事実上、SSの止められぬ勢いを認めるものだった。このプロセスがもっとも明確になったのは、悪名高いヴァンゼー会議においてだ。

会議は一九四二年一月二〇日、ベルリン郊外のヴァン湖畔に建つ美しい別荘で開かれた。もともとは一九四一年一二月九日に開かれる予定だったが、日本の真珠湾攻撃によりアメリカが参戦したため、延期されていたのだ。ハイドリヒが議長を務め、副官のアイヒマンが議事録を作成した。会議のテーブルを囲んだのは、ナチ・ドイツの重要省庁と国家保安本部を代表する一五人の高官である。ハイドリヒがヴァンゼー会議に招待したさまざまな省庁とSSの機関の代表者に最終的解決の概要を説明し、さらに「ポーランド総督府にその後の数か月で絶滅収容所が設置されたことから、ヴァンゼー会議の目的に関する曖昧さや疑念の余地は一切なくなる」とフリードレンダーは主張している。[67] 以来、彼の主張は「ヴァンゼー会議の主目的は［…］ラインハルト・ハイドリヒとハインリヒ・ヒムラー指揮下で、SSがヨーロッパ規模の移送を組織する意向について通告することだった」と主張する歴史家たちによって、何度も裏づけられてきた[68]。

とはいえ、ヴァンゼー会議の果たした正確な役割については、論争が続いている。歴史家たちがかつて主張したように、最終的解決がここで決定されたということは明らかにあり得ない。ナチがつねにユダヤ人を殺すつもりだったと主張するナラティヴの文脈では理屈に合わないし、ヒムラーもヒトラーも出席していなかったことを考えると、とくにそれはありそうにない。さらに、バルト三国から到着したばかりのSSの代表者たちの一部が喜んで確認したように、彼らはすでに「彼らの」地域、とくにエストニアとラトヴィアからユダヤ人を排除（Judenrein）し始めていた。会議はひとつには調整のためだったが、ユダヤ人政策がSSの管理下にあることを印象づけ、他の機関、とくにナチ党ではなく国家（公務員）に属する機関がこのプロジェクトに加担する状況を作り上げることが主目的だった可能性が高い。ヴァンゼー会議に関するスタンダードとも言うべき著作の著者、マーク・ローズマンの言葉を借りれば、会議は「ヒムラーとハイドリヒが自分たちの優位性を主張するために計画し調整した作戦のひとつだった」。ハイドリヒの「主たる目的」は、「参加者を団結させ共通の目的を確認し、とりわけ国家保安本部の指導的役割を受諾させること」だった[69]。詳細な点に関する討議が短く、一般的な原則と壮大な願望に焦点が当てられていて、唯一の詳細な討議が、異なる等級のミシュリンの扱いに関する「問題」だったことを考えると、この説明は非常に説得力があるように思われる[70]。

ヴァンゼー会議の結果、最終的解決が始動したと長く考えられてきた理由は、偶然によるところが大きい。会議の記録、つまり「議事録」の現存するコピー（受領者は破棄するよう指示されていた）は一九四七年に元ドイツ・ユダヤ人の弁護士で公務員だったロベルト・ケンプナーによって発見された。当時彼はニュルンベルク裁判でアメリカの主任弁護士補佐官を務めていた。この文書はローズマンが言うように、「おそらくナチがジェノサイドの全体計画を書き留めたなかでもっとも詳細なものだろう」[71]。そういった意味では、この会議は実際、場当たり的な大量殺戮から大陸規模のジェノサイドに至るプロセスを体系化していくうえで、一種のターニングポイントとなった。もし決定がそこで下されたのではなく、むしろ以前に決定されていた内容の繰り返しだったのであれば、ヴァンゼー会議は「準ジェノサイド的だった移送が明確な殺戮計画へと移行する」中間地点だったことになる[72]。さらに、議論や婉曲表現があったにせよ、「ジェノサイドという含意は完全に、そしてまごうことなく明らかだった」[73]。アイヒマンがエルサレムで証言したように、「これらの紳士たちは一緒に立っていたり座っていたりして、議題についてきわめて率直に議論していました。私がのちに記録に使用しなければならなかった言葉とはまったく違っていました。会話の間、彼らはまったく率直に、殺人の方法、粛清、絶滅について話していました」[74]。

しかしヴァンゼー会議が重要なのは、ナチのジェノサイドに対する考え方が明確になった重要な瞬間のひとつだからだけではない。ハイドリヒが戦後わがものにしようと計画していた豪華な別荘で、ナチの要人一五人がテーブルを囲んでいた様子を想像すれば（この屋敷は現在博物館になっており、ナチ時代を歴史的に再現した数少ない説得力のあるテレビ映画『謀議』の舞台にもなっているので、想像するのはたやすいだろう）、会議の見え方や美意識も重要だったことは明らかだ。今にして思えばこの会議は、支配者民族である自分たちの神話をナチが演出する典型的な場面だったように思われる。この自己満足に浸った独善的な男たちは、自分たちの優位性を確信し、贅沢な食事とワインを楽しみながら、大量殺戮の複雑な細部と、そこから生じる法的な問題について議論した。彼らは笑い、冗談を飛ばし、議論し、うなずき合った。そして彼らの自己パフォーマンスと、それが意味する現実との間にある大きな乖離は衝撃的だった。

正確な時期はどうあれ、ヴァンゼー会議の数か月後には移送列車がヨーロッパじゅうを走り始めた。それまでユダヤ人は東欧で大勢銃殺され、ヘウムノではガス・トラックで殺害され、ラインハルト収容所ではポーランド総督府のユダヤ人を受け入れて殺す準備が進められていた。ドイツからミンスク、リガ、イズビツァなどに移送されたユダヤ人もいたが、人数は多くなく、さほど組織的でもなかった。それが今や保護領、スロヴァキア、西欧のユダヤ人は移送と殺戮の標的となり、まもなく彼らはギリシャ、ノルウェー、クロアチアその他の国々のユダヤ人と合流することになる。ルーマニア占領下のトランスニストリアでは、ヤシとブカレストのポグロムの凶暴な残虐行為は、ナチ流の絶滅収容所ではなく（一九四一年秋にドイツ側が彼らの受け入れを拒否したため）、大規模な遺棄、自然環境への放置、大規模虐殺に向けた組織的な移送に取って代わられた。アウシュヴィッツは一般に考えられているような、ホロコーストの犠牲者の大半が殺された場所ではなかったものの、ヨーロッパ全域から集められたユダヤ人の殺戮の中心地となり、後述するように、莫大な奴隷労働を運用する中心地となった。

一九四一年末には、ナチの指導者たちは大陸規模の計画の内容について公然と語り始めた。一九四一年一一月一五日にヒムラーはローゼンベルクと面談している。三日後、ローゼンベルクは「東方にはまだ約六〇〇万人のユダヤ人がおり、この問題を解決するにはヨーロッパの全ユダヤ人を生物学的に根絶するしかない」とドイツの報道機関に語っている。ゲッベルスによると、ベルリンの私邸で開かれた一九四一年一二月一二日の会議で、ヒトラーは集まった全国指導者（ライヒスライター）と大管区指導者（ガウライター）（すなわち政権の幹部役員）に、「世界大戦が到来し、ユダヤ人の破滅は不可避の結果としなければならない」と語った。そしてポーランド総督ハンス・フランクは、一二月一六日に部下たちに次のように語った。「われわれはユダヤ人に引導を渡さなければならない。きわめて率直に言いたいのだが［…］私は諸君に言っておかねばならない。慈悲心という考えに対して油断なく構えよ。われわれは帝国の全構造を守るために、どこで遭遇しようと、可能な限りユダヤ人を破滅させなければならない」(75)。

この過程で、ナチの同盟国の協力が重要な役割を果たしたことが初めてわかる。東欧では、膨大な数のウクライナ人、リトアニア人、ラトヴィア人が、出動部隊（アインザッツグルッペン）の実行したユダヤ人殺戮に参加した。ナチは地元住民からなる補助警察部隊をただちに組織した。彼らはヒヴィ（Hilfswillige 志願協力者）と呼ばれ、ユダヤ人の識別のみならず、殺害においても重要な役割を果たした。こういった国々出身の男たちの多くは、収容所の看守になった。とくに悪名高い「トラヴニキの男たち」（訓練所の名にちなんでこう呼ばれた）はそこでの訓練を経て加害者の組織に入れられた(76)。一九四二年を通して、ソ連領の占領地域（ウクライナ、ベラルーシとバルト三国）で秩序警察下で働くために採用された地元民の数は、三万三〇〇〇人から三〇〇万人へと、ほぼ一〇倍に増加した(77)。その少しあとには、志願するかナチの捕虜となって飢えて苦しんで死ぬかの選択を迫られた結果、約八〇万人のロシア人がいわゆるウラソフ軍に入隊し、ドイツ側に立って、ほぼ使い捨て要員として戦った。ある歴史家の言葉を借りれば、これらの補助兵は、ドイツからは最低限の資金を投入するだけで、第三帝国がその「運命」を実現できることを証明するものだった。「トラヴニキの男たち」は「最終的解決の歩兵として働くのみならず、ナチが建設しようとした世界の執行者の原型でもあった(78)」。

しかしこの過程で西欧が重要でなかったわけではない。殺戮が東方で始まり、それから西に広がったという簡単な話ではないのだ。むしろ西欧からのユダヤ人の移送は、東方での殺戮がまだ進行中であるのを百も承知で着手された。つまり、最終的解決の意思決定のプロセスは、西欧の占領によっても形作られたのである。たとえば、アイヒマンの副官ディーター・ヴィスリツェニーによる戦後の供述は、西欧がつねに最終的解決の一部と考えられていたことを示している。[79] ハイドリヒの元代理人でSSの法律顧問を務め、その後デンマーク全権代表に就任する前の一九四〇年から四二年にかけてフランスの民政本部長を務めたヴェルナー・ベストは、一九四一年三月（この日付は強調に値する）、「ドイツの関心は、ユダヤ人がひとりもいないヨーロッパを目標に、すべてのヨーロッパ諸国をユダヤ人から漸進的に解放することにある」と述べた。[80] 東欧における殺戮の急速な増大は、急進的な行動を好む占領下の西欧の人々にとって青信号となった。たとえばパリのドイツ大使オットー・アベッツは一九四一年九月、ヒムラーに、逮捕したユダヤ人の収容場所が不足している（実際には、この不足はナチのたくらみによるものだった）のだから、ユダヤ人をフランスから東方に移送すべきだと主張し、ヒムラーはこれに強く同意している。[81] つまり、最終的解決の展開という急進的なダイナミズムを助長するプロセスが占領下の西欧諸国では働いており、そのプロセスは「野蛮な東方」で起きていたことと同等であり、それを糧とするものでもあった。

西欧では、協力の程度は国によってさまざまで、ドイツが現地で課した占領体制の性質に左右された。SSの進出度が高く、地形的に隠れにくく、ユダヤ人がアムステルダムというひとつの都市に集中していたオランダでは、死亡率七五パーセントという地区がいくつかあり、殺されたユダヤ人の割合が二五パーセントだったフランスよりもはるかに高かった。しかしペタン元帥のヴィシー政権では、フランスは協力者であったばかりか、反ユダヤ法に関して主導権を握ることによって、ナチの反ユダヤ主義に献身する姿勢を示そうと躍起になっていた。一九四〇年一〇月、ヴィシー政権は最初のユダヤ人法を導入し、誰がユダヤ人に当たるかを厳密に規定した。そして一九四一年春には、フランスにおける「ユダヤ人問題」を処理するためにユダヤ人問題総委員会（CGQJ）が設置された。デボラ・ドワークとロベルト・ヤン・ファン・ペルトは次のように書いている。

> フランスのユダヤ人は［…］ここで生まれた者も難民も、フランス当局が自分たちを保護してくれると信じていた。フランスは人権と、亡命者の庇護と、自由・平等・博愛の国だったからだ。それが建国の理念だった。ヨーロッパの他の国のナチ政権からフランスに逃れてきたユダヤ人は、庇護してくれるというこの国の約束を信じていた。彼らは完全に裏切られた。[82]

とはいえ、次章で述べるように、ペタン政権はフランス国籍を持つユダヤ人の移送は拒絶し、その結果、一九四二年九月にドイツから移送の圧力がかかった際には、以前から合意していたとおり、断固たる態度を取った。フランスから移送されたユダヤ人七万五〇〇〇人のうち、フランス国籍を持つ者はごくわずかだった。これで「庇護する国」と言い切れるかどうかはさておき、これはジェノサイドが複雑で、固定的な役割という観点から実行者について考えるだけでは、錯綜し流動的な現実の本質を捉えられないことを示している。ヴィシー政権はフランスにおける最終的解決の失敗およびその開始に貢献した。[83]ヴィシー政権の行動は、法的に承認された国家がナチ・ヨーロッパで機能し続けた場合、ナチの要求への追従も抵抗も可能だったことを示している。彼らはまた、次章で詳述するように、ドイツに圧力をかけられずとも、自分たちで殺戮プロセスを開始することもできた。

一九四二年の春までにヨーロッパ大陸のユダヤ人共同体のほとんどを陥れた殺人政策の犠牲者にとって、結果は悲惨だった。その頃には、ナチの最終的解決は準備が整い、ヨーロッパ全域のユダヤ人が死の標的となった。しかしさまざまなユダヤ人集団が実際に捕らえられ、移送され、殺されるには、次章で見ていくように、大陸全体での高度な協力が必要だった。ジェノサイドに至る道は地域によってさまざまだったが、結末は同じだった。バルーフ・ミルヒは一九四三年一一月末に「私は歩く屍だ」と言った際、その意味するところをわかっていた。[84]

第五章　大陸規模の犯罪

「スイスの銀行家とポーランドの農民にどんな共通点があるだろう。大げさに言えば、答えはこうだ。ユダヤ人の死体から抜き取った金歯だ」[1]

――ヤン・グロス

ホロコーストは大陸規模の犯罪で、ドイツ人だけでなく多くの人々が加担した。〔対独〕「協力」とは、戦時中に国を裏切ったという、非常に感情的意味合いの強い言葉だが、レジスタンス運動のレンズだけを通して見るのではなく、特定の目的を持った集団が意図的に決定した行動や行為の一形態として見るべきだという認識で用いるのであれば有用だと言える。[2] ここで言う協力は、まずフランス、ノルウェー、クロアチア、スロヴァキア、ハンガリー、ルーマニアといった国々で行われた。これらの国々でのユダヤ人の迫害、追放、殺害は、民族的に同質な国民国家を作ろうとする国家主義者が長年抱いてきた願望に合致していた。こういった考えはルーマニアのように広く共有されていた場合もあれば、フランスのように際立った反自由主義の台頭を示すものだった場合もある。ウクライナ国家樹立を目指して一時ナチと手を結んだウクライナ民族主義者組織（ＯＵＮ）や、人種的に清浄なヨーロッパというナチのビジヨンを信じ、自国の利益はドイツ覇権下のヨーロッパでもっとも大きくなると考えたノルウェーの国民連合やオランダ国民社会主義運動（NSB）といったイデオロギー的に足並みをそろえていたグループも、ナチに組織的に協力した。また、デンマークからボスニアに至る武装親衛隊に入隊した人々や、ウクライナとバルト三国の収容所の看守、地方レベルではポーランドのいわゆるシュマルツォヴニク（ユダヤ人を賄賂で操ったり、裏切ってSSに引き渡したりした人々）や、とくに東欧の国境地帯でユダヤ人の隣人や、しばしば友人でありながら、彼らを嘲ったり略奪したり殺害したりした個人の協力者もいる。[3] ハンナ・アーレントが終戦直後に述べたように、「ヨーロッパ連邦のスローガンが、ドイツに支配されたヨーロッパのみを意味することは誤解の余地なく明白であるときでも、このスローガンはナチの最も成功したプロパガンダの武器になったということを忘れてはならない[4]」。協力はイデオロギー的な提携からソ連の戦争捕虜を生かすか殺すかという単純な決定まで、さまざまな理由でさまざまな形態を取ったが、その驚くべき広がりは冷戦終結後さらに明らかになった。その発見が引き起こしたルサンチマンは、今日復活した急進的右派運動にあまりに明白に表れている。

こういった問題のいくつかをより鮮明にするには、ルーマニアでのホロコーストと一九四四年春のハンガリー・ユダヤ人の移送、さらには他国の指導者の行動を詳細に見ていくことが役立つ。それによって、協力国がかなり自由に立ち回れていた様子がわかるし（たとえば、クロアチア独立国は一般的に傀儡国家とされるが、この表現はアンテ・パヴェリッチのウスタシャ政権が独自の考えに基づいて行動してもいた事実を反映していない）、ナチがなぜ全ヨーロッパ、さらにはそれ以外の地域、つまりノルウェーからクレタ島、オルダニー島からコーカサス、バルト三国から北アフリカに至るまで、ユダヤ人を移送できたかを理解できる。ホロコーストはナチが破壊した国家だけで起こったわけではない。[5] ポーランドは破壊された国の最たる例だが、ルーマニアはその逆だ。つまり、機能している国家の上層部が巨大な規模で犯罪的政策を実行しようと考えたものの中断したくなった場合には、そのための理由や手段を見つけられたということだ。

ユダヤ人虐殺はたんにドイツの占領地でドイツ人だけが行ったわけではなかったという事実によって、話はさらに複雑化する。そのように表現することは、ポーランドやソ連西部での、出動部隊（アインザッツグルッペン）の展開やラインハルト作戦における、そしてバルト三国での地元の協力者による（ナチが期待したよりは少なかった）ものを含めてさえ、ホロコースト犠牲者の大多数の殺害についてきわめて適切である。また、程度の差こそあれ、ギリシャのホロコーストについても同じことが言える。ここでもドイツの占領軍がヨーロッパ最大のセファルディム（およびラディーノ語話者）共同体のあるテッサロニキのユダヤ人五万六〇〇〇人と、それよりは少ないがロマニオット、つまり島々や本土に古代から住んでいたギリシャ・ユダヤ人を移送する際、地元が大きな役割を果たした。ヴィシー政権のフランスと同様に、ゲオルギオス・ツォラコグル率いる反乱将校グループ支配下の新政権はナチに協力的で、民意の代表だと主張してギリシャに「ユダヤ人問題」が存在すると発表した。一九四一年九月、ツォラコグルは、ユダヤ人に「法的措置が取られる可能性は現時点ではないものの、ヨーロッパの新秩序全体の枠組みでは、この問題が根本的に解決されるのは当然のことだ」と述べている[6]。一九一二年にギリシャ国民になったばかりのテッサロニキのユダヤ人をロマニオットとは異なるよそ者とみなすことによって、ギリシャ政府は彼らを孤立させ危険に追い込んだ。一九四二年、ドイツ占領軍に協力して強制労働に従事させるユダヤ人男性のリストを作成した際、政府はテッサロニキ・ユダヤ人の分離を促進する措置、つまりユダヤ人登録に踏み切った。ドイツ軍がテッサロニキの広大なユダヤ人墓地を破壊した結果、テッサロニキのキリスト教徒とユダヤ人住民の間にさらなるくさびが打ち込まれ、略奪や収奪への、そして一九四三年春のユダヤ人移送と殺戮への下地が作られた。政策全体の原動力となったのはドイツ軍だが、ギリシャの協力者はそれを支援した。ある歴史家はユダヤ人迫害について触れ、「それは対独協力者たちが喜んで支払った政治的対価であり、国境地域のギリシャ化という目的とぴったり一致していた」とまとめている。[7]

ブルガリアも同様だった。ブルガリアは「自国の」ユダヤ人引き渡しを拒否したと記憶されているが、ブルガリアの指導者たち、とくにユダヤ人問題国家委員長だったアレクサンダー・ベレフは、被占領地域のトラキアとユーゴスラヴィア領マケドニアのユダヤ人移送をドイツ軍とともにお膳立てした。一九四三年三月、マケドニアのユダヤ人七一四四人ほどが捕らえられ、スコピエに集められたのち、トレブリンカに移送された。この措置はブルガリアの警察官その他の行政官だけで実行された。[8]

最近の研究を踏まえれば、ホロコーストはドイツによる占領、移送、絶滅収容所での殺害の物語というよりはむしろ、壮大な計画のもとで実行された地域的ジェノサイドが連動したもののように見える。英語圏では、ドイツ・ユダヤ人の歴史についてはよく知られるようになってきた。だが、このグループはホロコーストの犠牲者の数パーセントにも満たない。犠牲者の大多数は、伝統的で戒律を順守する、東欧の小さな町、あるいはユダヤ人村に住むユダヤ人だった。エルサレムのヤド・ヴァシェムやワシントンDCのアメリカ合衆国ホロコースト記念博物館ができるだけ多くの犠牲者の名前を特定しようと努力を重ねているが、多くは不明のままだ。ベラルーシのように、地域のなかのユダヤ人ではなく、地域全体が破壊され共同体全体が一掃されたためだ。[9]

それは長きにわたってイギリスの歴史家の伝統でもあるのだが、ホロコーストをドイツ史の文脈で語ってしまうと、ドイツ・ユダヤ人の犠牲者は少数派なのに犠牲者すべてがドイツ的な性質を帯びてしまう。ユダヤ人のジェノサイドがこのように語られてしまうのにはそれなりの理由がある。第三帝国はユダヤ人殺戮以外にもさまざまなことを行い、「国民社会主義革命」は民主主義を攻撃し、ドイツの文化と社会の再構築を試みるとともに、ホロコーストが起こった背景である戦争を引き起こした。しかし社会制度の全面的な見直しはナチの主要目的ではなかった。「彼らにとって、他の何にも増して重要だったのは、人種、文化、イデオロギーだったのである」[10]。また、ドイツの歴史家たちは、ホロコーストを理解するためにより広範な背景を提供する一方で、彼らの専門知識や焦点領域から察するに、ホロコーストという用語に含まれるべき非常に多様な経験を均質化してしまう傾向がある。

問題はドイツにばかり焦点を当てることだけではない。ホロコーストが英語圏で起こったのではないことに留意するのは有益だ。とくに英語の読者にとっては、この問題に関する記録集や膨大な学術書や一般書がことのほか充実しているため、現在「ホロコースト」の名でまとめられている出来事に何らかの形でかかわった人々の多くが英語を読んだり話したりできなかったという事実を忘れてしまいがちだ。ギリシャからエストニア、イタリアからウクライナ、ハンガリーからベルギーに至るまで、ホロコースト史の研究者は、実際、広範な国の背景や伝統、さまざまな占領体制や協力の形態、非常に多くの言語に取り組まなければならない。こういった言語すべてに精通している歴史家はいないが、ユダヤ人殺害に焦点を絞っているように見えても（第三帝国の歴史のなかにジェノサイドをもっと広範に位置づけるのとは対照的だ）、それがまさにヨーロッパ史の検証に通じるということを肝に銘じておくことには価値がある。そして歴史家がホロコーストの汎大陸的な規模、とくに難民の移動や生存者のネットワークを明らかにし、国境を越えた出来事として説明すればするほど、ホロコーストは複雑化する。連合国、教会、中立国の反応や戦中戦後のユダヤ人難民の世界的な移動を考慮すると、ホロコーストは世界史における一大事件となる。

ホロコースト史の研究者ラウル・ヒルバーグは一九六一年の画期的な著書『ヨーロッパ・ユダヤ人の絶滅』で、ホロコーストの簡潔なモデルを提示した。ユダヤ人の定義、収用、強制収容、最終的な絶滅について網羅したこの図式では、ホロコーストは多かれ少なかれ機械的に、あらかじめ定められた方法で展開されたことになる。ユダヤ人の絶滅は「けっして偶然ではなかった」という彼の言葉は有名だ。「一九三三年初めに、公務員法に「非アーリア人」の最初の定義が入れられた時に、ヨーロッパ・ユダヤ人の運命が決定されたのである」[11]。ヒルバーグの研究が重要であることに変わりはないが、私たちは今やホロコーストを、ヒルバーグの図式から想像できる以上の、一九三三年から三九年の特徴である暴力を伴うはるかに乱雑なものとして、また当時の状況、とくに軍事的状況に大きく左右されたもの、そして他国の協力への依存度がより高いものとして理解している。この協力関係は、ナチの占領や枢軸国の政権の性質だけでなく、地域に付随する複雑な社会関係によって大きく変化した。たとえば第一次世界大戦後ルーマニア領になったベッサラビア〔現在のモルドヴァ共和国にほぼ相当する地域〕では、ルーマニア国家の指示によって第二次世界大戦前から反ユダヤ政策が取られていた。その結果、多くの地元住民が戦時中、ユダヤ人の殺害にかかわるようになった。対照的に、ソ連支配下で少なくとも理屈のうえでは市民が平等だったトランスニストリアの隣人たちは、一九四一年六月以降、ユダヤ人の隣人を攻撃することには消極的だった。彼らはすでにユダヤ人が平等な市民として扱われることに慣れていたからである[12]。

ホロコーストは、けっしてドイツによる上意下達方式のみで行われたわけではなく、地域の政治的、社会的、経済的状況や民族間の関係にも左右された。そのすべてが非常に複雑だった可能性がある[13]。東欧の国境地帯では、ベラルーシ人、ロシア人、ポーランド人、ウクライナ人、リトアニア人、ユダヤ人の関係が、ソ連とナチの占領という異なる背景のなかで、ナチのユダヤ人迫害に対する住民の反応を形作った。ベルギーでは、ユダヤ人の死亡率は地域の状況により大きく異なった。ルーマニアでは殺戮が行われた共同体もあれば、地域のイニシアチブやエリートの介入、国の政策の変化によって寛大に扱われた共同体もあった。とはいえ、最終的な結果、つまりユダヤ人のジェノサイドは、ルーマニアのバナトのユダヤ人や、フランス、デンマーク、ブルガリア国籍を持つユダヤ人のほとんどが移送を免れたという例外はあるものの、驚くほど着実で均質だった。後述するように、テッサロニキ、キシナウ、アムステルダム、リヴィウ、ケルキラ島、ブラチスラヴァの場合、ユダヤ人の移送や殺害がどのように起こるかはその土地の事情に左右されたが、ユダヤ人の生死に有意な影響が及ぶことはまれだった。

ナチの専門用語で「最終的解決」と呼ばれるこの方法は、大量殺戮という政治的な意志と組織的で論理的な硬直性とを併せ持っていた。ドイツが支配する国や地域で計画が実行に移されるかどうかや、どの程度実行されるかは、ドイツ側の決意の問題ではなかった。ドイツ側は断固として容赦なかったのだ。むしろ「最終的解決」の遂行は政治的・制度的状況で決まり、ドイツは不断の努力を続けていたもののつねに十分にコントロールできているわけではなかった。[14]

彼らは協力的な加担者には助けられ、断固反対する者たちにはいらだったが、一連の行為を開始し、指揮し、監督したというドイツの重要な役割は忘れてはならない。

また、より大きな背景も忘れてはならない。つまりナチが思い描いていた統一ヨーロッパとは、ユダヤ人その他の好ましくない人種がいなくなって浄化され、覇権国ドイツのためにイデオロギー的にも経済的にも協調した平和なヨーロッパを意味していたのである。[15] このビジョンを達成するにはヨーロッパ全域に協力者が必要で、積極的に従ったかどうかについては程度の差があり、協力する理由はまちまちだったものの、第三帝国は協力者を見つけた。西欧の被占領国では、ナチは一般的に各国の自治を表面上は維持することを目指したが、それに対し東欧の被占領国、とくにポーランド、ベラルーシ、ウクライナについては後進的で野蛮でユダヤ＝ボリシェヴィズムに感染しているとみなし、もっと過激な措置を取った。それでも、ステパーン・バンデーラ率いるウクライナ民族主義者組織（OUN）といった一部の組織や多くの個人が、反共産主義や反ユダヤ主義を基盤とするナチに協力することや、その武装組織であるウクライナ蜂起軍（UPA）がベラルーシ、ガリツィア東部、ヴォルヒニアで大規模なポーランド人およびユダヤ人虐殺に参加することの妨げにはならなかった。[16] 実際、現地の人々がかなりかかわっているのに、ウクライナ（他地域も同様だ）のホロコーストをドイツだけの仕業と考えるのは誤解を招く恐れがある。[17]

ナチは征服した国に対しさまざまな姿勢を取ったが、とくにユダヤ人殺戮に関しては、必ずしも望みどおりの結果につながったわけではない。オランダ国家弁務官アルトゥール・ザイス＝インクヴァルトは、オランダ人（「アーリア人」）もドイツ人と同じく「秩序を求めているだろう」と楽観的に繰り返したが、ドイツ軍に志願したオランダ人は、ナチや現地のオランダ人ファシスト（NSB）が予想したよりもはるかに少なかった。[18] しかしオランダ・ユダヤ人のうち移送され殺された人の割合は七五パーセント（約一〇万四〇〇〇人）と西欧ではもっとも高く、東欧諸国に匹敵するほどで、ドイツ・ユダヤ人の死亡率（ユダヤ人の人口に占める死者の割合）よりもはるかに高かった。理由はいろいろある。アムステルダムにユダヤ人が集中していたこと、平坦な小国で隠れ場所がなかったこと、ＳＳの進出度合いがフランスやベルギーに比べて高かったこと、ユダヤ人評議会が従順だったこと、などだ[19]。しかし何よりドイツがオランダ・ユダヤ人の移送に「成功」したのは、オランダの公務員が「プロフェッショナル」に徹していたからだった。つまり職務遂行への意志が強く、自分たちの行動の道徳的な意味合いを気にしなかったのである。公務員が継続的に職務を果たしていなければ、ドイツ占領軍によるユダヤ人狩りはもっと困難になっていただろう[20]。オランダの公務員が戦後の処分に対しもっとも声高に反対したのは不思議ではない。彼らは自分たちの仕事をしただけで、「唯一の過失は、自分たちの職務に誇りを持っていたこと」だと主張した[21]。ノルウェーでは、ナチ支配にかなりの抵抗があったにもかかわらず（ノルウェー人を「人種的に同族」と考えていたドイツ人にとって、これは驚きだった）、この国の少数のユダヤ人の逮捕と移送は迅速に行われ、逃亡者もほとんど出なかった。たとえば一九四二年一一月二六日、オスロのユダヤ人五三二人がドイツ人ではなくノルウェー人の私服警察官によって集められ、タクシーでオスロの港に連行されてドイツの船、ドナウ号に乗せられ、ドイツに到着後、貨車でアウシュヴィッツに送られている。多くは到着後すぐにガス殺された[22]。

ナチ・ドイツの同盟国については、これほど予測可能とはいかなかった。フランスのヴィシー政権の場合には、「ユダヤ人迫害を急進化していた同じ加担者が、その後すぐに迫害を阻止した」のである[23]。イタリアが占領したフランス南東部でも同様だった。ここでの移送は、「ファシスト・イタリアがまさしくヒトラーのもっとも親密な同盟国であったために」阻止されたのである[24]。つまり、ナチ・ドイツの同盟国がユダヤ人殺害計画に協力しないと決定すれば、ナチ当局は譲歩した。枢軸国との関係維持という、より大きな利益のために、計画の一時的な遅れは許容できると考えたからだ。戦後、完全なるドイツ支配が確立すれば、これらの先送りにされた行動はあとからでも実行できるはずだった。こういった出来事は、加担者側の気まぐれな意思決定の結果ではなく、「譲歩につながる合理的な政治戦略」の結果だった。

ドイツ側は、行政権や政治的象徴性の問題でフランスの威信が高まるなら譲歩を厭わなかったし、逆にフランス側は、ドイツの占領政策の目的を支持する代償としてでしかそういった利益が得られないのであれば、譲歩を厭わなかった。ドイツ側は「最終的解決」をそのように位置づけていた。[25]

したがって、フランスの反ユダヤ主義イデオローグはどれほど強大な力を持っていても、協力のより大きな枠組みやフランスの支配層とドイツ国防軍とSS間の微妙なバランスを維持する必要性を考えれば、好き勝手に振る舞うわけにはいかなかった。そしてフランスの有力な聖職者たちが移送に反対すると、この均衡は崩れた。ペタンやユダヤ人迫害を支持していたカトリックの上位層が、この期に及んで方針を転換したのである。その結果、ヴィシー政権はユダヤ人の市民権（一九二七年以降にフランスに帰化した者）剝奪を撤回せざるを得なくなり、ナチの計画は保留にされた。

移送に反対したもっとも有名な人物は、トゥールーズ大司教、ジュール＝ジェラール・サリエージュだった。フランスでの移送は一九四二年七月の検挙後に始まり、エッフェル塔近くの悪名高いヴェロドローム・ディヴェール（略称ヴェルディヴ。冬季自転車競技場）や、パリ近郊のドランシーの元公営住宅地の通過収容所に連行されたユダヤ人の多くは、その後アウシュヴィッツをはじめとする死地に運ばれた。サリエージュの司教教書は一九四二年八月二三日にトゥールーズのほとんどの教会の聖職者に読み上げられた。そこには次のような重要な一節が含まれていた。

キリスト教道徳というものがあり、私たちに義務を課し権利を認める人間の道徳というものがある。これらの権利と義務は、人間の本性に相当する。これらは神に由来する。ひとはそれに違反することはできるが、抑圧する権利はない。あの子どもたち、女たち、男たち、父親たち、母親たちは家畜の群れのように扱われ、知らない場所へと運ばれていく。このような悲しい光景を目の当たりにするのは私たちの時代だけである［…］ユダヤ人は男であり女である。外国人が男であり女であるのと同じだ。これらの男たち、女たち、父親たち、母親たちに好き勝手なことはできない。彼らもまた人間であり、他の者たちと同じく私たちの兄弟なのだ。キリスト教徒はそれを忘れてはならない。(26)

ペタンへの個人攻撃を意図していたわけではなかったにせよ、カトリック系保守政権の長たるペタンの道徳的権威を非難することで、政権の柱のひとりだったサリエージュは、ヴィシー政権がユダヤ人殺戮に協力し続けることを効果的に阻止した。(27) 集団検挙は「「自由」という言葉が被占領地域に適用された際、それが幻想だということをもっとも明確に示すもの」であり、「主権を有しているよう見せかけるためにヴィシーが払った代償」だった。(28) 同じ理由で、ドイツの占領軍も方針の転換を容認した。フランスが独立国であるという幻想を維持するためである。この転換が「ヴィシー・フランスに何の信用ももたらさない」ことに変わりはない。実際、「フランス・ユダヤ人の四分の三がドイツ占領下でなぜ生き延びたかを問うのは誤解を招く恐れがある。保護や逃亡の機会が数多くあったことを考えれば、むしろなぜそれほどまでに多くの人々が亡くなったかを問わなければならないのだ(29)」。フランスのユダヤ人の七五パーセントが「救出」されたことを強調すれば、フランスの反ドレフュスや反共和国という伝統の継承者たちが、ユダヤ人を移送せよというドイツの要求を先取りして、卑劣な考えをどれだけ実行することに成功したかを見落としてしまう恐れがある。

移送はのちに再開されたが、これはハンガリーの政権が矢十字党に渡った際の状況に似ている。ただ、ハンガリーでは既存の協力者（ホルティ）の政権が倒されたが、ヴィシーの場合は無視された。移送されたフランス・ユダヤ人のうち、大多数は一九四二年の夏に移送された。移送はそれ以降も続けられたが、数は少なく、それはフランス当局がフランス国籍を持つユダヤ人の移送をためらったために、アイヒマンの計画が保留にされたからだった。

ハンガリーとの比較は参考になる。戦間期にハンガリーは反ユダヤ政策を率先して進め、その政治文化は領土回復主義と反ユダヤ主義に支配されていたが、第三帝国の独立した同盟国でいる間は「自国の」ユダヤ人の移送を拒否していた。ハンガリーは一九二〇年、高等教育を受けるユダヤ人の数を制限するいわゆる就学制限法で、第一次世界大戦後初めて、ヨーロッパに反ユダヤ主義の法律を導入した。それから一九四四年までの間に、第三帝国と同盟を結び政府内で反ユダヤ的な人事がしだいに増加した。ただし、ホルティ・ミクローシュ政権下のハンガリーは、ユダヤ人を虐待し、強制労働に従事させ、一九四一年八月にはカメネツ＝ポドリスキーでの大虐殺（二万三〇〇〇人が殺された）にユダヤ人を追い込んだとはいえ、この例外（一九四四年に起こることを予感させる大きな出来事だったことは間違いない）を除けば、ドイツの再三の要請にもかかわらず、ユダヤ人を引き渡さなかった。カーライ・ミクローシュ首相がハンガリーを枢軸国から脱退させようとしたことで、一九四四年三月にドイツはハンガリー占領に踏み切り、それによってユダヤ人の運命は決まった（ムッソリーニ失脚後、イタリアの新政権が連合国に加わった際に起こった状況をドイツは繰り返したくなかった）。ハンガリー・ユダヤ人をアウシュヴィッツに移送するにはドイツによる占領が必要だったわけだが、ハンガリーのホロコースト研究の第一人者は、「ハンガリー・ユダヤ人の破滅を「決定づけた要因」は、ハンガリー摂政ホルティ・ミクローシュの承認を得て一九四四年三月二二日に任命されたストーヤイ・デメ政府の全面的な協力だった」と指摘している[30]。

ドイツによる占領は何よりもまず、ハンガリーが連合国側に寝返るのを阻止するためだった。しかしアイヒマンと一五〇〇～二〇〇〇人からなるチームは、ユダヤ人を移送するために、他の場所でも適用されていた施設をすぐに作り始めた。状況が切迫していたことに加え、加害者たちにはそれまでの数年で培った経験があったので、他の場所では数か月、あるいは数年かかっていた一連のプロセスを彼らは数週間でやり遂げた。最初のゲットーは四月一六日に設置され、六月初めまでに一七〇以上のゲットーが四〇万人以上のユダヤ人を収容した。ゲットーにまだ収容されていないのは、ブダペストのユダヤ人だけだった[31]。ドイツ人がこれほどまでに「うまくやりおおせた」のは、アイヒマン、国家特命全権のエトムント・フェーゼンマイヤーと数百人の部下たちが組織に関するスキルを持っていたからだけではない。逆に、最近公表されたエンドレ・ラースロー（新任の内務省国務長官）のスケジュール表によると、移送はアイヒマンおよびドイツ政府高官とエンドレとが四月二二日夜の重要な会議で合意に達した直後に、約二万人のハンガリー憲兵の支援を得て始まった[32]。この二者の組み合わせは、「ハンガリー・ユダヤ人の約三分の二を死に至らしめたふたつの力を完全に体現していた[33]」。つまりユダヤ人の移送は、一方ではドイツ側の「ユダヤ人のいない世界」という夢と一致し、他方ではハンガリー側の、ユダヤ人のみならず（とはいえ、ユダヤ人が一番の対象だった）ウクライナ人、ルーマニア人、セルビア人、ロマをも排除した、民族的に純粋な「大ハンガリー」を作り上げようという長年にわたる幻想と一致したのである[34]。

このようなビジョンは、それまでは調和したり対立したりしながらも共存していたさまざまな共同体が、戦時下、とくに東欧の国境地帯において、資源と何よりも帰属をめぐって互いに容赦なく対立する状況のなかで増強された。ジェノサイドは社会的な企てである。地域的な憎悪は、地政学的な、さらには（ユダヤ人の場合）形而上学的な願望や幻想に巻き込まれ、恐ろしい結果をもたらした。[35]

ハンガリーのホロコーストが、ドイツの要求や組織によるものと同じくらいハンガリーのイニシアチブによるものだったという最たる証拠は、おそらくホルティに移送を中止させる権限があったという事実だ。彼は国際的な圧力と自分自身の評判が落ちることへの懸念から、一九四四年七月七日に移送の中止を命じた。冷戦期の亡命者グループにおいて、あるいは共産主義後のハンガリーでは、ホルティの名誉回復のためにこの中止がホルティ擁護派に証拠として利用されたが、そこから導き出されるのは、ホロコーストで死亡したハンガリー・ユダヤ人約六〇万人の大多数が殺害されたのは、ホルティが支配していた時期だったという事実だ。サーラシ・フェレンツ率いる矢十字党の政権掌握時、つまり一九四四年一〇月半ばから一九四五年四月の赤軍によるハンガリー占領（この時代も物騒だったが）までの、ファシストが支配した「野蛮な」空白期間ではなかったのである。[36] アウシュヴィッツへの移送はアイヒマンと彼の特殊部隊（ゾンダーコマンド）がブダペストに到着して五六日後に始まった。四三万七〇〇〇人を移送するにはさらに五六日あれば十分だった。これはハンガリーのユダヤ人ほぼすべてにあたるが、ブダペストのユダヤ人といった一部の例外はあった。彼らが助かったのは、ホルティが移送停止を決定したことと、ひと目でそうとわかるほど異質だった地方のユダヤ人が先に標的となったからだった。アウシュヴィッツで殺された一一〇万人のうち、一〇〇万人がユダヤ人で、彼らの三人にひとりはハンガリー出身で、五月一五日から七月九日までの五六日間の間に到着し、殺された。[37] 一九四四年春の移送がなければ、ナチのもっとも悪名高い絶滅収容所は、犠牲者の数に関して言うならば、トレブリンカに及ばなかっただろう。ビルケナウの悪名高いイメージ、つまり収容所へと続く鉄道の分岐線、殺すか働かせるかの選別が行われた「ユダヤ人の荷降場」、いわゆる「アウシュヴィッツ・アルバム」に載せられた選別の写真などはすべて、ハンガリーにおけるホロコーストが行われた時期のものである。この大規模かつ迅速な移送のプロセスは、ハンガリーの憲兵や警察官がユダヤ人の検挙や移送に果たした役割なしでは不可能だっただろう。

ハンガリーのユダヤ人指導者も共同体が生き延びるチャンスに無頓着で、ドイツに占領されたのち、移送先についての真実をユダヤ人大衆に告げなかった、として大きな批判にさらされてきた。ポーランドからハンガリーに逃れたメナヘム・メンデル・セリンガーは回想録のなかで、何が起きているのかを教えてくれるよう、ブダペストのユダヤ人評議会メンバーに懇願したと述べている。「あなたがたは不正なゲームをしている。辞職して、ユダヤ人評議会を解散してほしい。われわれポーランド難民は、同じようなことを以前にも見てきたし、あなたがたも自分たちに何が求められているのかを直感していると思う。それが同胞の殺害を手助けする仕事だということを」。混乱を招くから、と言う彼らに、セリンガーはこう述べた。「まさしくその混乱こそが解決策かもしれない！〔…〕列車に乗ってはいけない。ほかに選択肢がないなら、その場で殺されるがいい。混乱こそが救われる唯一の希望なのだ！」[38] 彼はもちろん無視された。セリンガーの判断が正しかったかどうかは知る由もない。しかしユダヤ人評議会の地位にとどまることにどんな利点があったにせよ、ハンガリー・ユダヤ人殺戮の責任はドイツ人とハンガリーの加担者にあることを忘れてはならない。また、ハンガリー・ユダヤ人の殺害がホロコーストの歴史において特異なものであったことを正しく覚えておかなければならない。犠牲者の大多数がヨーロッパを横断して移送されたのではなく、対面での射殺、ゲットーでの殺害、ラインハルト収容所での殺害など、東欧の国境地帯の自分たちの住んでいた場所で殺されたからである。

サロ共和国の名で知られているムッソリーニのイタリア社会共和国（ＲＳＩ）のケースと、ハンガリーで起きたこととの間には多くの類似点がある。イタリア・ファシズムが反ユダヤ主義からどの程度距離を置いていたかについてはかなりの誇張があるものの、ムッソリーニ政権はイタリアのユダヤ人をドイツに引き渡してはいない。実際、ムッソリーニ政権はさらに踏み込んで、イタリアが占領したニース近辺に流入できたユダヤ人（フランスまたはその他の国のユダヤ人）を保護した。ハンガリーでは、ドイツに占領されたのち大量移送が始まった。イタリアでユダヤ人が移送されたのは一九四三年八月の降伏以後で、ＲＳＩ、つまりドイツの傀儡政権が北部に発足したあとである。とはいえ開戦時に移送のためのお膳立てはされていた。このときムッソリーニは「危険な」もしくは外国籍のユダヤ人を強制収容所に抑留するよう命じ、一九四二年夏にはイタリア・ユダヤ人に強制労働を課している。これらの措置はムッソリーニが失脚したため完全には実施されなかったが、のちのナチのジェノサイド計画への協力を容易にした。ある歴史家は次のように指摘している。「ＲＳＩの多くのファシストは、ドイツの横暴にサロ政府がいかに動揺しようとも、反ユダヤ主義の政策を支持した」[39]。

ＲＳＩが建国されるやいなや、ファシストのイデオローグたちはイタリアのユダヤ人問題の決定的な解決を要求し始めた。「彼らの財産をすべて没収しよう［…］隠れ家を焼き払おう［…］今すぐにこの国から追い出そう」と、一九四三年一〇月四日付の『ポポロ・ディ・アレッサンドリア』紙は要求している[40]。イタリア・ユダヤ人の全面的な逮捕命令は、一九四三年一一月三〇日に大臣ブッファリーニ・グイディによって出され、まもなくイタリアとドイツは、イタリア人が逮捕したユダヤ人をドイツに引き渡す計画に合意した。移送前にユダヤ人を収容したおもな通過収容所は、モデナに近いフォッソリにあった。一九四三年一〇月一六日にローマで行われたもっとも悪名高い一斉検挙では、イタリア人警察官がドイツ軍とともに一〇〇〇人を超えるユダヤ人を検挙した。ドイツ軍がアドリア海沿岸地域（Adriatisches Küstenland）を直接占領すると、トリエステの旧精米所跡（リジエラ・ディ・サン・サッバ）に絶滅収容所が開設された。これはイタリア国内で唯一の絶滅収容所であり、「ドイツによって設立され運営されたものの、イタリア現地の支援なしでは運営できなかった」[41]。一九四三年から四五年にかけて七四九五人ほどのユダヤ人がイタリアから移送され、うち六一〇人が生き延びた。さらに一万人のユダヤ人が隠れて助かった。活動家たちは強い疑いを抱いていたものの、ユダヤ人の移送先はわからなかった。ローザンヌのコロニア・リベラ・イタリアーナから市内の赤十字国際委員会に宛てた助けを懇願する手紙のなかで、コロニーの長であるルイージ・ザッペッリは次のように書いている。

移送された者たちは公共の利益のために働いていると聞かされてきました。しかし十分に健康な男ならありそうな話でも、高齢者（九〇歳を超えた者もいました）や女性や子どもにその前提は当てはまらないでしょう。そこから推測できるのは、本当は想像よりはるかに恐ろしいことが起こっていて、彼らを待ち受ける唯一の結末は絶滅ではないかということです。[42]

ＲＳＩは独立国家とは言い難いが、イタリア・ファシズムにおいて長年にわたりもっとも急進的な反ユダヤ主義的傾向を基盤とする存在だった。ドイツがイタリア・ユダヤ人を移送して殺すのが、ＲＳＩの支援なしではより困難だったかどうかについては議論の余地があるが、そのような支援がすぐに得られたのは間違いない。

ハンガリーとイタリアの場合、イタリアよりもハンガリーのほうが、移送を現地の支援に頼る傾向が強かった。とはいえ、「イタリアのファシストと警察部隊がユダヤ人の絶滅というナチの計画実現に重要な支援をしており、ヨーロッパの他地域と同様に、イタリアでも現地の協力なしではあれほどの規模に達することがなかった」のは確かだ。[43] サロは多くの点でハンガリーの矢十字党時代（サーラシが政権を掌握後）に似ているものの、重要なのは、ナチ・ドイツと同盟を結んでいてもある程度独立性を保持していた国のユダヤ人の運命は、ドイツよりも現地の政権の姿勢により左右されたという点である。これはドイツからの移送要求への抵抗（一九四三年以前のフィンランドやイタリアのように）から紛れもない敵意へと変わる可能性があった。

ユダヤ人に対する紛れもない敵意は、スロヴァキアとクロアチアのファシスト政権にもっともよく表れている。両国ではヴィシー政権のフランスと同様に、ヨゼフ・ティソとアンテ・パヴェリッチの反ユダヤ主義がドイツの要求を先取りすることにつながった。こういった国々を「傀儡国家」と呼んだことで、歴史家たちは彼らがうまく立ち回った部分を過小評価するようになった。つまり彼らはドイツの要求に隷従するだけでなく、この機に乗じて民族の「浄化」という長年の夢を実現できる政策を実行に移したのだ。スロヴァキアではミュンヘン協定後、スロヴァキア人民党の政権掌握に伴い、反ハンガリー、反チェコ、反ユダヤの暴動やポグロムが起こった。一九一八年にハンガリーの領土が失われたことでユダヤ人が非難されたように、一九三八年の第一次ウィーン裁定後、スロヴァキアの領土がハンガリーに割譲された際にもユダヤ人が非難された。ティソ率いるスロヴァキア共和国は、一九三九年三月一四日に建国された。ティソはすぐに「ユダヤ人問題」を「キリスト教徒のやり方で、憎しみを抱くことなく、非暴力的に」処理すると発表し、四月一八日には、政府が誰をユダヤ人とみなすかを定義し、「アーリア化」のプロセスを開始する法令を定めた。急進派のヴォイテフ・トゥカ（首相）とアレクサンデル・マッハ（内相）が重要ポストに就くと、ユダヤ人が所有していた一万件以上の事業が解体され、一九四一年一〇月末までに二三〇〇件が「アーリア化」された。ユダヤ人の家財も同様だった。こういった措置の論理は、スロヴァキアに着任したナチ・ドイツのユダヤ人問題顧問（Judenberater）でアイヒマンの副官でもあるディーター・ヴィスリツェニーによって明確に示された。「スロヴァキアの住民九万人から収入と財産を没収すれば、ユダヤ人問題が引き起こされるだろう。それは移住させることによってのみ解決できる」。その後、スロヴァキア・ユダヤ人は一九四二年と一九四四年に最初はソビブルとベウジェツ、のちにはテレジエンシュタットを経由してほとんどがアウシュヴィッツ＝ビルケナウに送られ、その結果七万人以上が命を落とした[44]。スロヴァキア国家がユダヤ人を迫害したのはドイツから期待されてのことだったが、法制化、没収、物理的攻撃といった猛攻は、民族的に純粋な国家というスロヴァキア人民党のビジョンから生まれたものだった。ドイツは一九四四年八月までスロヴァキアのユダヤ人問題に直接介入してはいない。実際、一九四二年三月二六日、マッハは次のように明言している。「このユダヤ人問題に関してはドイツからの助力を得た。われわれはドイツの助けを借りてユダヤ人問題から抜け出したい[45]」。

帝国に併合されたボヘミアとモラヴィアで、政府のあらゆる機関がユダヤ人からの収奪と彼らの移送に関与していたのは驚くに当たらない[46]。準独立国家だったスロヴァキアにおいて、ユダヤ人迫害はドイツの要求と同じくらいスロヴァキア人によって推進された。一九四二年二月、ノヴェメストのラビ、アブラハム・フリーデルと五人の共同体指導者が文部大臣ヨゼフ・シヴァークにとりなしを願おうとした際、フリーデルはスロヴァキアの全ユダヤ人が移送される予定であることを知った。

私はスロヴァキアからユダヤ人がひとりもいなくなるということに気づかざるを得なかった。話し合いの間、涙があふれて止まらなかった。大臣も非常に心を動かされ、力になりたいと考えてくれたが、残念なことにこの問題を管轄する内相はトゥカ首相と完全に同意見だった。つまりスロヴァキアからユダヤ人を一掃しなければならない、と考えていたのだ。(47)

約五万二〇〇〇人のユダヤ人が二〇本の列車で絶滅収容所に運ばれたのち、フリーデルの「ワーキング・グループ」の働きもあって、一九四二年一〇月にスロヴァキアからの移送は中断された。残りのユダヤ人は一九四四年、ドイツがスロヴァキア民族蜂起をきっかけに侵攻し、このプロセスを完全に掌握したのち、移送された。

クロアチアでは、ウスタシャ政権がユダヤ人のみならずすべての非クロアチア人、とくにセルビア人の「一掃」を目指した。一九四一年五月にはニュルンベルク諸法に類似した法律が導入され、クロアチアに「人種の地位」が確立され、ユダヤ人やジプシーがアーリア人であるクロアチア人と結婚することは禁じられ、ユダヤ人はユダヤ人であることがわかるように服の前後にZ(Židov)マークをつけなければならなくなった。(48) これらの法が制定されたのち、ある新聞がこう書いている。「人種の純粋性を守り、血の純潔を守り、その歴史的使命を果たしたいと思うのであれば、クロアチア民族は他の民族と同様の運動をしなければならない。われわれはユダヤ人、ジプシーその他、非アーリア人の発現からわれわれの血を守らなければならない。それが新たなクロアチアを創り上げるための前提条件のひとつだからである」[49]。これはパヴェリッチ政権の見解と完全に一致していた。一九四一年六月六日に、政府大臣ミロヴァン・ジャニッチはこう書いている。「ここはクロアチア人の土地であり、他の誰のものでもない。どんな手を使ってでも、この土地を真にクロアチア人のものにし、セルビア人を一掃する」[50]。実際、政権はセルビア人を虐殺し、戦前クロアチアにいたセルビア人約一九〇万人のうち三〇万人以上が殺害された。クロアチアのファシズムにおける宗教と人種浄化の密接な関係を示唆すべく、一九四二年二月二四日、アンドリヤ・アルトゥコヴィッチ（法相）はクロアチア正教会の創設を発表する演説を行い、そのなかでクロアチアはナチ以上に徹底してユダヤ人に対処し、クロアチア独立国は「健全かつ断固たる行動」によって「強欲で有毒な寄生者」を粉砕するとも述べた[51]。

クロアチアは実際、「ホロコーストで稼働したナチ以外の唯一の絶滅施設」と呼ばれるヤセノヴァッツ強制収容所を運営していた[52]。これはザグレブの南東一〇〇キロのウナ川とサヴァ川沿いに位置する五つの収容所からなる複合施設で、ナチの収容所をモデルにしていた。ここで殺された七万人以上の大半はセルビア人だったが、一万二〇〇〇〜二万人のユダヤ人、約一万五〇〇〇人のロマも犠牲になった[53]。複合施設のなかでもっとも死者が多かった建物は、旧工業団地に建てられた通称「レンガ工場」（Ciglana）のヤセノヴァッツIIIである。ここで少なくとも五万七〇〇〇人がもっとも残忍な方法で拷問にかけられ殺された[54]。生存者のひとり、ドゥロ・シュヴァルツはヤセノヴァッツで過ごした八か月（一九四一年八月〜一九四二年四月）について書いている。被収容者たちに対する鞭打ちの描写は、収容所での暴力が度を越した、性的倒錯を帯びたものであったことを物語っており、産業的殺人というイメージとはかけ離れた雰囲気だったことが窺える。「ウスタシャの人間は誰が鞭打ちを行うかで争った。モドリッチ兄弟やその他の「エリート」たちだ。ミロシュは息を荒くし、あえぎ、取り憑かれたようになり、ありったけの力で打ち始める。鞭が鈍い音を立てて体に当たる。血が流れるまで、取り憑かれたかのように打ち続ける[55]」。苦悩に満ちたシュヴァルツが看守についてこう結論づけたのも驚くには当たらない。「この男たちは生来の怠け者で、自分の欲望を満たすために囚人を痛めつける仕事を見つけたのだ。彼らが必要としているのは、娯楽と充足感なのだ[56]」。

クロアチア・ユダヤ人の多くは一九四二年の夏、つまりホロコーストの最盛期までに、ヤセノヴァツやクロアチアの別の強制収容所に送られるか、あるいはナチに引き渡された。移送された人々にとっては、彼らの世界をずたずたに引き裂く衝撃的な体験だった。ザグレブのユダヤ人共同体は、ヤセノヴァツその他の収容所に移送された者に送った手紙や小包にまったく返事がないことから、その意味をやがて理解した。「三〜四か月手紙が途絶えたら、そのひとはもはや生きてはいないのだと考えて、住所録から名前を消した。残念ながらそれはほぼ例外なく真実であることが判明した[57]」。

ナチの最終的解決に対し、ルーマニアほど明確に独自路線を歩んだ国はない。ルーマニアは最終的解決に熱狂的に加担し、実際、ドイツの関与なしで独自の殺戮措置を実行したのだが、そこから大規模なユダヤ人移送の拒否へと方針を転換した。ルーマニアの反ユダヤ主義はルーマニアの文化と宗教に深く根差し、一八五九年のルーマニア王国建国以来国家レベルで定着し、一八七八年のベルリン会議でさらに高まった。このときの条約でルーマニアはユダヤ人に市民としての平等を認めるよう求められたが、それは実現せず、反ユダヤ主義は戦間期に知識人や若者たちの間に著しく広がった。ルーマニアのファシスト政権はソ連との戦いに乗じて「失われた」領土を獲得し、ユダヤ人を攻撃しようとした。ルーマニアの指導者、イオン・アントネスクは次のように述べている。

ルーマニア国民の浄化に現在の国内およびヨーロッパの状況を利用しなければ、歴史が与えてくれた最後の機会を逃すことになる〔…〕私はベッサラビアとトランシルヴァニアも取り戻すことができるが、ルーマニア国民を浄化しなければ、何もしなかったことになる。なぜなら、国民の強さを決定するのは国境ではなく、民族の同質性と純粋性だからだ。これが私の第一の目的だ。[58]

アントネスクはヒトラーほど世界史的な敵としてユダヤ人に執着していたわけではないが、近くはあった。彼の頭のなかでユダヤ人とルーマニア国民の「浄化」が結びついていたのは、移送の標的にした最初のユダヤ人グループがブコヴィナとベッサラビアの共同体だったことからも明らかである。つまり第一次世界大戦後の講和条約で大ルーマニアに併合された地域、とくにチェルナウツィ（チェルノヴィッツ）やキシナウ（キシネフ）といった、非常に伝統的なイディッシュ語を話す共同体だったのだ。彼と同名の副首相ミハイ・アントネスクは、「ベッサラビアとブコヴィナのユダヤ人住民すべて」を移送すると明言し、「民族の完全なる解放のために、わが国民を改め浄化するために、〔…〕われわれの歴史においてこれほど有益な瞬間はない」と主張した。[59] とくにベッサラビアでは多くの地元民がこれに賛同し、大規模な略奪に参加した。彼らの頭のなかでは、略奪は地域の経済状況の均衡を取り戻し、国家の「ルーマニア化」政策の前兆となる行為だったのだ。[60] とはいえ、ルーマニアのユダヤ人を殺害するという単一の「決定」があったわけではなく、さまざまな地域からさまざまに調整された一連の移送が行われた。[61]

一九四一年秋にトランスニストリアに移送されたルーマニア・ユダヤ人の体験は、英語圏の人間が考えるホロコーストとはかなりかけ離れていた。[62] 彼らは絶滅収容所に送られたのではない。ソ連での戦争が計画通りに進まなかったせいで、ルーマニア・ユダヤ人を東方に移送するというルーマニア・ドイツ

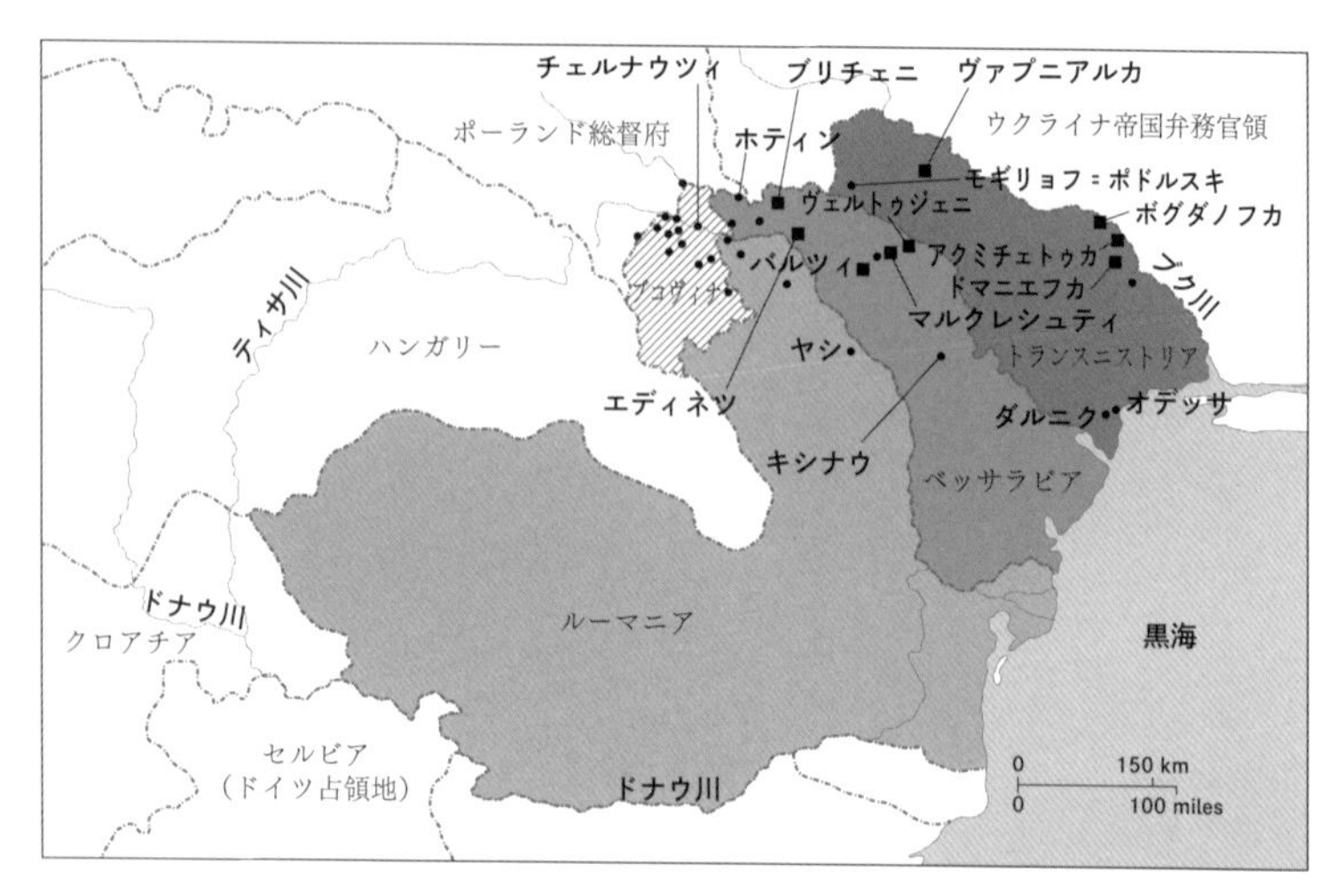

ルーマニアにおける虐殺，1941～42年（点と四角はルーマニアのおもな虐殺現場．地図の縮尺の関係で，すべての場所や地名を示すことはできていない）
■収容所 ●虐殺の行われた場所

間の交渉が決裂したため、かわりにトランスニストリアに放り出されたのだ。彼らは間に合わせの収容所やゲットーに置き去りにされた。その多くはウクライナのドイツ占領地域との境にあるブク川に近い空き地で、施設も資源も与えられなかった。一九四一年から四二年にかけての冬、彼らは自力で生きることを余儀なくされ、家畜小屋や豚小屋で暮らすことも多く、その結果、何万もの人間が低体温症や飢餓や病気で亡くなった。衣類を食べものと交換したため、摂氏マイナス四〇度という極寒のなか、ほとんどの人間が新聞紙やぼろ布に身を包んでいた。ルーマニアの「ユダヤ人問題」対策とは、ユダヤ人を孤立させ、命を維持するのに必要な資源を一切与えず、無償もしくは最低の賃金で強制労働に従事させるというものだった。[63]

　トランスニストリアのユダヤ人の一部は、その労働力のおかげで生き延びた。たとえば

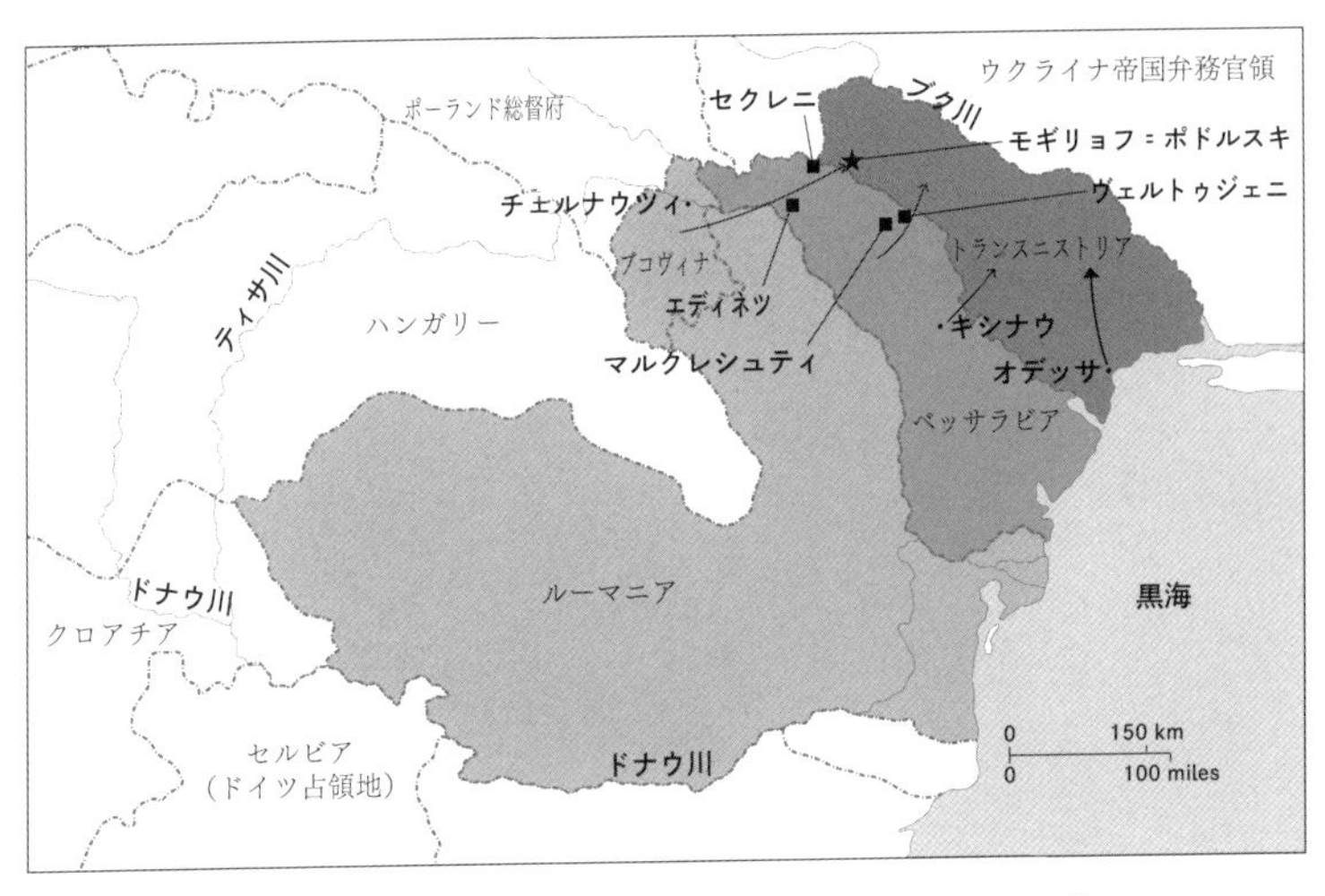

ルーマニアからトランスニストリアへの移送，1941～42年
←移送
★ルーマニアのゲットー ■ルーマニアの収容所

モギリョフ＝ポドルスキの地域経済はゲットーに依存しており、ユダヤ人は地元産業に不可欠な労働力として鋳物工場で働かされていたからだ。結果的に一万人以上が生き延びた。(64) しかしルーマニア人が直接ユダヤ人を殺すこともあった。多くの場合、ユダヤ人が非常に密集した場所での伝染病蔓延を理由にしていたが、自分たちの政策が原因であることには明らかに気づいていなかった。ルーマニア当局とブク川（トランスニストリアとドイツ占領地域の境界線）以東のドイツ人は、自分たちも感染するかもしれないという恐怖を共有しており、それが致命的な結末を招いた。ドマノフカでは約二万三〇〇〇人のユダヤ人が射殺された。ヴェルトゥジェニでも二万三〇〇〇人、アクミチェトゥカでは五〇〇〇人が射殺された。オデッサでは戦前には二三万三〇〇〇人のユダヤ人が暮らしており、戦争の初期に船による疎開が行われたあとも約一五万

人がとどまっていたが、バビン・ヤールと同様に、四六人のルーマニア兵とドイツ兵が殺された事件ののち、「処罰」の対象にされた。一九四一年一〇月二三日に行われた大虐殺の結果、一万八〇〇〇人から二万五〇〇〇人のユダヤ人市民が、ルーマニア兵と出動部隊（アインザッツグルッペ）Dのサブユニットである特殊部隊（ゾンダーコマンド）11bによって射殺された。さらに二万人が近くのダルニクで射殺された[65]。さらなる移送と虐殺ののち、一九四二年の夏、オデッサは「ユダヤ人がいない場所（Judenfrei）」となったことを宣言した[66]。一九四一年一二月二一日から一九四二年一月半ばにかけてボグダノフカで行われた、単一ではホロコースト最大の虐殺において、五万四〇〇〇人のユダヤ人（そのほとんどがソヴィエト・ウクライナのユダヤ人で、「ユダヤ＝ボリシェヴィズム」だという理由でもっとも恐れられていた）が、ルーマニア憲兵やウクライナの補助兵や地元の民族ドイツ人の民兵によって、生きたまま焼かれたり射殺されたりした。ボグダノフカのあったゴルタ県の知事モデスト・イソペスクはさらに四万人のユダヤ人が自分の県に送られることを知り、激怒した。トランスニストリア総督ゲオルゲ・アレクシアヌに宛てた手紙のなかで、イソペスクは「国営農場の豚小屋に一万一〇〇〇人のユダヤ人のためのスペースを確保しなければならなかったが、それは七〇〇〇頭の豚を飼うにも十分ではないスペースだった」と不満を訴えている。彼はアレクシアヌに、ゴルタ県にさらに四万人のユダヤ人が到着するのを許可しないでくれと懇願し、「ユダヤ人の新たな集団が群がらないようにしてほしい」と頼んだ[67]。ユダヤ人を豚小屋に「住まわせる」という屈辱はさておき、あまりの過密状態と衛生施設の欠如は、ルーマニア人がユダヤ人を害虫のように駆除することが「当然」という状況を作り出した。

　膨大な犠牲者の数は西欧および中欧で起きたいかなる虐殺よりもはるかに多く、バビン・ヤールでの虐殺や、ソビブルで起きた被収容者の反乱後の一九四三年一一月三日にマイダネクの「収穫祭作戦」で殺された一万八四〇〇人よりも多い。トランスニストリアで虐殺されたユダヤ人は、オランダからナチの絶滅収容所に移送されたユダヤ人よりも数が多いが、西欧ではこういった話はまだほとんど知られていない。「ホロコーストはアウシュヴィッツのガス室だけを意味するのではない。他の方法を用いて大量殺戮を行うためにヒトラーと同盟者が用意した地域も意味するのであって、トランスニストリアはそのひとつである」という指摘は正しい[68]。

しかし一九四二年の夏までにアントネスクと助言者たちは、残りのルーマニア・ユダヤ人（ヨーロッパでまだ最大のユダヤ人集団のひとつだった）の移送について再考し始めていた。これは、それまで熱心にユダヤ人を殺してきた独立国家、それもドイツが主導したホロコーストに参加したというよりは、むしろ自国のホロコーストを遂行する機会として利用した国が下した決断だった。一九四二年一〇月、アントネスクはトランスニストリアへの移送中止を決定したが、これは同様の自主性を示すもので、決断を下した理由のひとつは、ユダヤ人指導者たち、とくにユダヤ人共同体統一連盟の代表、ヴィルヘルム・フィルダーマンの嘆願だった。一九四二年一〇月一六日の警察の報告書によれば、ブカレストのユダヤ人社会はフィルダーマンのアントネスクへの介入をきわめて重視していた[69]。彼らの支援者、とくに正教会とカトリック教会の代表者もアントネスクの決定に影響を与えた。しかし決定打となったのは、戦争がドイツの敗北で終われば、ユダヤ人の救済者のふりをしたほうが戦後世界で利益を得られるだろう、とアントネスクが考えたからだった[70]。一九四二年一〇月五日、ドイツ公使マンフレート・フォン・キリンガーがドイツ外務省に次のように書き送っている。「当然ながらトランシルヴァニアとバナトのユダヤ人は移送に反対し、じつに多様な形で介入を開始した。彼らはかつて民主主義や自由主義を主導していた政治家の助けを借り、そういった政治家たちはルーマニア政府の代表者たちとユダヤ人に有利になるような話をしている」[71]。しかしユダヤ人のために仲裁に乗り出したのは、そういった人々だけではない。

地元の有力者たちがバナトからのユダヤ人移送に反対するケースも多かった。反対した理由は同胞への愛や人権という抽象的な概念によるものではなく、自分たちの事業や地域経済の行く末を案じてのことだった。フォン・キリンガーによれば、ティミショアラの商工会議所は経済省に次のように書き送ったという。「ユダヤ人が再定住すれば、ユダヤ人の事業はシュヴァーベン人やサクソン人〔ここでのシュヴァーベン人、サクソン人はルーマニアの民族ドイツ人を指す〕の手に渡るだろう。そうなればルーマニア経済はドイツの力の拡大（Ausbreitung）には勝てない。もし、そうなれば、ルーマニア人の経済的役割が脅かされることになる」[72]。

とはいえ、その結果、バナトのユダヤ人だけでなく、ブカレストのユダヤ人の大部分を含むルーマニア「旧王国」（第一次世界大戦前の国境）内のユダヤ人のほとんどが移送されずに済んだ。ドイツにとっては、ルーマニア人に行動を強いるより、ルーマニアと同盟関係を継続すれば石油その他の資源を利用できるので、差し当たりそちらのほうが重要だった。ルーマニアは一九四四年八月まで寝返らなかったので、五か月前のハンガリーの場合とは異なり、ドイツがルーマニアに侵攻して占領するには遅すぎた。有名なユダヤ人パルチザン、アバ・コヴネルはユダヤ人旅団の兵士とともにルーマニアに到着した際、隔離された生存者だけでなく、「生きたユダヤ人共同体」を発見して驚いた。「そこにあったのは、大洪水の前のように、洪水などまるで起きなかったかのように、何事もなかったかのように暮らしているユダヤ人共同体のじめじめした地下室のにおいだった」。それは彼には受け入れ難く、喜びと腹立たしさの入り混じった感情に襲われた。「これほど多くのユダヤ人に出会えて最初は喜んだが、このように生き残っているユダヤ人共同体が、集団墓地からそう遠くない、トレブリンカやマイダネクからそう遠くない、奈落の底（それがルーマニア全体を飲み込むことができなかったのはたまたまだ）の縁で暮らしているのを目の当たりにして、驚きと苦痛で心臓が石のようになった」[73]。

ルーマニアのホロコーストについては、数年前に比べればはるかに多くのことがわかっているが、ヒルバーグの六〇年前の言葉は今も正しい。「ドイツを除いて、このような規模でユダヤ人大虐殺に関係した国はあるまい」[74]。ルーマニアとフランスの例から、フランスのような権限分割の取り決めや、ルーマニアとナチ・ドイツのような同盟関係が、必ずしも迫害の実施に制限を設けたりブレーキをかけたりするものではなかったことがわかる。「それどころか、権力中枢間の対立や競争が、上意下達の権威主義的な命令よりも破壊的なエネルギーを解き放ち得た」様子がしばしば見受けられる[75]。

「自由な世界」

この広範な協力関係は多くの点で謎に包まれたままだ。ヨーロッパ全域にかなりの支持者がいたことは明らかで、それが既存のエリート層を代表する人々である場合も多く、彼らは程度の差こそあれ、イデオロギーの点でナチズムに同調していた。反共産主義、国民と人種の同質という夢、領土拡大、さらには純粋で単純な物欲や、第三帝国はヨーロッパ最強であり抵抗すべきではない、あるいは抵抗できないという思い込みが協力を推進した。その一方で、（おそらくとくに）ドイツにすら存在したナチズムへの抵抗も忘れてはならない。亡命した反ファシスト作家、パウル・ハーゲンは、戦時中に『インサイド・ジャーマニー・リポーツ』を発行していたが、そのことについて非常に簡潔に書いている。「ナチはその「新秩序」を、新たな時代の始まりだと称賛している」。しかし、現実はまったく違っていた。

抑圧され、分断され、互いに争わされ、極度の略奪を受け、飢えと寒さで苦しめられ、痛めつけられ、千の傷から血を流し、奴隷労働に服従させられ、父親と息子は帝国で働くために徴兵され、ヒトラーの軍隊に無理やり入れられる。彼らは飽くなき戦争マシーンに動力を供給し、ナチの懐を潤すという目的のせいで苦しんでいる。占領軍は豊かな国々と貧しい国々にイナゴの群れのように居座り丸裸にした。それが今のヨーロッパだ。ナチの生存圏はヨーロッパの死にゆく場所となり、同時にドイツ人の死にゆく場所となった。

彼は「ナチは世界史上最大の大量略奪をやってのけた」と結論づけている。[76] ナチの「新秩序」の現実にもかかわらず、ヨーロッパ全域で最後まで、あるいは終わり近くまで、熱心で広範な協力がなされたということは、たんなる日和見主義だっただけでなく、多くの人々、とくに「国民の浄化」を夢見た指導者が、ナチズムの原則を好んだということを物語っている。

このヨーロッパ規模の圧倒的な犯罪に対し「自由世界」が見せたのは、ぼんやりした鏡像のようなものだった。米英連合の戦争目的を提示した大西洋憲章の宣言、国際連合の創設、そしてのちの戦争難民委員会（WRB）の設立は、その最善の意図にもかかわらず、こういった団体の創設を促進した犯罪の規模に連合国の対応がほとんど見合っていなかったことを示している。ナチズムを十分に見極められなかったことは、戦前の宥和政策の繰り返しであり、ナチがその終末論的なレトリックで語った内容の真の意味を一九四三年になってすら信じられなかった点にも見て取れる。この食い違いを認識すれば、一九三〇年代からナチの収容所に関する文献が大量に存在し、洞察力に優れた情報網があったにもかかわらず、連合国がホロコーストの最終段階で発見したものに対する準備ができていなかった理由を説明するのに役立つ。

WRBはその好例だ。ルーズヴェルト政権の一部がヨーロッパのユダヤ人を助けようと何年も働きかけた結果、一九四四年一月に創設された組織で、一見したところ、アメリカがユダヤ人を救うために全力を尽くしたかのように見える。しかし多くの歴史家が指摘しているように、「少なすぎて遅すぎた」こと以外にも（もっとも、「おそらく早ければ人々の運命を変えることができた」[77]という指摘もある）、WRBはその規模の小ささがネックになった。資金も潤沢ではなく（おもにアメリカ・ユダヤ人共同配給委員会（JDC）や他のユダヤ人組織から資金を提供されていた）、政権の重鎮から協力を得られなかったこともネックになった。少なくともルーズヴェルト自身はこの組織にあまり関心を持っていなかったように思われる。ある歴史家によれば、WRBは「アメリカ国務省の長年にわたる組織的な反ユダヤ主義を明らかにした」[78]。WRBは多くの国々で活動しており（たとえばラウル・ヴァレンベリは戦争難民委員会から資金を得ており、スウェーデン外務省によれば、彼は「戦争難民委員会に代わって人道的な使命を遂行している」と感じていたという）、その精力的で献身的な職員たちは、ハンガリーや中立国（解放された国々は、政府間難民委員会と国連の管轄にあった）で自分たちがアクセスできたユダヤ人を助けるためにはいかなる苦労も惜しまなかった[79]。また、赤十字社にトラックと食料品の包みを提供し、戦争の最後の数週間は、おもにラーフェンスブリュックといった強制収容所に届けた。しかし国務省、陸軍省、戦時情報局はこのプロジェクトに消極的で、あからさまな敵意を示すこともあった[80]。アメリカがユダヤ人を助けるために全力を尽くしたという考えや、逆にアメリカは関心がないから助けられなかったといった主張は、あまりに単純すぎる[81]。WRBが示しているのは、ルーズヴェルト政権のなかにユダヤ人を大いに気にかけた者もいたが、他の人々はそうではなかったという事実だ。

ユダヤ人救出が優先事項と考えられていようといまいと、一九四三年の時点でユダヤ人に何が起こっているかを知るのは難しくはなかった。「もちろんユダヤ人は以前も今も、ドイツの人口政策の第一の標的だ」とアメリカの学者フランク・マンクが一九四三年に書いている。「ナチの公言する目的は「多少の苦痛を味わわせて」ユダヤ人を完全に絶滅させることであり、それは非常にうまくいっている[82]」。簡単に手に入る情報に注意を払わなかった読者を戒めるかのように、マンクはこう続けている。「一九四二年の冬まで、ナチはヨーロッパのユダヤ人すべてを完全に絶滅させるとは公言していなかった」ものの、ナチが言わんとしていることは明白だった。「絶滅は脅しではない。まったくのありのままの事実で、目を閉じていなければ誰にでもわかることだ[83]」。

この先見性に満ちた評価は戦争難民委員会が設立された背景のひとつで、ヨーロッパの中立国、おもにスウェーデン、スイス、ポルトガル、スペイン、トルコがホロコーストの最終段階で関与した理由でもある。これらの国々はもちろん、つねにかかわってきていた。ナチズムの台頭と戦争によって生じた圧力に耐えきれず、ほとんどの国は外交面と経済面で利益になるようであれば（とくにスペインとポルトガルの場合は、ナチズム、とくに反共産主義といったイデオロギーに対する控えめな親近感から）第三帝国をなだめることでリスク回避を図ったが、そのほうが有利と思われれば連合国の機嫌を取った。とくにスターリングラードで戦争の潮目が変わってからはそうなった。中立国はドイツに侵略されないという確信が強まったので、ドイツに資源を供給したり「不法な」ユダヤ人移民を移送したりした政策が連合国に悪印象を与えるのではないかとますます恐れるようになった。

サラザール政権下のポルトガルは独裁政権ではあったものの、ファシスト独裁政権のような方法での反ユダヤ主義はなく、リスボンにたどり着けたユダヤ人難民は一般的に地元のユダヤ人共同体も含め、住民から好意的な扱いを受けた。戦争初期、リスボンはヨーロッパのユダヤ人移住の重要な拠点になった。[84] 他の中立国の政策は戦争の間に変化し、ときにはユダヤ人難民の受け入れに難色を示し引き返させることすらあった。たとえばスイスは一般的に好意的な姿勢を取っていたとされるが、国境を越えようとした難民を引き返させていた時期もある。歴史家ソール・フリードレンダーの両親のケースは有名だ。フリードレンダーの両親は、息子をフランスの修道院に預けて自分たちは一五人のユダヤ人グループで国境を越えてスイスに入ろうとした。それが最善の策に思えたからだ。午前三時、サンジャンゴルフの村で国境に当たる通りを彼らはスイス側に渡った。

バーから出てきた若者たちが彼らを見つけ、警察に通報した。グループは全員逮捕された。翌朝、小さな子どもを連れた両親はスイスに残ることを許された（じつに大雑把な例外だった）が、私の両親と他の子どものいないカップルはひと晩留置されたのち、サンジャンゴルフのフランス警察に翌日引き渡され、その後フランスのリヴザルトの収容所を経て、ドランシー、そしてアウシュヴィッツに送られた。[85]

スペインの場合も同様で、フランコ政権は一方でナチ・ドイツとの外交関係（東部戦線で戦っている部隊があった）による制約、他方では連合国との外交関係による制約を感じながら活動していた。おそらくもっとも最善を尽くしたのはスウェーデンだろう。スウェーデンは一九四二年後半以降ドイツに鉄鉱石を供給し、対ドイツ貿易で利益を上げていたものの、ユダヤ人に関することでは驚くほど態度を一変させた。スウェーデンはまず、ノルウェーに残っているユダヤ人を国籍にかかわりなく亡命させるとドイツに通告し、一九四三年一〇月にはデンマークのユダヤ人の大量脱出を手助けし、海峡を渡ったユダヤ人を亡命させ、臨時のパスポートを渡した。とはいえ、一般的に中立国は、外交的に言えば、ユダヤ人の運命が直接自分たちに関係するまでは、彼らの運命に無関心だった。[86] 戦争末期にはそれは現実問題となった。

一九四二年秋から、ドイツ外務省は同盟国に「自国の」ユダヤ人（つまりスペイン、ポルトガルなどの国籍を持つユダヤ人）をドイツやドイツの支配下にある国々から本国に帰国させよという最後通告を発し始めた。たとえば一九四三年二月四日、リスボンのドイツ公使館はポルトガル政府に対し、「ドイツの軍事的安全のため」ポルトガル国籍を持つユダヤ人を帰国させなければ、四月一日から彼らには「身元確認、抑留、その後の排除など、ユダヤ人に関する現行の規定」が適用されると通告した。サラザールの政府は迷走し、ベルゼンに収容されたひと握りのユダヤ人は一九四四年七月に救出されたものの、救出できたはずのテッサロニキのユダヤ人の多くが命を失う結果になった。[87] とはいえ、テッサロニキの多数のセファルディム・ユダヤ人のように、多くの場合、法的に国籍を主張できる国に住んだことのないユダヤ人を「本国に帰国させる」のは容易ではなかった。実際、正しく指摘されているように、この最後通告は「ナチ・ドイツによる、あからさまな外交的強要」だった。この最後通告によって「各国政府は、自国のユダヤ人をドイツに渡してドイツの戦争犯罪の加担者となるか、あるいは実質的に彼らの強制排除を意味する「ユダヤ人の引き取り」に同意するかの選択を迫られた[88]」。

こういった最後通告を踏まえ、とくにドイツのハンガリー占領後、戦争難民委員会は中立国政府に対しハンガリー・ユダヤ人に対するナチの迫害に協力しないよう警告し、なんらかの交渉によって解放される可能性のあるユダヤ人の引き取りを支援するよう助言した。たとえ救えるユダヤ人の数が少なかったとしても、彼らの返事は概ね好意的なものだった。ここでもスウェーデンはもっとも積極的で、保護パス（一時的なパスポートのような保護書類）を数千枚発行し、七月三日には国王グスタフ五世からホルティにメッセージが発せられ、これは七月七日の移送を中止させるうえで重要な役割を果たした。中立国は自国の主権を保持したい願望と、ナチ・ドイツや同盟国との間で注意深く振る舞う必要性との板挟みになっていた。彼らのユダヤ人に対する態度が時を経て変化したのは驚くには当たらない。ヘイズが述べているように、「ヨーロッパ・ユダヤ人の運命は、ユダヤ人自身と彼らを殺したいと望む政権以外の人間にとっては、つねに二の次の問題だった」のである。[89]

まとめ

レジスタンス闘士のアバ・コヴネルによれば、「ユダヤ人を撃ったりあごひげを切ったりするのに必要なのは、ひと握りのサディスティックなSS隊員だけだったが、数百万の虐殺には数百万人がかかわらなければならなかった。大勢の殺人者、何千人もの略奪者、何百万人もの傍観者が必要だった」[90]。コヴネルの主張は誇張されている。いたのは数万人の献身的なナチのイデオローグ、国家保安本部の役人、SSの殺人者、数万人のドイツの公務員、ライヒスバーンの職員、ドイツの実業家、銀行家、地方公務員、秘書、地方の党組織の指導者から大管区指導者（ガウライター）に至るあらゆる種類の職員だった。殺害にはドイツ国防軍の大勢の兵士もかかわっている。しかし、ヨーロッパ全域の何百万もの非ドイツ人（もしくは非オーストリア人）の支援がなければ、ホロコーストのペースがもっと遅くなり、範囲も狭まっていたのは明らかだ。

なぜ、ヨーロッパ全域でこれほどまでに多くの人々がユダヤ人迫害に参加する道を選んだかは、おそらく答えの出ない質問だ。しかしいくつか鍵となる要因はある。物欲、日和見主義、なれ合い、服従、憎悪だ。ホロコーストに参加するのに、ユダヤ人殺戮が「アーリア人」の救済をもたらすと信じる熱心な反ユダヤ主義者である必要はなかった。逆に自分はユダヤ人の友だと考えている人間は加担者のなかにそう多くはいなかっただろう。多くの加担者が楽しんで参加しているように見える（これは二〇世紀のジェノサイドすべてに当てはまる）という気がかりな事実もある。ドイツ・ユダヤ人が地方都市から移送される様子を見て地元民が笑っている写真は、生存者が洞察した参加の描写に劣らず衝撃的だ。たとえば、一九三九年にフランスに逃れるまでベルリン初のフランス書店を経営していたポーランド・ユダヤ人女性フランソワーズ・フレンケルの回想に次のような一節がある。彼女は戦後まもなく、こう書いている。

警官と憲兵は無尽蔵の技能とエネルギーを発揮して捜索を開始した。彼らはヴィシー政権の法規を厳格かつ容赦なく実行した。これらの卑屈な男たちは敗戦によって暴力的な怒りを蓄積させており、まるで自分たちよりも弱く不運な人々に腹いせをしているかのようだった。こういった権力の代理人の仕事にもやり方にも、英雄的なところはまったくなかった。[91]

彼女が語っているのはヴィシー・フランスについてだが、屈辱、恥辱、怒り、暴力的な力といった同様のテーマは、戦時のヨーロッパなら至るところに当てはまるだろう。

本章で示したように、ユダヤ人は第二次世界大戦中、ヨーロッパのどこにいても安全ではなかった。枢軸国のユダヤ人は逆説的に、ナチ占領地域の同胞に比べて生き延びる可能性が高かった。彼らが暮らしていた国の政権は、「ユダヤ人問題」に関して自主性を示したがったからである。最終的に、ナチ・

ドイツと同盟関係にあったほとんどの国は、「自国の」ユダヤ人が最終的解決に引き込まれるのを目の当たりにした。クロアチアやスロヴァキアといった国々は、戦争やナチのジェノサイド的な政策がもたらした機会を利用して、とくにユダヤ人やロマといったマイノリティを排除するという長年の夢を実現させた。ブルガリアやフランスといった他の国は一部のユダヤ人を移送したが、自国の国籍を持つユダヤ人の殺害を、とくに戦争の潮目が変わってからは、拒絶する国もあった。アントネスク支配下のルーマニアは態度を変えた典型的な例だ。一九四一年から四二年にかけて恐ろしい移送と殺害政策を実行した過激な反ユダヤ政権は、その後さらなる移送は行わなかった。そのため、ルーマニアは戦後もっとも多くのユダヤ人が生き延びた国となった。これとは対照的に、ハンガリーはドイツの同盟国がユダヤ人移送の圧力に抵抗できたことを示している。この国でホロコーストが実行されたのは、一九四四年の占領後だからである。しかしホルティの行動は、彼の政権もユダヤ人に対しナチと同じ姿勢を取っていたことを示している。彼の移送中止は、ハンガリーがこのプロセスをどの程度管理していたかを示すとともに、ドイツがこの政策を成功させるには現地の協力が必要だったことを示している。移送と殺戮のプロセスには例外もあり、デンマークがもっとも有名だが、結局、ユダヤ人にとって、ナチ占領地域や枢軸国のヨーロッパに安全な場所はなかった。戦況、ナチとその同盟国がユダヤ人狩りに資源を投じる意欲、戦争末期の教会や他のエリートによるささやかな支援といった予測のつかない要因がもたらす幸運だけが、最終的解決の凶暴性を緩和できた。戦争末期にユダヤ人を生かした数少ない要因のひとつは、次章で見ていくように、ナチが労働力を必要としたことだった。

第六章　収容所と移動式のホロコースト

「点呼は彼らの神聖な行為であり、権力の大きさに対する抑えきれない渇望に酔うことでもあった。点呼は彼らにとって宗教的な意味を持ち、集合するグラウンドが彼らの神殿だったということは、隠喩ではない」[1]
——アベル・ヘルツベルク

一九四二年八月二五日、ユダヤ人の集団がワルシャワのゲットーからトレブリンカ絶滅収容所に移送された。ビアウィストクへ向かう鉄道線路沿いの、ワルシャワから北東に八〇キロほど離れた過疎地にある収容所だ。リトアニア人の看守が運転する有蓋貨車に一〇〇人以上が詰め込まれた。「扉が閉められると、自分の世界全体が消え去ったように感じた」とアブラハム・クシェピツキは書いている。実際、移送の経験はそれだけでも強烈だ。「通気の悪い閉鎖された有蓋貨車のなかにいる恐怖は想像を絶する。まるで大きな汚水槽のようだった[2]」。収容所で働かせるために選ばれた数少ない人々のひとりであるクシェピツキは、彼の言葉を借りれば「恐怖のなかで」暮らしていた。「自分たちの死刑執行がほんのわずか先送りされたにすぎないことを私たちはよくわかっていた[3]」。トレブリンカで目撃した恐怖について述べたくないと言いながらも語ったクシェピツキの証言は、実際、恐怖に満ちている。彼がショックを受け、まさに気が狂いそうになったのは、罪のない人々が大勢、容赦なく殺されたことだった。「人間の群れは牛の群れや羊の群れのように屠畜場へと追い立てられる。唯一の違いは、牛や羊は最後の瞬間まで自分たちの運命を知らないが、人間の場合は一番幼い子どもたちでもすぐに状況を理解し、何が起こるかを察知することだ」[4]。クシェピツキはトレブリンカからの数少ない脱走者のひとりで、ごくわずかな生存者のひとりだが、ワルシャワのゲットーに戻ったのち、一九四三年四月のゲットー蜂起の際に殺された。彼や他の生存者や目撃者の文章を読むと、トレブリンカはナチが信じたがったようにひっそりと隠れるように建っていたわけではなく、数キロ先からでも気づかれる場所だったことがわかる。収容所で死体を焼却する臭いは昼夜を問わず漂い、どこにいても避けられるものではなかった。「臭いは鼻に、耳に、服に、どこからでも入ってきた。私はそのなかにどっぷり浸かっていた」と、トレブリンカ複合施設のひとつである小さな強制労働収容所、トレブリンカIに当時収容されていたエドヴァルト・シプコは語っている。悪臭は近隣の町にも届いた。トレブリンカから八キロ離れたマウキニアでは、あるドイツ人看守が不満を漏らしている。「臭いがあまりにひどくて、食事ができない」。また地元のポーランド人、イェジ・クルリコフスキは、悪臭のせいで町民が「ひどく神経質になって〔…〕ノイローゼになる寸前だった」と述べている[5]。

一九四一年一二月と一九四二年三月に、ヘウムノとベウジェツでそれぞれガス殺が始まった。五月と七月にはソビブルとトレブリンカでも始まった。ラインハルト作戦収容所（ベウジェツ、ソビブル、トレブリンカ）はポーランド・ユダヤ人を殺すために建てられたが、オランダ、チェコスロヴァキアその他のユダヤ人も一部ソビブルとトレブリンカで殺された。一九四三年までに任務は完了し、最後に閉鎖されたトレブリンカは八月に解体された。約一八か月の間に、この三つの収容所で一七〇万人のユダヤ人が殺された。一九四二年八月から一〇月の三か月間が殺戮のピークだった。殺戮が集中的に行われたこの時期に、一〇〇万人を超える犠牲者がラインハルト収容所で殺された。出動部隊（アインザッツグルッペン）による殺戮と、同時期にアウシュヴィッツで殺害された者たちを加えると、この三か月で約一四七万人のユダヤ人が殺されたことになり、これは戦争の六年間で殺された総数の四分の一に当たる。その率から考えると、ホロコーストのこの時期におそらく歴史上もっとも速いスピードでジェノサイドが行われたことになる。[6]

ルブリンのSSおよび警察指導者だったオディロ・グロボクニクとベウジェツの初代所長でのちにラインハルト作戦の総監となるクリスティアン・ヴィルトという、凶悪で暴力的な反ユダヤ主義者の指揮下で、この三つの収容所にはT4作戦の旧メンバー（ヴィルトはそのひとり）が配属され、ウクライナ人やバルト人の看守が補助に当たった。ベウジェツのエルンスト・ツィールケのような下級スタッフは献身的に仕事に打ち込んだ。[7] ラインハルト収容所はSSの強制収容所システムには属さず、つまり強制収容所監督局（IKL）の指揮下にはなかった。ナチはミンスク近郊とモギリョフで一九四一年九月にガス殺の実験を行い、一か月後には総統官房所属で安楽死計画のまとめ役のひとりだったヴィクトール・ブラック率いるT4「人種専門家」が、東方占領地域の当局にノウハウを提供した。ローゼンベルクの東部占領地域省の「人種専門家」、エアハルト・ヴェッツェルは、「現状では、ブラックの策に従って働けないユダヤ人を排除することに異論はない」と書いている。[8] 実際、ヒムラーとSSはその構想を歓迎していた。SSの「ガス殺専門家」のひとりアウグスト・ベッカーが言うように、「東方の出動部隊（アインザッツグルッペン）の責任者たちは、銃殺部隊が大量射殺による精神的・道徳的ストレスにいつまでも耐えられるわけではない、としだいに不満を募らせていた」からである。[9] ポーランド・ユダヤ人をロシアに運ぶのは輸送の面であまりに煩雑だったため、「ブラックの策」はポーランド総督府でかわりに実行された。戦後にブラックが主張したところによれば、安楽死計画の中止命令を受けて、「人員の雇用を維持するために、そして戦後のEP［安楽死計画］の必要性を考慮して、ボウラーは私に（ヒムラーとの会議後のことだったと思う）人員をルブリンに派遣し、SS少将グロボクニクの監督下に置くよう命じた[10]」。こうして、ラインハルト収容所に特別に設置されたガス室の使用が始まった。

ホロコーストと聞いて一般に思い浮かべられるのはいまだに強制収容所だろうし、一九三三年以降ユダヤ人はつねに収容されていたものの、ホロコースト自体（ユダヤ人殺害としての）は、戦争後期までSSの強制収容所のシステムとはほとんど関係がなかった。ここまで見てきたように、膨大な数のユダヤ人が対面で大規模に射殺され（植民地での虐殺を彷彿とさせる）、ゲットーでは餓死者が出るなどして約五〇万人が亡くなったが、それ自体がジェノサイドのプロセスだった。そしてラインハルト収容所である。出動部隊（アインザッツグルッペン）は一九四二年の第二次殺戮において、占領下のソ連、とくにウクライナ帝国弁務官領（RKU）と指定されている地域とポーランド東部で、銃弾によるホロコーストを継続した。同時にマイダネク（ルブリン）が、強制労働収容所と絶滅収容所の複合施設として稼働を開始し、管理センターならびに、ラインハルト収容所で殺害された人々から盗んだ衣服や所持品の収集場として機能した。その時点でユダヤ人殺害のもうひとつの中心地だったトランスニストリアでは、何万人ものユダヤ人が大規模な虐殺だけでなく、病気や低体温症で亡くなっていた。一九四三年にもし閉鎖され解体されていなければ、トレブリンカはおそらく今日、アウシュヴィッツと同じように記憶されていたことだろう。ワルシャワのユダヤ人の大部分を含め、トレブリンカで殺されたポーランド・ユダヤ人の数は、ホロコーストで殺された西欧のユダヤ人の総数をはるかに上回っていた。

これらの収容所で生き延びた者はほとんどいなかった。トレブリンカに関する最初の報告が発表されるまでに収容所は解体されようとしていた。一九四三年八月、ニューヨークを拠点にする移民向け新聞、『ポーリッシュ・ジュー』紙に掲載された「トレブリンカ虐殺場」という記事は、恐ろしい内容だった。それ以前に、前述したトレブリンカの脱走者、アブラハム・クシェピツキが歴史家ラヘル・アウエルバフに収容所での体験について報告しており、彼女はそれを一九四二年から四三年の冬に書き写した。しかしこの報告はリンゲルブルム・アーカイヴの他の記録とともにワルシャワ・ゲットーの瓦礫のなかに埋もれ、一九五〇年にようやく回収され、一九五六年にワルシャワのユダヤ歴史研究所が発行したジャーナル、『ブレテル・ファー・ゲシフテ』にイディッシュ語で初めて掲載された。[11]『ポーリッシュ・ジュー』紙の報告は、その生々しさという点でも、起きていたことを記述する冷静さという点でも、注目に値する。

ワルシャワとビアウィストクを結ぶ街道沿い、幹線鉄道の近くに、トレブリンカという小さな村がある。その村のはずれに、ドイツ人が残忍な工夫を凝らして巨大な虐殺施設を建設した。これはきちんと組織化された工場として稼働し、幹線鉄道に接続する線路まで備えている。

そこでは毎日五〇〇〇人から六〇〇〇人のユダヤ人が処刑されている。犠牲者はポーランドや他の被占領国、つまりオランダ、チェコスロヴァキア、フランス、ギリシャ、ベルギー、ノルウェーなどから集められたユダヤ人男女と子どもたちである。[12]

この記事は続いて輸送機関の到着から遺体の埋葬に至る殺害の過程を、陰惨な細部まで包み隠さず描写している。この報告から数か月後、次の報告がなされた。「シオニスト運動で知られるウッチの著名なユダヤ人」によるものだ。彼は一九四三年二月にポーランドを脱出し、「ヨーロッパのとある被占領地」で報告を書いた。これは九月の終わりに中立国に届けられ、パレスチナのユダヤ人労働組合の指導者たちに転送された。ジャーナルの編集者はこの報告書について、「ポーランドの「死の町」トレブリンカでは、国境内のユダヤ人を絶滅させるというヒトラーの計画に従って、占領下のヨーロッパから集められた何百人ものユダヤ人がガス室で殺されているという。これはその恐怖についての最高の目撃談だ」と評した。[13] 一九四二年九月にトレブリンカに移送された筆者は、収容所の「労働ユダヤ人」、つまり脱衣場からガス室までの「回廊」(Schlauch) に沿ってユダヤ人を誘導する「落伍者、半狂乱の人々」に混じって助かった。トレブリンカに来て四日の間にユダヤ人がオランダ、フランス、ウィーン、ポーランドから収容所に連行されては殺害されたが、筆者は衣類の山のなかに隠れ、日が暮れてから這い出し、収容所を囲んでいる有刺鉄条網の下を掘って逃げ出した。その後何度か試みて失敗したものの、一九四三年二月に隣国（国名は明かされていない）にたどり着いた。[14] 報告書の曖昧さ、つまり筆者が匿名である点や、アメリカに届いた経路の複雑さなどは、その信憑性や新聞記事の切迫感を高めている。しかしこの報告が『ポーリッシュ・ジュー』紙に掲載された頃、トレブリンカはすでに解体されていた。

連合軍の到着前に破壊されていたこと、この収容所が赤軍によって発見された（ワシーリー・グロスマンのトレブリンカについての報告は、驚くべきルポルタージュだ）こと、また、殺されたのがおもにポーランド・ユダヤ人だったこと、そして何より重要なのだが、生存者が非常に少なかったことから、ラインハルト収容所は西欧やアメリカでは長年にわたりよく知られないままになっていた。もっとも近年は状況が多少変わってきている。[15] 収容所閉鎖が決定された理由のひとつは、トレブリンカとソビブルでの反乱だった。反乱はそれぞれ一九四三年八月と一〇月に起こった。一九四三年四月のワルシャワ・ゲットーの蜂起はドイツを驚かせ、鎮圧にはかなりの武力を要したため、その後、ポーランドにまだ存在していたユダヤ人向け強制労働収容所の多くは解体された。じつに勇敢な、ナチから見ればまったく予期せぬ反乱が絶滅収容所の少数の「労働ユダヤ人」によって起こされ、とくにソビブルでは、収容所のユダヤ人がSSスタッフ一一人の殺害をやってのけたため、反乱後、ヒムラーはルブリン地域の主要な収容所の閉鎖を決定したのだった。一九四三年一一月三日から四日の二日間、ドイツは「収穫祭作戦」を実行し、マイダネクと近辺の他の収容所、とくにトラヴニキとポニャトヴァのユダヤ人強制労働者約四万二〇〇〇人を射殺した。[16] リヴィウのヤノフスカ収容所に残っていたユダヤ人も射殺された。これは強制労働収容所と通過収容所と殺戮施設の複合体として機能していた悪名高い場所で、推計で約八万人のユダヤ人が射殺された。[17] しかしラインハルト収容所が解体されたのは、アウシュヴィッツ＝ビルケナウの殺戮施設の準備が整ったからでもあった。一九四二年の春以降、ポーランド・ユダヤ人はラインハルト収容所で殺されていたが、ナチは西欧や中欧のユダヤ人をアウシュヴィッツで殺すために移送を開始した。

アウシュヴィッツは一九四〇年にポーランド政治犯の強制収容所として開設された。最終的解決におけるアウシュヴィッツの役割から、ナチの広大なジェノサイド計画の意思決定プロセスがどのように展開されたかについて明らかになることも多いが、同時に不明瞭なことも多い。アウシュヴィッツを指揮したルドルフ・ヘス〔ナチ副総統のルドルフ・ヘスとは別人〕は戦後連合軍に拘束された際、最終的解決についてはヒムラーから知らされたと述べている。

正確な日付は思い出せないが一九四一年の夏、私は突然SS全国指導者の副官のオフィスに直接呼び出された。

いつもと違ってヒムラーは副官を同席させず、こう言った。「総統からユダヤ人問題を即時決定的に解決せよとの命令があり、SSが実行に当たれとのことだ。東方の既存の絶滅センターは、期待される大規模な作戦（Aktionen）を実行するには向かない。それゆえ私はこの目的にアウシュヴィッツを使用することにした。輸送に便利なうえ、このあたりは孤立していてカムフラージュしやすいからだ[18]」。

ヘスの主張は疑ってかかるべきだ。これを書いた時点ですでに絞首刑になることが明らかだったものの、ヘスはまだ自分の責任を最小限に抑えようとしていた。彼が会議の日付を一九四一年の夏としたのは、最終的解決の責任をヒムラーのような熱心なイデオローグに押しつけたかったからだとも考えられる。彼の主張にはメリットがあった。このタイミングは、ゲーリングが一九四一年七月三一日にSSの強大化する力を事実上認め、ユダヤ人政策に関する権限をハイドリヒに委譲することで面目を保とうとした時期と一致しているからだ。

一九三九年一月二四日付の布告で貴殿に託された任務、つまり現状を考慮して、可能な限り好ましい方法で移住と立ち退きによってユダヤ人問題を解決するという任務への補足として、私はこれにより、ヨーロッパにおけるドイツの勢力圏内でのユダヤ人問題を全面的に解決するために、組織的、実質的、資金的見地から必要な準備のすべてを実行するよう、貴殿に委任する[19]。

第四章で考察したように、状況は急速に変化していたものの、こういった証拠すべてから、ヨーロッパ・ユダヤ人を全滅させる決定をヒトラーが一九四一年七月には下していたことが窺える[20]。

アウシュヴィッツが「ホロコーストの首都」(適切な呼び方だ)になる以前、最終的解決においてどういった役割を果たしていたかは完全には明らかにされていない。街そのものは東上シレジアにあり、一九三九年一〇月の時点でドイツ帝国の一部となっており、ヴァルテガウのリッツマンシュタット(ウッチ)のように「ドイツ化」されつつあった。「ドイツ東部にあるドイツのエデン」と呼ばれ、ユダヤ人と非ユダヤのポーランド人とをドイツ人に置き換えてドイツの植民地化を図ろうという幻想の地だった。[21]戦争末期まで、ホロコーストがSSの強制収容所システムから概して切り離されていたことには留意しておくべきだ。マイダネク同様、アウシュヴィッツは強制収容所、絶滅収容所、強制労働収容所の機能を併せ持ち、そこに多くの補助収容所が併設されているという点で特異だった。ラインハルト収容所だけではヨーロッパのユダヤ人を皆殺しにするには不十分だと判明すると、その重要性は増した。しかしそれは一九四三年にラインハルト収容所が解体されるずっと前に明らかになっていたに違いない。この地域の労働収容所(アルブレヒト・シュメルトが運営していた)でユダヤ人は極限まで働かされ、一九四一年秋にアウシュヴィッツで殺された。[22]一九四一年九月にソ連の捕虜を使ったガス殺実験が初めて行われ、その後一九四二年二月にユダヤ人がガス殺された。これらのガス殺がアウシュヴィッツI遺体焼却炉の死体置き場を改造したガス室で実行されたあと、収容所のガス殺装置は迅速に整備されていった。新たな死体焼却炉は当初管理棟に近かったので不適切とみなされ、ビルケナウに移された。ビルケナウではブジェジンカ村の農家がビルケナウ最初のガス室に改造され、「赤い家」(「ブンカーI」)と呼ばれた。ブンカーIは一九四二年三月二〇日に稼働開始し、最初に到着したのは三月二六日の九九九人のスロヴァキア人女性だった。翌日、フランスのコンピエーニュから一〇〇〇人のユダヤ人が出発した。すぐに「白い家」、つまり「ブンカーII」が加わり、SSの看守ペリー・ブロードの言葉を借りれば、「まばゆいほど真白な漆喰塗りの壁、気持ちよさそうな藁葺屋根の、果樹で囲まれたかわいらしいこぎれいな農家」は、一九四二年の間、間に合わせのガス室として、ナチのアウシュヴィッツでの大量殺戮に利用された。[23]

ビルケナウで最初に新造されたガス室と遺体焼却場は一九四三年三月になるまで稼働せず、そのときにはホロコーストの犠牲者の大半はすでに亡くなっていた。一九四一年、ドイツとその協力者によって約一一〇万人のユダヤ人が殺された。一九四二年にはさらに二七〇万人が殺されたが、そのうち約二〇万人はアウシュヴィッツで殺された。一九四三年、死者の数は五〇万人に激減したが、その半数はアウシュヴィッツで殺された。[24] 一九四三年六月までに、ビルケナウのガス室と死体焼却場の四棟の建物はすべて使用されていた。この歴史は、アウシュヴィッツがローテクで一部廃材で建設されたという事実を裏づけるだけでなく、アウシュヴィッツで大量殺戮を実行する決定が、ラインハルト収容所の建設を決定したのとほぼ同時期になされたに違いないことを示唆している。計画プロセスには数か月の準備期間を要するからだ。建築設計から焼却炉の業者であるトップフ・ウント・ゼーネ社への発注まで、アウシュヴィッツがホロコーストに組み込まれたのは、一九四一年一〇月か一一月頃だったに違いない。これはビルケナウで最初のガス殺が実際に行われるよりかなり前だ。[25] 狂信的なナチで優れた技術者だったハンス・カムラー監督による建築士と技術者の詳細な計画は、政権が偶然大量殺戮に走ったのではなく、本質的にジェノサイド的だったナチズムの内なるダイナミズムが、ゲットーでの放置による大量殺戮から安楽死計画や出動部隊（アインザッツグルッペン）による射殺といった直接手を下す大量殺戮へと一線を越え、迅速だが実行者にとっての困難が軽減される殺害方法を見つけるという最後のステップで、ラインハルト収容所やアウシュヴィッツへと容易に行き着いたことを示唆している。[26]

アウシュヴィッツ＝ビルケナウへの移送が一九四二年夏の間順調に進み、ナチは自分たちが無尽蔵の強制労働者の流入を支配していると思い込んでいたため、男性用収容所や女性用収容所に登録されて到着後すぐに殺されなかった者たちは最大限の侮辱的な扱いを受けた。平均余命は数週間だった。ビルケナウそのものは一九四三年に拡張され、ジプシーの家族収容所と、テレジエンシュタットから来たユダヤ人の家族収容所となった。どちらも便宜的な理由で家族が一緒にいることを許したが、後者の場合は、すでにテレジエンシュタットで行われたような赤十字の調査が再度行われた場合に備える必要があったからである。必要がなくなると、どちらの家族用収容所も「解体」され、被収容者も殺された。テレジエンシュタットの家族収容所の解体は一九四四年七月一〇日から一二日、「ジプシー家族収容所」の解体は一九四四年八月二日だった。

ビルケナウに移送されるユダヤ人の数は一九四三年にわずかに増加しただけだったが、ヨーロッパ全域から移送されてきた。その年の三月、おもにテッサロニキからギリシャ・ユダヤ人の移送が始まった。約五万五〇〇〇人がアウシュヴィッツに送られ、そのうち生き延びたのはごくわずかである。一〇月には、サロ共和国の成立を受けて、ナチはイタリアのユダヤ人を移送し始めた。七五〇〇人がアウシュヴィッツに運ばれることになる。その年、ポーランド、オランダ、ノルウェー、フランス、ベルギー、ボヘミアとモラヴィアの保護領（ベーメン・メーレン保護領）、ユーゴスラヴィア、ドイツ、オーストリア、さらにギリシャとイタリアから移送者が到着した。アウシュヴィッツへの長い道のりを運ばれてきた人々にとって、旅は恐ろしいものだった。一九四二年にアウシュヴィッツに移送されたウィーンのユダヤ人、ジーモン・ウムシュヴァイフは、特殊部隊（ゾンダーコマンド）（ガス室や死体焼却炉の複合施設で働かされた特別班）に選ばれるというまれな体験をしたのち、収容所の有力な友人の助力を得て荷降場班に異動になった。一九五八年の報告のなかで、彼は到着まで五週間を要するギリシャからの移送列車の到着が「とくにいやだった」と説明している。

貨車は封印され、釘で閉じられていた。扉を開けると、恐ろしい光景が目に飛び込んできた。何百人もの人間が押し込まれ、人々は所持品の上にしゃがみこんでいる。外に出られないので、排泄物が貨車のなかに残されていた。悪臭の山だ。誰も生きてはいない。空気が悪くなっているので、班の仲間は卒倒した。私たちはすべてを、つまり死体も所持品も汚物も、昼夜を問わず燃え続けている巨大な穴に投げ込まなければならなかった。穴は深さ八メートル、広さ四メートル四方だった。他の便で到着した四歳以下の子どもも、生きたままこの穴に投げ込まれた。[27]

ハンガリー・ユダヤ人の殺戮によって、ビルケナウはホロコーストの象徴的な収容所に変わった。工場ラインでの殺戮という近代的効率性を特徴とする収容所だ。荷降場や選別のプロセスの有名な画像、そして今では西洋の文化に深く染み込んでいる、産業的ジェノサイドとしてのガス殺の概念は、ビルケナウの最終段階から生まれた。実際、その源はひとつだ。そういった写真はSSの写真家によって撮影され、戦争末期に被収容者のリリ・ヤコブによって発見され、今日「アウシュヴィッツ・アルバム」として知られている。[28] ラインハルト収容所での殺人は木造のガス室と頼りないモーターエンジンによるもので、すべて「トラヴニキの男たち」の小グループとさらに少ないSSによって管理されており、非常に暴力的で、一九四二年夏に殺された人数が天文学的だったとしても、円滑に機能するジェノサイドとはいったきれいなイメージとはほど遠かった。アウシュヴィッツも、ビルケナウに新しいガス室と死体焼却炉が作られる以前、つまりふたつのブンカーが使用されていた一九四二年の時点では同じような状態だった。そして一九四四年に死体が膨大な数に達し焼却炉が故障すると、死体を野外で焼却せざるを得なくなった。特殊部隊（ゾンダーコマンド）のメンバーがひそかに撮影した四枚の写真がその様子を明らかにしている。つまり、ビルケナウの殺戮プロセスがもっとも能率的になっていた瞬間は、収容所の歴史とホロコースト全体の歴史のなかでも例外だったのだ。[29]

アウシュヴィッツはいくつかの機能を兼備していたので、ガス殺を目撃した被収容者は大勢いた。アウシュヴィッツ、とくにビルケナウでの生活は残虐極まりなかった。それは目撃者によって何度となく語られてきたが、それでも筆舌に尽くし難い。少なくとも、私たちの日常生活とアウシュヴィッツで起こったことの間には大きな隔たりがあり、もしそれが別の惑星でなくても、日常生活がどのようなものであり得るかについての私たちの理解を揺るがすものだ。たとえば、収容所での宗教儀式はどのようなものだったのだろうか。ある回想録にはコル・ニドレイ（ユダヤ暦の一番神聖な日、ヨム・キプルの始まり）の儀式がバラックで行われた様子が記されている。「祈りの間、ラビは『誰が火によって！』の詠唱の切れ目に雄羊の角で作った笛、ショーファを吹く。ショーファがまるで夢から覚めたかのように男たちを目覚めさせる。最初、バラックのなかは静かだった。心臓の鼓動が聞こえる。まもなく人々は泣きだした。裸の女たちの声が天国に届く、人々は静かに泣く[30]」。

ヘレン（ジッピ）・ティハウエルは一九四二年三月にブラチスラヴァからアウシュヴィッツに移送された最初のユダヤ人グループのひとりだった。彼女は到着した際の様子を次のように描写している。

収容所に到着した一〇〇〇人の娘たちは、最後のブロック、つまり第一〇ブロックの前で群衆を目にしました。

最初、それが少女なのか、成人女性なのか、人間なのかもわかりませんでした。古いロシアの制服を着て、髪を丸刈りにして、木のスリッパを履いて立つ女たち。私たちをじっと見ていました。すると突然、呼び声がいくつか上がりました。何人かの少女たちが、そのなかに友人や姉妹がいるのに気づいたのです［…］彼女たちは一日早く到着していた［…］あまり長くは話していられませんでした。SSに囲まれていたからです。でも、この女たちがスロヴァキアからきた隣人であること、そして彼女たちが置かれている状況は理解できました。それで十分でした。

頭を丸刈りにされ、古い制服を着せられ、「数時間後には、私たちも先に到着していた女たちと同じ姿になりました」[31]。インタビューしたデヴィッド・ボーダーに入浴と丸刈りのプロセスについて語るのは、ティハウエルにとって明らかに精神的に辛いことだった。SS男性看守が「家畜のように私たちを検査しに」やってきたことも彼女は語っている。刺青を入れられたあと、女たちは「もう何も感じなくなりました。私たちは［…］石になったようでした」とティハウエルは説明している。[32] 男たちもこういった収容所への入所の儀式を終えたあとに違和感を覚えたが、女性の体験にジェンダー的な側面があったのは明らかだ。すでに恐ろしい状況にあるのに、男たちの視線に囲まれてさらなる屈辱を与えられたからだ。ティハウエルが言うように、女たちは「完全に文明から、つまり人間から切り離され、人生の「別の側」にいることを知った。それでも、「そこでまだ人々は生きているのだ」[33]。さらに重要なことだが、ティハウエルはボーダーに、一九四二年の白い家の運用とその後の二年間のガス室の運用について語り、殺戮プロセスについて迫力のある描写をした。「収容所での生活」についてボーダーが尋ねたところ、ティハウエルは最初にこう言った。

たとえば、忘れられないのは昼夜を問わず焚かれる火のことです。四基の焼却炉は［…］昼も夜も稼働していました。それから一九四四年にハンガリーからの移送便が到着した際に使用され始めた穴は［…］なんとも言えない光景でした。生き地獄にいるかのよう。一面火に覆われていました。[34]

もうひとりの生存者で、のちに著名な作家トゥルード・レヴィとなったゲルトルード・ディークは、いくつかのナチ収容所での体験を一九五八年にロンドンのウィーナーライブラリーに語っている。ディークは一九二四年にハンガリーのソンバトヘイで生まれ、一九四四年に家族とともにアウシュヴィッツに移送された。ティハウエルと同様に、ディークも「サウナ」棟で男たちに全身の毛を剃られる屈辱について語り、ビルケナウで労働者として登録された被収容者の生活について説明している。午前四時、寒いなか点呼のために四時間立ち続け、それからお玉一杯の「コーヒー」と呼ばれるものを飲む。午前九時に別の検査がある。正午の二度目の点呼は炎天下で二時間半にわたって行われ、「昼食」が出される（「野菜と呼ばれるものの入った鍋が回された」）。午後四時に再び点呼があり、女性五人分として小さなパンがふたつとチーズがいくらか配られた。午後五時、「私たち一二〇〇人はバラックに追い立てられ、自分の夜の場所を確保すると背中合わせになって床に座りました。列を作って膝を立て、両膝を反対側のひとの膝と触れ合わせるのです」[35]。到着から二週間後、女たちがシャワーを浴びるためにアウシュヴィッツIに連れて行かれた様子をディークは説明している。途中、とがった石の上を走っていかなければならず、列から離れると殴られた。アウシュヴィッツの町に到着すると、「私たちは村を通ってシャワーのある建物に連れて行かれました。その前に連れて行かれたホールには、膨大な数の毛皮、銀器、宝石が置かれていました。彼らはそれを私たちに見せ、ユダヤ人がこんなものを貯め込んでいたせいで、自分たちは苦しんでいたのだ、と言いました」[36]。ここでは人種のパラノイア、性的暴力、略奪と強欲、儀式的に与えられる屈辱と、プリモ・レーヴィが「無用な暴力」と呼んだものが凄まじい勢いで組み合わさって、アウシュヴィッツの現実を示している。きれいで効率のよいジェノサイド（そのようなものが存在し得るかのように）という意味の死の工場ではなく、ジェノサイドの幻想が凝縮された食肉処理場なのだ。

　被収容者のなかでおそらくもっとも悲惨なのは、特殊部隊（ゾンダーコマンド）の男たちだった。ガス室と死体焼却場で働かされた「特別班」員である。そこで彼らは犠牲者たちが服を脱ぐのを手伝い、彼らをガス室に連れて行き、死体を片づけ、焼却した。この想像を絶する仕事が文字通り魂を破滅させるものであったことは、数少ない生存者の証言にあるとおりだ。そのひとり、アブラハム・ドラゴンはこう話した。「あそこで起こったことは、私たちの心と魂に永遠に残るだろう。ビルケナウの記憶を取り除くことはけっしてできない」[37]。外部の人間からは疑惑の目で見られ、協力者とすらみなされた。ビルケナウから脱走したことで名高いルドルフ・ヴルバとアルフレート・ヴェッツラーは、特殊部隊（ゾンダーコマンド）を「いつも汚れていて、貧相で荒っぽく、非常に残忍で冷酷だった」と形容している[38]。それでも彼らは「享受した」特権のおかげで、秘密の文書をしたため、ガス室の周囲の地中に埋めることができた。ポーランドの地下組織の協力によって、彼らはひそかにカメラを持ち込み、ホロコーストのもっとも重要な写真を撮影することもできた。焼かれる死体の写真や、樺の森でガス殺されるのを待つ女性たちの写真だ。そしてアウシュヴィッツのユニオン軍需プラントの四人の女性強制労働者（のちに四人全員が絞首刑になった）のおかげで、彼らは火薬の入手に成功し、一九四四年一〇月七日の特殊部隊（ゾンダーコマンド）の蜂起に役立てることができた。この蜂起でガス室のひとつが破壊された[39]。文書のいくつかは戦後（一九八〇年が最後）発見されており、彼らはもっと多くの文書を埋めたようだが、それらはもはや発見されないか、発見されたとしても長い年月の間に劣化して読めなくなっているだろう[40]。おそらくもっとも注目に値するのは、ザルマン・グラドフスキの書いた文書だ。彼はポーランド北東部のスワウキ出身のユダヤ教徒で、一九四二年一二月にアウシュヴィッツに移送された。彼の文書は文語のイディッシュ語で書かれており、読者に直接呼びかけ、殺人の過程について述べていく。このような状況下で、彼がどのようにして孤高を保ち冷静さを見いだし、注意深く構成された美しい文章を書いたかを想像するのは難しい。文書には殺人のプロセスについての事実情報のみならず、何が起こっていたかや加害者の性質についての熟考も記されている。「あなたたち、世界の自由な住民よ、私のところに来なさい」と彼は読者に熱心に勧めている。「まだ生が人間的な道義によって保証され、生存が法によって守られているあなたたち、そうすれば現代の犯罪者、ありふれた強盗がどう生の道義性を粉々にし、生存の法を消滅させたのかを教えてあげよう[41]」。

グラドフスキはナチズムの著しく近代的な側面を指摘し、それが犯罪と弁証法的関係にあるとした点が、非常に洞察力に富んでいる。彼の見解の哲学的な明敏さは、ロサンゼルスで亡命生活を送っていた学者マックス・ホルクハイマーとテオドール・アドルノが同時期に進めていた考察に似ており、注目に値する。

心が石になり、頭が冷たい計算機になり、そして目がカメラのレンズになったとしても、それでも、あそこに戻ろうとはしないだろう。私を探すのならば永遠の森の中に行くがよい。教養のある悪魔たちの世界に住むよりは、野の獣の群れの中のほうがましだと、人間の住む世界から逃げ出しているだろうから。文明は野獣さえ飼いならした――蹄は削られ、獰猛さは失われたが、人間はそうではなかった、人間が獣になった。文化が高度であればあるほど殺人者は残酷になり、社会が文明化すればするほど、野蛮さは増す。発展すればするほど、行為はおぞましいものとなる。[42]

アウシュヴィッツは「教養のある悪魔」の領域であり、ホロコーストで殺されたユダヤ人の大半が死んだ場所ではないにしても殺戮プロセスの頂点であり、そのように記憶されるのは正しい。

一九四三年末から四四年初めにかけて、ビルケナウでの殺戮の割合は鈍化した。労働力よりもイデオロギーを優先させるのは、戦争経済の困難な状況やスターリングラード以降の軍事情勢を考えれば得策ではない、とナチが考えたからである。戦争経済がますます絶望的な状況に追い込まれたことで、ナチ指導部は殺戮計画の見直しを迫られた。ナチズムの中心思想だったユダヤ人殺害への意欲を考えると、これは注目に値する。一九四三年以降、ユダヤ人とその他の人々は、SSの主要な収容所に付属する補助収容所で強制労働に従事させられる可能性が、即座に殺害されるのと同じくらい高くなった。実際、二一万人から二二万人の被収容者（大多数がユダヤ人だった）が、アウシュヴィッツから、その補助収容所も含め、他の収容所に移された。[43] 補助収容所システムの急速な拡大については、ホロコースト史において十分に説明されていないが、戦争末期の一年半にナチのジェノサイドが少々衰えたからといって、ジェノサイド計画の重要性が減じるわけではない。むしろ強制労働者に対する扱いを考えると、この場合は正反対である。「労働による絶滅」（この言葉は資料にはあまり出てこない）とは必ずしも言えないにしても、ナチは労働力が逼迫しているときですらユダヤ人を消耗品扱いし、一般の労働者に対するような生産力を保持するための努力はすべきでないと考えていた。

今日では静寂に包まれているように見える場所も、看守、SS、民間人と被収容者による喧騒に満ちた動きは、収容所が「つねに稼働している」ことを意味していた[44]。この動きは犠牲者をひどく困惑させ、補助収容所の被収容者たちは自分たちがどこにいるかさえわからない場合が多かった。しかし、強制労働者として使用することで、そうでなければ簡単に殺されていた数十万のユダヤ人が助かったのも事実である。たとえ死が先送りされただけであっても、一九四三年後半以降、戦争経済が絶望的な危機に陥ったことでナチの人種法が思いがけなく軟化した結果、彼らの命は延ばされた。ある歴史家は言う。「これらの収容所はユダヤ人にとって最良の選択肢のひとつだった。他の被収容者にとってはふつうは最悪の選択肢だったが。ユダヤ人は最悪の影響を受けたが、彼らの労働能力がドイツ支配下にある彼らの運命にまったく役立たなかったというのは間違いだろう[45]」。

この柔軟性は誇張すべきではない。これは最後の切り札にすぎず、生存者たちは戦争が数日でも長引かなかったことが幸運だっただけである。さもなければ彼らの数はもっと減っていただろうから。しかしユダヤ人を強制労働に従事させるのは、ナチのイデオロギーからすれば皮肉な事態だった。補助収容所のシステムが大きく拡大したこと、そしてとりわけ連合国の進攻に直面して収容所から撤退する際に行われた「死の行進」(これについては第七章で検証する)からは、ホロコーストが生態学的プロジェクトだったことが窺える。ナチはヨーロッパをユダヤ人という「外来種」から「浄化」することを欲しており、絶滅収容所は「ナチの生態学的責務(ドイツをユダヤ人のいない場所にすること)」が完全に実行される場所だった[46]。ナチが「ユダヤ人保留地」と呼んでいたゲットーにしても絶滅収容所にしても、ホロコーストの犠牲者たちは自分たちが実際、動物であるかのような気分にさせられたと証言している。ポーランドの農家の小さな地下シェルターに隠れていたナオミ・サムソンは、シェルターの隙間から牛を見ることができた。

わたしの眼は、彼らが食べ物を食べているあいだ、よく噛んではよだれを流しているのを眺めていて、ほとんど飛び出しそうになっていた。わたしは涙と唾液がわたしの手の上に落ちるのを感じて、それらの動物たちから目を離さないまま、わたしの手を舐めた。「なんて幸せな動物たちなんだろう！」とわたしは思った。どうしてわたしは彼らの一員になれなかったのだろうか（実際には、わたしはあれらの日々には自分が動物だと感じていたのだった。恵まれない動物だとである）。[47]

一〇代のダヴィト・シェラコヴィアクは、ウッチのゲットーで日記にこう書いている。「ぼくらはまったく人間とは見なされていない。労働させるための、あるいは殺して食糧にするための、畜牛なのだ」。[48] 一九四三年四月にブチャチで一斉検挙が行われた際、一〇歳のイジドール・ヘフトは家族とともにポーランド人とウクライナ人の夫婦、ユーゼフとバルバラのザリーヴニ夫妻の所有する農場の階段の後ろに隠れていた。「頭の真上で死が足を踏み鳴らしているような感じは、とても言葉では言い表せない」と彼は語っている。「蟻に変身できたらいいのにと願い、目を閉じて地中深くに隠れようとするのだ」。翌年、家族は捕まって殺されたが、イジドールと祖母は干し草置き場に隠れたおかげで生き延びた。[49] 三歳の妹と隠れていた九歳の少女は、畑や果樹園でどのように眠ったかを、戦後インタビュアーに話している。「あのころ、シュラミットはよくこう言ってた。「ブスハ、子牛の母親は裏切らないって知ってる？　母親はいつも子牛の耳をなめてるでしょ。私も子牛になりたい！」ってね。ストーブの上にある木の台で寝ているネコを見ると、「ネコになりたいな！」って言ってた」。[50]

皮肉にも戦争末期、ホロコーストの犠牲者の大半が殺され、イデオロギー的見地からすれば、「ユダヤ民族」が存在した記憶を消し去っているべきときに、ナチはかわりにドイツの国土を「汚染した」。公式には帝国を「ユダヤ人のいない国」(judenrein)と宣言していたものの、ユダヤ人を収容する場所を大幅に拡大することによって、そして彼らを中欧全域に連行し、その途上で数万人を殺すことによって、ナチは浄化された祖国という概念をまったく中身のないものにしたのである。この補助収容所という世界が拡大したのは、ナチが自分たちのイデオロギーを信じなかったからではなく(イデオロギーは初期の一部の論者が示唆したように、たんに大衆に媚びるための手段だったわけではない)、必要にかられてやったことであり、ただそれだけだ。ナチはユダヤ人の生存権を否定するという夢をけっしてあきらめず、ドイツの環境に生きる権利のみならず、さらに多くのものを奪った。ある論者は「彼らはユダヤ人から「存在」を奪った」と述べ、ユダヤ人を特定の場所からだけでなく、存在そのものから排除することがナチの目的だったと強調している。[51] それを念頭に置けば、一九四四年の春から夏にかけてナチがハンガリー・ユダヤ人を何十万人も殺したのと同時期に、アウシュヴィッツに到着した者の四分の一に当たる若くて健康な者たちを選抜し、ドイツの戦争経済が沈滞しきっているときに、軍需工場その他の場所で強制労働者として働かせた理由を理解するのに役立つ。「恐ろしいのは、ドイツがあれほど多くの人々をあれほど迅速に殺害し、なおかつ経済的利益を得ようとしたことだ」とある歴史家は述べている。[52] 一九四二年七月、ヒムラーはグロボクニクを伴い、ソビブルも含めルブリンを三日間視察したあと、七月一九日に、「総督府の全ユダヤ人の再定住」を年末までに完了させることに加え、ユダヤ人は特定の収容所に収容する五〇万人を除いて労働に利用してはならないと命じた。[53] つまり、労働と絶滅のせめぎあいのなかで、ユダヤ人については絶滅が優先されたのだ。しかし戦争末期になるとこのルールは曲げられ、ユダヤ人は再び一時的にではあるものの、労働に使われるようになった。それについては、いくつか例を挙げれば十分だろう。

トリーア出身の青年、ユルゲン・バスフロイントは一九四三年にベルリンからアウシュヴィッツに移送された。収容所が撤収するまで生き延びたのち、彼は死の行進をさせられ（第七章で述べる）、一九四五年二月にダッハウの補助収容所であるミュールドルフにたどり着いた。[54] 彼も仲間の被収容者も行進でやせ衰えていたが、空港建設のためのセメント運びをやらされた。バスフロイントは戦後、最初に録音装置を使ってユダヤ人生存者の証言を集めた先駆者のひとり、デヴィッド・ボーダーに、ミュンヘン近くのフンクカゼルネ〔無線兵舎〕DPキャンプでインタビューを受けた。彼はボーダーに「ミュールドルフの状況は悲惨だった」と語っている。「皆シラミだらけなのに、替えの下着はもらえなかった」。彼はチフスにかかり、他の瀕死の病人とテントに入れられた。収容所が閉鎖される際、病人を殺せという命令が下ったが、収容所の所長はアメリカ軍がすぐそこまで迫っていることに脅え、命令に応じることはできなかった。そのおかげでバスフロイントは助かったのだという。[55]

もうひとりの生存者は、正統派ユダヤ教徒のコルネリア・パシュクースというハンガリー人の少女だ。彼女は母親と姉妹とともに一九四四年六月にチョルナからショプロンに、そこからアウシュヴィッツに移送された。一週間と経たないうちに彼女たちは「皆、肉体的にも精神的にもぼろぼろになり、苦痛に襲われ、疲労、飢え、暑さ、雨に苦しんだ」。それから彼女たちはカッセルに近いブーヘンヴァルトの補助収容所ヘッシシュ・リヒテナウの新たな収容所に突然送られた。ここにはダイナミット・ノーベル社が運営する軍需工場があった。パシュクースが述べているように、この頃にはドイツ人労働者が徴兵され前線で戦っていたため、「ドイツ人はユダヤ人を連行して強制労働に従事させた」のだった。こういった補助収容所ではよくあることだったが、環境はアウシュヴィッツよりは多少ましだった。それでも、大砲の火薬を作るのに「肉体的・精神的限界を超えて働くという罰に今度は苦しむことになった」。食事や環境が多少ましだったとしても、仕事自体が命がけだった。「火薬の粉は黄色くて苦く、空気中に充満していたので、私たちの髪も体もいつも黄色くなっていました。この有毒な粉を吸い込むと危険で、私たちは危険を最小限に抑えるために薄っぺらなマスクを与えられていました。ふたりの仕事仲間はマスクをしていたにもかかわらず、若い娘だったのに、毒を吸い込んで死にました」。パシュクースは自分たちも同じ運命をたどるのだろうと考えた。「私たちは囚人だったのでしょうか、それとも奴隷だったのでしょうか。囚人ならこんなきつい仕事はさせられないので、囚人であるはずがありません。奴隷なら一日の終わりにきちんとした食事が与えられるので、奴隷でもありません。わかっていたのは、私たちが抑圧され、酷使され、侮辱されているということだけでした」。唯一の救いは、パシュクースが母親と一緒にいられたことだった。か弱く、健康とは言えなかったものの、ふたりは生き延びた(56)。

　ほとんどの生存者は課せられた仕事について話すことはできたが、自分たちが正確には何をしていたのかや、何のため、あるいは誰のため、あるいはどんな製品を作るためなのかはわかっていない者が多かった。また自分たちがどこにいるのかもほとんどわかっていなかった。生き延びるための闘いでは、そのようなことはたいして重要ではなかったのだ。たとえばミッテルシュタインに収容されていたサラ・ミハローヴィチはイディッシュ語とドイツ語を混ぜて、次のように説明している。「Wo war di genaue Lage fun lager Mittelstein kan ich nicht wissen, wajl wir haben ni di frajhejt gezejn」（私にはミッテルシュタイン収容所の正確な位置はわかりません。知りようがなかったからです(57)）。とはいえ、生存者たちは自分のいた収容所の生活環境については詳細に説明できた。ラヘル・ツォルフはブーヘンヴァルトの補助収容所であるマルククレーベルクのユモ004ジェットエンジンの製造ラインで働いていた。彼女は自分の仕事については説明できたが、ナチにしてみれば、彼女はそれ以上何も知る必要がなかった。

機械が並んでいて、私は最初の機械の担当でした。旋盤（Drehbank）と呼ばれる機械でした。私は長さ一メートルはあろうかという大きな鉄片を受け取り、機械に入れました。小片に切断すると、上部から黒い部分を取り除き、別の工具で中央に丸い穴を開けました［…］それを私の後ろにある二番目の機械の担当に渡しました。ベルトコンベアーのように、それぞれの女性が部品を作ったのです。[58]

ツイッタウの生存者であるミリアム・ギヴォンは、ユモの別のエンジン工場にいたが、この収容所と彼女が以前にいたアウシュヴィッツとの違いについて説明している。

私たちは三階建ての建物を宿舎として割り当てられましたが、アウシュヴィッツと比べれば天国でした。ひとりひとりにベッドがあり、藁のマットレスと枕もある。食事を与えられ、こう言われました。「君たちは民間の工場に来たのだから、もう恐れることはない。君たちの面倒を見るので、何もかもがうまくいく。仕事をして、夕方にはここに戻って十分な食事を取るんだ」。風呂と水道つきのトイレもありました。私たちの番号入り（刺青の番号ではない）の皿とスプーンを与えられました。[59]

ツイッタウの環境は戦争末期には悪化したが、被収容者のほとんどが生き延びた。同じことが、グロス＝ローゼンの補助収容所のひとつである巨大な複合工場施設、クリスティアンシュタットで働いた女性たちにも当てはまる。アウシュヴィッツから到着したミリアム・ユングは、クリスティアンシュタットはアウシュヴィッツに比べれば「休暇を過ごしているようだった」と言い、ヴェラ・ハイコヴァ＝ドゥクソヴァは、女たちが藁のマットレスのあるきちんとした寝台を見て「驚きを隠せなかった」と述べている。[60] だが、彼女たちはまもなく容赦ない労働と厳しい監督、少ない食事ときわめて粗末な衛生設備という現実に直面しなければならなかった。

アウシュヴィッツに収容された際のエピソードで前述したゲルトルード・ディークも、コルネリア・パシュクースと同様に、一九四四年八月末、三日間の旅を経てヘッシシュ・リヒテナウの補助収容所に送られた。彼女は二〇歳だった。アウシュヴィッツを体験したあと、彼女は自分の見たものに驚いた。

> 収容所には小さなバラックがあり、それぞれに六つの部屋がありました。美しく手入れされた草木が縞模様を作り、自由に使えるきれいなシャワー室もあり、そこで一日に一度体を洗うことができました。藁袋の備えられた寝台があり、それだけでも十分暖かかったけれど、各部屋にラジエーターがあり、セントラルヒーティングになっていました。石鹸が配られましたが、ユダヤ人の脂肪で作ったと刻印されていました。ひとりひとりに毛布とオーバーコートと、番号が書かれた、背中を覆うほど大きな白い正方形の布が配られました。この布を各自の服に縫いつけなければなりませんでした［…］とてもおいしい食事が三回出て、点呼は朝と夕方の一日二回、三〇分間だけでした。

ディークが戦後語ったように、「そこでの暮らしは天国のように思えた」[61]。しかし六日目に仕事が始まると、その場所の本当の姿が明らかになった。ある作業グループは硫黄製品を作る工場に送られた。二週間と経たないうちに、そこで働いていた女性たちの皮膚は黄色くなり、硫黄被毒に苦しみながら瀕死の状態に陥った。ディークが所属していた二番目のグループは、軍需工場まで六キロの道のりを歩いていかねばならず、そこで彼女たちは手榴弾と破裂弾に使用する混合物の準備をさせられた。ディークは手榴弾を積んだ荷馬車を引かなければならなかったが、幸運にも荷馬車に押しつぶされずに済んだ。彼女は現場監督の「不愉快な態度」の標的になって、工場の周囲にある人間の排泄物を集めるよう命じられることもしばしばだった。爆撃が頻繁になると収容所の生活は過酷になり、積み上げられた石をある場所から別の場所に移動させるようなよくわからない仕事をさせられた。食べものは乏しくなり、暖房は断続的にしか使えず、シャワー室は閉鎖された。[62] 被収容者たちがしだいに衰弱していくと、看守が他の場所で軽作業に従事する者が二〇〇人必要だと告げ、選別が行われた。ディークも選ばれたが、人数を数えたところひとり多かったので、外された。おそらく彼女は薔薇色の頬をしていたので、実際よりも健康そうに見えたのだろう。選別されたグループはビルケナウに送られ、ガス殺された。[63]

補助収容所はアウシュヴィッツには及ばなかったかもしれないが、別の証人がグロス＝ローゼンの別の補助収容所であるホーフヴァイラーについて述べたように、「それでも強制収容所のようだった」(ebenfalls KZ-mäßig)。[64]「私たちは仕事中に殴られ、生活必需品も不十分だった」と、やはりグロス＝ローゼン収容所の補助収容所、ゲプハルツドルフとザンクト・ゲオルゲンタールにいた証人が述べている。その証人、ローザ・ルビンは、出身国の異なるグループ間の関係は悪くはなかったが、親密でもなく、ポーランドとハンガリーの女性は別々に収容されていたと説明している。概して、彼女はゲプハルツドルフは「きつい収容所だった。空腹で、薬もなく、ひどい扱いを受けた」と回想している。その一方で、この収容所で人が殺されたケースは知らないと述べている。ただし、ハンガリー人の女医と娘は数人の病気の被収容者とともに移送され、彼女たちの運命がどうなったのか、はっきりしたことはわからないとも認めている[65]。これらの収容所は残忍ではあったが、それでもアウシュヴィッツとは違っていたという。

こういった収容所のなかで最大のものは、ドイツ北部のハルツ山脈にあったミッテルバウ＝ドーラ収容所である。六万人の被収容者は巨大な地下トンネルのなかで極秘の「V」兵器（戦争後期にイギリス、ベルギー、フランスに対して使われることになる「驚異の兵器」）製造に当たり、死ぬまで働かされた。もともとは「ドーラ」という暗号名のついた、ブーヘンヴァルトの補助収容所で、バルト海のペーネミュンデにあったロケット製造施設がイギリスの空爆を受けたのち設立され、ミッテルバウは一九四四年に独立した収容所となった。第三帝国最後の収容所で、独自の複合補助収容所が付属していた。最終段階に至るまでは、被収容者の多くはユダヤ人ではなかった。地下トンネルで被収容者たちは一日一二時間、わずかな食べものと睡眠で、有毒なガスを吸いながら働かされたが、その環境は最初から殺人的で、死亡率は急増した。武器製造を継続させるために必死の試みがなされ、さらに多くの補助収容所が設立されるようになると（ただしミッテルバウの被収容者のうち兵器製造に携わっていたのはほんの少数で、大半は採鉱や建設に従事していた）、移動させるための選別プロセスが導入され、被収容者たちは重労働によって衰弱し、最終的に死ぬまで、より過酷な部隊へと移動させられた[66]。戦争の最終局面を迎えた一九四五年の初めには、すでに瀕死の状態にあった約一万六〇〇〇人のユダヤ人被収容者が、グロス＝ローゼンとアウシュヴィッツからミッテルバウ複合施設に送られ、悲惨な最期を遂げた。ミッテルバウからベルゼンとラーフェンスブリュックへの最後の移送は戦争末期に行われ、苦しむ被収容者たちは、崩壊しかけた強制収容所システムが大混乱するなか、恐怖の現場を通過したのである[67]。

ナチの収容所がいかに多様だったかについては、連合国遠征軍最高司令部が作成した一九四五年初頭の情報報告にも記されている。報告書からは、連合軍がナチの収容所システムについて驚くほど十分な情報を得ており、収容所のさまざまな種類と囚人の等級の区別も把握し、終戦直前の時点で補助収容所について理解していた様子が詳細にうかがえる。[68] 一九四四年秋に解放されたナッツヴァイラー収容所とその「Aussenlager（補助収容所）」を例に挙げ、報告書はこれらの収容所がどのようにうまく撤収し、「ドイツに必要な労働力と機械の保持を可能にし、情報源になり得るものとともにこれが連合軍の手に渡らないようにしたか」について説明している。[69] 補助収容所に関しては、「処刑は依然として行われており（とくに潜在的な協力者）、収容所での死亡率が異常に高いのも事実だが、強制収容所の被収容者への寛大さが増したという最近の報告がある」と報告書は指摘している。少々信じ難いが、筆者はこう続けている。

最近の証拠となる文書もこの報告を裏づけている。しかし、SS側のこの心変わりは人道的感情が突然生まれたからではなく、実のところ方針が改まったのは、労働力が極度に不足している時期に、強制収容所の被収容者による労働力の潜在的価値が発見されたからだと述べておく必要がある。被収容者が「総統の所有物」と考えられていないとしても、彼らはいずれにせよ「ヒムラーの」所有物でありSSの収入源と考えられているのだと言えよう。[70]

これは驚くほど正確な評価だった。ゲットーが解体された際にまだ生きていた者たちも含め、戦前および戦中に強制労働をさせられていたユダヤ人はつねにいたものの、補助収容所のシステムは戦争末期に急速に発展した。一九四四年春にハンガリーからアウシュヴィッツに送られたユダヤ人の四分の一は労働用に選別され、一九四五年にはメインの収容所の被収容者よりも補助収容所の被収容者のほうが多くなっていた。[71] 開戦時、メインの収容所は六つ存在していたが、一九四三年末までに、メインと補助とを合わせた収容所の数は二六〇にまで増加し、一九四四年七月にはほぼ六〇〇、一九四五年一月には七三〇以上になっている。ポーランドの法曹でナチの戦争犯罪を追及したヤン・セーンが一九五〇年にまとめたリストには、ブーヘンヴァルトの補助収容所だったチューリンゲンのアプテローデからチェコスロヴァキアのツヴォダウまで、一〇五〇の名前が見られる。[72] 補助収容所の数は一一〇〇以上にのぼるという説もある。[73] この数字は「ドイツ支配地域がかなり縮小され、東西の多数の収容所が解体され、被収容者が帝国の国境内に逆移送されたにもかかわらず」、到達した数字である。[74] 実際、戦争末期に向けて強制労働への利用が増加したのは危機の兆候で、「無慈悲なまでに過熱した軍需産業にとっての最後の手段であり、絶望的な戦況を考えれば破綻の可能性がますます高まる手段だった」。[75] 収容所システムの複雑なネットワークの解明は別として、このような数字は、戦争の最終段階で「ドイツやオーストリアに収容所のない町がほとんどなかった」ことを示している。[76] この数字に含まれるのはSSが管理した収容所だけであって、地方議会や企業や個人といった他の機関が運営していた収容所（帝国内とポーランド占領地域に少なくとも一三〇〇はあった）[77] は勘定に入っていないことを考えると、ナチが「おそらくいかなる社会も経験したことがないほど広範囲に多数の監禁施設を遍在させた」と書くのが理にかなっているのは明らかだ。[78] ヨーロッパは文字通り収容所大陸だったのだ。[79] これらの収容所は、プリモ・レーヴィが指摘したとおり、戦時の緊急事態の副産物ではなく、むしろ「新秩序の萌芽」だった。主人と奴隷の役割分担を新たな法が決めるというこの構想では、収容所は不可欠だっただろう。「もしファシズムが勝利していたら、ヨーロッパ全体が強制労働収容所と絶滅収容所の複雑なシステムに変わり、ナチが強制収容所に掲げたあの皮肉なスローガン「Arbeit macht frei（働けば自由になる）」があらゆる作業場や職場の入り口に見られることになっただろう」とレーヴィは書いている[80]。

こういった補助収容所の存在とそれが果たした役割がホロコーストの歴史と記憶にうまく組み込まれてこなかったのは驚くべきことだ。生還した記録を書いたり話したりした人々の非常に多くが、これらの収容所に送られたために生き延びられた。実際、移動型のホロコーストという概念は、戦争末期に意味を持つようになる。多くの収容所で奴隷労働を課せられた者たちが、戦争経済の必要性に応じて収容所から収容所へと移動させられたからである。さらに、補助収容所で強制労働をさせられることでナチの犠牲者数万人の命が救われたものの、当事者のユダヤ人にとっては、この事実は偶発的なものであり、政策によるものではない。ナチが勝利していれば、彼らが殺されていたのは間違いない。そして多くは、連合軍による「解放」がぎりぎり間に合ったから生き残ったにすぎない。やせ衰え、絶望していた彼らの大半は、連合軍の到着があと数日、あるいは数週間遅れていれば、生きてはいなかっただろう。補助収容所もまた、ホロコースト史の重要な一部なのだ。

ピアノを弾く殺人者はホロコースト映画や文学にお決まりのように登場し、もはや陳腐である。しかし文明と野蛮の並置はナチズムの本質への洞察を示し続ける。一九四四年、作曲家のギデオン・クラインはテレジエンシュタットからアウシュヴィッツに移送されたのち、フュルステングルーベの補助収容所に送られ、そこで亡くなった。移送された仲間のひとりがのちにこう回想している。

他の囚人たちとともに彼は健康診断に連れてこられ、私たちは皆、ＳＳの看守が見張るなか、裸で壁を背にして立って待っていた。誰もいない別室にピアノが置いてあった。退屈していたＳＳ隊員は、待ち時間をやり過ごすために誰か弾ける者はいないかと尋ねた。クラインは弾けると答え、私たち同様裸のまま座って演奏した。(81)

第七章　大いなる怒り――「解放」と余波

「解放が近いとわかっていただけに、ドイツ人がもたらす恐怖はいっそう耐え難かった。私たちは岸に近づきながら、地に足が着く寸前に力尽きてしまうのではないかと恐れる泳ぎ手のような気分だった」

――トゥヴィア・ボルジコフスキ(1)

死の行進

前章で紹介したユルゲン・バスフロイントは、トリーアとケルンで育った。彼は一九四三年二月にベルリンからアウシュヴィッツに移送され、その後モノヴィッツ（ブナ）に送られ、収容所が閉鎖される際、死の行進でダッハウに送られた。彼はこれを「収容所で経験した最大の生き地獄」と形容している。「途中でついてこられなくなった多くの人々が撃たれた。立ち止まった者、道に倒れた者は、男女を問わず皆、撃たれた」。バスフロイントはプレッツから列車でグロス＝ローゼンに送られ、それからやはり列車でダッハウに送られた。被収容者たちはとても寒いので密閉された列車のほうがましだと考えたが、すぐにそれが間違いだと思い知らされた。「あまりにひどい状況だったので、人々は道中気が狂いそうになり、まもなく最初の死者が出た」。軍隊を先に通すために列車が停止すると死者の数はすぐに増え、「死体は臭い始めた［…］食べものはなく、一滴の水もなく、外には雪があったのにSS隊員は何もくれなかった。列車の中には多くの正気を失った者と死者しかいなかった」。食べものも与えられないままこの移動する死の収容所で五昼夜過ごしたのち、バスフロイントはダッハウに到着し、それから三週間後に上バイエルンのミュールドルフの補助収容所に再び移送された。[2]

バスフロイントは戦後デヴィッド・ボーダーに自分の体験を語った。ボーダーがインタビューしたもうひとりの人物、ルートヴィヒ・ハンブルガーは、一四歳のときにカトヴィツェからアウシュヴィッツに送られ、そこで両親と引き離され、二度と会うことはなかった。二か月間、石運びという骨の折れる仕事をしたのち、ハンブルガーはブレヒハンマー補助収容所に移された。アウシュヴィッツ最大の補助収容所のひとつであるブレヒハンマーには、約四〇〇〇人の男と少年が収容されていた。[3] ブレヒハンマーで二年過ごしたのち、ハンブルガーは一九四四年一二月二一日、収容所に残った大部分の被収容者とともに撤退させられた。シレジアのグライヴィッツ（グリヴィツェ）に向けて昼夜を問わず歩かされた様子をボーダーに説明するなかで、ハンブルガーは、ある晩、四〇〇〇人の男たちが納屋に押し込められた話をしている。ボーダーは説明を求めざるを得なかった。これは一九四六年の時点ではまだ知られていない話だった。

ハンブルガー　本当に恐ろしかった。SS隊員に取り囲まれて。彼らは重装備で、私たちを納屋に追い込んだ。とても狭かったので、ひとの上に順々にのぼっていくしかなかったんです。朝になって外に出ましたが、多くの仲間がそのままになっていました。

ボーダー　「そのまま」というのは、どういう意味？

ハンブルガー　私たちが彼らを踏みつけて殺してしまったということです。

ボーダー　納屋のなかで。

ハンブルガー　私たちの足で同胞を踏み殺してしまったのです。

ボーダー　なんと。

グロス＝ローゼンに到着する頃には、ブレヒハンマーを出発した四〇〇〇人は二八〇〇人に減っていた。「ブレヒハンマーからグロス＝ローゼンへの道には、死体が点々と並んでいました。一〇～一五メートルごとに死体があったのです」とハンブルガーは述べている。(4)

死の行進をどう説明すればよいだろう。一九四五年一月一七日から二二日にかけて、つまり赤軍の部隊が収容所に到着する数日前、アウシュヴィッツの約五万六〇〇〇人の被収容者がユダヤ人・非ユダヤ人を問わず撤収させられた。そのほとんどはかなり近い場所、とくにグライヴィッツ（グリヴィツェ）やヴォジスワフといった街に向かって行進させられ、その後鉄道で帝国内奥部の強制収容所に送られた。なかには六歳といった幼い子どもも少人数含まれていた。(5) 撤収は三段階に分けて行われた。一九四四年四月から九月にかけて、マイダネクとバルト三国（当時はまだオストラント帝国弁務官領だった）のカイザーヴァルトといった収容所や、一九四四年の蜂起後にワルシャワ・ゲットーの跡地に建てられた収容所が空になった。この段階で閉鎖された収容所の被収容者はほとんどがさらに西に設置された補助収容所に移された。一九四五年一月から二月には、アウシュヴィッツとその補助収容所、グロス＝ローゼンの補助収容所の一部とシュトゥットホーフが撤収した。一九四五年四月から五月の終戦直前には、ミッテルバウ＝ドーラ、ノイエンガンメ、ザクセンハウゼン、マウトハウゼン、ラーフェンスブリュックといった収容所の被収容者も、別の収容所から被収容者がそのいくつかに到着しているなか、撤収させられた。最後に撤収した収容所は、ズデーテン山地のグロス＝ローゼンの補助収容所であるライヒェナウ、ガブロンツ、ランデスフートで、一九四五年五月七日から八日の夜、この地域が解放される数時間前に撤収し、テレジエンシュタットのゲットーには五月九日に赤軍が到着した。[6] 被収容者はダッハウ、ブーヘンヴァルト、ザクセンハウゼン、フロッセンビュルク、マウトハウゼン、ベルゼンに送られたが、戦争の最後の数日にはこれらの収容所からも撤収させられ、連合軍の部隊によって止められたり、森や鉄道の側線に置き去りにされているところを発見されたりした。

死の行進に参加させられたユダヤ人被収容者は、「ホロコーストの最後の大量犠牲者」と呼ばれてきた。[7] しかし死の行進の犠牲者はユダヤ人だけではない。おそらく死の行進は、収容所の看守がドイツ国民の広範な参加を得て引き受けた広範なジェノサイドの発作の一部だと理解するのがよいだろう。これはジェノサイドを継続するために意図的に仕組まれた方法ではなかった。もしそうだったなら、ナチにはすべての被収容者を殺す手段があった。[8] それにもかかわらず、ナチは大規模かつ残忍な点で殺人的な死の行進を行い、衰弱した瀕死の被収容者は看守の怒りと敵意のなすがままにされた。それは恐怖、恥辱、恨み、社会の崩壊、敗北主義や脱走を理由とするドイツ人の大規模な処刑、ドイツが敗北したら「国際ユダヤ人」の吸血鬼による復讐にさらされるというプロパガンダといった背景のもと、戦争が終わったとき自分たちはどんな目に遭うのかという看守の不安によって高まった。死の行進は「歩く収容所」「絡み合ったミクロ共同体」「社会犯罪」「ナチ・ドイツの最後の集団犯罪」「最終的解決の最終局面」「ナチのジェノサイドの最終段階」と形容されてきた。[9] いずれにせよ、その体験が犠牲者にとって

ノインブルク・フォルム・ヴァルト近くの森で射殺されたフロッセンビュルク収容所の被収容者たちの遺体を見下ろすアメリカ兵. 1945年4月29日. USHMM #22193. メリーランド州カレッジパーク，国立公文書館所蔵.

強烈だったのは明らかだ。彼らは終わりが近いことを知りつつも苦しみながら死に、「移動する空間に置かれることで殺戮はさらに身近なものになった[10]」。

現在も、行進の正確なルートを再現するのは困難をきわめている。とくに大規模な撤収に関しては、さまざまな集団がさまざまな方向に送られ、ときには同じ集団が分けられて別の道をたどったのち、再び合流することもあった。看守は多くの文書を破棄したため、公式の指示の正確な記録は発見できない。たとえばSS隊員でミッテルバウの管理部門にいたパウル・クロイツァーはベルゼンに二日間いた際、「すべての書類と受領書とかなりの大金が入ったふたつの大きな箱」を警護したと戦後になって語っている。彼はこれをシュレスヴィヒ＝ホルシュタインのハイデに運び、降伏後、「すべてを破棄するよう命じられたため文書はすべて破棄され、お金は一種の除隊金として、連隊の全員に分配された」と述べている。[11] アベル・ヘルツベルクはもっと痛烈にこう言い切っている。「前進せよ！ どこへ？ 彼らは収容所を片づけている。文書類は荷車で死体焼却場に運ばれている。死体を焼く焚きつけにするために。イギリス軍が近づいてきている」。[12] 死の行進について説明するとなると、推測の域を出ないことが多いのは無理もない。

ヘルツベルクはそのプロセスについても皮肉な説明をしている。

私たちは東方からベルゲン＝ベルゼンに運ばれる囚人の列が延々と続くのに出会う。なぜ？ それがわかるのは、「組織（Organisation）」とは何かを理解している者だけだ。「敵が東から進軍してきたら、西へ退却せよ」。それが「命令（Befehl）」だ。「敵が西から進軍してきたら、東へ退却せよ」。それも「命令（Befehl）」だ。どこかで敵と遭遇しないわけにはいかないということに誰も思い至らない。というのも、もしそんなことを考えたら、「組織（Organisation）」全体が不要になってしまうからだ。隊列は互いにこう挨拶する。「どこに行くんだ？」

「わからない」

「ここはどこだい？」

「ベルゲン＝ベルゼンだ」

「食事はどうだい？」

「うまいよ。毎日ジャガイモとグラーシュだ[13]」

ベルゼンへの死の行進の地図〔巻頭に収録〕は、被収容者が行進した距離、あるいは輸送された距離と、出発した場所がいかに多様だったかを示しており、一九四五年四月までにベルゼンがなぜあのような混乱状態に陥ったかを視覚的に説明するのに役立つ。それはもちろん指揮官と収容所システムに問題があったからだが、到着した連合軍兵士が描写した光景は、最後の数週間に収容所に捨て置かれた多数の被収容者の状況を考えれば、より納得がいく。

このような広範囲での分析をしていくと、犠牲者が体験した恐怖に直面する。彼らの証言は、容赦ない死と殺人のイメージを強める。ウングヴァール出身のハンガリー・ユダヤ人の女性、サロルタ・ミッテルマンは一九四五年四月末、マウトハウゼンからグンスキルヒェンの補助収容所まで南西に約六〇キロの道のりを撤退させられた被収容者のひとりだ。彼女たちはマウトハウゼンに四月一五日に到着したばかりだったが、それまでの間にアウシュヴィッツ、グロス゠ローゼンの補助収容所であるツィラータル゠エルドマンスドルフ、ヴァルドルフ（フランクフルト）、モルゲンシュテルン（グロス゠ローゼンの別の補助収容所）、ミッテルバウ、ミッテルバウの補助収容所であるグロスヴェルター（女性たちはここでは接収されたふたつのダンスホールに収容されていた）で耐え抜いてきた。連合軍が進攻してくると彼女たちは速やかにあちこちに移動させられた。また、ミッテルバウとグロスヴェルターから移動させられたのは、ノルトハウゼンの町周辺が爆撃されたためだった。この時点でまだ生きていた女性たちは、他のマウトハウゼンの被収容者たちとともに撤退させられた。

私たちは男たちと一緒に歩かされた。出発に際し一日分の食料を渡された。私たちは出発した。途中に食べるものはほとんどなかった。ひどく飢えた。男たちは草やハーブを引き抜いて、私たちがそれをゆでた。ときにはいくつかジャガイモを掘り当てたが、見つかると殴られた。それでもそうせざるを得なかった。ひどく飢えていたからだ。もちろん、我慢できる者はわずかで、多くの者が疲れ果てて道端に座り込んだ。SSの将校が自転車で走り回り、座っている者を見つけると全員射殺した。あるとき、私たちは皆、疲れ切って座り込んだ。SS隊員がそれに気づき、銃を私たちに向けた。私たちがすばやく飛び上がると、彼は見逃してくれた。[14]

やはりウングヴァール出身の中年女性、レシュカ・ヴェイスは、最初ラトヴィアに移送され、そこで多くの収容所を体験した。一九四四年六月にはドヴィンスク（ダウガフピルス）近くの収容所にいて、そこでは死体を投げ入れた穴を覆うグループで働かされた。仕事が終わるとSSはグループを別の穴に撃ち落としたが、ヴェイスともうひとりの女性は奇跡的に無傷で生き延び、翌朝こっそり、自分が這い上がってきた穴を覆いにきた次のグループに加わった。彼女はその後シュトゥットホーフに送られ、そこから被収容者はポーランドの他のナチ占領地域に向けて撤退させられた。雪と凍てつく寒さのなか、女性たちはついていくのがやっとだった。

この死の行進を開始してから数週間、いや数か月が経ったのだろうか。いや、ほんの数日だ。だが私たちは死者の数でしか時間を計れなかった。生者の数は絶えず減り続け、先へ先へと急ぐ列は、奮い起こせる限りのスピードで進んでいったが、すでに痛ましいほどに短くなっていた［…］私たちは実際、もはや一般的に考えられるような人間ではなかった。動物ですらなく、二本の脚で動く腐りかけた死体だった［…］しかし死者など私たちには知ったことではない。私たちはまだ生き延びたかった。[15]

そしてある晩、干し草の山のなかに隠れて彼女は生き延びた。その後地元民の助けを得て近辺をさすらったのち、解放後クラクフに向かい、最終的にウングヴァールに戻った。ふたりの息子も弱ってはいたものの生還してきた。しかしすべての撤退が徒歩で行われたわけではない。第六章で紹介したゲルトルード・ディークなど、ヘッシシュ・リヒテナウの被収容者は、米軍がカッセルに近づくと収容所から撤退させられた。彼女たちは貨車に載せられ、ブーヘンヴァルトに送ると告げられた。列車は爆撃を受け、エンジンが破壊された。代わりの列車が到着するまでに、ブーヘンヴァルトはもうアメリカに占領されたので別の場所に向かう、と告げられた。[16] 二日後、彼女たちはライプツィヒに到着し、収容されたSS士官の旧施設が清潔でシャワーもまともな食べものもあることに驚いた。そこが爆撃されると、今度はブーヘンヴァルトの補助収容所、ライプツィヒ＝テクラまで歩かされ、一九四五年四月七日、補助収容所全体を撤収することになったので、再度出発させられた。

アウシュヴィッツから撤収させられた際、被収容者のひとり、トマス・ビュルゲンタールはまだ一一歳にもなっていなかった。行進の最初の晩、彼らは道端で眠ることを許された。ビュルゲンタールは回想している。「そのときにはもう何人かが死んでいた。歩き続けられなかったり道端に座り込んだり、あるいはたんにへたり込んだりしただけでも、SSの衛兵に撃たれる。死体は近くの溝に蹴り入れられた。その後の二日間でさらに多くの人々がこんな調子で亡くなっていった。しばらくすると、銃声が響いても私はもうたじろがなくなった」。[17] グリヴィツェまで三日間歩いたのち、徒歩で移動していたビュルゲンタールたちは無蓋貨車に載せられ、一〇日後にベルリン近郊のオラニエンブルクに到着した。そこで彼はまずハインケル航空機の工場に、それからザクセンハウゼンの強制収容所に送られた。七〇年後、ビュルゲンタールは次のように回想している。

一九四五年一月、ドイツは生き延びるために戦っていたが、ナチ政権は急速に減少する資源、つまり鉄道施設、燃料、兵力などを使って、半ば飢えて死にかけた囚人たちをポーランドからドイツに敢えて移送した。私たちを連合軍の手に渡さないようにするためだったのか、それともドイツへの労働力供給を維持するためだったのか。精神を病んだ者たちが正気を失って企てたゲームだとでも考えない限り、そういった狂気はまったく理解し難い。[18]

ナチ・ドイツを説明するのに狂気という言葉が適切でないとしても、死の行進に関してはそれは避け難いように思われる。

「解放」

ドイツ中心部の収容所が撤収を進めるさなかに、東方の収容所から被収容者が到着した。その結果、管理は混乱し、強制収容所システムは崩壊し、被収容者は、超過密、飢餓、チフスや赤痢といった病気の急速な蔓延という壊滅的な状況に陥った。こういったことは多くの歴史書や生存者の証言で何度も書かれてきた。しかしそれらが真に意味するものは、依然として読むのが耐え難いほど悲惨だ。対面での銃殺からアウシュヴィッツのガス室まで、ホロコーストの殺戮プロセスは受け入れ難い。「解放」についての記述は、「解放」が可能な場合だが、さらに衝撃的だ。ベルゼン、ブーヘンヴァルトその他の収容所では生者と死者が混在しており、終戦間近に不要な死を遂げるという不条理な結果に結びついたからだ。ホロコーストの死はもちろんすべて不要な死だったが、死の行進で殺された者たちや、連合軍が到着する直前、あるいは到着直後に亡くなった（よくあるケースだった）人々の運命は容認し得ないし、反発を覚えずにはいられない。亡くなったなかに小さな子どもたちがいたという事実は、ヘルツベルクが示唆しているように、不可解さを高める。「私たちの隣にはギリシャ人たちがいたが、その二歳の子どもが死にかかっている。喉頭炎だ。亡くなるまでには時間がかかる。人々はささやく。子どもが息を引き取ると、狂ったような悲嘆の声が上がる。もはや胸が張り裂けもしない。ひとが他のひとに思いやりを感じることもできない。誰もが感じているのは疲労だ。眠いのだ[19]」。

死の行進の際に行われた虐殺の解明に携わった兵士たちは、自分たちが発見したものに衝撃を受けた。彼らはすぐに現地のドイツ人を集め、しばしば素手で死体を掘り起こさせ、それから棺を作らせ、死者をきちんと埋葬する儀式に参加させた[20]。収容所を解放した兵士たちは、自分たちが見たものにさらに驚愕した。このような経験をする心の準備はまったくできていなかった。たとえば、ダッハウを解放した師団の機関紙『レインボー・レヴリ』の従軍記者だったジェームズ・クリーズマンは、仲間が経験したことを次のように書いている。

> これらの熟練した観察者たちは厳しい現実には慣れているはずだったが、骨と皮だけになった死体が積み上げられた貨車を見たとき、自分たちが目にしたものを信じられなかった〔…〕ライフル兵は死者を見ることには慣れていたが、死体焼却炉に隣接する部屋に、狂人が作った薪の山のように人間の死体が天井の高さまでからまりあい積み重なっているのは見るに忍びなかった[21]。

生者と死者の混在については、ノルトハウゼン収容所で目撃したものをジョージ・モイーズ中尉が次のように書いている。

収容所は文字通り遺体安置所だったが、特徴的なのはそこにある遺体がすべて完全に死んでいるわけではないという点だった。収容所を整理していくにつれ、生者と死者が混在していることがわかった。場合によっては、生死を確定するために医療関係者に注意深く調べてもらわなければならない場合もあった。生きている者も飢餓状態にあったり、結核が進行していたりすることが多く、生き延びられる望みはほとんどなかった。[22]

また、イギリス軍の上級ユダヤ教聖職者だったアイザック・レヴィは、ベルゼンの「恐怖の収容所」を視察したのち、こう書いている。「かろうじて生きている者と死者とをひと目で区別することは不可能だった。生きているというしるしがわずかながら残っている者でも、生きているようには見えなかったからだ[23]」。

一九四四年七月に赤軍はマイダネクを解放したが、コンスタンティン・シモノフによる悲惨な証言を含む報告書は、西側では疑いをもって扱われた[24]。その後一九四五年一月二七日に赤軍はアウシュヴィッツに到着した。被収容者のほとんどが強制的に退去させられて数日後のことだった。あとには約七〇〇〇人の病人と瀕死の者たちが残されていた。赤軍は西へと進撃し、四月にザクセンハウゼンとラーフェンスブリュック、五月にシュトゥットホーフとグロス゠ローゼン、最後にテレジエンシュタットを解放した。ソヴィエト軍がさらにラインハルト作戦の絶滅収容所を制圧した際には、「ユダヤ人のお宝」を探していた地元のポーランド人にすでに荒らされていたため、見るべきものはほとんど残っていなかったものの、そこで何が起こっていたのか、詳細をかなり明らかにすることができた[25]。

一九四四年一一月にアルザスのナッツヴァイラーを解放したのち、西側連合国は一九四五年四月にブーヘンヴァルト、ミッテルバウ＝ドーラ、フロッセンビュルク、ダッハウおよびそれらの補助収容所とベルゲン＝ベルゼン、そして五月にノイエンガンメ、マウトハウゼンおよびそれらの補助収容所（恐ろしいエーベンゼーとグーゼンも含まれた）を解放した際に、生き延びた被収容者の大多数を発見することになる。そのなかには西へ行進させられたホロコーストの生存者もいた。ホロコーストの生存者がすべて収容所で解放されたわけではない。ドイツ軍に貨車で捨てられ、道端や線路に死者として放置された者も含め、死の行進から解放された多くの人々や、隠れ家から出てきた者もいた。あるいは、これが一番多かったのだが、ソ連から戻ってきた者もいた。彼らは戦争中ソ連で難民として過ごしていたのだ。この最後のグループはほとんどがポーランド・ユダヤ人だったが、後述するように、実際、一九四六年の夏まではユダヤ人ＤＰの大多数を占めていた。

第六三対戦車連隊とともに最初にベルゼンに入ったイギリス兵のひとり、デリック・シントンは、のちに次のように述べている。「私は強制収容所の内部を想像してはいたものの、こんなふうだとは思ってもみなかった。頭を丸刈りにされ、いやらしい縞模様の囚人服を着せられて人間性を失わせられた奇妙な猿の群れが、複合体を取り巻く有刺鉄線のフェンスに押し寄せるなどとは想像もしていなかった[26]」。それとは別に、収容所には何千という死体があった。

シントンは自分が見たものにショックを受けたが、それでも被収容者たちと話をしていくうちに、彼らの大半がそれほど長くここにいたわけでないということを理解した。

ベルゼンでの二日目が終わる頃には、収容所内のグループの国籍を明らかにできた。被収容者四万人のうち約二万五〇〇〇人が女性で、そのうち約一万八〇〇〇人がハンガリー、ポーランド、ルーマニア、チェコとドイツのユダヤ人だった。連合軍が東西から進撃したことで、ドイツはポーランドのアウシュヴィッツ＝ビルケナウや、シレジアと北東ドイツの多数の強制労働収容所を撤収せざるを得なくなり、急遽ベルゼンに集められたヨーロッパ・ユダヤ人の生き残りの大部分が彼女たちのような女性だった。このユダヤ人女性の大半は、ビルケナウやトレブリンカのガス室で他の家族をすべて殺されていた。[27]

一九四五年四月一五日のベルゼン降伏後にそこに入ったイギリス軍（と一部はカナダ軍）部隊が発見したものを受け（ベルゼンは、ドイツ撤退後に発見されたのではなく、交戦地帯で降伏した唯一の収容所だった）、軍の補給部隊と医療隊はただちに水の供給を復旧させ、食料を調達し、集団墓地への死者の埋葬を行った。また医療支援も要請され、当初オランダに向かう予定だったロンドン大学の医学生九六人のチームが急遽ベルゼンに向かうことになり、四月三〇日に到着した。彼らの誰にとっても、これは忘れられない経験となった。他の慈善団体、とくにクエーカー教徒、国連救済復興会議、赤十字、そしてのちにはロンドンを拠点とするユダヤ人救援団体からのボランティアとともに、彼らはできるだけ多くの被収容者を救おうとした。第三二傷病者救護所の働きにより、近くの「豪華設備の整った」ドイツ国防軍兵舎が瞬く間にヨーロッパ最大の病院に変わり、治療の場となった。[28]

膨大な挑戦が続けられた。M・W・ゴニン中佐は「少なくとも二万人の病人がありとあらゆる病気に苦しみ、その誰もが緊急の病院治療を必要とし、治療しなければ死んだかもしれないが、食べものを与えられず恐怖の収容所から出されなければ確実に死んだであろう男女三万人がいた」と述べている。問題は「看護師、医師、ベッド、寝具、衣類、薬、包帯、体温計、便器、その他医療に必要なものの不足と、何よりも共通言語がないこと」だった。[29] 誤った食事の与え方により、連合軍（イギリス軍はベルゼン、アメリカ軍はダッハウ、ブーヘンヴァルト、マウトハウゼン）は解放後にあまりに多くの生存者を死なせてしまったと批判されているものの、実際はそのような批判（ナチの強制収容所で何が行われているかについて軍事情報が得られていたことを考えればまったく不当とも言えないのだが）は、状況の複雑さや、一九四五年四月と五月に発見された前代未聞の事態の性質をほとんど評価できていない。「私たちは気の毒な人々に食事を与え始めたが、多くの者たちは食べることができないほど衰弱していた」とチャールズ・フィリップ・シャープ少佐は書いている。アニタ・ラスカー＝ウォルフィッシュはベルゼンで解放されたときには一九歳だったが、彼女自身は「九〇歳のようだった。イギリス軍はまったく気が遠くなるようなことに対処しなければならなかった」と語っている。また、第二軍の医務部長でベルゼンでの医療救援を組織する責任者だったヒュー・グリン・ヒューズ准将は、一九四五年九月にベルゼンの裁判で次のように説明している。

私は被収容者の七〇パーセントが入院を必要とし、そのうちの少なくとも一万人が入院する前に死ぬだろうと考えていた。収容所に到着した際には一万人の死体があった。あらゆる病気が蔓延していたが、恐ろしい状況を招いた主因はチフス、飢餓、結核だった。病気の原因は彼らが体験してきた欠乏状態と苦しみによるものだった。[30]

ベルゼンについては非常に多くのことが書かれ、語られてきたが、一九四五年にロバート・コリスが出した結論は今も真実であり続けている。「ごく控えめに言っても、あの腐敗した糞便、腐敗した死体、燃えたぼろ布の悪臭はどんな言葉でも言い表すことができない。最初の数週間は、収容所から何キロも離れた場所からでも臭気を感じることができた[31]」。

そのような発言はいくらでも挙げることができる。ダッハウ、ブーヘンヴァルト、マウトハウゼンとその多くの補助収容所からの報告はすべて、恐ろしい状況、生き延びた被収容者の悲惨な状況、看守や地元住民の冷淡さを証明するものだ。エーベンゼーのオランダ人生存者、マックス・ガルシアは、被収容者と連合軍兵士とが出会った状況を、断固たる言葉で、意図的にナチの言葉遣いを真似てまとめている。

　見慣れない軍服を着た兵士たちは、汚い縞模様のぼろ布をまとったしなびた不気味な案山子の集団、中央の一筋を残して丸刈りにされた悪臭を放つ集団を戦車の上から見て、心底驚いていた。兵士たちは私たちを見つめ、私たちは彼らを見つめた［…］出会いの最初の衝撃が解けると、門がいくらか開かれた。轟音をたてる戦車とその小さな護衛隊が点呼を行う広場の中央に入ってこられるように、私たちはあとずさりした。エンジンが止まると、囚人たちは戦車のまわりに群がった。戦車のなかにいる兵士も外にいる兵士も怖がっているようだった。降りて私たちのなかに入って来るのをいやがっているようにも見えた。おそらく彼らは最近戦闘から戻ってきたばかりなのだろうが、私たちは彼らの手にはとても負えないようだった。落ちくぼんだ顔と骸骨のような体。悪臭を放つ亜人。それが私たちだ。[32]

生存者を助けようと必死に努力した兵士、医師、慈善活動家たちは厳しい状況下で類まれな働きをし、多くの人々はのちに自分たちの行為を当然ながら誇らしく振り返った。しかし生存者たちは当惑し、衝撃を受けた。彼らは看病されて肉体的には回復したものの、すっかり元通りになったと感じるには、数十年とは言わないまでも、何年も要する者が多かった。思いがけなくナチの支配を生き延びた喜びの感情だけでなく、「自分たちのなかにある無限の孤独感」が彼らを孤立させ疲弊させたと、ほとんどの人々が証言している。[33] それにどう対応していいかわからない者たちは多かった。

フルビエショフ近郊のトゥルコヴィツェの女子修道院に子どものときにかくまわれていたミハウ・グウォヴィンスキは孤独に慣れ、将来について考えられなくなっていたため、戦争末期に母親が迎えに来たと聞かされても、どう反応してよいかわからなかった。半世紀ほど経って、彼は当時の自分の振る舞いについて、じつに正直な言葉で次のように書いている。

言葉ではとても言い表せない幸運が訪れたのだから大喜びして当然なのに、私は喜べなかった。訪れた幸福にどう振る舞えばよいのか見当もつかなかったのだ。私はあまりに驚き、何が起こっているかを理解できなかったので、それを表現する術を自分のなかから引き出すことができなかった［…］そのような途方もない状況にふさわしいそぶりを見せることはしなかった。両腕をまわして母親に抱きつくこともしなかった。このような状況で、自発的な、そして同時に適切な言葉をひとつでも自分のなかから引き出す術を知らなかったのだ。

さらに続けてこう言っている。「もっとも恐ろしい大惨事のあとに母親が初めて息子と会う場面は、荘厳であるべきだ。しかしそうではなかった」。[34]

グウォヴィンスキの言葉からも明らかなように、迫害の影響は解放されたからといってたちまち収まったわけではない。他の八人のユダヤ人とともにポーランドの農家に隠れていたアイザック・グッドフレンドは、一九八一年に行われた生存者、軍の解放者、医療関係者の会合で次のように述べている。

「私たちはささやき声で話しました。周囲にひとがいないとわかっていても、普通にしゃべらなかった。

戦争が終わってもそうでした。解放後も元の状態には戻れなかった。戦争が終わって二か月間、私はささやき声で話し続けました」。さらにグッドフレンドが回想するように、彼はロシア軍の到来と終戦を喜んだが、かくまってくれた農家を去るとき、主人は彼を呼び寄せてこう言った。「君は自由だ。君は出ていくことができるが、どこへ行く？　外の世界に君を待っているひとはいない。こんなに小さな子どもが――小さな子どもがどうやって生きていけるのか、私にはわからない。男たちは？　働いてやっていけるだろう。今君は自由だ。だがどこへ行くと言うんだ」[35]。別の生存者は一九四六年のインタビューで次のように語っている。彼は戦後ポーランドに戻ったが、再び去らなければならなかったという。

ポーランドに何かを所有しているユダヤ人は、［…］そこから離れたほうがいい。もし残ったら、死に脅かされるからだ。それに私の［…］私の財産を自分のものにして、私のアパートに住んでいる知らない人々を見るのはあまりに辛かった。だがもっとも恐ろしかったのは、もう誰もいないことだった。七人いた家族のうち、生き残ったのは私だけだった[36]。

この生存者は心に痛手を負い、そして何よりも孤独だった。

退去させられた人々、難民、生存者

ＤＰキャンプがユダヤ人の活動の中心地になった理由のひとつに、こういった実在する孤独から逃れたいという思いがあったのは間違いない。西欧の生存者は、徐々にではあるが故郷に戻ることができた。プリモ・レーヴィはその回想録『休戦』で、旅が入り組んでいて何か月もかかったと述べているが、こ

れから見ていくように、彼らは多くの困難に直面しながらも帰郷できた。それとは対照的に、東欧ユダヤ人の大半にとって、故郷はもはや存在しなかった。収容所が解放されて九日後、ブーヘンヴァルトの生存者、アブラハム・アフビアは日記にこう書いている。

フランス人とベルギー人は帰国しつつある。そう、彼らはまさに「故郷」に帰るのだ。親類や家族や隣人のいる場所へ。彼らが愛し、彼らの愛に応えてくれる人のいる場所へ。彼らはかつての生活に戻っていく。では私は、私はどこへ行こう。どこにいけば故郷が見つかるのだろう。私の家族や親戚はどこにいるのだろう。私にはどちらもない。(37)

アフビアのような人々は、皮肉にも、占領下のドイツとオーストリア、そして少数ではあるがイタリアのDPキャンプに最終的に行くことになった。これは終戦間際にドイツの収容所で解放されたユダヤ人の多くが、旅をしたり他の場所に移動したりできる状態になく、発見された場所で治療を受けたからである。隠れ家から出てきたり、東欧のかつての家ではもはや歓迎されないと知ったりしたユダヤ人は、ドイツ西部の占領軍当局の世話になるために西へ向かった。移動先は国連救済復興会議（UNRRA）が設置した「集合センター」で、これはすぐに難民キャンプとして知られるようになった。多くの者がアメリカ占領地域に向かったのは、そこのユダヤ人DPキャンプが一番待遇がよかったからである。

実のところ、ソ連からの帰還者は厳密に言えばDPではなかった。彼らは終戦時にドイツ領内にいなかったからである。イギリスは彼らにDPの地位を与えることに難色を示したが、最終的にDPとして扱った。アメリカはもっと彼らを歓迎していた。それにもかかわらず、占領軍は彼らが苦しみ続けていることや難民の資格を求めていることが、一種の不埒な、あるいは不正な移住であるかのように、彼らを「潜入者」に分類した。彼らが到着したことで一九四五年の夏に約五万三〇〇〇人だったユダヤ人DPの数は大幅に増加し、一九四七年初めには二五万人になっていた。一九四五年春から夏にかけてドイツに全部で約七〇〇万人のDPがいたことを考えると、これは小さな数字だが、その年の秋には約六〇〇万人のDPが帰国し、東欧ユダヤ人は元いた場所に戻れないDPの「中核」のなかでかなりの割合を占めていた。祖国から拒否された結果、今度は彼らがその国籍（たとえばハンガリーやポーランド）を拒否するに至ったものの、自分たちが望む場所には行けないことがわかった。イギリスが支配するパレスチナやアメリカに行けるのは、ある種の慈善計画が保証してくれる同伴者のいない子どもといった特別なケースのみで、パレスチナの場合、ひと月あたりの移民は一五〇〇人に制限されていた。彼らはこうしてヨーロッパにとどまることを余儀なくされた。DPキャンプでそのまま暮らすか、あるいは少数の人々が選択したように、ドイツで「自由生活者」（つまりDPキャンプ外で生活すること）となって崩壊したドイツ・ユダヤ人共同体の再建に努めるかのどちらかだったのだ。

DPキャンプは何よりもまず噂と希望と絶望が渦巻く場所だった。ソ連からポーランド・ユダヤ人難民（彼らのなかには家族連れもいた）が到着する前は、ほとんどのDPはひとりぼっちで、家族のなかの唯一の生存者だった。彼らは愛するひとが生き延びているというわずかな手がかりを耳にしただけで親類を探しに出かけた。マウトハウゼンのフランス人生存者、エヴリン・ルシェーヌによれば、「多くの人々はまだ十分体力が回復しないうちに収容所を出て命を落とした。アメリカ軍は警告し、とどまるよう助言したが、祖国の引力はあまりにも強かったのだ」[38]。援助活動家たちは、親類を見つけたいというこの衝動に驚き、DPが旅行制限をどうやって回避したかについて説明がつかず、困惑した。

この厳重に警備された国で、これらの人々がどうやって移動できるのか、じつに理解に苦しむ。女性（四〇から四五歳くらいに見えた）に腕を回した若い男性（三〇歳くらいに見えた）が、喜びに満ちた顔で私に話しかけてきた。「私は彼女をポーランドから連れてきました。この収容所［フェーレンヴァルト］で、彼女がポーランドにいると聞いたので、ここに連れてきたんだ」。彼らはポーランドやチェコスロヴァキアへ、収容所から収容所へと、家族の誰かを見つけられると信じてどこにでも行き来している。私たちは旅行用の書類なしでは、そして何度も繰り返しチェックを受けなければひとつの収容所から別の収容所へ行くことすらできないのに。[39]

愛するひとを探すための、この絶望的で危険な捜索ほど、生存者の孤独を物語っているものはない。

DPキャンプは、ベルゼン（厳密にはもうホーネと呼ばれていたが、DPたちはベルゼンという名をとどめておきたがった。イギリス管理下で彼らの苦しみが続いていることを示唆するためだ）、フェルダーフィンク、フェーレンヴァルト、ツァイルスハイム、あるいはアメリカ占領地域のランツベルクのように大規模になることもあった。そのような収容所はしばしば陸軍の兵舎を再利用していた。しかし小さなキャンプもあり、数棟の接収したアパート、学校、ホテル、車庫などを利用する場合もあった。ユダヤ人は当初非ユダヤ人難民と同じ宿舎にいたが、これはホロコーストの生存者が自分たちを苦しめた人々と暮らすことを意味するため、脅威を感じる状況だった。この方針が改められたのは、反ユダヤの暴力事件が何度か勃発し、ユダヤ人DPからかなりの抗議が挙がってからのことで、イギリス占領地域よりもアメリカ占領地域のほうが対応は早かった。イギリス占領地域では、ポーランドへの帰国を拒否した非ユダヤのポーランド人一万人とユダヤ人とが、一九四六年八月までベルゼンのDPキャンプで分離されないままだった。

方針転換のきっかけとなったのは、ハリソン報告書だった。さまざまなDPのグループ間やDPと軍隊間の緊張関係に対応すべく、一九四五年六月、トルーマン大統領がペンシルベニア大学法学部長だったアール・G・ハリソンにDPキャンプを訪問して状況を調査するよう命じたのだった。彼はヨーロッパのアメリカ・ユダヤ人共同配給委員会の委員長ジョセフ・シュワルツを伴って八月に調査を実施した。ハリソンの報告書は議論を呼ぶ内容で、至るところにユダヤ人DPの意見が盛り込まれていた。

ハリソンは国連救済復興会議がDPキャンプを運営する能力に欠け、慈善団体の支援に抵抗している点を批判した。さらに重要なことだが、彼はナチの迫害の犠牲者であるユダヤ人生存者について次のように述べている。

これまでのところ、彼らの解放は、実態としてよりも軍事的な意味での「解放」だった。報告書で説明されている理由により、彼らに特有の問題には、これまでまったくと言っていいほど注意が払われていない。その結果、多くの点でナチズムの最初にして最大の被害者である彼らは、解放者に無視されていると感じている。

そして彼の有名な言葉が続く。

現状では、われわれのユダヤ人に対する扱いはナチが行ったのと同様である。ただわれわれは彼らを絶滅させていないというだけだ。SSの部隊のかわりにわが軍の監視下で、大勢のユダヤ人が強制収容されている。これを見たドイツ人は、われわれがナチに倣っている、あるいは少なくともナチの政策を容認していると思うのではないだろうか。[40]

ハリソンは自分の見解が英米関係に影響を与えることは十分承知していたが、自分の考える限り、唯一の解決策はユダヤ人DPのパレスチナ移住を認めることだとつけ加えた。

しかしこの選択肢は阻まれたままだった。イギリスはすでに認めていたひと月に一五〇〇人という制限を超えてユダヤ人が移住するのを許可しなかった。その結果、ユダヤ人はブリハ（brichah）と呼ばれる地下組織の助けを得て入国しようとした。ブリンディジやコンスタンツァといった港から出た多くの船（急遽転用された商船であることも多かった）は、パレスチナに向かう途上で阻止され、乗客は再び、今度はイギリスが管理するキプロスの難民キャンプに収容された。この地の収容所はカラオロスとクシロティンブにあり、収容された何万人ものユダヤ人難民（少なくともその六〇パーセントはヨーロッパのDPキャンプから移ってきた）はパレスチナからわずかな距離にあるキプロスを「イスラエル目前（erev Eretz Yisrael）」とみなしていた。そこで引き留められた人々は精神的に辛い思いをしたが、キプロスのキャンプがシオニストの大義名分にとって強力なプロパガンダを提供したのは明らかで、イギリスはナチの加害者と同じ方法で強制収容所の生存者を拘束していると非難された。[41]

DP（「生存者」はもはやDPだった）の健康が回復すると、DPキャンプは活発な活動の場となった。現存するテキスト、記録、写真、映像、有形物から、ユダヤ人DPが生活再建に向けて驚くべきエネルギーを発していたことが窺える。これは自由でポジティブなものとは言い難かった。多くの人々は躍起になって他者との接触を求め、不釣り合いな相手と結婚した。多くの者たちは、他の職業のほうが向いているかもしれないのに、パレスチナでの開拓者としての生活に備えて職業訓練を受けた。割礼や結婚式といった宗教儀式についての報告は、祝福であると同時に紛れもなく悲劇的だった。「涙がとめどなく流れたが、すべての涙が喜びの涙でないことは明らかだった」と、ラビのマックス・B・ウォールはアルテッティング（バイエルン州）のホテルで一九四五年一〇月に執り行った結婚式についてこう書いている。[42] そしてもちろん、フェーレンヴァルトのDPキャンプで行われたある告別式の報告が明らかにしているように、死者の遍在は避けられないものだった。

会衆が犠牲者に敬意を表して立ち上がる。先唱者が追悼の辞を述べる［…］先唱者が「神の名を聖別するために魂を手放した、殺された者たちの魂」という言葉を唱えると、会衆は燃え盛るろうそくの明かりのなかに愛する人々の魂を見て、その胸には涙があふれる。こらえきれず、会場内はすべての人々の慟哭に包まれる。別れの集いが終わっても、人々は動くことができない。涙があふれ、胸が痛む。怒りは大きい。[43]

このような報告は、生存者たちが迅速に立ち上げた会報や雑誌に詳しく書かれた。彼らは新聞を編集し、ダッハウの国際情報局といった追跡サービスを設置し、最初のメモリアルブック（yizker-bikher）のための資料収集を開始した。ホロコーストで何が起こったかに関する最初の生存者の証言を記録したこの段階での資料収集は、おもにメモリアルブックのため、あるいは加害者の告訴に利用できる事実を証明するために行われ、それ自体を目的として生存者の証言を集めるという考えはまだなかった。実際、DPによって非常に多くの書物が書かれたため、早くも一九四六年には、すでに多くの著作が出版されているという序文を著者たちが記すようになった。[44]

DPは多くのトピックのなかでも、とりわけ戦後ドイツの司法の失敗について指摘している。たとえばヴィルヘルムとエルンストのベーリング兄弟が一一月のポグロムでハインリヒ・ローゼンブルムを殺害した事件の裁判（一九四七年五月）では、六年の実刑判決を下した三人の裁判官のうちふたりが元ナチ党員だったと、イギリス占領地域のユダヤ人新聞、『ウンゼル・シュティメ（われわれの声）』が報じている。[45] 同紙はドイツのユダヤ人が、とくにミュンヘンの悪名高いモールシュトラーセの闇市場を牛耳っていると非難された件、プリム祭といったユダヤの祭りの挙行や、ユダヤ人に対する攻撃について報告している。三〇人のチンピラがハノーファーの鉄道駅で遭遇したふたりのユダヤ人を病院送りにした事件はその一例である。また、DPを代表する中央委員会の会議についても報告している。[46] 一九四五年一一月にミュンヘンで生存者たちによって立ち上げられた中央歴史委員会は、アメリカ占領地域のあちこちに支部を作り、近過去の出来事を文書で記録するために活動家を派遣した。彼らにとってこれは神聖な義務だった。「いかなる文書、写真、歌、伝説も、私たちの殺された両親、兄弟姉妹、子どもたちの知られざる墓に置くことのできる唯一の墓碑であることを忘れてはならない！」と呼びかけた者もいる。

だからこそ、歴史委員会の仕事に協力してほしい！　あなたの出身地の破壊されたユダヤ人共同体の経済的・社会的・文化的生活について記述してほしい。戦前にあなたが所属していた団体や組織の活動について記述してほしい。ナチ政権下でユダヤ人がどのように暮らし、戦い、殺されたかが忘れ去られることのないようにしてほしい。過ぎ去った悲劇の日々のあらゆる表現、伝説、物語を不滅のものにしてほしい。ナチ時代にゲットー、収容所、パルチザンの間で歌われた歌を書き留めてほしい。未来の世代のためにこういった資料を収集し保存している歴史委員会に、資料を渡してほしい！　歴史委員会からの問い合わせがあったら、協力を断ってはならない！[47]

ユダヤ人殺戮（当時はまだホロコーストとは呼ばれていなかった）に対する、生存者自身による戦後初期のこういった反応はのちの学問の基調となったが、第八章で述べるように、その後何十年もの間、一部の学会では忘れ去られていた。

このように大量の文章が書かれたことからもわかるように、DPキャンプでは瞬く間に活発な文化活動が行われるようになった。スポーツは非常に重要で、サッカーはとくに団結心を高め、若い生存者を心身ともに鍛え上げ、パレスチナでの新たな役割に備えるにふさわしいものとして高く評価された。演劇も人気があり、観衆の体験（同様に生存者である俳優たちの体験でもあった）に極限まで迫るような衝撃的な作品が上演された。ミュンヘン・ユダヤ人劇場の創設者のひとりであるノルベルト・ホロヴィッツが終戦から数年後に語ったように、演劇もまた神聖な義務とみなされていた。

> 解放後、衰弱しチフスにかかり、かろうじて生きている状態だというのに、彼らはユダヤ人劇場に引き寄せられてくる。音楽教師、ダンス教師、アマチュア俳優、アマチュアとプロの音楽家が集まり、そして魔法のようにユダヤ人劇場が作り上げられる。必要な道具は何もない。化粧道具も、衣装も、舞台を装飾するペンキも、イディッシュ語を印刷したものもない。
> 記憶のままに台本が作られ、非人間的な六年間の苦しみのあと、死からの逃亡者であるユダヤ人は再びユダヤの舞台を見て、ユダヤの言葉、ユダヤの歌を聞くことができる。カツェット劇場は神聖な義務を果たしたのだ。[48]

いくつかの劇団が成功を収め、ベルゼンのDPキャンプでサミ・フェダーが創設したカツェット劇場のグループは、フランス、ベルギー、スウェーデン、イギリスに招待されたほどだったが、実際に行くことができたのはフランスとベルギーだけだった。演劇はユダヤ人生存者がイディッシュ語の古典を楽しみながら、郷愁を抱いて過去の生活に束の間戻る役割も果たした。もっと多く行われたのは、舞台上で最近の体験を再現することだった。生存者のサリー・カッツ主演の『母』や、ソニア・ボチュコフスカ主演の『マイダネクの靴』といった芝居を見て、観客は自分たちのトラウマと向き合うことを自ら選んだ。あるジャーナリストが次のように説明している。

> 彼らは自分たちが書いたように演じる。涙と血をもって、献身と愛情を口にする。われわれの演劇の歴史にこのような現象はかつてなかった。役者たちは役を演じる必要はない。ナチの収容所やゲットーや森という荒涼とした現実のなかで彼らは生きていたのだ。彼らは自分の役を、通常の意味で演じる必要はない。なぜなら、彼らはすでに過去に血と涙のなかでそれを経験しているからだ［…］彼らはその記憶をよみがえらせる必要もなかった。彼らはユダヤ人として経験したことをけっして忘れないだろう［…］私は同じ芝居を二回観た。心の底から感動した。私にとってそれは新たな世界であり、新たな演劇の現実であり、新たな芸術だった。[49]

当然のことながら、ここで述べたような強い感情はユダヤ人DPの政治にも波及し、煽ることにもなった。体の健康が回復していくにつれて、戦前ユダヤ人が取っていた多様な政治的立場は、とくにブンディスト（ユダヤ人社会主義者）の伝統が非常に強い東欧で復活したものの、DPキャンプでは政治は間違いなくシオニストの色合いを帯びていた。ハリソン報告書はこの現実を認識していたし、その後の英米調査委員会（AACI）の報告も、ハリソン報告書が英米にもたらした緊張を和らげるためにイギリス政府によって招集されたものだったとはいえ、同様だった。一九四六年二月、六人のアメリカ人と六人のイギリス人からなるこの委員会は、いくつかのDPキャンプを訪問した。その結果、労働党の下院議員でAACIのメンバーだったリチャード・クロスマンが述べたように、彼らは「ホワイトハウスやダウニング街では十分良識あると思われた政策が、これらの不幸な人々には残虐行為に映った」理由を理解できるようになった。イギリス外相のアーネスト・ベヴィンが記者会見で「ユダヤ人は列の先頭に押し進むべきではない」と発言すると、クロスマンはあからさまにこう指摘した。「それはイギリスでなら受け入れられる考えかもしれないが、ベルゼンでは、サディスティックな反ユダヤ主義者のせりふに聞こえる」[50]。

シェリト・ハプレタ、つまり「生存者」というユダヤ人DPの自称は、聖書のエズラ記第九章一四～一五節（聖書のほかの場所にもある）の「お怒りになって、わたしたちを一人残らず滅ぼし尽くされても当然です」という箇所から採ったものだが、民族自決の表明であり、ユダヤ人、とくに東欧ユダヤ人の生存者（民族としてのユダヤ人の概念が、宗教を同じくする西欧ユダヤ人とは長年にわたり異なっていた）が、そのかつての国籍によって分類されはしないということを占領軍側に認識させた。戦前にはユダヤ人の政治は驚くほど多様だったが、DPキャンプではシオニズムが優勢だった。これはほとんどの場合、丹念に考えられた政治哲学ではなく、ある歴史家が言うように、「ヨーロッパでの解放に対する信頼が喪失し、破壊の時代にユダヤ人が強い屈辱を感じたことに根差した、本能的で「直感的な」シオニズム」だった[51]。

この本能的シオニズムは、パレスチナにおけるイギリスの立場と衝突した。ユダヤ人DPと地元のドイツ住民との間には特徴的な緊張があったが、DPはどれほど結婚式を挙げようが、どんな職業訓練を受けようが、ますますストレスを抱くようになった。隔離されたドイツの農場にキブツ〔多くの人々が共同生活を送りながら農作業に従事する農場〕が設立されたことで、この無力感は増した。そのメンバーは出国の準備をしているのに、それがいつになるかわからなくなったからだ。フェーレンヴァルトで慈善活動をしていたシア・アブラモヴィッチが一九四五年末に鋭く指摘したように、「パレスチナ問題とベヴィンの政策は、日常生活に大きな影響を与えていた」[52]。六か月後、彼は絶望し始めていた。「もし人々がここにもっと長く滞在しなければならないなら、彼らの神経はさらに緊張することになり、そうなれば何が起きても不思議はない[53]〔…〕」。

しかし彼らの多くは、さらに数年そこにとどまらなければならなかった。とくにポーランド人、バルト三国人、ウクライナ人のDPが労働力不足解消のためにイギリスとアメリカに大量に入国するのを目の当たりにした際には、ユダヤ人生存者は収容が継続されることに困惑し、怒りを覚えた。DPがすぐさま指摘したように、シオニストの大義はイギリスの頑な態度によって一挙に強化された。一九四七年二月にアメリカ占領地域で開催されたシェリト・ハプレタの第二回会議で、ランツベルクDPのスポークスマン、ザムエル・グリンガウスは次のように述べた。

このままキャンプを存続させることは、緩慢なジェノサイドを行っているようなものだと、われわれは宣言しなければならない〔…〕ニュルンベルク国際軍事裁判が裁いたのと同じ罪だ。キャンプは、われわれの生活を破壊した強制収容所と同じやり方で、私たちが生活を取り戻す準備を失わせている。[54]

一九四八年五月にイスラエルが誕生してようやく、大多数の人々がドイツを離れた。しかし全員ではなかったという事実は、シオニズムがDPのなかで普遍的な立場ではなかったこと、また全員がドイツを出たいと思っているわけでもなかったことを物語っている。一九四〇年代後半には、事業や配偶者その他の理由でドイツにとどまることを選んだユダヤ人生存者が少数だがいた。そしてユダヤ人DPの多くは、何よりもまずアメリカに行くことを望んだ。一九五〇年にアメリカがDP法を改正してユダヤ人DPの入国が容易になると、まずイスラエルに行って、それからアメリカに移住する者も出てきた。法が改正されたのは、大半のDPがすでにイスラエルに去っていて、流入が比較的少なかったからだが、それでも一九五二年までに八万人を超えるユダヤ人DPがアメリカに移住した。

しかし、この大規模なドイツからの移住で話が終わったわけではない。一九四八年五月の一六万五〇〇〇人からは減少していたものの、同年九月の時点でドイツにはまだ三万人のユダヤ人DPがいた。一九五一年に連邦共和国がDPキャンプの管理を引き継ぎ、「外国人難民のための政府一時キャンプ」と改名した。ユダヤ人DPはフェーレンヴァルトに移され、これが残っている最後のキャンプとなった。この収容所にいたのは、体調があまりに悪くて移住できない、あるいは新たな国に入国できない多くの人々も含め、ここを離れようとしない、あるいは離れられない「底辺層」と呼ばれる人々だった。戦後一〇年経っても、この少数派の多くは自分の体験によるトラウマに悩まされ、ドイツ当局を恐れており、新たな家を見つけることもできなかった。フェーレンヴァルトは一九五七年二月に閉鎖され、住人は新たに建設されたアパートに入居した。

しかし、帰国した人々の体験にも目を向けなければならない。というのも、彼らのその後の人生に苦労がなかったと思ったら大間違いだからである。戦後のもっとも先見性のある論客のひとり、ジャクリーヌ・メニル＝アマールは、戦争中はユダヤ人迫害について沈黙を守っていたのに戦後になって突然

「助け」を差し伸べた人々を非難し、戦後フランスの状況を概括した。彼女の辛辣な言葉は多くを語っている。

最悪だったのは、耳をつんざくような沈黙だった。それは最高位のレベルで始まり、フランス全域に広がり、私たちが何度となくドアをノックしたのに無駄だった福祉団体にまで届いた。赤十字でさえ注意深く沈黙を守り、その女性たちは制服を着てとてもかわいらしく見えたが、大型トラックのハンドルを握り、収容所のなかでとても勇敢に見えた。そして私たちの必死の訴えにも冷静さを保っていた。それは悪意ある沈黙ではなく、赤十字の職員のなかには移送される者たちの運命について、陽気と言っていいほど楽観的な者もいて、そういった人々は丁寧に視察した際も死体焼却場の赤い光や炭化した骨の悪臭やドイツの臭いに気づいていないように見えた。あのとき、異様なまでに楽観的だった同じ人々が、一九四五年一月以降フランスに押し寄せて、「哀れなドイツの囚人たち」の運命を調べている。世界的な沈黙の陰謀がそれまで知られていなかった悲劇を取り巻き、抗議の声はひとつも聞き届けられなかった。[55]

DPキャンプにとどまり、新たな生活をパレスチナやアメリカや数千人の生存者を受け入れた他の国々（カナダ、南アフリカ、オーストラリアなど）で送れる日々を待っていた人々と同じく、西欧で戦前の故郷に戻ることができた人々もトラウマを負っていた。彼らは移送されなかった人々の恐怖に直面し、彼らの物語は、抵抗、愛国的犠牲、国民の団結といった公式のナラティヴに組み込まれ、それが彼らを沈黙させた。[56]プリモ・レーヴィはアウシュヴィッツで、トリノの自宅にいる夢を見たという。自分の身に何が起こったかを語り始めると、親類が気まずそうに黙って視線をそらす、という夢だ。戦後、生存者たちが沈黙し、彼らが互いにほとんど話をしなかったとしても、まったく不思議はない。

まとめ

認めるのは辛いことだが、ほとんどのユダヤ人の生存が偶然の産物だったのは事実だ。その偶然にはさまざまな要因がからんだ。人脈、語学力、容姿、年齢、健康といったすべてである。高齢者や幼い子どもが生き延びるチャンスはほとんどなかったので、生存者の大多数が一五歳から三〇歳の若く健康な独身男女であったことは驚くに当たらない。[57] しかしこの数十年間、歴史家にはほとんど見過ごされてきたが、おそらく何よりも生き残る大きな要因となったのは階級、とくに富、特権、地位といったものだ。たとえば、ベルゼンに収容されたアムステルダムのいわゆる「ダイヤモンド・ユダヤ人」は、ドイツ側が彼らの富や国際的な人脈を重視したために、そこに収容されたのだった。また、ワルシャワの「アーリア人側」やヨーロッパのどこかに隠れて生き延びたユダヤ人は、しばしばかくまってくれる相手に金銭を渡さなければならず、資力がなければそういった方法が取れないことを意味した。[58] また、ゲシュタポにユダヤ人を引き渡すシュマルツォヴニクと遭遇した際、買収してトラブルを回避する可能性は、貴重品やお金を持っているかどうかにかかっていた。生き延びた人間がすべて裕福な家庭の出身であったり、収容所でカポその他の「特権的な」役割に就いていたりしたわけではないが、そういったケースは比較的多かった。とはいえ、ナチの犠牲者の大多数にとって、権力と特権でさえ、ナチの人種理論の力に対抗する十分な保証にはなり得なかった。家族のコネのおかげで、子どもでありながら生き延びることができたミハウ・グウォヴィンスキは、次のように語っている。

アーリア側で隠れていた頃のことについて、死から逃げおおせたことについて今になって考えると、私は偶然が果たした大きな役割に圧倒される。吉と出る偶然もあれば、一見吉と思えたのが凶だったりその反対だったりする偶然もある。偶然によって生存と絶滅が分かれ、生死が分かれる。予測がつかないばかりか（そういったことはつねにある）、困惑させたり、理不尽だったり、あらゆる可能性に反するような偶然。厳格な決定論に支配された世界で実現したためにいっそう計り知れないと思われる偶然。結局のところ、自分がユダヤ人であるかどうかは、自分では決められないのだ。生死を決めるのはまさしく偶然だということは非常にしばしばあった。決定論がさほど強力に作用していなかった穏やかな時代よりもはるかに大きな度合いで、偶然は人間の運命に重くのしかかっていた。[59]

近年、生存者の証言に関心が集まり、生存者が皆亡くなってしまったらホロコーストはどのように記憶されるのだろうと多くの人々が心配しているが、生き延びたことが例外で死んだことが普通だという事実が曖昧になっている。死の行進や解放について報告できた人々はホロコーストの犠牲者のなかの少数派で、犠牲者の多くは当然のことながら、自分の身に何が起きたのかをけっして話すことができなかった。「解放」された際、生存者たちはごくまれな例外を除いて、自分の家族が死に、共同体も崩壊したことをすぐに知った。彼らは世界のなかで孤独だった。ホロコーストの余波については、生存者が受けた医療、DPキャンプ、親戚の捜索といった体験を見ていけば学べることは多い。しかしホロコーストの歴史は、圧倒的多数にとって、生存の歴史ではなかった。ホロコーストのジェノサイドの論理、つまりナチがヨーロッパ・ユダヤ人を壊滅させようとした意図は、十分すぎるほど達成された。一部のユダヤ人共同体は生き残った。ブダペスト、ブカレスト、パリ、スイスと他の逃亡・亡命先、とりわけソ連にはかなり大規模なものもある。スウェーデン、フィンランド、アルバニア、ブルガリアなどでは少数のユダヤ人が生き延びた。しかしヨーロッパの主要なユダヤ人居住地だったヴィリニュス、ワルシャワ、チェルニウツィー（チェルナウツィ）、キシナウ、リヴィウ、ウッチ、ヴロツワフ、フランクフルト、ベルリン、プラハ、アムステルダム、テッサロニキと、小さいが古くからの共同体があったクレタ島、ロードス島、ベルギー、クロアチア、スロヴァキア、イタリアその他ヨーロッパ全域の居住地は、永遠に破壊された。デヴィッド・ボーダーが一九四九年に出版した、生存者へのインタビュー集のタイトルが『私は死者にはインタビューしなかった（*I Did Not Interview the Dead*）』だったのには、当然の理由があったのだ。

第八章　ホロコーストの記憶

「多くの人々は、それまで自分が大切にしていたものすべてと一緒に自分の魂と感覚を家に置いてきてしまった。彼は収容所で自分自身を認識したものの、それは写真に写った自分を認識するようなものだった。彼が今「記憶」と呼んでいるものは、彼が家に置いてきた魂と、戻ってきた彼の影との対話だ。だから、「本当はどうだったのか」を説明しようとしても、夢を正確に描写するのと同じくらい難しい場合がある」

——アベル・ヘルツベルク[1]

二〇二一年初頭、ホロコーストの歴史家でポーランド人のバルバラ・エンゲルキングとヤン・グラボウスキがワルシャワで告訴された。ふたりが共同編集した本『終わりなき夜（*Dalej jest noc*）』のある章でエンゲルキングが、ポドラシエ地方の村の長老エドヴァルト・マリノフスキという人物が多数のユダヤ人を裏切ってドイツ人に売り渡し死に至らしめた、と目撃者の証言もまじえて記したところ、この人物の八〇歳の姪フィロメナ・レシュチンスカが、彼女の「民族の誇りとアイデンティティを持つ権利」

を否定されたとして、ふたりの歴史家を告訴したのである。ポーランド人がナチのユダヤ人殺害に加担したと非難すること（「ポーランド国家の名誉を毀損すること」）を犯罪とする二〇一八年の法律にのっとって、政府が後ろ楯となっているNGO、「名誉毀損に反対するポーランド連盟」が彼女の支援に当たった。二〇二一年二月九日の判決で、ワルシャワ地方裁判所はエンゲルキングとグラボウスキに謝罪を命じた。ポーランド人を第二次世界大戦の純粋なる犠牲者とし、大規模なユダヤ人救済を行った人々として描く戦略が事実に反するのは、与党である「法と正義」にとって不都合なのだ。グラボウスキの見積もりによれば、ゲットーが一掃された時期（一九四二年以降）に、ゲットーから逃れた約二〇万人のポーランド・ユダヤ人がポーランドの民間人によって密告されたり殺害されたりしたというのだから。しかしエンゲルキングとグラボウスキ、そしてヤン・トマシュ・グロスといった他の歴史家に対する抗議活動は、与党が過去をコントロールできるという共産主義者の考え方が、共産主義後のポーランドにいまだ存在していることの表れだ。インターネット時代の今、これは明らかにばかげている。しかし戦時中のポーランドで起こったこと（ポーランド人は実際に犠牲者だったが、そうでなかった面もある）の複雑な真実について語ろうとする歴史家や、ポーランドの政治的健全性のためには、それはばかげたことでは済まされない。「歴史家である私の仕事の核心への攻撃だ」とグラボウスキは語った。[2] ホロコーストの選択的な記憶は、学問を犯罪化するのに利用されている。二〇二一年八月、グラボウスキとエンゲルキングの上訴が成功し、ワルシャワ控訴裁判所は彼らに対する訴えを棄却したが、これで問題が終わったわけではなかった。ポーランド法務大臣ズビグニエフ・ジオブロは判決を受けて次のようにツイートしている。

控訴裁判所によれば、『終わりなき夜』の著者たちは学者で、だから彼らは罰を受けずに嘘をつけるということになる。英雄を犯罪者に変えることもできれば、ユダヤ人を助けたポーランド人を、彼らの死の共同責任者に変えることもできるのだ。これは法廷に恥をもたらすだけではない。正義そのものに対する司法のクーデターだ。

グラボウスキは次のように述べている。「小さな戦いでは勝利したが、戦争はまだ終わっていない。当局は控訴裁判所の判決が破棄されることを望んでいる。私たちは思い違いをしてはならない。ショアの歴史家ひとりひとりが、今もポーランドで国家の大きな権力と怒りに直面し続けている」[3]。

二〇二〇年、イギリス政府の教育大臣ギャヴィン・ウィリアムソンは、国際ホロコースト記憶連盟（ＩＨＲＡ）が定めた反ユダヤ主義定義を採用するよう、大学に命じた。ユダヤ人学生団体はこの動きに賛同したが、学界ではかなりの反対があった。問題のひとつは、ＩＨＲＡの反ユダヤ主義の定義が曖昧だったことだ（「ユダヤ人に対する憎悪として表現されるかもしれない、ユダヤ人に対するある種の認識」）。しかし多くの論者がより懸念を抱いたのは、反ユダヤ主義とされる一一の例のうち七つがイスラエルに関係するものだったり、イスラエルへの言及を含んでいたりする点だった。それが多くの人々に、この定義の目的は、ユダヤ人を保護するのと同じくらいに、反イスラエル批判をかわすことにあるという印象を与えたのだ（そして皮肉なことに、これらの例が反ユダヤ主義だとして強調しようとしていること、つまりユダヤ人とイスラエル国家を同一視することが目的だという印象を与えた）。

この定義を即座に採択する大学もあったが、躊躇したり積極的に政府に反抗したりする大学も多かった。この問題に関する報告書のなかで、ユニヴァーシティ・カレッジ・ロンドン（ＵＣＬ）の作業部会は、「ＩＨＲＡの実用的定義は、反ユダヤ主義の訴えを禁止事項的に裁定するには適切でない」ので、その採択をカレッジは撤回すべきだと主張した。また、この定義は「イスラエル国家に対する批判的な発言と反ユダヤ主義とを一緒くたにしてしまう可能性がある」「学問の自由を損なう危険がある」「学内のさまざまなグループ間に軋轢を生じさせ、UCLの共同体の結束に役立たない」可能性がある、とも主張した。[4] イギリスの大学にはすでに言論の自由を認める法的義務があり、そしてもちろん二〇一〇年平等法のように、人種ハラスメントを禁じる法律を守らなければならない。UCLの主張は、学内で反ユダヤ主義と戦う活動を行うべきでないというのではなく（実際、ハラスメントと闘うためにUCLがすでに使っている手段をもっと活用すべきだと明言している）、IHRAの実用的定義ではそれを行う手段としては不十分な効果しか生まれないと言っているのだ。これは冷静かつ慎重な評価だ。しかし、実用的定義がこれほど問題をはらんでいるのに、政府はなぜ大学にその採用を命じるという異例の措置を取ったのだろうか。この場合、ホロコーストの記憶は親パレスチナの学者を追い出すために利用されているのではないか、ポーランドのケースほど攻撃的ではないにせよ、学者を認可された見解に従わせることを目的とした、一種の意図的な文化戦争が引き起こされているのではないか、という疑念が生じる。

二〇二一年一月六日、ファシストの暴漢たちがワシントンDCの連邦議会議事堂を襲撃した際、胸に「キャンプ・アウシュヴィッツ」、背中に「スタッフ」と書かれたTシャツを着た人物がいた。議事堂での事件がドナルド・トランプによってけしかけられたのか、暴動と呼ぶべきなのか、失敗したクーデターと呼ぶべきなのか、暴徒たちは来るべきアメリカのファシズムの前触れなのか、それともたんにトランプのもっとも狂信的な支持者たちが選挙に負けたことに抗議するため無秩序な遠吠えをしていただけなのか、などさまざまなことが書かれている。歴史学者の意見も割れていて、事件は一種の前ファシズムであり警鐘を鳴らすべきだと警告する者もいれば、二〇世紀前半の語彙では、現代アメリカで起きていることを説明するには不十分だと反論する者もいる。[5] どのような見解を持つかにかかわりなく、アメリカ民主主義のもっとも重要な象徴に対する攻撃の背景にホロコーストが言及されたことは、少なくとも非常に煽動的で、ホロコーストが民主主義、国家と安全保障の意味をめぐる今日の衝突に浸透し続けているということを思い出させた。

ホロコーストはたんに一九三九年から一九四五年にかけて起こった歴史的事件を指すわけではない。第三帝国とその同盟国によって行われた、ナチ占領下ヨーロッパでの国境を越えた犯罪をそう呼ぶのであって、その後遺症は今日に至るまで、政治や文化のさまざまな領域にしばしば予期せぬ形で姿を現している。一九九〇年代にはスイスの金（ゴールド）をめぐる問題が、ユダヤ人からの国境を越えた経済的収奪を暴露した。二〇〇〇年には国際特別委員会（現在の国際ホロコースト記憶連盟、ＩＨＲＡ）の創設で、ホロコーストの国境を越えた記念式典が行われるようになった。ホロコースト記念館や博物館は世界じゅうで再設計されたり建設されたりしている。そして映画、家族の回想録、展示会、ウェブサイトやオンラインの情報源など、ホロコーストに関係した文化的生産物は、「ホロコースト文化」が世界じゅうに広がっていることを証明している。今日、ホロコーストの記憶は普遍的かつ明確で、文化の一部として定着している。

ホロコースト意識の、いわば「前進的な」物語、といったものがある。ユダヤ人のジェノサイドは、世界の大部分に理解されなかった、あるいは見過ごされていたも同然だった（生存者が語り、戦後文化においてホロコーストへの言及が垣間見られたとしてもだ）。[6] しかしその後徐々に注目されるようになり、「ホロコースト意識」はグローバル化し、アウシュヴィッツは悪の象徴となり、ホロコーストの記憶は世界じゅうで人権侵害と闘うために役立てられるほどになった。[7] 私たちがまず考察するのは、この「前進」

のナラティヴだ。

前進としての記憶

一九九一年、ブーヘンヴァルトから生還したふたりのフランス人元政治犯が、四六年前に歩いた死の行進の道を再びたどった[8]。ロベール・デヌリとフランソワ・ペロにとって、これは個人的な記憶を呼び起こす旅だった。しかしきっかけは、一九八〇年代と冷戦終結直後という時期にそのような問題への関心が再び高まったことにある。当時は「ホロコースト意識」が急速に高まっていたのだ。かつての強制収容所の被収容者の足跡をたどりたいという願望は、第二次世界大戦後に生まれた世代が、戦争中に行われたもっとも恐ろしい犯罪を理解しようとする方法の一例であり、デヌリとペロの旅はそうした巡礼のひとつにすぎない。彼らの例は、一九九〇年代にホロコーストが西側世界の意識に幅広く浸透した方法の一種の象徴として、そしてこの場合はそれを積極的に想起させるものとして存在している。

ホロコーストの記憶は、しばしば段階的に発展してきたと形容される。戦後期の沈黙、一九六一年〜六二年のエルサレムでのアドルフ・アイヒマン裁判と一九六三年〜六五年のフランクフルトでのアウシュヴィッツ裁判の結果ホロコーストが「発見」されたこと、一九七八年にNBCがテレビドラマ『ホロコースト』（これはアメリカでは推定一億二〇〇〇万人、西ドイツでは二〇〇〇万人が視聴し、一九七九年にはヨーロッパのほとんどを含む二〇か国以上で放映された[9]）を放映したのちの広範な「ホロコースト意識」の始まり、そしてスティーブン・スピルバーグの映画『シンドラーのリスト』（一九九三年）の成功によるホロコーストへの世界的な注目、一九九五年のアウシュヴィッツ解放五〇周年、そして一九九〇年代のスイスの金（ゴールド）をめぐる論争。この物語には見るべき点が多い。

しかしその間にも中継地点があった。一九五二年に出版された『アンネの日記』〔英語版〕は世界的な現象となったが、戦後しばらくの間、彼女の父親は出版者にほとんど見向きもされず、本が出版された際には「アンネ・フランクの家」は取り壊しの危機に瀕し、オフィスビルに建て替えられる予定だった。[10]ニュルンベルク裁判は、ユダヤ人迫害を明るみに出した。私たちが現在ホロコーストとして認識しているものを概念化するには十分でなかったとはいえ、ユダヤ人テロリストの攻撃に厳しい目が向けられたが、イスラエル独立戦争では、パレスチナのイギリス軍に対するユダヤ人テロリストの攻撃に厳しい目が向けられたが、イギリスではユダヤ人の苦しみに対するアンビバレントな姿勢が広がっていた。レオン・ユリスの『エクソダス――栄光への脱出』〔犬養道子訳　河出書房新社、一九六一年〕や『ミーラ街18番地』〔中田耕治訳、新潮社、一九六三年〕といった大衆向け書籍の出版は、おそらく歴史家たちの初期の著作よりも、広く一般大衆の注意をホロコーストに向けさせるのに大きな役割を果たした。[11]

一九六〇年代初頭、西ドイツでは元ナチが政権の上級職に就いているというスキャンダルがコンラート・アデナウアー政権を揺るがした。東ドイツでいわゆる『褐色の本』が出版され、そのなかにこれらの人物の名が暴露されていたのだ。難民相だったテオドール・オーバーレンダーにはナチの過去があることが明らかになった。アデナウアーの首相府次官ハンス・グロプケは、ニュルンベルク法実施の手引きを執筆していたことが暴露された。ふたりとも東ドイツで欠席裁判にかけられアデナウアーがかばったものの、辞職に追い込まれた。彼らの一件は、西ドイツにおいて「過去との折り合いをつけるプロセス」が公的領域にどのように組み込まれたかを示す多くの例のひとつにすぎない。これはけっして簡単なプロセスではなかった。一九八〇年代になってさえ、理論上はナチの犠牲者について語ることは可能だったが、加害者の名前を挙げることには非常に問題があった。問題の実例を挙げると、一九五八年にルートヴィヒスブルクに設立されたナチ犯罪追及センターは、ウルムでの元出動部隊（アインザッツグルッペン）隊員の裁判をきっかけに誕生した組織だが、ひどい資金不足に陥っていた。[12] 一九八五年五月にロナルド・レーガンがビットブルク墓地を訪問した際、そこに国防軍兵士だけでなくSS隊員も埋葬されていたことが発覚し、和解の行為となるはずだった行事が国際的な騒動に発展した。同じことが、国連事務総長を務めオーストリア大統領にも立候補したクルト・ヴァルトハイムにも言える。バルカン半島でナチの戦争犯罪に関与していたことが明らかになったのだ。これはオーストリアが、自分たちは「国民社会主義の最初の犠牲者」だという公式路線をまだ維持していた頃の話である。一九八六年六月に大統領に選出されると彼はアメリカの監視対象となり、民間人としてアメリカに入国することが禁じられ、また、遅ればせながらオーストリアで、そして国際報道において、オーストリアの戦時中の過去に目が向けられることになった。[13]

一九八〇年代、ナチの過去に取り組もうと苦心した典型的な例が、連邦共和国大統領リヒャルト・フォン・ヴァイツゼッカーによる一九八五年五月八日のヨーロッパ終戦四〇周年記念演説である。フォン・ヴァイツゼッカーは一方ではナチの世界観において反ユダヤ主義がいかに重要だったかを率直に認め、ユダヤ人のジェノサイドを「歴史上類を見ない出来事」と呼んだ。他方では彼の言葉における婉曲は、ドイツの政治家や評論家が、この洞察が本当に意味するところに正面から立ち向かうのに苦労していた様子をみごとに物語っている。フォン・ヴァイツゼッカーは次のように主張した。「この犯罪の実行は、少数の人々の手に委ねられていた。それは国民の目からは隠されていたが、まったくの無関心や密かな不寛容やあからさまな嫌悪にドイツのユダヤ人が苦しまなければならなかったことには、どのドイツ人も気づけた」。つまり大多数は自分たちの責任を回避し、目を背けていたのである。[14] これはホロコーストに正面から対処しようとする誠実で苦悩に満ちた試みだったが、ドイツ国民全体だけでなく、（これは一九八五年の時点では驚くべきことだっただろうが）ヨーロッパじゅうの第三帝国の協力者の関与と共謀をまったく考慮できていなかった。

フォン・ヴァイツゼッカーの演説は、一九八〇年代の西ドイツにおいて「過去との折り合いをつけること」に関する重要な論争が国内の報道機関で「歴史家論争（Historikerstreit）」として展開され始めた時期だった。当時ファシズムの研究者として注目されていた保守派の歴史家エルンスト・ノルテは、一九八〇年、「第三帝国時代のいわゆるユダヤ人の根絶は、ひとつの反作用ないしは歪んだコピーであって、初めて生じた事件ないしはオリジナルではない」と述べた。[15] ホロコーストの唯一性に疑問を呈することがスキャンダラスだと考えられた西ドイツで、数年後、ノルテの著しく不適切な言葉は、歴史家ミヒャエル・シュトゥルマーがコール首相のために作成した演説のなかで繰り返され、ホロコーストの特異性という問題は、突然政治的な色彩を帯びるようになった。ホロコーストの比較可能性という問題は、一九八〇年代ドイツの保守化（いわゆるTendenzwende）に寄与するものであり、過去をコントロールしようという断固たる努力の一環だった。シュトゥルマーはジョージ・オーウェルの言葉を借りて次のように述べている。「歴史なき国において将来を獲ちえるのは、記憶を満たし、概念を定め、そして過去を解釈する者である」。[16]

一九八〇年代の西ドイツの政治状況において、ホロコーストを他の集団犯罪、とくにスターリン時代のソ連による集団犯罪と同様に見せようとするノルテやシュトゥルマーの研究に反対する人々は、ホロコーストの「唯一性」への信念を強めた。全国紙でノルテの主張に反論した哲学者ユルゲン・ハーバーマスのようなリベラルにとって、この唯一性の概念を保持することは、連邦共和国の安定、良識、「憲法パトリオティズム」を維持するためにきわめて重要だった。ホロコーストとグラーグを比較したからといって（まったく喜ばしい話ではない）、ユダヤ人のジェノサイドの重要性を軽視しているわけではないという考えはひとまず措くとして、ハーバーマスがその主張のなかで「アウシュヴィッツ」を西ドイツの人々の自己アイデンティティの中心に据えた点は注目に値する。そうでなければ、この国はしだいに過去を忘れてしまうと恐れたからだ。「連邦共和国を西側の政治文化に留保なく打ち開いたこと、このことは、戦後の我々の時代が獲得した大きな知的成果である。［…］この成果は、ドイツ・ナショナリズムの色を染め込まれたNATO哲学によって安定させられるものではない」と彼は書いている。さらに重要なのは、彼が、ドイツ人の手によって殺された人々の記憶を無視しないでほしいとドイツ人に懇願した点だ。そうでなければ、「ユダヤ人市民たちは、そしてそもそも虐殺された人々の息子や娘、そして孫たちは、この国でもはや息をすることができない」からだ、と。[17] ハーバーマスの窒息のメタファー、ドイツ人による加害の強調、NATOへの言及はすべて、彼がそう書いた一九八〇年代当時、まだ冷戦が続いていたこと（歴史家論争が始まった頃、ゴルバチョフは政権に就いたばかりだった）、そしてヨーロッパじゅうの国々の大多数が、ドイツが主導したことは確かだがけっしてドイツだけで行ったわけではないプロジェクトに自分たちも関与していたという事実にまだ向き合っていなかったことを思い出させる。冷戦の終結に伴い、こうした状況は一変する。

「ビットブルクの歴史」、つまり現在への過去の侵入、加害者と被害者の混同、過去の犯罪に対する責任追及の失敗は、一九八〇年代にはすでに西欧の政治文化の特徴になっていた。ベルギー、イタリア、ノルウェー、オーストリアの極右主義の台頭は、すべて戦後三〇年間は公然と述べられなかったノスタルジアが公的領域に入ってきたことを証明している。西ドイツにおけるスキャンダル、内省、苦悩に満ちた魂の探求は、他の地域、とくにフランスでも繰り返された。

革命と人権の本家ともいうべきフランスでは、ドイツに対抗したフランスの団結を強調するド・ゴール派の第二次世界大戦ナラティヴが戦後期の特徴だった。その強いナショナリズム色は、政治的に追放された者がレジスタンスの象徴として称賛される一方で、人種的に追放された者（つまりユダヤ人）がほとんど見過ごされることを意味した。[18] それが一九六〇年代に入ると、映画『哀しみと憐れみ』〔マルセル・オフュルス監督のドキュメンタリー映画。フランスにおける対独協力に注意を喚起した〕に始まり、この一致団結という美名に少しずつひびが入り始めた。一九八〇年代には同様の現象がフランスで、そして西ドイツではより顕著に起きていた。右派および左派政党が戦後の社会契約を解除し始めると、極右派が台頭した。クロード・ランズマンの大作映画『ショア』（一九八五年）が重要な中継地点となってホロコースト意識が高まった。モーリス・パポンやポール・トゥヴィエといった旧ヴィシー政権の役人が最終的に裁判にかけられたり、少なくとも訴追の危険にさらされたりした。ヴィシー政権問題に取り組む動きは、第二次世界大戦中にフランスで起こったことと、フランスの植民地、とくにアルジェリアで起こったこととのつながりに着目しないまま進められた。実際、フランスのアルジェリア戦争（一九五四〜六二年）は、アルジェリアが本国フランスに組み入れられて三つの県に分割されていたため、戦争ではなく国内の警察案件として言及された。戦争中のフランス軍の行動は、アルジェリアがフランス文明を拒絶したことに困惑した左派の人々にも広く支持された。ジャン＝ポール・サルトル、フランツ・ファノンといった少数派や、とくにジェルメーヌ・ティヨンといったナチ収容所からの生還者たちは、軍の振る舞いがゲシュタポのようだと主張したが、当初はこの一致団結を打ち破ることができなかった。ヴィシー政権をめぐって長年にわたり内省を重ねた結果、フランスはアルジェリアで起きたことと、ふたつの出来事のつながりに向き合い始めた。これらは経験に基づいているばかりか（たとえば、戦時中のボルドーと一九六一年当時のパリで警察幹部を務めたモーリス・パポンの役割）、ホロコーストがけっしてドイツだけのプロジェクトではなく大陸じゅうのヨーロッパ人が関与した犯罪だったことの例証でもある。[19]

こういったスキャンダルにもかかわらず、物語の横糸はホロコーストについてよりオープンになる方向に進み、西側の自己アイデンティティにとってのホロコーストの重要性がしだいに受け入れられる方向に進んでいるように思われる。この方向性は、アメリカでもっとも顕著だ。一九七〇年代からホロコーストへの関心はアメリカで急速に高まった。一九九〇年代初めには、ホロコースト研究が学問分野として形成され、記念碑や博物館、とくにアメリカ合衆国ホロコースト記念博物館が建設された。ビットブルク事件やヴァルトハイム事件など、前述したような節目の多くは、アメリカが直接関与していたり、アメリカで問題の重要性が認められたりしたため、世界的に予期せぬ影響を生み出した。ヨーロッパで起きている問題に関与するようになったからといって、二〇世紀末から通説になっているように、イスラエルに対する批判をかわし、ドイツ、スイスや民間企業から巨額の金を巻き上げるために大衆の感情を冷笑的にに操作する「ホロコースト産業」が存在するということにはならない。[20]たしかに、アメリカのユダヤ人団体はさまざまな理由からホロコーストへの関心を高めるアジェンダを推進したが、アメリカ国民全体へのホロコースト意識の浸透を、ユダヤ人の陰謀として説明するべきではない。[21]たとえば各国政府や国際機関が、自由な価値観を推進しているように見せる簡単で効果的な方法としてホロコースト記念日という考えを採用したとしても、こういったプログラムにより広範な大衆が共鳴するということは、ホロコーストがあらゆる場所で思考されるべき問題だということを示唆している。

一方、イギリスはこれとは異なる道を歩んだ。イギリスがホロコーストを意識するようになるのは遅かったが、一九九〇年代には意識が進み、ホロコースト記念日の制定はまずイギリスで華々しく行われ、他の国々がそれに続いた。その結果、二〇世紀の終わりには西側の政治文化にホロコースト意識は永久に定着したように思われた。[22]

しかし別の経路もある。世界の他の多くの人々は、ユダヤ人のジェノサイドについて聞きたくなかったかもしれないが、生存者たちはけっして沈黙してはいなかった。DPキャンプに設置された歴史委員会から現代ユダヤ資料センター（CDJC、パリ）、ユダヤ歴史研究所（ZIH、ワルシャワ）、被追放者全国委員会（DEGOB、ブダペスト）が進めるプロジェクトに至るまで、生き延びた歴史家たちとその支援者は、生存者の報告を集め、多くの研究書を出版し（ホロコースト史の最初の著作だ）、生存者のリストを作成し、東欧全域のユダヤ人共同体の戦前の生活と戦中の死を追悼する多くの記念本（yizker-bikher）を作成し、戦後の国際人権法の重要な構成を策定するのを助けた。[23] こういった文献が「忘れ去られた」のは、おもに言語のせいである。ほとんどがイディッシュ語で書かれ（重要な例外は、ハンガリーのDEGOBコレクション）、テルアビブ、ブエノスアイレス、ニューヨークで出版された。しかしこの言語を話せる人々はほとんど残っていなかった。さらに、こういったコレクションの多くは冷戦の間は鉄のカーテンの向こうにあり、専門家にも読むことができなかった。しかしそれらの再発見は冷戦終結の遺産というだけではない。何よりもまず、ジェノサイドを加害者の視点からのみ考えることから脱却した、感性の変化のしるしだ。ホロコーストの犠牲者に新たに焦点が当てられるということは、生存者、とりわけ生き延びた歴史家の著作と、収集に貢献した生存者の証言が、新たに学者や学芸員や教育者の目に留まるということを意味している。[24]

こうして歴史家たちはしだいに加害者だけでなく、被害者にも焦点を当てるようになり、使用される資料も多様化した。初期のホロコースト史家たちは、終戦時に獲得され、ニュルンベルク裁判のために照合されたナチの文書をもっぱら頼りにしていたが、今では手紙から日記、嘆願書、支援申請書に至るまで、被害者が作成した文書がホロコーストを理解するうえで同様に重要だということを歴史家は認識している。その結果彼らは、戦後に生存者がかなりの程度まで書き始めたこと、私たちが現在ホロコーストの記憶と呼んでいるものがさまざまな時代のさまざまな共同体のさまざまな場所に存在していることにも気づいた。今日、国連その他の世界的もしくは地域的機関、とくに欧州連合によって推進された（ある種の）ホロコースト意識が世界的に広まっているとすれば、これは記憶を助ける予期せぬ効果にもつながっている。[25] ホロコーストの記憶は、たとえば一九七〇年代から八〇年代にかけてのイスラエルとトルコの関係や、西ドイツが世界の舞台で正常な独立主権国家として自己主張しようとしていた際のアメリカとの関係のように、つねに地政学と結びついていた。[26] しかし冷戦終結以降、その記憶は共産主義や奴隷制度や他のジェノサイドの記憶と、しばしば不適切だが教訓的な形で、競合したり対立したりするようになっている。[27] たとえばワシントンDCのザ・モールに建てられたアメリカ合衆国ホロコースト記念博物館が国立アフリカ系アメリカ人歴史文化博物館設立のきっかけになったように、それは予期せぬ方向に進んでいる。[28]

沈黙から世界的な記念へと一直線に進展したわけではないものの、ホロコースト意識の高まりの物語には優れた点が数多くある。一九四〇年代から五〇年代にかけて、ナチによるユダヤ人殺害（まだ「ホロコースト」とは呼ばれていなかった）について、生存者、学者、公文書保管者、臨床医、国際弁護士、心理学者がどれほど語っても、ホロコースト意識が広く共有されていなかったのは確かだ。「ホロコースト」という言葉は、残虐行為のメタファーとして時折使われるものから、一九六〇年代にはとくにユダヤ人のジェノサイドに言及する際に使われる言葉となり、一九七〇年代後半にはユダヤ人ジェノサイドと同義になった。一九八〇年代には、ホロコーストはアメリカの大学で広く教えられるようになり、イギリスでの動きが緩慢だったのを除けば、他の英語圏の国々、とくにカナダ、南アフリカ、オーストラリアでも取り上げられるようになった。これらの国々も自国の戦時体験がホロコーストの歴史の一部であるということを発見しつつあった。イスラエルでは、ホロコーストはもちろんつねに意識されていたが、研究機関としてのヤド・ヴァシェムの国際的な認知度が高くなっていった。そして西欧全域でホロコーストの映画、裁判、記念碑（まだ現存しているホロコーストの場所とまではいかなくとも）が注目を集めた。イェール大学のフォーチュノフ・アーカイヴを筆頭に、重要な生存者の証言を収集するプロジェクトが立ち上げられたが、数多く存在する同様の、しばしば小規模で地域的な口述史のプロジェクトは、ほとんどが忘れ去られている。一九九〇年代には爆発的に関心が高まり、それは今日まで続いている。

ポスト真実時代の記憶

一九九〇年代、ホロコースト意識は人権、世界市民主義、進歩的思想を支持する形で広まる運命にあると思われたが、二一世紀には、この確信に満ちたナラティヴは頓挫してしまった。ホロコーストの記憶を民族主義的なアジェンダにさらに利用したり、極右勢力との地政学的な同盟を促進するのに利用したり、あるいは進歩的な思想家が反ユダヤ主義や反イスラエルの偏見を持っているようだと「暴露」するのに利用したりすることは、現在では見慣れた光景のひとつだ。同時に、ホロコーストの生存者を普遍的な証人とみなし、アウシュヴィッツがあらゆる場所の悪を象徴しているのと同様にあらゆる抑圧的な政権の犠牲者を象徴するという考え方は、ナチの犠牲者の明確な苦しみを忘れることにつながるという見方もある。[29] ホロコーストの記憶は、リベラルな人々にとって居心地のよい場所とは決して言えず、異論にさらされ、複雑で、少なからず方向感覚を失っている。私たちはこの記憶が普遍的な人権への転換を保証するものではないことを知っている。ホロコーストの記憶がかえって「政治の「災禍化」」、つまりジェノサイドのレトリックが、公的領域において憎悪を克服するどころか憎悪を永続させてしまう可能性のある辛辣な論争につながるかもしれないというのは、ホロコースト教育や記念を推進する人々にとって有益な警告だ。[30] オランダに戻ったヘルツベルクが次のように書いている。

幾度か遠回りして、私たちはベルゲン＝ベルゼンから戻ったが、すでに何もかもが過去のものになっている。その記憶は薄れつつある。私の心にはくすんだしみができつつある。驚くようなことではない。残虐行為についていつも考えているのは好ましくないし、それについて始終話しているのもどうかと思う。残虐行為が嫌悪感を抱かせるだけかというとそうではない。ひとを引きつけもする。残虐行為には伝染性がある。ゆえに収容所についてどのように書くかが重要なのだ。それを念頭に置いて、何が起こったかを知るだけでなく、それを理解しようとすることがもっとも重要だ。[31]

私たちは一九九〇年代にルワンダとユーゴスラヴィアでこの効果を目の当たりにした。このとき、過去のジェノサイドや他の集団暴力の歴史は、想定されるジェノサイドの脅威を「防ぐ」ためと称して、先制攻撃を正当化するのに利用された。どちらのケースでも、ホロコーストのイメージは存在し、結集され、ルワンダではフツ族の政権が「熱帯のナチズム」にたとえられた。しかしユーゴスラヴィアでは、クロアチア人（皮肉なことに、クロアチアでは第二次世界大戦時にセルビア人とユダヤ人に対するジェノサイドが行われており、ユーゴスラヴィア紛争当時はホロコースト否定派のフラニョ・トゥジマンが統治していた）が「新たなユダヤ人」とみなされ、セルビア人によるジェノサイドの脅威にさらされている、という話法が多く見られた。ユーゴスラヴィア共和国の他の構成国、とくにクロアチアに対する「先制攻撃」を正当化するために、第二次世界大戦の記憶を呼び起こすホロコーストのレトリックはセルビアから海外へと喧伝された[32]。以来、私たちは同様のレトリックを世界じゅうで見てきたし、今も見続けている。つまり、ホロコーストの記憶の「前向きな」バージョンは、残念ながら終了したのである。二一世紀に状況はますます複雑化し、急速に変化し、議論を呼んでいる。

これはホロコーストを否定するといった問題ではない。その際立った愚行には、ナチが自分たちの犯罪を隠蔽しようとした戦争そのものにまでさかのぼる歴史があり、戦後すぐに元ナチやその同調者（とくにフランスで）に支持された。デジタル時代になると、さまざまな装いのホロコースト否定論（完全なる否定から、殺害された人数といった、ホロコースト史の特定の側面に疑問を挟む「ソフトな」バージョンまでさまざまだ）が容易に拡散されたものの、まだ周縁的な現象にとどまっている。伝統的にホロコースト否定にさほど関心が払われてこなかった国々、とくにイランではアフマディネジャド大統領がこのテーマについての会議を主催し反響を呼んだが、こういった国々でホロコースト否定がたとえ推進されても、ホロコースト否定そのものは、それを包含する極右のさまざまなナラティヴに比べれば、さほど問題視されていない。こういったことには、二〇一一年にノルウェーで七七人を殺害した（被害者のほとんどが子どもだった）アンネシュ・ブレイビクのような極右テロリストが注目を集めた問題も含まれる。歴史的によく知られた反ユダヤの陰謀論だけでなく、とくに現在もっとも注目されているのは「グレート・リプレイスメント理論」だ。このナラティヴは「リベラル」、つまりユダヤ人が、白人の住民を「希薄化」し「キリスト教」文明を弱体化させるために、ヨーロッパに移住者、とくにイスラム教徒の移民を呼び込み、「白人種」を滅ぼそうとたくらんでいる、と主張するものだ。[33]

むしろこれはポスト真実時代におけるホロコーストの記憶の問題だと言えよう。ヘルツベルクが言うように、残虐行為についてあれこれ考えるのはたしかに心地よいとは限らない。そうならないための方法のひとつが、ホロコーストの歴史を美化し、「肯定的な」側面だけに焦点を当てることだ。現在のポーランド政府の戦略がこれにあたる。国の汚れた洗濯物を公然とさらす人々に対する攻撃の裏返しとして、ポーランド人を救済者だというナラティヴを宣伝するのだ。たとえばいくつかの資金の潤沢な博物館や、政府が出資しているピレツキ研究所では、ポーランド大使館員が偽造パスポートを提供したおかげでユダヤ人が絶滅収容所への移送を免れたという計画の存在について知ることができる。同時に、微妙な形でホロコーストが歪曲されている。一部のポーランド人カトリック教徒が（実際、かなりの数だった）ポーランド・ユダヤ人を助けたのは明らかだ。自分自身や家族にかなりの危険が及ぶにもかかわらず助けてくれた非ユダヤ人のことを、生存者が詳細に証言しているケースも数多くある。しかしこれはけっして普通に行われていたことではなく、ユダヤ人をドイツ占領軍に売り渡すことにかかわったり、略奪したり、自ら殺害したりしたポーランド人の数は、救いの手を差し伸べた者よりもはるかに多かった。

ホロコーストの同様の歪曲は、悪意からではないとはいえ、ドイツ政府によっても進められている。ドイツでは、おそらくもっともな理由から、ホロコーストの責任が非ドイツ人にもあると指摘するのは恥ずべきことだと考えられている。しかしこの原則に基づく立場は不運な結果をもたらした。本書が示してきたように、ナチ政権の推進力がなければ、ホロコーストは起こり得なかっただろう。しかしヨーロッパじゅうの協力者が積極的に支援しなければ、ヨーロッパ・ユダヤ人の殺害というドイツの計画はけっして成功しなかった。ドイツが表向き自分たちの罪を減じるたぐいのことに反対すれば、他者を無罪にする助けになってしまう。

冷戦終結後、ヨーロッパのほとんどの国、とくに旧共産圏の国々が、ホロコーストに自国が果たした役割に関する調査委員会を設置したことを考えれば、この問題はとくに注目に値する。どの調査委員会も、自国民の関与が相当なもので、強欲、ナショナリストの強い願望、ナチズムへのイデオロギー的親近感などによって彼らが突き動かされたことを示していた。

おそらく、ホロコーストが歪曲されたもっとも厄介な形は、こういった委員会に対する反応から生じたものだろう。異議を生じさせた考え方には非常に長い歴史があるが、自国がホロコーストに関与したという物語をEUや西欧の記憶のテンプレートへの屈辱的な服従とみなす東欧の人々は、まず第一に委員会の調査結果に反発している。彼らはホロコーストが二〇世紀の決定的な悪であるという考えに異議を唱え、とくにブリュッセル（EU）への入場券を手に入れるためにホロコーストを強調せざるを得ないという認識に異議を唱えている。この地域では共産主義独裁という経験のほうがはるかに長かったのに、それが軽視されているというのだ[34]。ゆえに東欧では二重のジェノサイド論が出現した。このナラティヴには、まったく妥当な核となる課題がある。共産主義が犯した悪の歴史は調査され、記念されるべきだという課題だ。残念ながら、構図をホロコーストの記憶との競争にすることで、この主張は簡単に反ユダヤ主義の陰謀、とくに「ユダヤ＝ボリシェヴィズム」の陰謀という話になってしまう。何よりもひどいのは、二重ジェノサイド論が、共産主義は「ユダヤ人」のイデオロギーでユダヤ人が自分たちの国に「共産主義を持ち込んだ」（もちろん、同国人のなかに非ユダヤ人の共産主義者はいなかった。彼らは皆、善良な愛国者なのだ）と示唆するだけでなく、ユダヤ人の殺害は、たとえそれが自国の反ユダヤ主義者ではなくドイツ人によって実行されたにせよ、ユダヤ人を受け入れていた国への背信に対する正当な反応だと暗示し、さらには外国の共産主義支配下で東欧の人々が経験した「ジェノサイド」は、ユダヤ人がナチ支配下で経験したものよりも長期にわたり破壊的だったと暗示している点だ。これは「純粋な被害者意識」のナラティヴであり、最悪の場合、被害者が中傷され加害者が英雄視されるという逆転現象を生み出す。[35] ラヘル・マルゴリスやイスラエルの歴史家イツハク・アラドといった、リトアニアの元ユダヤ人パルチザンが戦争犯罪で訴追される恐れがあり、サーラシ・フェレンツのようなファシスト指導者が、ブダペストの「恐怖の館」博物館で、共産主義の弾圧の犠牲者として描かれる世界だ。それは感情的に不安定で政治的には危険な「議論」で、和解や過去の記憶やナラティヴの共有が不可能なゼロサムゲームを助長する。

二重のジェノサイドのレトリックに批判的な人々でさえ、ホロコーストの歪曲の責めを免れるわけではない。西欧の戦争とホロコーストのナラティヴにある種の「うぬぼれ」があることを見抜いた東欧の学者たちは、東欧の人々がそのような視点に順応しなければならないのが不快だと思うのは当然だと考えている。しかしそういった指摘をする学者がホロコーストの歪曲の罪を犯していると言えるだろうか。この分野に携わる者たちは皆、他者の立場に対してすぐに攻撃的になる傾向があって、彼らが必ずしも報復主義者でもなければ、もっと悪いことに反ユダヤ主義者でもないと見極めるのに時間を費やして熟考するとは限らない。[36] 二〇〇五年、トニー・ジャットは次のように主張した。「ヨーロッパが第二次世界大戦を過去のものにしようとする――最後の記念館が開設され、最後の生き残りの戦闘員や犠牲者が栄誉を受ける――に当たって、ヨーロッパで亡くなったユダヤ人たちの記憶を回復することは、大陸における人間性復活の定義そのものであり、それを保証するものとなっている」[37]。こういったことはいつまで続くだろうか。二〇一六年九月、当時のポーランド首相ベアタ・シドゥウォからマン・オブザイヤーを受賞したオルバーン・ヴィクトルは次のように述べた。

中欧諸国は、そのアイデンティティ、つまり宗教的・歴史的な国家のアイデンティティを守らなければならない。これらは今や廃棄すべき時代遅れの服ではなく、私たちを守る鎧なのだ［…］成功し、生き残り、強くなる共同体は、強力なアイデンティティを備えているものだ。つまり宗教的・歴史的・国家的アイデンティティだ［…］残念なことに、私たちはときおり、信仰を持たない反国家的なライバルに対してだけでなく、ヨーロッパのさまざまな一流の知識人や政界からも、［これらの美徳を］守らなければならない。しかし私たちに選択の余地はない［…］太陽の下に私たちの居場所はなくなるだろう。[38]

ヨーロッパ的な価値を求める闘争に関するオルバーンのビジョンでは、ホロコーストの記憶はどうなるのだろうか。

このような記憶の混乱の問題は、ホロコーストを世界史のなかでどう位置づけるべきかという最近の議論でも明らかだ。これは学界と公的領域の両方で非常に醜い論争になっている。[39] ホロコーストは、奴隷制度、植民地での暴力、その他現代世界に傷跡を残した多くのジェノサイドといった残虐行為とともに、世界史のなかにどのように収まるのだろうか。比較のリスクは学問の世界から公的な領域にまでじつに簡単に波及し、軽んじられているとか、共同体が無視されたり自分たちの経験が軽く扱われたりしているといった感情を生じさせる。こういったことは、一九八〇年代から九〇年代にかけて、新世界の奴隷制度がホロコーストと比較されるようになった際に顕著に現れた。こうした議論のなかには、ホロコーストの重視をヨーロッパ中心主義の一形態とみなすアフリカ系アメリカ人と、比較は見当違いで批判は不快だと感じるユダヤ人の間に、不幸なくさびを打ち込むものもあった[40]。ここでは、さまざまなグループのトラウマになる体験が、理解はできるがしばしば好ましくない方法で注目を集めようと競い合っている。

人種主義、植民地主義、そしてブラック・ライブズ・マター運動に関する議論の文脈で、こうした以前の議論の反響が今日も大音量で繰り返されている。一九五〇年代、マルティニーク島の詩人で政治家だったエメ・セゼールは、その反植民地文学の代表とも言うべき衝撃的な著書『植民地主義論』のなかで次のように書いている。「篤信家の二十世紀のブルジョワ」にとっての問題は、「彼の中には、まだ自らの本性に気づいていないヒトラーがいる。彼にはヒトラーが宿っている」ことで、「ヒトラーを罵倒するのは筋が通らない」ことになる。なぜなら、

> 結局のところ、彼が赦さないのは、ヒトラーの犯した罪自体、つまり人間に対する罪、人間に対する辱めそれ自体ではなく、白人に対する罪、白人に対する辱めなのであり、それまでアルジェリアのアラブ人、インドの苦力（クーリー）、アフリカのニグロにしか使われなかった植民地主義的やり方をヨーロッパに適用したことなのである[41]。

この言葉は、ホロコーストが前代未聞だという考え方に対する重大な挑戦だ。セゼールはあまりに多くのことを当然のように断定しているが、たとえば戦後までユダヤ人は「白人」とはまったく考えられていなかったし、彼は植民地での残虐行為と植民地でのジェノサイドとホロコーストの違いを過小評価

している。しかしそれでも、彼の発言は慎重に検討する価値がある。

彼の言葉は二〇二〇年代に入り、かなり複雑な形で出没するようになった。たとえばドイツでは二〇二〇年、ボーフムで開催されたルール・トリエンナーレでスピーチをするはずだったカメルーンの学者アシル・ムベンベの招待を取り消すという声が上がり、スキャンダルに発展した。ムベンベはイスラエルのパレスチナ人に対する扱いを何度か非難し、その状況がアパルトヘイト下の南アフリカよりも「はるかに破滅的」と述べていた。ムベンベの発言権を擁護する学者もいたが、ドイツの報道機関や公的領域はずっと控えめだった。イスラエルを批判することは、当然の歴史的理由から、ドイツではいまだに禁止（Verbot）されているようだ。ある著述家によると、イスラエルとパレスチナに対するこの沈黙は、ホロコーストのみが「人間の苦しみに対する普遍化された基準」とみなされるという、一種のドイツの「道徳的至上主義」を維持するのに役立っているという。[42] ムベンベは世界的に有名な学者で、ポストコロニアル理論の研究でドイツの権威ある文学賞をいくつか受賞していたが、突然妥当とは言い難い中傷の標的となった。結局、トリエンナーレは新型コロナウイルスの流行で中止になったものの、ムベンベはイスラエルを悪者とみなしＢＤＳ運動（「ボイコット、投資撤収、制裁」運動）を支持していたことから、招待は公式に見送られた。二〇一九年五月にドイツ連邦議会がＢＤＳ運動を反ユダヤ主義的と決議したせいで、ハーバーマスの言葉にあるように、ユダヤ人が呼吸できる国を作ろうというドイツの試みは、イスラエルに関する議論を封じ込める結果になった。ユダヤ人との精神的な関係修復を求める善意の倫理的立場は、強硬なシオニストと反シオニスト思想、両方のやみくもなやり方で、ユダヤ人とイスラエルを同一視することによって終わる。このことは、ユダヤ人が安心できる雰囲気を作ろうとしている場合、とくに残念な結果だと言える。ある法学者が主張するように、問題はドイツの「道徳的」立場を他のすべてのひとに押しつけようとすることだ。

この論評は、ホロコーストに対するドイツ人の特別な責任から始まり、その結果としてのドイツの見解、ドイツのナラティヴ、ドイツのアイデンティティとドイツの責任を主張するものだ。この論評はこの見解の特定の起源を無視し、普遍主義に転化している。この論評はそれからこの普遍主義を、特定のドイツ人の体験と責任を共有しないすべての人々に押しつけている。しかしこの普遍主義はドイツ人の責任から生まれたものなので、ドイツ人が議論を支配し続けることに変わりはない。(43)

ドイツが自国の罪に取り組むために、他の加害国よりもはるかに多くのことをしてきたのは間違いない。しかし、世界の他の国々はドイツに称賛の念を抱くべきだと主張する人々とは反対に、私たちはドイツがその内省にある種の自己満足を抱き、その結果、いくつかの盲点が生まれていることに気づくかもしれない。ドイツが抱くイスラエルとの一体感は、ホロコーストの加害者に非ドイツ人が含まれることを認めない姿勢にも表れている。ベルリンの「虐殺されたヨーロッパのユダヤ人のための記念碑」はその大きさと役割をめぐって何年も議論されたのち、ようやく二〇〇五年に除幕式が行われたが、この記念碑に象徴されるように、ドイツの立場は、ポーランド人加害者の行為を指摘した者を犯罪者扱いするポーランド政府の脅しと闘う歴史家から、とりわけ批判された。ある人物は、この立場は「ホロコーストの歴史の歪曲、さらには改竄につながる危険がある」とまで示唆している。(44)

印象的なのは、ホロコーストの記憶がより熱気を帯びた論争になっている点だ。一九八〇年代の歴史家論争では、ホロコーストをスターリン時代の犯罪と比較することが保守系右派のアジェンダで、ナチのユダヤ人ジェノサイドは結局のところ唯一無二の犯罪ではなく、ドイツ人は「正常な」国民であり得るということを示そうとした。ホロコーストの特異性を主張したのは、たいていはハーバーマスに代表される進歩的な思想家たちで、それ以外の立場を取ればドイツに新たな反ユダヤ主義が生まれ、民族ナショナリズムが支持されて、彼が主張した「憲法パトリオティズム」の根拠が失われることを恐れたのである。近年、比較という行為における利害関係は逆転している。世界史におけるホロコーストの位置づけをめぐる学術的な議論では、比較は今のところ大まかに言って（ラベルは不正確だ）、進歩的な思想家によって主張され、一方、ホロコーストの特異性の擁護（現在では、イスラエルへの断固たる支持も暗示している）は、だいたいが保守系右派の領域になっている。これは比較がもはやホロコーストとスターリンだけの比較ではなくなっているからだ。そのかわりに現在焦点となっているのは、植民地犯罪、とくにドイツがドイツ領南西アフリカ（現在のナミビア）で行った犯罪である。ドイツにおける奴隷制度、植民地での残虐行為、反黒人主義の人種差別の歴史を含む論考を開始するのに黒人のドイツ人評論家が関与し、ソ連のグラーグだけに焦点を当てるよりもはるかにこの分野を複雑化させ、現代的な雰囲気を与えている。現在の保守的な立場が一九八〇年代と正反対なのは、「倫理的・政治的意味合いのさらなる形態を避け」、植民地犯罪へのドイツの関与を免責することを目的にしているのを見れば納得がいく。[45]それに対し進歩的な立場は、ホロコーストの記憶を人種や植民地主義にまつわる他の巨大な紛争の歴史と対話させながら、国家の枠を越えて議論を広げようとしている。おそらく双方が見落としているのは、ホロコーストの歴史そのものがドイツだけの問題ではないという点だ。ユダヤ人のジェノサイドというヨーロッパを超えた次元の出来事は、それ自体がヨーロッパにおける帝国の初期の崩壊がもたらした副次的な影響の一部と理解でき、ヨーロッパ内外の帝国の支配と衰退のより広範な歴史に必然的に結びつき、責任、人種、国家の役割という問題をも投げかけている。こういった記憶を助ける結びつきは、もはやかつてのように予測できはしないが、ホロコーストそのものの複雑さも、ホロコーストの恐ろしさが、人種に基づく他のさまざまな残虐行為と同じように強調すべきものだという事実も見過ごされることがあってはならない。人種主義をめぐる現代の議論において、反ユダヤ主義はときには気づかれないまま脱落してしまう。ホロコーストの記憶がいくぶん「ヨーロッパ中心主義的な」ものとして貯蔵されているとすれば皮肉なことだが、実際にはそれは、危機的な状況下で人種的思考や「安全保障パラノイア」がどのような事態を招きかねないかを示すもっとも明確な例のひとつである。[46]

記憶の挑戦

現代世界についてホロコーストが教えるものがあるとしたら、それは何だろうか。[47] ホロコーストは手段の合目的性の論理的結論ではなく、むしろ、明白なはけ口を持たない深い情念を生み出し方向づける現代世界の帰結だった。多くの思想家がホロコーストの「近代性」を強調してきた。しかしこれまで見てきたように、技術に関しても行政に関しても、ホロコーストが二〇世紀に起こり、加害者たちがその時代を象徴する技術を利用したという事実以上に、とくにホロコーストを近代的なものとして示す要素は何もなかった。むしろホロコーストの先鋭性は、科学、官僚制、鉄道といった近代的な特性が、ナチズムを支えた非合理的空想思考——それ自体が近代の産物だった——を強化し顕在化させるために使われた点にある。[48] 原則として、ホロコースト教育やホロコースト記念は間違ってはいない。しかしこういった活動が私たちを導くべき根本的な結論に、私たちは進んで向き合わなければならない。ホロコーストがその犠牲者にとって深刻なトラウマとなる出来事だったこと。第二次世界大戦の余波は好ましい結果ももたらしたが（民主的なドイツが誕生し、一九四五年以降ヨーロッパの大部分で戦争がなくなったこと）、それだけではなかったこと。つまりファシストの魅力やジェノサイドの幻想といった深層心理が温存され、危機的な状況に陥ると人々が直感的にそれらを求めてしまうという暗黒の遺産を残したのだ。それがもっとも明確に表れているのがオルタナ右翼やインターネットの世界で、おもにここから陰謀論が広がっている。さらにホロコーストは近代の国民国家とそれを支える「柱」（法の支配、軍隊、宗教、支配層エリート）の脆弱性を明らかにするだけでなく、その組織と機能そのものに疑問を投じている。ホロコーストは、国家が国民に医療を提供したり市民の権利を保障したりできるのにその必要がないことを示している。実際、歴史的に見ても、そして今日の世界全体が進んでいる方向を見ても、国家は個人の権利を制限し、それを管理する人々が脅威を感じると、手中にあるツールを利用し必要と思われる方法で、「浄化」のプログラムを実行する可能性が高い。

終戦時に、ある明敏な論者が次のように述べている。「ヒトラーは否定されたのではなく、打ち負かされたのだ。彼に反対した人々の多くは彼の概念を自分たちに当てはめられることに反感を抱いた。彼らはいまだにヒトラーの概念そのものを否定してはいない」[49]。この主張が正しかったことは、世界大戦の直後に起こった脱植民地戦争で明らかになった。人種的優越性、領土拡張の権利、マイノリティが厚遇される権利や彼らが暮らす政治機構におけるメンバーシップの権利を却下する考え方などだ[50]。多くの人々がナチズムを拒絶したのは、他の集団に対する憎悪を容認できないと考えたからではなく、ナチが憎悪する標的の選択を残念に思ったからだ。とくに人種憎悪は世界を悩ませ続けている。ジェノサイドを引き起こすにはそれだけでは不十分だが、危機的状況に陥れば操作可能になり、脅威となる形で機能し始める可能性がある。

戦後三〇年以上経って、このナチズムへの恐れ、つまりその意味に正面から向き合わずにナチズムを拒絶することについて、ある哲学者が再度説明している。「ひとがナチズムについてあえて熟考しようとしないのは、それが狂犬のように軍事活動によって叩きのめされ、その敵の言説のジャンルで受け入れられているルール（自由主義にとっての討論、マルクス主義にとっての反駁）に適合しないからだ。反論もなされていない[51]」。この言葉が書かれた一九八〇年代にはこれが大げさだと主張するのが当然だったとしても、今日ではこの言葉は説得力を増している。ブラジルからポーランドに至る世界じゅうで極右が台頭し、アメリカの共和党がファシズムに傾き、ミャンマーからジョージアに至る多くの国々で権威主義の政治が勝利し脅威となっているのを見るにつけ、ナチズムとそれが意味するものに異議が唱えられたとどうして主張できるだろうか。一九四五年以後の数十年でナチズムに異議を唱えたのは、一部の人々だけだったように思われる。ホロコースト教育は今では多くの国々の学校のカリキュラムと国の記念日に定着しているが、危機が認識されると、ファシズムは一部の人々が直感的に頼ろうとするスタイル、語彙、単純な答えというものをセットで提供する。このことはホロコーストの記憶を理解するうえで、つまりホロコーストが第二次世界大戦終結後の数十年に公共の領域で記念され、記憶され、法制化され、議論されてきたやり方を理解するうえで、どういう意味を持つのだろうか。

これらの問題については、トランスニストリアでルーマニアのホロコーストの恐怖を生き延び、現在はアメリカに在住するルーマニア・ユダヤ人の作家、ノーマン・マネアが、議論を呼びそうな形ではあるが、うまくまとめている。彼の自伝『フーリガンの帰還（*The Hooligan's Return*）』には彼がアメリカに亡命した事情とチャウシェスク失脚後にルーマニアを再訪した話が感動的に綴られており、彼はそのなかで挑発的な考えを示している。「公的な記念式典は恐怖を陳腐な物語に変え、繰り返されることで無感覚を引き起こし、その機能を果たす。もちろん、そのあとに続くのは疲労と無関心だ[52]」。のちに彼はさらに痛烈にこうつけ加えている。

苦しみの矮小化［…］人類の永遠の事業だ。それが決まり文句になって初めて、悲劇は集合的記憶のなかに居場所を見つける。恐怖が繰り返されないように記憶は監視し続けなければならない。私たちは繰り返しそう言われ続けた。私たちはアイデンティティ、共通の記憶、人種、民族、宗教、イデオロギーにしがみつかなければならない。プラグマティズムの惑星に降り立って、あなたは過去と自分のアイデンティティから逃れ、ただの存在になれるかもしれないと考えた。パリのアメリカ人、ガートルード・スタインが夢見たように。だが木曜日に起きた残虐行為が金曜日にはＴシャツの標語に使われ、集合的記憶があっという間に商品化され売り物になるのに気づくだけだ[53]。

記憶する義務や記念する必要性は、ここでは過去をなだめ、現在それを無視しても大丈夫なようにするためだけの、空虚な自己満足の儀式とみなされている。

しかし過去は繰り返されるものだ。二〇一八年一月、テッサロニキ市長ヤニス・ブタリスはホロコースト記念日に勇敢なスピーチを行った。彼はそのなかでテッサロニキの過去が「私たちを追いかけ悩ませる」もので、静かではあるがつねに存在していると指摘した。テッサロニキの巨大なユダヤ人墓地は破壊されたかもしれないが、その墓石はアギオス・ディミトリオス聖堂の前庭を作り、陸軍本部やロイヤルシアターの前に広げられ、道路の建設や舗装に使われ、一九四八年一二月まで有名な「白い塔」の前や万国博覧会の敷地に積み上げられて展示されていた。ＡＨＥＰＡ病院やアリストテレス大学は墓地の跡地に建てられている。ホロコーストはテッサロニキという織物に織り込まれ、居住者たちはますますそう認識するようになっている[54]。

しかし、過去がたびたび繰り返されるのは、ギリシャのように、過去が議論されなかったり、何十年も秘密にされてきた場所に限らない。ヨーロッパ全域で大陸規模の共同作業が行われたというスキャンダルは、二一世紀初頭に組織された多くの委員会で驚くほど明らかになり、新たな疑問を呼んでいる。ホロコーストは、たとえそれがドイツから発生しドイツによって主導されたにせよ、ドイツだけの出来事ではないし、急進右派の復活とヨーロッパ全体の関与の発覚が同時に起こったのも偶然ではない。国家の首脳や数人の犠牲者の証言や子どもたちの詩といったもので構成される鋳型にはまったような式典で記念するだけでは、ファシズムが西洋文化の深い記憶に織り込まれている状況を変えるには不十分だ。課題は残っている。ホロコーストは理解されるのだろうか。

おわりに

「歴史的秩序(オーダー)とは、結局は死ぬ順番(オーダー)でしかないのだ」
――マレク・エデルマン、ハンナ・クラルとの対談より(1)

「たとえ各世代はそれ自身の歴史を書く権利をもつことが認められるとしても、それ自身のパースペクティヴに従って事実を並びかえる権利をもつことが認められるわけではない。われわれは事実の事柄それ自身に手を触れる権利を認めないのである」

――ハンナ・アーレント(2)

キャサリン・バーデキンは、その驚くべき小説『鉤十字の夜』(一九三七年)のなかで、思いがけない設定が第三帝国の本質への鋭い洞察を与え得ることを示した。バーデキンの本で描かれるのはドイツの勝利後七世紀を経過した世界で、そこではドイツと日本というふたつの帝国が地球を分割し、ナチ以前の文化の痕跡をすべて破壊し、女性を「支配」の対象として檻に閉じ込め、動物として扱い、繁殖目的で利用している。厳しく規制され管理された世界では、キリスト教徒の小さな集団だけがナチの構造の外で暮らし、のけ者として放り出されている。小説の主人公であるイギリス人、アルフレッドは、ドイツ人の友人ヘルマンにキリスト教徒の歴史を説明しようとして、こう述べている。「キリスト教徒どもは二千年近くにわたってユダヤ人を迫害し、辱めてきたのだ。そしてそれから、ドイツ人が迫害を引き継ぎ、それを人種的なものに変え、しばらくの後にユダヤ人を殺し尽くしたのだ(3)」。この本のあとの部分では、騎士のフォン・ヘスがアルフレッドに自分が所有している古書について明かすが、これは非常に危険で違法なことだった。ほんのひと握りの専門書を除いて本は禁止され、消し去られていたからだ。騎士はまたアルフレッドに、自分の曖昧な知識をもとに、ナチの勝利の前に何があったかをかいつまんで説明しようとする。アルフレッドはイエスについて理解できないと言い、ユダヤ人はどこから来たのかと尋ねると、次のようなやり取りが続く。


「彼らは東地中海の人々で、黒人ではないが茶色の肌をしていて、外見はアラブ人に少々似ていたのだろう」

「ですが今は彼らはどこにいるのですか?」

「今は存在していないのだよ。彼らは他の民族に吸収されてしまったか、根絶やしにされてしまったのだ。フォン・ヘス[騎士の祖先]の時代にはまだわずかな生き残りがいたのだが。ドイツ帝国軍がイェルサレムを制圧した際に、パレスチナのユダヤ人は殺され、大人も子どもも最後の一人まで虐殺されたのだ。ドイツのユダヤ人は二十年戦争時やその後の様々なポグロムにより殺された。他国のユダヤ人たちは、ドイツによる占領以前は反ユダヤ主義の権威主義的戦争政権により迫害され、後にドイツ占領軍によっても迫害されることとなった(4)」。

ユダヤ人についてのこういった議論は、ほとんどついでのように交わされる。この集団が姿を消して七世紀が過ぎ、彼らの痕跡は残っておらず、彼らが何者だったかを知っているのはごくわずかな好奇心旺盛な人間だけだ。そしてバーデキンが描くナチ帝国では、そのような知識は厳重に隠されていた。バーデキンがユダヤ人のいない未来を想像するのは簡単だった。彼女はナチズムの論理がユダヤ人を民族として絶滅させることにつながると理解していた。

本書は、一九二〇年のナチ党綱領や『わが闘争』で初めて明確に表現された反ユダヤの立場からホロコーストが必然的に生じたとは主張してこなかった。ホロコーストへの道は曲がりくねっていて、人口政策というもっと大きな背景のなかでユダヤ人政策の主導権を諸機関が争い、政策が決定された。さらに軍事的必要性、技術的・人的資源、協力政権が「自国の」ユダヤ人の移送や殺害にどの程度の積極性を示したか、そしてまったくの偶然によって、ホロコーストの輪郭が形成された。しかしナチの政策決定の場当たり的な性質や、ナチや枢軸国が占領したヨーロッパのさまざまな場所でユダヤ人が受けた無秩序で非体系的な迫害だけを強調する解釈では、そもそもなぜユダヤ人が標的とされたかについて説明できない。

イデオロギーだけに注目することの危険性は、加害者がたんに「狂っていた」と示唆しがちなことだ。しかしフランス人ジャーナリスト、ジャクリーヌ・メニル＝アマールは終戦直後に次のように書いている。

このような残虐な人間による犯罪に憤慨し、「このようなひとたちは怪物だ」と叫び、帰宅して平和な食事を取り、道義心を抱きながら眠るのは簡単なことだ。多くの怪物が存在するためには、怪物が孕まれ成長するのに異常に好都合な何かがあったに違いなく、それは私たちすべてのなかにある程度存在する複雑な何かで、ひとりひとりが何らかの役割を果たしていた。ナチズムは自分たちの世界を破壊し、狂気にも近い一種の集団的陶酔のなかで、かわりに別の世界、暗黒の不快な血なまぐさいサディスティックな中世の死の世界を出現させたいという欲望を、ドイツ国民全体に生み出した。[5]

彼女は一種の「狂気」を強調しているものの、ナチズムという奇妙な爆発が危機的状況にある社会すべてに見られる感情の蓄積を利用した点を正しく観察している。ドイツの場合、この危機がチュートン的帰属、アーリア人の優越性、「国際ユダヤ人」による脅威という神話に訴えかけ、運用を可能にした。しかし、クロアチアからルーマニア、フランスからノルウェー、ウクライナからラトヴィアに至るまで、ここまで見てきたヨーロッパの協力のレベルを思い浮かべれば、ヨーロッパ全体がナチズムの「集団的陶酔」の影響を受けやすかったことがわかる。急進右派の抗議活動をする人々が、ナチのシンパではなかったチャーチルといった人々の像を「守るため」と称した行進でヒトラー式の敬礼をしたことからもわかるように、それは今も変わっていない。ジェンダーに基づくコンプレックスが性的・人種的絶滅の妄想と融合するマノスフィアのインセルカルチャーにも、それは見られる。[6] 構造的な人種主義を排除しようとする試みに対する「アンチ・ウォーク」の反応にも見られる。そして急進右派のトランプ支持者が、盗まれた選挙という妄想世界に生き、ワシントンDCの連邦議会議事堂を襲撃した際も、私たちはそれを目の当たりにした。

しかし、本書が示してきたように、イデオロギーは文脈のなかに置かれる必要がある。ヒトラーが『わが闘争』に自分の空想をいくつか書き連ねたからといって、ホロコーストの説明はつかない。実際、第二次世界大戦中にヨーロッパ全域、とくに東方で行われた大規模な強制移動と途方もない殺戮という戦争の文脈は、ユダヤ人のジェノサイドを、より注目すべきものにしている（ホロコーストを他のナチの犯罪と並行して考えようとする試みを嫌う一部の歴史家が恐れているように）。同様に、戦争によってもたらされた社会的危機が、恐怖、分極化、大規模な協力につながったという背景は、ホロコーストへの参加が、たとえ物欲や「勝利する側」でいたいという願望にかられただけ、あるいは同調しただけであっても、古くからの固定観念に根差したユダヤ人への憎悪、あるいは少なくともユダヤ人の運命への無関心が、容易に結集され得るものだったことを示唆している。ホロコーストは、T4作戦の加害者が果たした役割や、占領体制のタイプ、さまざまな政権による協力の度合い、そしてナチやその同盟国がユダヤ人住民にアクセスできる軍事情勢だったかどうか、といった状況に大きく左右された。こういったすべてが、ナチが掌握できるユダヤ人の数、テッサロニキからアムステルダム、オスロからローマまで、特定の地域での死亡率の高さを決めた。ナチが西欧全体よりもワルシャワのユダヤ人を多く殺すことができた理由も、ソ連西部のユダヤ人は一九四一年に大量に射殺されたのにハンガリー・ユダヤ人がアウシュヴィッツに移送されたのが一九四四年だったことも、こういった要因によって説明できる。しかしこういった要因だけでは、ナチがなぜユダヤ人を標的にしたかや、これほどまでに多くのヨーロッパ人がジェノサイドという事業に参加したのかを説明できない。偶発的な事態によって緩和されたイデオロギーではあるが、イデオロギーを重視することでのみ、説明が可能になる。

一九九五年、ローレンス・ランガーはホロコーストの論評について次のように矛盾を指摘した。「私たちは、一方ではホロコーストのもっとも過酷な真実を歪曲するか、あるいは少なくとも軽減しようとする歴史意識を持っているように見え、他方では、ホロコーストの意味するものがどこに通じるのであれ、立ち向かおうとする歴史意識を持っているように見える」[7]。本書はもちろん、ランガーの挙げた選択肢の後者に位置するものであり、ホロコーストの恐ろしい現実を私たちが果敢に受けとめられていない事実を示したいと願っている。しかし私はこのような短い本ですべての事実を明らかにしたり、長年にわたり続いてきた文化的姿勢を転換させたりできるようなふりはしない。ランガーその他の多くの評論家が観察してきたように、歴史記述の性質は秩序に向かう傾向があり、基本的に、その生成においてさえ混沌としていた出来事、とくにその犠牲者たちにとってはカオスであった出来事に一貫性を押しつける。歴史はフィクション、映画、証言、演劇、詩、美術、パフォーマンス、法律、哲学、人類学、社会学、音楽などで補足する必要がある。そしてホロコーストを扱った力作には事欠かない。とはいえ、歴史家の批判的なアプローチは、ホロコーストの理解に貢献し、そこで起こった出来事の本当に恐ろしい性質を明らかにすることができる。地球温暖化、気候変動や戦争難民による大量移住、パンデミック、外国人恐怖症に揺るがされ、来るべき世の終末への倒錯した喜びが形作る世界において、これまでもそうだったように、そしてこれからも繰り返されるだろうが、終末論的なビジョンやムーブメントが再び起こったとき、私たちがそれに十分に抵抗してきたかどうかを考えることが、今日の私たちには求められている。フランスを活動の場としたルーマニア人のファシスト哲学者、E・M・シオランは、彼の挑発的で陽気なまでに口達者な終末宣言のひとつにこう書いている。「われわれの不幸という元金は、いくら時代がたっても手つかずのままである。ただ、われわれは先祖の持たなかった利点をひとつ持っている。つまり、この元手を昔よりうまく投資したということで、というのも、われわれの破産が昔よりうまく仕組まれているからなのである」[8]。彼が間違っていたと私たちは断定できるだろうか。

解説——ホロコースト後の八〇年

武井彩佳

本書の著者ダン・ストーンの専門は、ホロコーストの歴史がどのように書かれ、いかに解釈されてきたかを明らかにする「歴史学の歴史」（＝ヒストリオグラフィー）である。平たく言えば、ホロコーストの研究動向を追うことが研究なのだ。このため彼は、同時代に書かれた文書や記録などの一次史料を自分では検証しないのだが、歴史家というと、各地の文書館をくまなくまわって史料を探し、これらを片っ端から読むという作業を経て、ようやくなにがしかのことが言えるようになると考えられてきたので、これは意外に聞こえるかもしれない。

では、例えば古代ローマ史のように、すでに何世紀もの研究の積み上げがある歴史ではなく、現代史とよばれる比較的新しい歴史、その中でもホロコーストのように、現代までその余波が続いている出来事についてのヒストリオグラフィーは、どのような意味で重要なのか。また彼のアプローチはどのような点で他の研究者と異なるのだろう。これを理解するには、ホロコースト研究の展開をおさえておく必要がある。

現在、「ホロコースト研究（Holocaust Studies）」と呼ばれる分野は、当然のことながら、ヒトラー／ナチズム研究の中から生まれてきた。ドイツの敗戦直後から、ナチズムの本質とは何か、ファシズムなのか全体主義なのか、なぜドイツ国民はヒトラーに魅了されたのかといった問いに答えることが戦後世界の喫緊の課題であった。このため、ドイツ現代史研究においてナチ体制を理解するための試みは早くからなされており、意図派に対する機能派の解釈の対立などが知られているだろう。こうした流れは、一九八〇年代にはすでに、ナチズムの本質が先鋭化した形で現れたように見えるユダヤ人の大量殺害そのものへの研究へとシフトしていった。

研究の争点は、徐々にホロコーストを歴史の特異点と見るかどうかという点に集約されていった。つまり、ホロコーストは文明の断絶であり、唯一無二(ユニーク)だったのかという問いである。これは一九八〇年代後半の歴史家論争における中心的な議論であり、ここではスターリンの犯罪との比較が問題視された。ナチ犯罪の原型はソ連のグラーグにあるという歴史家ノルテらの主張に対し、ハーバーマスに代表される左派的知識人とそれを支えるメディアが、ドイツ社会には加害の歴史を引き受け犠牲者の記憶を守る責任があると反論し、論争に勝利した感があったが、ここで提起された「比較」という視点は、結果的にはナチズム／ホロコースト研究を様々な方向に押し広げた。例えば、ナチ占領地における他民族の支配という点では、植民地主義や人種主義理論を切り口にすれば必然的に他の事例との共通点や相違点が見え、ホロコーストはドイツが生み落とした例外であるという見方を相対化した。

こうした傾向は、冷戦後に旧共産圏の文書館が開放され、東欧でのホロコーストの解明が急速に進んだことで加速した。研究の地理的外縁が広がり、ヨーロッパという枠さえ超え、北アフリカまで含む巨大なものとなっている。同時に研究の多言語性にも拍車がかかり、いまや複数言語を駆使できなければホロコーストの実証研究はできない。それとともに分野が細分化し、実証的に研究しようとすれば、対象は時代的・地理的にかなり限定せざるを得ず、そうするとどのようなテーマを設定しても、重箱の隅をつつくような研究になる。一次史料を用いて個人が明らかにできるのは巨大な歴史の極めて小さな一部でしかなく、動的で、各地で共時的に展開し、大きな力学を有したホロコーストの全体像をとらえることは難しい。

さらに二〇〇〇年代以降、分野の性格が大きく変化した。現在、ホロコースト研究は歴史学を中心としながらも、政治学・法学・心理学・文学などにまたがる学際分野へと発展している。つまり、歴史の研究者だけがホロコーストを扱うのではなく、方法論の異なる様々なディシプリンがぶつかり合い、融合し合う場所にホロコースト研究が位置するようになっている。

こうした中でストーンは、領域横断的なホロコースト研究を統合しようとしてきた人である。これまでの研究の膨大な蓄積を整理し、そのうえで毎年様々な言語で大量に出版される研究を可能な限り網羅して、その足し算を続けることで、ホロコーストの全体像を獲得しようとする。実証主義に徹して殺害のプロセスを延々と記述するでもなく、個人のミクロヒストリーに終始するのでもなく、歴史以外の分野の成果も取り入れて、拡大を続けるホロコースト研究の見取り図を示す。これも気の遠くなるような作業であり、だからこそ描ける全体像のようなものがストーンにはある。

ストーンが本書で強調する点は大きく四つある。

ひとつは、ホロコーストの実態とその性格についてである。一般的には、ホロコーストはベルトコンベアーの流れ作業のように効率よく、無駄なく実行された「産業的な殺人」であったと思われており、アウシュヴィッツはその象徴とされている。このイメージはホロコーストと近代を結びつける解釈により定着したもので、社会学者ジーグムント・バウマンの『近代とホロコースト』（原書初版一九八九年）がその代表だ。ホロコーストには官僚主義、分業体制、科学万能主義など、近代の特徴とされるものが強く現れ出ていたという主張である。確かに近代は人間を様々な束縛や制限から解放すると同時に、劣等なものや排除すべきものを選別し、これを超克することでより良い未来を手に入れようとする両義性を有した。これがホロコーストのような怪物を生んだということだが、実際には、ナチは鉄道網や毒ガスといった当時すでにあった技術を使ってホロコーストを実行したに過ぎず、バウマン自身も近代がホロコーストを生んだわけではないと言っている。しかし官僚的な大量殺人という説明モデルは分かりやすく、受け入れられてきた。

ストーンはこうしたイメージがホロコーストの本質的な理解を妨げると考えている。なぜなら、官僚主義が問題ならばその構造を、集団間の政治力学が原動力ならばそのダイナミズムを明らかにすればよいということになり、実際にこれまでの研究もそういった方向からなされてきた。しかしこうした「枠」に当てはめる分析では、やはり、なぜ同じ人間があれほど残酷に、冷血に、執拗になれるのかという、誰もが抱く本質的な問いに対する答えにならないのである。同様に、鉄道による大量移送やガス室の建設といったことが技術的に可能であったとしても、これを人間の破壊に利用しようなどとは通常思いつかない。殺人への転用へと発想を飛躍させたものは何だったのかという問いが残る。

ストーンは生存者の回想録を引用し、また文学的想像力も借りて、ホロコーストが実際には飢餓と流血と暴力が支配し、糞尿にまみれ、極めてグロテスクなものであったと強調する。これを理解しようとするならば、やはりナチのイデオロギーを再検証する必要があるというのが彼の二点目の主張である。

これはナチの「プロパガンダ」がどう機能したかということとは異なり、むしろ日々の生活の中で同時代人が生きた「空気」としての「ナチ思想」や彼らの妄想を理解する試みであるという。「イデオロギーへの回帰」の必要性である。

実際、ファシズムやナチズムは、その支持者の間に、自由主義や民主主義では到底できない「情熱」を呼び覚ます。情熱なので、説明はいらない。頭で考えて「これが良い」と結論するのではなく、それは直感的に「わかる」のであり、人々はその正しさを血においてすでに「知っている」。これがファシズムやナチズムの「魅力」とされてきたものだ。「ファシズムやナチズムは愚昧かもしれないが、信奉する人々はそれを強く信じ、自分たちが戦いに勝利することに大いに関心を寄せ、関心を持っているからこそ勝利するのだ」（六八頁）――信じる者は強く、彼らは損得勘定や、費用対効果分析といったものとは無縁なのである。

当時「民族共同体」の構成員が感じたであろう一体感や、「血で考える」という空気感など、合理的ではないが、人を動かす「感情」、文字化されない要素に着眼すべきということだ。一般的に、歴史学が文字史料に表れない主観的な感情を扱うのは難しいとされてきたが、近年「感情史」の研究が進んでいる。感情は私たちを突き動かし、大きな変革を生むと同時に、人を破滅へと突き落とすこともある。近年の国際情勢を見れば、人間が合理的な選択をするものであるという考えが妄信であることは明らかだろう。民主主義や合理主義は、大きな熱量を伴う感情には太刀打ちできない。

実際にこうした感情の動員がホロコーストの「広域性」を説明すると思われ、これがストーンの主張の三点目になる。ホロコーストはヒトラーを中心としたナチ指導部に発し、ドイツの軍事的拡張により生まれた空間や行動の余地において展開し、軍事的敗北により終結するという、ある意味でドイツ中心的な理解は修正されねばならない。戦時におけるドイツの問題は、広大なヨーロッパを支配する人員が足りないという点にあり、不足は現地協力者や徴用者により常に補われていた。西欧でも、東欧でも、協力者を見つけるのは問題ではなかった。恨みや妬み、嫌悪、単なる金銭欲など卑近な動機が現地住民をユダヤ人の殺害という汚れ仕事へと突き動かし、彼らが時には占領者のドイツ人よりも暴力的であったことは繰り返し指摘されてきた。国家レベルでも、ルーマニアやハンガリーなど、ドイツの直接的な支配下になく一定の決定権を保持していた国々も、特定の時期にユダヤ人を自ら排除した。近年ではトランスニストリアなど、辺境地域におけるホロコーストの実態解明が進んでいるが、ドイツ以外のアクターにおいては、領土の回復や民族の均質化、経済的利益など、それぞれ固有の目的がホロコーストへの関与の動機となったことが示されている。つまり、ホロコーストはドイツ主導の壮大な計画が実行されたものというより、各地における地域的ジェノサイドが連動したものと捉えたほうが、実態に即しているかもしれない（一七〇頁）。

領土問題など固有の歴史や、複雑な民族関係の中からドイツへの協力や便乗が生まれた事実を認めると、これはヨーロッパという枠において理解すべき事柄であり、まさにヨーロッパ史の問題となる。その意味では現在もヨーロッパがナチズムやホロコーストの過去に対し神経質であるのには理由があるだろう。当地では「歴史認識は内政問題である」といった対応は困難なのだ。現に歴史問題に起因する国家間の対立が生じると、EUはこれを地域全体の問題として国家の枠組みを超えて対応しようとし、ヨーロッパ議会などで決議や宣言の採択を繰り返している。ホロコーストはある意味でヨーロッパの外縁を定め、共通の過去が超国家連合を成立させていると言えなくもない。だからEUに加盟して日の浅い東欧諸国は熱心に「自分たちの」ホロコーストを記念し、博物館やメモリアルを建設してきた。

ストーンが強調する最後の点は——これが本書を貫くストーンの問題意識であろうが——ホロコーストは強制収容所の解放で終わったわけではないということにある。彼はホロコーストを「動態」としてとらえる。拡張し、強弱を繰り返しながら中心を動かして移動し、絶滅収容所において一つの頂点に達する。その後「死の行進」でドイツ領内へと収縮し、さらにトラウマを抱えた生存者がヨーロッパから移住することで世界に移植され、イスラエル＝パレスチナ紛争の中で通奏低音のように流れ続け、そして世界的なホロコーストの記憶の登場により国際的な規範となるという、一九四五年で終わらない歴史として提示する。その意味では一九四五年一月二七日の「アウシュヴィッツの解放」、五月八日の「ドイツの敗北」、さらには「戦後」という区分自体が、再考を迫られるだろう。

一九四五年を終着点としない視点は、ホロコースト研究がジェノサイド研究やコロニアリズム研究と接続したことで、より説得力を持つものとなっている。それは「二〇世紀のジェノサイドの考案者は誰か」「ホロコーストはドイツのアフリカ支配に起源があるのか」といった、これまたドイツ中心的な議論や、「ホロコーストは他のジェノサイドと比較可能か」といった、ホロコーストの唯一無二性についての議論とも趣を異にする。むしろコロニアリズム研究を参照することで、普遍的な「他者化」のメカニズムや、多層化した支配関係の構造、植民地における行為の本国への波及など、二〇世紀前半のヨーロッパに限定されない空間的・通時的な視点が得られるのである。つまり、アフリカやオーストラリアからホロコーストを逆照射することが可能となる。ここでは必然的に唯一無二の議論は後退し、長い人類の歴史の中にホロコーストはその場所を見つけるであろう。

さらにコロニアリズムが形を変えながら現在も地球の表面を広く覆っているという理解からすると、ホロコーストもまた終わってはいない。特に、六〇〇万人の同胞の殺害という過去を背負ったイスラエルの「入植者植民地主義（セトラーコロニアリズム）」の中にホロコーストが生き続けているという指摘が、少なからぬ研究でなされている。それが今、パレスチナ人との関係で顕在化しているのだという。「入植者植民地主義」については、宗教共同体としてのユダヤ人の長い歴史への視点が弱いために、全面的には同意できないが、コロニアリズム批判が有する政治的意味合いを考えると無視もできない。歴史学的には、イスラエル建国後の対パレスチナ政策の展開を見れば、シオニズムが植民地主義の一つの変種として機能してきたのは事実であると思われる。そうすると、ホロコーストは時間を経てなお、というより、時間を経てますます、「現在的」なものとして私たちの前に立ち現れてくるのだ。

このような視点に立つと、本書はホロコーストという過去を扱いつつも、実は現代についての思考なのだろう。しかし、現在世界で起こっていることとホロコーストに直接関連があるかというと、そうとも言えない。トランプ大統領の再選が人々の熱狂により支えられ、理性が情熱の前に敗北するように見えても、プーチン大統領が一昔前の戦争さながらに、一進一退の攻撃で領土を奪取するとしても、これらはヒトラーをモデルとしているわけでも、ナチ・ドイツの再来でもない。また、イスラエルが明らかに度を越えた報復を行い、国際的な批判に全く耳を貸さずに「予防措置」として近隣諸国へ攻撃を繰り返すとしても、これをホロコーストが直接の原因とするには飛躍がある。もちろん誰もが過去を参照しているが、八〇年前の出来事が現在を説明するとは言い難く、安易な犯人捜しは控えるべきだろう。

逆に関連性があるとすると、ホロコースト以降の世界が人間の尊厳を護るための制度を創ろうとしてきたという点にある。まずニュルンベルク裁判という、初めての国際軍事裁判で犯罪人を裁いた。その後も多くの国の司法が、時効を廃止してまでも戦犯を追い続けた。国際法による人権保護体制が構築され、国際刑事裁判所（ＩＣＣ）のような超国家的な機関も設置された。同時に、犠牲者の苦しみと喪失を想い、記憶することに教育的な重要性が与えられた。これまで大量死の犠牲者は無名で顔がなかったが、彼らはそれぞれの名を取り戻し、個として記念されるようになった。

こうしたことはすべて人類の進歩に違いない。ホロコーストから八〇年、あのような悲劇を繰り返さないよう、明日が少しでも良い世界になるよう、人は努力してきたのである。この点でこそ、八〇年前の世界と現代がつながっている。

しかし、こうして創りあげられてきた体制もそこまで有効ではなかったのだ。現在、力の論理が堂々とカムバックを果たしている。国際ルールなどどうでもよいと言い放った者が、必然的に優位になる状況が増えている。ルール破りが自国にとっては「最善の策」だという開き直りが、恥ずかしげもなく掲げられている。

これは人類が「歴史の教訓」を受けとめることができなかったということだろうか。歴史による教訓という考えにストーンはかねてから懐疑的である。ホロコーストから得られる教訓などないと、彼は繰り返し書いてきた。学校でホロコースト教育を施したところで、排外主義やナショナリズムには対処できず、克服すべきは目の前の格差であり、不正義だと彼が言うのももっともである。しかし、それでも本書を現代へのメッセージとして読まねばならない理由があるのではないか。

現在各地で起こっていることにホロコーストの歴史を重ねると、漠然とした既視感を覚える。正面からルールが破られ、これに対して国際社会が単なる無関心や自国の利益から傍観を決め込み、様々な場所で一線が越えられる時、転落は緩やかに始まっている。誰も最初から最悪の結果を予期して政策決定をしたりはしない。多くの悲劇は、最初は些細に思える場面での判断が繰り返されることによって、徐々に方向性が定まってゆく。いったん流れが生まれると、ここから方向転換するにはエネルギーがいる。このためどうしても現状追認への圧力が強まり、全体がずるずると後退し始める。その後の転落は比較的早い。

こうしたことに抗ってきたのが、戦後という時代であった。必ずしも明文化されない、人間としての倫理やそれが求める基準があると信じてきた。国際ルールに実際には強制力はないし、これを侵したとしても制裁もないことを知りつつも、自分の利益のためだけに一線を越えることはしないというのが国際社会の矜持であった。こうした不文律を確信犯的に無視して、それを国益として正当化する時、ホロコースト後の八〇年とはいったい何であったのか、問わざるを得ない。

ホロコーストにふたつ、こんな逸話がある。

ポーランドの絶滅収容所に移送されたが幸運にも脱出できた男が、これから待ち受けていることについてユダヤ人に警告するために、故郷の村に戻って自分の目で見たことを語った。ところが村人たちは、「そんなことがあるわけがない」「合理的なドイツ人が利益にもならないことをするはずはない」と、男の言うことを誰も信じようとはしなかった。男は気が触れたということにされた。誰もが大きな決断をすることも、ささやかな日常を諦めることも嫌がった。しばらくしてその村のユダヤ人は全員絶滅収容所に移送され、その多くが煙突の煙となった。エリ・ヴィーゼルが自伝的小説『夜』の中で語った自身の経験である。

ユーレク・ベッカーの『ほらふきヤーコプ』という小説では、ヤーコプは東欧のあるゲットーに閉じ込められている。絶滅収容所への移送は近い。ある時、ヤーコプはソ連軍の反撃が始まったというラジオ放送を偶然に耳にする。彼はゲットーの住民が希望を失って絶望しないよう、赤軍がすぐ近くに迫っている、解放が間近だと嘘をつく。ヤーコプは最後まで嘘をつき続ける。その結末は記すまでもないだろう。

最悪の結末をどこかで予感しながらも、様々な理由をつけて、今はまだ大丈夫と自分を納得させて現状を追認する時、世界の底が抜け始めるのではないだろうか。間違っていたとしても、杞憂に過ぎなかったと笑われても、歴史的な直感で「何か嫌な感じがする」「これは危ない」と言う人が社会にはもっと必要だ。歴史家は、最初に警鐘を鳴らす人であるはずだ。私はそのようにこの本を読んだ。

索引

カ行

サ行

タ行

ナ行

ハ行

マ行

ヤ行

ラ行

ワ行

収容所とゲットー

ア行

カ行

サ行

タ行

ナ行

ハ行

マ行

ヤ・ラ・ワ行

原注

はじめに——ホロコーストとは何か

(1) Abel Jacob Herzberg, *Amor Fati: Seven Essays on Bergen-Belsen* (Göttingen: Wallstein Verlag, 2016 [Dutch orig. 1946]), 68–9.

(2) *Trial of the Major War Criminals before the International Military Tribunal Nuremberg 14 November 1945–1 October 1946* (Nuremberg: International Military Tribunal, 1947), vol. 1, 34 (henceforth IMT).

(3) Hanna Lévy-Hass, *Diary of Bergen-Belsen, 1944–1945* (Chicago: Haymarket, 2009), January 1945, 103.

(4) Isaiah Spiegel, 'In the Dark' (1941), in *Ghetto Kingdom: Tales of the Łodz Ghetto* (Evanston: Northwestern University Press, 1998), 15.

(5) Ovidiu Creanga, 'Acmecetca', and 'Peciora', in Joseph R. White and Mel Hecker (eds.), *United States Holocaust Memorial Museum Encyclopedia of Camps and Ghettos 1933–1945*, vol. 3: *Camps and Ghettos under European Regimes Aligned with Nazi Germany* (Bloomington: Indiana University Press, in association with the United States Holocaust Memorial Museum, 2018), 588 (Acmecetca), 742 (Peciora). 拙稿 'A Continent of Camps and Collaboration', *Yad Vashem Studies*, 46:2 (2019), 217–28 を参照.

(6) Terence Des Pres, 'Excremental Assault', in *The Survivor: An Anatomy of Life in the Death Camps* (New York: Oxford University Press, 1976), ch. 3 を参照.

(7) ハンナ・アーレントからカール・ヤスパースに宛てた 1946 年 12 月 17 日の手紙.「あのすべての背後にひそんでいるのは，ひょっとするとただただ，個々の人間が人間的理由から他の個人によって殺されたのではなく，人間という概念を根絶やしにする試みが組織的におこなわれた，ということなのかもしれません」*Arendt/Jaspers Correspondence 1926–1949*, ed. Lotte Kohler and Hans Saner (San Diego: Harcourt Brace, 1992), 69.〔『アーレント＝ヤスパース往復書簡 1926–1969　1』大島かおり訳（みすず書房，2004）79–80 頁〕

(8) Lawrence L. Langer, *Holocaust Testimonies: The Ruins of Memory* (New Haven: Yale University Press, 1991), 171.

(9) Jan Grabowski の重要な論文，'Germany Is Fueling a False History of the Holocaust across Europe', *Haaretz* (22 June 2020); と Götz Aly, *Europe against the Jews 1880–1945* (New York: Metropolitan Books, 2020) を参照.

(10) Aomar Boum and Sarah Abrevaya Stein (eds.), *The Holocaust and North Africa* (Stanford: Stanford University Press, 2019); Aomar Boum, 'Redrawing Holocaust Geographies: A Cartography of Vichy and Nazi Reach into North Africa', in Simone Gigliotti and Hilary Earl (eds.), *A Companion to the Holocaust* (Hoboken, NJ: Wiley, 2020), 431–48; Yvonne Kozlovsky-Golan, 'Childhood Memories from the Giado Detention Camp in Libya: Fragments from the Oeuvre of Nava T. Barazani', *Shofar*, 38:1 (2020), 1–37.

(11) Susan Rubin Suleiman, 'Paradigms and Differences', in Boum and Stein (eds.), *The Holocaust and North Africa*, 217–18.

(12) Mark Edele, Sheila Fitzpatrick and Atina Grossmann (eds.), *Shelter from the Holocaust: Rethinking Jewish Survival in the Soviet Union* (Detroit: Wayne State University Press, 2017); Markus Nesselrodt, *Dem Holocaust entkommen: Polnische Juden in der Sowjetunion 1939–1946* (Berlin: De Gruyter, 2019).

(13) Maria Tumarkin, 'Epilogue', in Edele, Fitzpatrick and Grossmann (eds.), *Shelter from the Holocaust*, 275–9.

(14) Simone Gigliotti, *On the Trail of the Homeseeker: The Holocaust and the Cinema of the Displaced* (Bloomington: Indiana University Press, 2023).

(15) Diane F. Afoumado, 'France/Vichy', in White and Hecker (eds.), *United States Holocaust Memorial Museum Encyclopedia of Camps and Ghettos 1933–1945*, vol. 3, 96.

(16) とくに Christian Gerlach, *The Extermination of the European Jews* (Cambridge: Cambridge University Press, 2016); と David Cesarani, *Final Solution: The Fate of the Jews 1933–49* (London: Macmillan, 2016) を参照.

(17) Des Pres, *The Survivor*; Langer, *Holocaust Testimonies*; Lawrence L. Langer, *Admitting the Holocaust: Collected Essays* (New York: Oxford University Press, 1995); Amos Goldberg, *Trauma in First Person: Diary Writing during the Holocaust* (Bloomington: Indiana University Press, 2017).

(18) Alon Confino, *A World without Jews: The Nazi Imagination from Persecution to Genocide* (New Haven: Yale University Press, 2014).

(19) とくに Cesarani, *Final Solution* を参照.

(20) Dan Stone, 'Race Science, Race Mysticism, and the Racial State', in Devin O. Pendas, Mark Roseman and Richard F. Wetzell (eds.), *Beyond the Racial State: Rethinking Nazi Germany* (New York: Cambridge University Press, 2017), 176–96; Johann Chapoutot, *The Law of Blood: Thinking and Acting as a Nazi* (Cambridge, Mass.: The Belknap Press of Harvard University Press, 2018). オーレル・コルナイの 1938 年の著書 *The War Against the West* (London: Victor Gollancz, 1938) は，このナチの人種に対する妄想についてのもっとも的確な評価のひとつだ．分析については Wolfgang Bialas (ed.), *Aurel Kolnai's 'War against the West' Reconsidered* (London: Routledge, 2019) を参照．このテーマについての拙稿 *Fascism, Nazism and the Holocaust: Challenging Histories* (London: Routledge, 2021) も参照.

(21) 例として以下を参照．Anton Weiss-Wendt and Rory Yeomans (eds.), *Racial Science in Hitler's New Europe 1938–1945* (Lincoln: University of Nebraska Press, 2013); Marius Turda (ed.), *The History of East-Central European Eugenics, 1900–1945: Sources and Commentaries* (London: Bloomsbury, 2015); Marius Turda and Paul J. Weindling (eds.), *Blood and Homeland: Eugenics and Racial Nationalism in Central and Southeast Europe 1900–1940* (Budapest: Central European University Press, 2007).

(22) Thomas Kühne, *Belonging and Genocide: Hitler's Community, 1918–1945* (New Haven: Yale University Press, 2010).

(23) この議論についての好例は以下を参照．William W. Hagen, 'The Three Horsemen of the Holocaust: Anti-Semitism, East European Empire, Aryan Folk Community', in Helmut Walser Smith (ed.), *The Oxford Handbook of Modern German History* (Oxford: Oxford University Press, 2011), 548–72.

(24) Peter Hayes, 'Profits and Persecution: Corporate Involvement in the Holocaust', in James S. Pacy and Alan P. Wertheimer (eds.), *Perspectives on the Holocaust: Essays in Honor of Raul Hilberg* (Boulder: Westview Press, 1995), 64.

(25) Jürgen Matthäus, 'Anti-Semitism as an Offer: The Function of Ideological Indoctrination in the SS and Police Corps during the Holocaust', in Dagmar Herzog (ed.), *Lessons and Legacies*, vol. 7: *The Holocaust in International Perspective* (Evanston: Northwestern University Press, 2006), 116–28; Frank Bajohr, 'Vom antijüdischen Konsens zum schlechten Gewissen. Die deutsche Gesellschaft und die Judenverfolgung 1933–1945', in Frank Bajohr and Dieter Pohl, *Massenmord und schlechtes Gewissen: Die deutsche Bevölkerung, die NS-Führung und der Holocaust* (Frankfurt am Main: Suhrkamp Taschenbuch Verlag, 2008), 34–45; Jeffrey Herf, *The Jewish Enemy: Nazi Propaganda during World War II and the Holocaust* (Cambridge, Mass.: The Belknap Press of Harvard University Press, 2006), ch. 2: 'Building the Anti-Semitic Consensus'.

(26) Dan Stone, *Goodbye to All That? The Story of Europe since 1945* (Oxford: Oxford University Press, 2014); Emma Kuby, *Political Survivors: The Resistance, the Cold War, and the Fight against Concentration Camps after 1945* (Ithaca: Cornell University Press, 2019).

(27) Shirli Gilbert and Avril Alba (eds.), *Holocaust Memory and Racism in the Postwar World* (Detroit: Wayne State University Press, 2019); Michael Rothberg, *Multidirectional Memory: Remembering the Holocaust in the Age of Decolonization* (Stanford: Stanford University Press, 2009); Bashir Bashir and Amos Goldberg (eds.), *The Holocaust and the Nakba: A New Grammar of Trauma and History* (New York:

Columbia University Press, 2018).〔『ホロコーストとナクバ——歴史とトラウマについての新たな話法』小森謙一郎訳（水声社，2023)〕

(28) Harold Marcuse, 'The Revival of Holocaust Awareness in West Germany, Israel, and the United States', in Carole Fink, Philipp Gassert, and Detlef Junker (eds.), *1968: The World Transformed* (Cambridge: Cambridge University Press, 1998), 421–38; Sebastian Gehrig, 'Sympathizing Subcultures? The Milieus of West German Terrorism', in Martin Klimke, Jacco Pekelder and Joachim Scharloth (eds.), *Between Prague Spring and French May: Opposition and Revolt in Europe, 1960–1980* (New York: Berghahn Books, 2011); Michael Schmidtke, 'The German New Left and National Socialism', in Philipp Gassert and Alan E. Steinweis (eds.), *Coping with the Nazi Past: West German Debates on Nazism and Generational Conflict, 1955–1975* (New York: Berghahn Books, 2006), 176–93; Christoph Schmidt, 'The Israel of the Spirit: The German Student Movement of the 1960s and Its Attitude to the Holocaust', *Dapim: Studies on the Shoah*, 24 (2010), 269–318.

(29) Hans Kundnani, *Utopia or Auschwitz: Germany's 1968 Generation and the Holocaust* (London: C. Hurst & Co., 2009), 145 に引用されている．拙著 *Goodbye to All That?*, ch. 3 と Jan-Werner Müller, 'What Did They Think They Were Doing? The Political Thought of the (West European) 1968 Revisited', in Vladimir Tismaneanu (ed.), *Promises of 1968: Crisis, Illusion, and Utopia* (Budapest: Central European University Press, 2011) 参照．

(30) Norbert Frei, *Vergangenheitspolitik: Die Anfänge der Bundesrepublik und die NS-Vergangenheit* (Munich: C. H. Beck, 2012); Jacob S. Eder, *Holocaust Angst: The Federal Republic of Germany and American Holocaust Memory since the 1970s* (New York: Oxford University Press, 2016); Carole Fink, *West Germany and Israel: Foreign Relations, Domestic Politics, and the Cold War, 1965–1974* (Cambridge: Cambridge University Press, 2019); Eldad Ben-Aharon, *The Geopolitics of Genocide in the Middle East and the Second Cold War: Israeli–Turkish–American Relations and the Contested Memories of the Armenian Genocide (1978–1988)* (PhD thesis, Royal Holloway, University of London, 2020).

(31) Dan Stone, 'On Neighbours and Those Knocking at the Door: Holocaust Memory and Europe's Refugee Crisis', *Patterns of Prejudice*, 52: 2–3 (2018), 231–43.

(32) David Motadel, 'Veiled Survivors: Jews, Roma and Muslims in the Years of the Holocaust', in Jan Rüger and Nikolaus Wachsmann (eds.), *Rewriting German History: New Perspectives on Modern Germany* (Houndmills: Palgrave Macmillan, 2015), 288–305.

(33) Anson Rabinbach and Jack Zipes (eds.), *Germans and Jews since the Holocaust: The Changing Situation in West Germany* (New York: Holmes & Meier, 1986); Geoffrey Hartman (ed.), *Bitburg in Moral and Political Perspective* (Bloomington: Indiana University Press, 1986). 歴史家論争については，とくに Charles S. Maier, *The Unmasterable Past: History, Holocaust, and German National Identity* (Cambridge, Mass.: Harvard University Press, 1988) を参照．

(34) Gavriel D. Rosenfeld, *Hi Hitler! How the Nazi Past is Being Normalized in Contemporary Culture* (New York: Cambridge University Press, 2014).

(35) Carolyn J. Dean, 'Recent French Discourses on Stalinism, Nazism, and "Exorbitant" Jewish Memory', *History & Memory*, 18:1 (2006), 43–85; Sarah Gensburger and Sandrine Lefranc, *Beyond Memory: Can We Really Learn from the Past?* (Houndmills: Palgrave Macmillan, 2020); Wulf Kansteiner, 'Censorship and Memory: Thinking Outside the Box with Facebook, Goebbels, and Xi Jinping', *Journal of Perpetrator Research*, 4:1 (2021), 35–58.

(36) 例として以下を参照．Maria Mälksoo, 'A Baltic Struggle for a "European Memory": The Militant Mnemopolitics of *The Soviet Story*', *Journal of Genocide Research*, 20:4 (2018), 530–44; Aline Sierp, '1939 versus 1989 – A Missed Opportunity to Create a European *Lieu de Mémoire*?', *East European Politics and Societies and Cultures*, 31:3 (2017), 439–55.

(37) István Rév, 'Liberty Square, Budapest: How Hungary Won the Second World War', *Journal of*

Genocide Research, 20:4 (2018), 607–23.

(38) 急進右派についての記憶は歴史家に過小評価されている．例として以下を参照．Madeleine Hurd and Steffen Werther: 'Go East, Old Man: The Ritual Spaces of SS Veterans' Memory Work', *Culture Unbound*, 6:2 (2014), 327–59; 'Retelling the Past, Inspiring the Future: Waffen-SS Commemorations and the Creation of a "European" Far-Right Counter-Narrative', *Patterns of Prejudice*, 50: 4–5 (2016), 420–44.

(39) Geoff Eley, *Nazism as Fascism: Violence, Ideology and the Ground of Consent in Germany 1930–1945* (London: Routledge, 2013), ch. 7; Stone, *Goodbye to All That?*; Dan Stone, 'The Return of Fascism in Europe? Reflections on History and the Current Situation', in Eleni Braat and Pepijn Corduwener (eds.), *1989 and the West: Western Europe and the End of the Cold War* (London: Routledge, 2020), 266–84 を参照.

(40) Robert Gerwarth and John Horne (eds.), *War in Peace: Paramilitary Violence in Europe after the Great War* (Oxford: Oxford University Press, 2012).

(41) Peter Viereck, *Meta-Politics: The Roots of the Nazi Mind*, rev. edn (New York: Capricorn Books, 1965 [1941]), 313.〔『ロマン派からヒトラーへ――ナチズムの源流』西城信訳（紀伊國屋書店，1973）333 頁〕

(42) Hannah Arendt, 'Fernsehgespräch mit Thilo Koch' (1964), in Arendt, *Ich will verstehen: Selbstauskünfte zu Leben und Werk*, ed. Ursula Ludz (Munich: Piper, 1996), 40.

(43) Kim Wünschmann, *Before Auschwitz: Jewish Prisoners in the Prewar Concentration Camps* (Cambridge, Mass.: Harvard University Press, 2015); Christopher Dillon, *Dachau and the SS: A Schooling in Violence* (Oxford: Oxford University Press, 2015).

(44) Christopher R. Browning, *Ordinary Men: Reserve Police Battalion 101 and the Final Solution in Poland* (New York: HarperPerennial, 1993), xv.〔『増補 普通の人びと――ホロコーストと第101警察予備大隊』谷喬夫訳（筑摩書房，2019）13 頁〕

(45) Jochen Böhler and Robert Gerwarth (eds.), *The Waffen-SS: A European History* (Oxford: Oxford University Press, 2017).

(46) ティモシー・スナイダーが示唆するとおりである．*Black Earth: The Holocaust as History and Warning* (London: The Bodley Head, 2015), esp. ch. 9.〔『ブラックアース――ホロコーストの歴史と警告』池田年穂訳（慶應義塾大学出版会，2016）〕

(47) Stanislav Zámečník, '"Kein Häftling darf lebend in die Hände des Feindes fallen": Zur Existenz des Himmler-Befehls vom 14./18. April 1945', *Dachauer Hefte*, 1 (1985), 219–31.

(48) Jeffrey C. Alexander, 'On the Social Construction of Moral Universals: The "Holocaust" from War Crime to Trauma Drama', in Alexander et al., *Cultural Trauma and Collective Identity* (Berkeley: University of California Press, 2004), 196–263.

(49) Zygmunt Bauman, *Modernity and the Holocaust* (Cambridge: Polity Press, 1989).〔『近代とホロコースト』森田典正訳（大月書店，2006）〕拙著 *Histories of the Holocaust* (Oxford: Oxford University Press, 2010), ch. 3.〔『ホロコースト・スタディーズ――最新研究への手引き』武井彩佳訳（白水社，2012）195 頁〕

(50) ホロコーストの「余波」の事例研究については，たとえば Suzanne Bardgett, Christine Schmidt and Dan Stone (eds.), *Beyond Camps and Forced Labour: Proceedings of the Sixth International Conference* (Houndmills: Palgrave Macmillan, 2020) を参照．ITS については以下を参照．Susanne Urban, *'Mein einziges Dokument ist die Nummer auf der Hand': Aussagen Überlebender der NS-Verfolgung im International Tracing Service* (Berlin: Metropol, 2018); Henning Borggräfe, Christian Höschler and Isabel Panek (eds.), *Tracing and Documenting Nazi Victims Past and Present* (Berlin: De Gruyter, 2020); Dan Stone, *Fate Unknown: The Search for the Missing after World War II and the Holocaust* (Oxford: Oxford University Press, 2023).

(51) Noah Shenker, *Reframing Holocaust Testimony* (Bloomington: Indiana University Press, 2015); Hannah Pollin-Galay, *Ecologies of Testimony: Language, Place, and Holocaust Testimony* (New Haven: Yale University Press, 2018); Sharon Kangisser Cohen, *Testimony and Time: Holocaust Survivors Remember*

(Jerusalem: Yad Vashem, 2014); Anika Walke, *Pioneers and Partisans: An Oral History of Nazi Genocide in Belarussia* (New York: Oxford University Press, 2015); Alexandra Garbarini, *Numbered Days: Diaries and the Holocaust* (New Haven: Yale University Press, 2006); Dawn Skorczewski and Dan Stone, '"I Was a Tape Recorder. I Was a Mailing Box": Jan Karski's Interviews', *Journal of Holocaust Research*, 34:4 (2020), 350–69; Madeline White, *A Contextual Analysis of Holocaust Oral Testimony in Britain and Canada* (PhD Thesis, Royal Holloway, University of London, 2021).

(52) 一例として以下を参照. Michael J. Bazyler and Frank M. Tuerkheimer (eds.), *Forgotten Trials of the Holocaust* (New York: New York University Press, 2014); Norman J. W. Goda (ed.), *Rethinking Holocaust Justice: Essays across Disciplines* (New York: Berghahn Books, 2018); Amos Goldberg and Haim Hazan (eds.), *Marking Evil: Holocaust Memory in the Global Age* (New York: Berghahn Books, 2015); Claudio Fogu, Wulf Kansteiner, and Todd Presner (eds.), *Probing the Ethics of Holocaust Culture* (Cambridge, Mass.: Harvard University Press, 2016).

(53) 一例として以下. Donald Bloxham and A. Dirk Moses (eds.), *The Oxford Handbook of Genocide Studies* (Oxford: Oxford University Press, 2010); Dan Stone (ed.), *The Historiography of Genocide* (Houndmills: Palgrave Macmillan, 2008); Rebecca Jinks, *Representing Genocide: The Holocaust as Paradigm?* (London: Bloomsbury, 2016).

(54) Philip Friedman, *Roads to Extinction: Essays on the Holocaust* (New York: Jewish Publication Society of America, 1980); David Bankier and Dan Michman (eds.), *Holocaust Historiography in Context: Emergence, Challenges, Polemics and Achievements* (Jerusalem: Yad Vashem, 2008); Shmuel Krakowski, 'Memorial Projects and Memorial Institutions Initiated by *She'erit Hapletah*', in Yisrael Gutman and Avital Saf (eds.), *She'erit Hapletah 1944–1948: Rehabilitation and Political Struggle* (Jerusalem: Yad Vashem, 1990), 388–98; Laura Jockusch, *Collect and Record! Jewish Holocaust Documentation in Early Postwar Europe* (New York: Oxford University Press, 2012); Mark L. Smith, *The Yiddish Historians and the Struggle for a Jewish History of the Holocaust* (Detroit: Wayne State University Press, 2019); Christine Schmidt, '"We Are All Witnesses": Eva Reichmann and the Wiener Library's Eyewitness Accounts Collection', in Thomas Kühne and Mary Jane Rein (eds.), *Agency and the Holocaust: Essays in Honor of Debórah Dwork* (New York: Palgrave Macmillan, 2020), 123–40.

(55) Zoltán Boldizsár Simon の *History in Times of Unprecedented Change: A Theory for the 21st Century* (London: Bloomsbury, 2019) のような本がホロコーストに触れていないのは印象的だ. それは主として人新世が歴史理解に与える影響に関係している.

(56) Alon Confino, *Foundational Pasts: The Holocaust as Historical Understanding* (New York: Cambridge University Press, 2012), 36.

(57) 私が「通常〜考えられる」と述べたのは, ホロコーストについて書く際, 怒りやスキャンダルは不適切とは言えないと主張し, 多くの歴史家に共通する公正でミニマリスト的な姿勢を批判する学者もいるからである．とくに以下を参照. Carolyn J. Dean, *Aversion and Erasure: The Fate of the Victim after the Holocaust* (Ithaca, NY: Cornell University Press, 2010), chs. 2 and 3; and Karyn Ball, *Disciplining the Holocaust* (Albany, NY: State University of New York Press, 2009).

(58) 以下を参照. Dan Stone, 'The "*Mein Kampf* Ramp": Emily Overend Lorimer and Hitler Translations in Britain', *German History*, 26:4 (2008), 504–19.

(59) これを効果的に行った研究として, Alex J. Kay, *Empire of Destruction: A History of Nazi Mass Killing* (New Haven: Yale University Press, 2021) を参照.

(60) Moishe Postone, 'The Holocaust and the Trajectory of the Twentieth Century', in Moishe Postone and Eric Santner (eds.), *Catastrophe and Meaning: The Holocaust and the Twentieth Century* (Chicago: University of Chicago Press, 2003), 81–114, here 95; 以下も参照. Postone, 'Anti-Semitism and National Socialism', in Rabinbach and Zipes (eds.), *Germans and Jews since the Holocaust*, 302–14, here 313; Postone, 'After the Holocaust: History and Identity in West Germany', in Kathy Harms, Lutz R. Reuter and

Volker Dürr (eds.), *Coping with the Past: Germany and Austria after 1945* (Madison: University of Wisconsin Press, 1990), 233–51; Postone, 'History and Helplessness: Mass Mobilization and Contemporary Forms of Anticapitalism', *Public Culture*, 18:1 (2006), 93–110. ホロコースト研究者は，一般的にPostoneの洞察にふさわしい評価を与えてこなかった.

(61) Peter Canning, 'Jesus Christ, Holocaust: Fabulations of the Jews in Christian and Nazi History', *Copyright: Fin de Siècle 2000*, 1 (1987), 177.

(62) Saul Friedländer, *Nazi Germany and the Jews*, vol. 1: *The Years of Persecution, 1933–1939* (London: Weidenfeld & Nicolson, 1997), 84.

(63) Canning, 'Jesus Christ, Holocaust', 182.

(64) Ernst Cassirer, 'Judaism and the Modern Political Myths', *Contemporary Jewish Record*, 7 (1944), 126. より詳細な議論についてはカッシーラーの *The Myth of the State* (New Haven: Yale University Press, 1946)〔『国家と神話』熊野純彦訳（岩波書店，2021)〕のとくに第3章を参照．ナチの反ユダヤ主義がナチの支配のテクニックのひとつだったという主張については，フランツ・ノイマン *Behemoth: The Structure and Practice of National Socialism* (London: Victor Gollancz, 1943 [1942]), 381〔『ビヒモス――ナチズムの構造と実際　1933–1944』岡本友孝，小野英祐，加藤栄一訳（みすず書房，1963)〕を参照.

(65) Saul Friedländer, *Where Memory Leads: My Life* (New York: Other Press, 2016), 252.

(66) 以下も参照．Alon Confino, 'From Psychohistory to Memory Studies. Or, How Some Germans became Jews and Some Jews Nazis', in Roger Frie (ed.), *History Flows Through Us: Germany, the Holocaust, and the Importance of Empathy* (London: Routledge, 2018), 17–30.

第一章　ホロコースト以前

(1) Eric Voegelin, *Collected Works of Eric Voegelin*, vol. 2: *Race and State* (Baton Rouge: Louisiana State University Press, 1997 [1933]), 13.

(2) 以下を参照．Boaz Neumann, 'National Socialism, Holocaust and Ecology', in Dan Stone (ed.), *The Holocaust and Historical Methodology* (New York: Berghahn Books, 2012), 107; 以下も参照．Neumann, *Die Weltanschauung des Nazismus: Raum, Körper, Sprache* (Göttingen: Wallstein, 2010).

(3) Thomas Mergel, 'Dictatorship and Democracy, 1918–1939', in Walser Smith (ed.), *The Oxford Handbook of Modern German History*, 424–5.

(4) Harry Mulisch, *Criminal Case 40/61, the Trial of Adolf Eichmann: An Eyewitness Account* (Philadelphia: University of Pennsylvania Press, 2005), 99.

(5) Neumann, *Die Weltanschauung des Nazismus*, 250.

(6) キリスト教におけるユダヤ人嫌悪の起源についてはR. I. Moore, *The Formation of a Persecuting Society: Power and Deviance in Western Europe, 950–1250* (Oxford: Basil Blackwell, 1990) を参照．Joshua Trachtenberg, *The Devil and the Jews: The Medieval Conception of the Jew and Its Relation to Modern Anti-Semitism* (Philadelphia: Jewish Publication Society, 1983 [1943]) (168–9) には，中世ヨーロッパでユダヤ人嫌悪が初めてあからさまに見られるようになったのは第1回十字軍の際であり，「一般化され，ある意味抽象化された大昔からの敵意は，新たに流行した迷信や告発を数多く生み出す精巧さと特殊化の過程を経て，いまだに根絶されていないユダヤ人についての概念を世界に定着させた」とある．Norman Cohn, *The Pursuit of the Millennium: Revolutionary Millenarians and Mystical Anarchists of the Middle Ages* (London: Paladin, 1970 [1957]) も同意見で，「キリスト教国において（そしてキリスト教国にかぎって），他のすべての〈外集団（outgroups)〉より以上にユダヤ民族に向けられた特に強く間断のない憎悪の原因を充分には説きあかしてくれないのである．その理由を説明してくれるものは，第一回十字軍の際にあの新たな民衆の想像力を突然とらえた全く怪奇なユダヤ人像である」(77)〔『千年王国の追求』江河徹訳（紀伊國屋書店，2008）71頁〕と主張している.

(7) Aleksandar Tišma, *Kapo*, trans. Richard Williams (New York: Harcourt Brace & Company, 1993), 194.

(8) この陰謀論の運用についてはPaul Hanebrink, *A Specter Haunting Europe: The Myth of Judeo-*

Bolshevism (Cambridge, Mass.: The Belknap Press of Harvard University Press, 2018), とくに第３章と第４章を参照.

(9) それぞれDietrich Eckart, 'Jewishness in and Around Us' (1919); Alfred Rosenberg, '*The Protocols of the Elders of Zion* and Jewish World Policy' (1923); 'The Program of the NSDAP' (1921); all in Barbara Miller Lane and Leila J. Rupp (eds.), *Nazi Ideology before 1933: A Documentation* (Manchester: Manchester University Press, 1978), 25, 55, 41 より. 以下からの引用も参照. Rosenberg's *Die Spur des Juden im Wandel der Zeiten* (1920), in Jürgen Matthäus and Frank Bajohr (eds.), *The Political Diary of Alfred Rosenberg and the Onset of the Holocaust* (Lanham, MD: Rowman & Littlefi eld, 2015), 353–63 and in Robert Pois (ed.), *Alfred Rosenberg: Selected Writings* (London: Jonathan Cape, 1970), 175–90.

(10) Neville Laski, Introduction to G. Warburg, *Six Years of Hitler: The Jews under the Nazi Regime* (London: George Allen & Unwin, 1939), 7.

(11) Ella Lingens-Reiner, *Prisoners of Fear* (London: Victor Gollancz, 1948), 2.

(12) 以下を参照. Ishay Landa, 'The Magic of the Extreme: On Fascism, Modernity, and Capitalism', *Journal of Holocaust Research*, 33:1 (2019), 43–63; Federico Finchelstein, 'Fascism and the Holocaust', in Stone (ed.), *The Holocaust and Historical Methodology*, 255–71; Geoff Eley, *Nazism as Fascism: Violence, Ideology, and the Ground of Consent in Germany 1930–1945* (London: Routledge, 2013); Matthew Feldman and Marius Turda with Tudor Georgescu (eds.), *Clerical Fascism in Interwar Europe* (Abingdon: Routledge, 2008).

(13) Mergel, 'Dictatorship and Democracy', 445.

(14) Saul Friedländer, 'Introduction', in Saul Friedländer, Gerald Holton, Leo Marx and Eugene Skolnikoff (eds.), *Visions of the Apocalypse: End or Rebirth?* (New York: Holmes & Meier, 1986), 3–17.

(15) Benjamin Ziemann, 'Germany 1914–1918: Total War as a Catalyst of Change', in Walser Smith (ed.), *The Oxford Handbook of Modern German History*, 393. 以下も参照. Sven Keller, 'Volksgemeinschaft and Violence: Some Reflections on Interdependencies', in Martina Steber and Bernhard Gotto (eds.), *Visions of Community in Nazi Germany: Social Engineering and Private Lives* (Oxford: Oxford University Press, 2014), 226–39.

(16) Mergel, 'Dictatorship and Democracy', 427. 以下も参照. Mergel, 'High Expectations – Deep Disappointment: Structures of the Public Perception of Politics in the Weimar Republic', in Kathleen Canning, Kerstin Barndt and Kristin McGuire (eds.), *Weimar Publics/Weimar Subjects: Rethinking the Political Culture of Germany in the 1920s* (New York: Berghahn Books, 2010), 192–210.

(17) R. G. Collingwood, 'Fascism and Nazism' (1940), in *Essays in Political Philosophy*, ed. David Boucher (Oxford: Clarendon Press, 1989), 194.

(18) Peter Fritzsche, 'The Economy of Experience in Weimar Germany', in Canning, Barndt and McGuire (eds.), *Weimar Publics/Weimar Subjects*, 371 に引用されている.

(19) Robert Jan Van Pelt, 'From the Last Hut of Monowitz to the Last Hut of Belsen', in Zuzanna Dziuban (ed.), *Accessing Campscapes: Inclusive Strategies for Using European Conflicted Heritage*, 2 (2017), 12–19.

(20) さらなる論考については Dan Stone, *Concentration Camps: A Very Short Introduction* (Oxford: Oxford University Press, 2019), 20–21 を参照.

(21) Robert Gerwarth and John Horne, 'Bolshevism as Fantasy: Fear of Revolution and Counter-Revolutionary Violence, 1917–1923', in Robert Gerwarth and John Horne (eds.), *War in Peace: Paramilitary Violence in Europe after the Great War* (Oxford: Oxford University Press, 2012), 42.

(22) Adolf Hitler, *Mein Kampf*, trans. Ralph Mannheim (London: Hutchinson, 1974), 473, 476.〔『わが闘争』平野一郎，将積茂訳（KADOKAWA，1973)〕

(23) Cathie Carmichael, *Genocide before the Holocaust* (New Haven: Yale University Press, 2009), 124.

(24) Stone, 'The "*Mein Kampf* Ramp"'; Detlev Clemens, *Herr Hitler in Germany: Wahrnehmung und Deutungen des Nationalsozialismus in Großbritannien 1920 bis 1939* (Göttingen: Vandenhoeck & Ruprecht,

1996); Neil Gregor, *How to Read Hitler* (London: Granta Books, 2014).『わが闘争』には，もちろん後年現実化したこととは異なる注目すべき点がいくつかある．もっとも重要なのはドイツとイギリス（イングランド）との同盟だが，生存圏獲得のためのソ連への侵攻（ヨーロッパの地図からポーランドを消し去る必要がある）という事前警告は，これ以上ないほどあからさまに喧伝されている．

(25) Hitler, *Mein Kampf*, 568 (強調は原文).〔『わが闘争 下』平野一郎，将積茂訳（KADOKAWA, 1973）315 頁〕

(26) Harold J. Laski, *Where Do We Go from Here? An Essay in Interpretation* (Harmondsworth: Penguin Books, 1940), 9.〔『ファシズムを超えて——一政治学者の戦い［新版］』堀真清訳（早稲田大学出版部，2009）4 頁〕

(27) Sebastian Haffner, *Germany: Jekyll and Hyde. An Eyewitness Analysis of Nazi Germany* (London: Libris, 2005 [1940]), 5. 以下も参照．Dan Stone, 'Anti-Fascist Europe Comes to Britain: Theorising Fascism as a Contribution to Defeating It', in Nigel Copsey and Andrzej Olechnowicz (eds.), *Varieties of Anti-Fascism: Britain in the Inter-War Period* (Houndmills: Palgrave Macmillan, 2010), 183–201.

(28) 本章の内容の一部は，私が過去に発表した論文から引用している：'Nazi Race Ideologues', *Patterns of Prejudice*, 50: 4–5 (2016), 445–57; 'Race, Science, Race Mysticism and the Racial State', in Pendas, Roseman and Wetzell (eds.), *Beyond the Racial State*, 176–96; and 'Ideologies of Race: The Construction and Suppression of Otherness in Nazi Germany', in Gigliotti and Earl (eds.), *A Companion to the Holocaust*, 59–74.

(29) Eric Voegelin, *Collected Works of Eric Voegelin*, vol. 2: *Race and State*, trans. Ruth Hein (Baton Rouge: Louisiana State University Press, 1997 [1933]), 181, 206.

(30) Voegelin, *Race and State*, 9.

(31) Aurel Kolnai, *The War Against the West* (London: Victor Gollancz, 1938), 447. コルナイは 458 ページでフェーゲリンの「熱烈な党派心からの洗練された距離」についても述べている．

(32) Kolnai, *The War Against the West*, 438, 445. *The War Against the West* については Wolfgang Bialas (ed.), *Aurel Kolnai's* War Against the West *Reconsidered* (London: Routledge, 2019) と Dan Stone, *Responses to Nazism in Britain, 1933–1939: Before War and Holocaust*, 2nd edn (Houndmills: Palgrave Macmillan, 2012), 26–34 を参照．

(33) Aubrey Douglas Smith, *Guilty Germans?* (London: Victor Gollancz, 1942), 208.

(34) Michelle Gordon, *Extreme Violence and 'The British Way': Colonial Warfare in Perak, Sierra Leone and Sudan* (London: C. Hurst, 2020) を参照．

(35) Dan Stone, *Breeding Superman: Nietzsche, Race and Eugenics in Edwardian and Interwar Britain* (Liverpool: Liverpool University Press, 2002) を参照．

(36) 例としては Lothrop Stoddard, *The Rising Tide of Color against White World-Supremacy* (New York: Blue Ribbon Books, 1920); Stoddard, *The Revolt against Civilization: The Menace of the Under-Man* (New York: Charles Scribner's Sons, 1922) などがある．論考については Patrick Brantlinger, *Dark Vanishings: Discourse on the Extinction of Primitive Races, 1800–1930* (Ithaca: Cornell University Press, 2003); John S. Haller, Jr, *Outcasts from Evolution: Scientific Attitudes of Racial Inferiority 1859–1900*, 2nd edn (Carbondale, IL: Southern Illinois University Press, 1995); Lee D. Baker, *From Savage to Negro: Anthropology and the Construction of Race, 1896–1954* (Berkeley: University of California Press, 1998), そしてとくに George W. Stocking, Jr,'The Persistence of Polygenist Thought in Post-Darwinian Anthropology', in his *Race, Culture, and Evolution: Essays in the History of Anthropology* (Chicago: University of Chicago Press, 1982), 42–68 を参照．

(37) Paul Weindling, 'The "Sonderweg" of German Eugenics: Nationalism and Scientific Internationalism', *British Journal of the History of Science*, 22:3 (1989), 321–33.

(38) Franz Boas, 'Changes in Immigrant Body Form' and 'Instability of Human Types', in George W. Stocking, Jr (ed.), *The Shaping of American Anthropology 1883–1911: A Franz Boas Reader* (New York:

Basic Books, 1974), 202–14 and 214–21. 19 世紀後半，「人種」について語る際に肌の色に重点が置かれるようになったことについては，Gregory Claeys, 'The "Survival of the Fittest" and the Origins of Social Darwinism', *Journal of the History of Ideas*, 61:2 (2000), 223–40 を参照.

(39) William H. Schneider, *Quality and Quantity: The Quest for Biological Regeneration in Twentieth-Century France* (Cambridge: Cambridge University Press, 1990); Andrés Horacio Reggiani, *God's Eugenicist: Alexis Carrel and the Sociobiology of Decline* (New York: Berghahn, 2007); Alison Bashford and Philippa Levine (eds.), *The Oxford Handbook of the History of Eugenics* (Oxford: Oxford University Press, 2010) の関連章.

(40) George L. Mosse, 'The Mystical Origins of National Socialism', *Journal of the History of Ideas*, 21:1 (1961), 81–96 を参照 .

(41) 以下を参照．Eric Ehrenreich, *The Nazi Ancestral Proof: Genealogy, Racial Science, and the Final Solution* (Bloomington: Indiana University Press, 2007); Robert Gellately and Nathan Stoltzfus (eds.), *Social Outsiders in Nazi Germany* (Princeton: Princeton University Press, 2001); Michael Berenbaum (ed.), *A Mosaic of Victims: Non-Jews Persecuted and Murdered by the Nazis* (London: I. B. Tauris, 1990); Dieter Kuntz (ed.), *Deadly Medicine: Creating the Master Race* (Washington, DC: United States Holocaust Memorial Museum, 2004).

(42) Walter Gross, *Heilig ist das Blut: Eine Rundfunkrede von Dr. Gross* (Berlin: Rassenpolitisches Amt der NSDAP, 1935), オンラインは以下．http://www.calvin.edu/academic/cas/gpa/gross3.htm. 遺伝についてはAmir Teicher, *Social Mendelism: Genetics and the Politics of Race in Germany, 1900–1948* (Cambridge: Cambridge University Press, 2020) を参照.

(43) Claudia Koonz, *The Nazi Conscience* (Cambridge, Mass.: The Belknap Press of Harvard University Press, 2003), 110.〔『ナチと民族原理主義』滝川義人訳（青灯社，2006)〕に引用されている.

(44) Wolfgang Bialas, 'The Eternal Voice of the Blood: Racial Science and Nazi Ethics', in Weiss-Wendt and Yeomans (eds.), *Racial Science in Hitler's New Europe, 1938–1945*, 350.

(45) Dirk Rupnow, *Judenforschung im Dritten Reich: Wissenschaft zwischen Politik, Propaganda und Ideologie* (Baden-Baden: Nomos Verlagsgesellschaft, 2011), 292 に引用されている.

(46) Koonz, *The Nazi Conscience*, 106, 123.〔『ナチと民族原理主義』滝川義人訳（青灯社，2006)〕

(47) 同上 , 112.〔上掲訳書 157–58 頁〕

(48) Henry Friedlander, *The Origins of Nazi Genocide: From Euthanasia to the Final Solution* (Chapel Hill: University of North Carolina Press, 1995), 12.

(49) Ernst Krieck, 'Die Intellektuellen und das Dritte Reich', in Uriel Tal, *Religion, Politics and Ideology in the Third Reich: Selected Essays* (London: Routledge, 2004), 9.〔引用の訳文は次の文献より．ダン・ストーン『ホロコースト・スタディーズ――最新研究への手引き』武井彩佳訳（白水社，2012)〕

(50) Goebbels, *Der steile Aufstieg: Reden und Aufsätze aus den Jahren 1942/43* (Munich: Franz Eher, 1944), 301, Bialas, 'The Eternal Voice of the Blood', 358 に引用されている.

(51) Christian Ingrao, *Believe and Destroy: Intellectuals in the SS War Machine* (Cambridge: Polity Press, 2013), 42.

(52) ナチ・イデオロギーの起源に関する同様の議論については John Nale, 'Arthur de Gobineau on Blood and Race', *Critical Philosophy of Race*, 2:1 (2014), 106–24 を参照.

(53) Paul Weindling, 'Genetics, Eugenics, and the Holocaust', in Denis R. Alexander and Ronald L. Numbers (eds.), *Biology and Ideology from Descartes to Dawkins* (Chicago: University of Chicago Press, 2010), 213. 以下も参照．Robert J. Richards, 'Was Hitler a Darwinian?', in *Was Hitler a Darwinian? Disputed Questions in the History of Evolutionary Theory* (Chicago: University of Chicago Press, 2013), 192–242.

(54) Hitler, *Mein Kampf*, 364–5. 英米の同様の例については Stone, *Breeding Superman* を参照.

(55) Michael Wildt, *An Uncompromising Generation: The Nazi Leadership of the Reich Security Main Office*

(Madison: University of Wisconsin Press, 2009).

(56) Peter Fritzsche, *Life and Death in the Third Reich* (Cambridge, Mass.: The Belknap Press of Harvard University Press, 2008), ch 2.

(57) Norbert Elias, *Studien über die Deutschen: Machtkämpfe und Habitusentwicklung im 19. Und 20. Jahrhundert* (Frankfurt am Main: Suhrkamp Taschenbuch Verlag, 1994), 500.〔『ドイツ人論——文明化と暴力』青木隆嘉訳（法政大学出版局，1996）459 頁〕

(58) Bronislaw Malinowski, *Freedom and Civilization* (Bloomington: Indiana University Press, 1960 [1944]), 213. 日常生活における魔術の役割については，以下の論考も参照．R. G. Collingwood *The Philosophy of Enchantment: Studies in Folktale, Cultural Criticism, and Anthropology*, ed. David Boucher, Wendy James and Philip Smallwood (Oxford: Oxford University Press, 2005) と Florin Lobonţ *Mind, Philosophy, History, and Psychoanalysis: Essays on Historical Understanding* (Bucharest: Trei, 2014).

(59) Malinowski, *Freedom and Civilization*, 211, 213. 論考については以下を参照．Dan Stone, 'Nazism as Modern Magic: Bronislaw Malinowski's Political Anthropology', *History and Anthropology*, 14:3 (2003), 203–18.

(60) Shulamit Volkov, 'Antisemitism as a Cultural Code: Reflections on the History and Historiography of Antisemitism in Imperial Germany', *Leo Baeck Institute Yearbook*, 23 (1978), 25–46; Volkov, *Germans, Jews, and Antisemites: Trials in Emancipation* (Cambridge: Cambridge University Press, 2006), part 2. Cf. 以下のような比較的昔の研究．Eva G. Reichmann, *Hostages of Civilization: The Social Sources of National Socialist Anti-Semitism* (London: Victor Gollancz, 1950); Paul Massing, *Rehearsal for Destruction: A Study of Political Anti-Semitism in Imperial Germany* (New York: Harper & Brothers, 1949); Peter Pulzer, *The Rise of Political Anti-Semitism in Germany and Austria*, rev. edn (London: Peter Halban, 1988); J. L. Talmon, *The Unique and the Universal: Some Historical Reflections* (London: Secker & Warburg, 1965). ユダヤ人の儀式殺人説といった古くからの偏見が現代に変容したことについては Franz Fühmann's story 'The Jew's Car', in Ritchie Robertson (ed.), *The German-Jewish Dialogue: An Anthology of Literary Texts 1749–1993* (Oxford: Oxford University Press, 1999), 310–18 を参照.

(61) Friedländer, *Nazi Germany and the Jews*; Friedländer, 'An Integrated History of the Holocaust: Some Methodological Challenges', in Stone (ed.), *The Holocaust and Historical Methodology*, 181–9. 以下も参照．Richard S. Levy, 'Antisemitism', in Peter Hayes and John K. Roth (eds.), *The Oxford Handbook of Holocaust Studies* (Oxford: Oxford University Press, 2010), 23–38.

(62) Lucie Varga, 'Die Entstehung des Nationalsozialismus: Sozialhistorische Anmerkungen', in Varga, *Zeitenwende: Mentalitätshistorische Studien 1936–1939*, ed. Peter Schöttler (Frankfurt am Main: Suhrkamp Taschenbuch Verlag, 1991), 121.

(63) Theodore Abel, *Why Hitler Came to Power* (Cambridge, Mass.: Harvard University Press, 1986), 160. 1938 年に初めて発表された Abel の研究には国民社会主義者の自伝からの引用が含まれ，ナチズムの魅力をその背景において理解するための強力なツールであり続けている．

(64) E. Amy Buller, *Darkness over Germany: A Warning from History* (London: Arcadia Books, 2017 [1943]), 216.

(65) Eric Ehrenreich, *The Nazi Ancestral Proof: Genealogy, Racial Science, and the Final Solution* (Bloomington: Indiana University Press, 2007), xii.

(66) Buller, *Darkness over Germany*, 188.

(67) Peter Fritzsche, *Germans into Nazis* (Cambridge, Mass.: Harvard University Press, 1998), 211.

(68) Fritzsche, *Life and Death in the Third Reich*, 37. Fritzsche は次のようにも書いている (4):「彼らが軍事化された人種国家を築き上げ，それが敵対者にはほぼ難攻不落に見えたときですら，彼らはポーランド，ボリシェヴィキ，ユダヤ人その他の敵の手によるドイツの滅亡を繰り返し想像した．断種の危機に脅かされたり絶滅させられ灰燼に帰したりするドイツ人の姿がナチのプロパガンダには散りばめられていた．ナチが他の多くのドイツ人と共有していたこの戦闘的な歴史観は，ナチが抱いていた極端な暴力の幻想を説

明するのに役立つ」.

(69) Thomas Kühne, *Belonging and Genocide: Hitler's Community, 1918–1945* (New Haven: Yale University Press, 2010); Christopher R. Browning, 'The Holocaust: Basis and Objective of the *Volksgemeinschaft?*', Steber and Gotto (eds.), *Visions of Community in Nazi Germany*, 219, には「ナチのイデオロギーを通して見る世界では，排他的で人種的に純粋なフォルクスゲマインシャフトとホロコーストは密接に結びついていた」と書かれている.

(70) Fritzsche, 'The Holocaust and the Knowledge of Murder', 596. 以下の重要な論説も参照. Hermann Beck, 'The Antibourgeois Character of National Socialism', *Journal of Modern History*, 88 (2016), 572–609; and Amit Varshizky, 'The Metaphysics of Race: Revisiting Nazism and Religion', *Central European History*, 52:2 (2019), 252–88. ナチは「幻滅した」現代世界の崩壊をもたらす影響に対抗できる「真の精神性」を「人種」がもたらすと，心から信じていたと主張している.

(71) Haffner, *Germany: Jekyll and Hyde*, 10, 19.

(72) Laski, *Where Do We Go from Here?*, 9.〔『ファシズムを超えて――一政治学者の戦い』堀真清訳（早稲田大学出版部，2009）5 頁〕

(73) Thomas Rohkrämer, *A Single Communal Faith? The German Right from Conservatism to National Socialism* (New York: Berghahn Books, 2007), 190 ('fatal attraction'). ナチが実践したことは，ドイツ社会の既存の考え方や集団的記憶に基づいているという主張については，Alon Confino, 'Why Did the Nazis Burn the Hebrew Bible? Nazi Germany, Representations of the Past, and the Holocaust', *Journal of Modern History*, 84 (2012), 369–400, も参照.

(74) Peter Longerich, *Hitler: A Life* (Oxford: Oxford University Press, 2019), 957.

(75) Thomas A. Kohut, *A German Generation: An Experiential History of the Twentieth Century* (New Haven: Yale University Press, 2012), 6.

(76) Alfred Rosenberg, 'The Folkish Idea of State' (1924), in Lane and Rupp (eds.), *Nazi Ideology before 1933*, 69.

(77) Mark Levene, *Genocide in the Age of the Nation State*, vol. 1: *The Meaning of Genocide* (London: I. B. Tauris, 2005), 197. これは深読みしすぎるべきではない. 1939 年にヒトラーがチェコスロヴァキアを脅す際に「絶滅」という言葉を使ったのは，ユダヤ人をドイツから追放するという意味だった可能性が高い.

(78) Hitler, *Mein Kampf*, 406, 568.〔『わが闘争 下』平野一郎，将積茂訳（KADOKAWA, 1973）102, 315, 316 頁〕

(79) Tal, *Religion, Politics and Ideology in the Third Reich*, 178. 一神教の「真正性」という概念は，ナチズムが規制の伝統の結びつき覆したという洞察ほどには，ここでは重要ではない.〔引用の訳文は次の文献より．ダン・ストーン『ホロコースト・スタディーズ――最新研究への手引き』武井彩佳訳（白水社，2012）247 頁〕

(80) マックス・マイヤーが孫のペーター・ペプケに宛てた，1938 年 5 月 9 日付の送られなかった手紙. Jürgen Matthäus and Mark Roseman (eds.), *Jewish Responses to Persecution*, vol. 1: *1933–1938* (Lanham, MD: AltaMira Press, 2010), 302–3.

(81) R. G. Collingwood, 'Fascism and Nazism', in his *Essays in Political Philosophy*, ed. David Boucher (Oxford: Oxford University Press, 1989), 191–2.

(82) Ernst Bloch, 'Amusement Co., Horror, Third Reich (September 1930)', in *Heritage of Our Times*, trans. Neville and Stephen Plaice (Cambridge: Polity Press, 1991), 60.〔『この時代の遺産』池田浩士訳（筑摩書房，1994）99 頁〕同様のテーマをもっと客観的に述べたものとしては以下を参照. Talcott Parsons, 'Some Sociological Aspects of the Fascist Movements' (1942), in Uta Gerhardt (ed.), *Talcott Parsons on National Socialism* (New York: Aldine de Gruyter, 1994), 203–18.

第二章　ユダヤ人への攻撃，一九三三～三八年

(1) Michał Głowinski, *The Black Seasons*, trans. Marci Shore (Evanston: Northwestern University Press,

2005), 173.
(2) クルト・ローゼンベルク，1933年8月20日付の日記．Matthäus and Roseman (eds.), *Jewish Responses to Persecution*, vol. 1, 37.
(3) バウムラー，1940年12月13日付の *Gutachten*［見解］，Tal, *Religion, Politics and Ideology in the Third Reich*, 90 に引用されている．
(4) Gross, Tal, *Religion, Politics and Ideology in the Third Reich*, 94; 同上，93 に引用されている．
(5) Warburg, *Six Years of Hitler*, 26.
(6) Richard J. Evans, *The Coming of the Third Reich* (New York: Penguin, 2003), 433.〔『第三帝国の歴史——第三帝国の到来 下』大木毅監修，山本孝二訳（白水社，2018）279 頁〕
(7) IMT, vol. 1, 234.
(8) Saul Friedländer, *Nazi Germany and the Jews*, vol. 1: *The Years of Persecution, 1933–1939* (London: Weidenfeld & Nicolson 1997), 98.
(9) Christoph Kreutzmüller and Jonathan Zatlin, 'Belonging and Belongings: The Dispossession of German Jews', in Mark Roseman and Dan Stone (eds.), *The Cambridge History of the Holocaust*, vol. 1 (Cambridge: Cambridge University Press, 2023).
(10) Ernst Hiemer, *Der Giftpilz: Ein Stürmerbuch für Jung u. Alt* (Nuremberg: Verlag Der Stürmer, 1938), 62. テキストは Doc. 1778-PS, IMT, vol. 28, 304–45, here 344–5 に複製されている．
(11) Anon., *The Yellow Spot: The Extermination of the Jews in Germany* (London: Victor Gollancz, 1936), 15.
(12) Warburg, *Six Years of Hitler*, 191.
(13) 帝国市民法，1935年9月15日．J. Noakes and G. Pridham (eds.), *Nazism 1919–1945: A Documentary Reader*, vol. 2: *State, Economy and Society, 1933–1939* (Exeter: University of Exeter Press, 1984), 536.
(14) Warburg, *Six Years of Hitler*, 194.
(15) ドイツ人の血と名誉の保護に関する法，1935年9月15日．Noakes and Pridham (eds.), *Nazism 1919–1945*, vol. 2, 535–6.
(16) Irene Eckler, *A Family Torn Apart by 'Rassenschande': Political Persecution in the Third Reich* (Schwetzingen: Horneburg Verlag, 1998), 12.
(17) Warburg, *Six Years of Hitler*, 212.
(18) 1934年7月に「人種への攻撃」というテーマで開かれた内務省の会議におけるレーゼナーのコメント．Teicher, *Social Mendelism*, 168 に引用されている．
(19) 'The Nuremberg Laws and Their Impact', in Matthäus and Roseman, *Jewish Responses to Persecution*, vol. 1, 184 にある編集者のコメントを参照．
(20) Matthäus and Roseman, 'The Nuremberg Laws and Their Impact', 191.
(21) Cicely Hamilton, *Modern Germanies as Seen by an Englishwoman. With a Postscript on the Nazi Regime* (London: J. M. Dent & Sons, 1933), 180–1. 戦前のイギリスにおけるナチズムについてのさまざまな理解については以下を参照．Stone, *Responses to Nazism in Britain*.
(22) *The Yellow Spot*, 58.
(23) 同上 , 59–60.
(24) 同上 , 66.
(25) 同上 187–9 の 'The Pogrom of "Verbot" と題されたリストを参照．
(26) 同上 105.
(27) ユダヤ系企業の大半を占めた中小企業については，以下を参照．Christoph Kreutzmüller, *Final Sale in Berlin: The Destruction of Jewish Commercial Activity 1930–1945* (New York: Berghahn Books, 2015).
(28) *The Yellow Spot*, 123.
(29) Avraham Barkai, *From Boycott to Annihilation: The Economic Struggle of German Jews 1933–1943* (Hanover: University Press of New England, 1989), 128. 第三帝国の泥棒政治については以下を参照．

Jonathan Petropoulos, 'The Nazi Kleptocracy: Reflections on Avarice and the Holocaust', and Frank Bajohr, 'Cliques, Corruption, and Organized Self-Pity: The Nazi Movement and the Property of the Jews', both in Herzog (ed.), *Lessons and Legacies*, vol. 7, 29–38 and 39–49; Christoph Kreutzmüller and Jonathan R. Zatlin (eds.), *Dispossession: Plundering German Jewry, 1933–1953* (Ann Arbor: University of Michigan Press, 2021).

(30) Beate Meyer, '"Aryanized" and Financially Ruined: The Case of the Garbáty Family', in Beate Meyer, Hermann Simon and Chana Schütz (eds.), *Jews in Nazi Berlin: From Kristallnacht to Liberation* (Chicago: University of Chicago Press, 2009), 66.

(31) 'Second Decree Concerning Implementation of the Law on Changes to Family Names and First Names' (17 August 1938), in Anson Rabinbach and Sander L. Gilman (eds.), *The Third Reich Sourcebook* (Berkeley: University of California Press, 2013), 228.

(32) 1942年11月16日のヨーゼフ・ゲッベルスの演説「ユダヤ人は有罪だ！」を以下より抜粋. Rabinbach and Gilman (eds.), *Third Reich Sourcebook*, 739.

(33) 1936年4月26日のクルト・ローゼンベルクの日記. Matthäus and Roseman, *Jewish Responses*, vol. 1, 261.

(34) Michael Wildt, 'Violence against Jews in Germany, 1933–1939', in David Bankier (ed.), *Probing the Depths of German Antisemitism: German Society and the Persecution of the Jews, 1933–1941* (New York: Berghahn Books, 2000), 187.

(35) Alan E. Steinweis, *Kristallnacht 1938* (Cambridge, Mass.: Harvard University Press, 2009), 24–5.

(36) Wolf Gruner and Steven J. Ross, 'Introduction', in Gruner and Ross (eds.), *New Perspectives on Kristallnacht: After 80 Years, the Nazi Pogrom in Global Comparison* (West Lafayette, Ind.: Purdue University Press, 2019) を参照.

(37) すべて Steinweis, *Kristallnacht 1938*, 27 に引用されている.

(38) Jeffrey Herf, *The Jewish Enemy: Nazi Propaganda during World War II and the Holocaust* (Cambridge, Mass.: The Belknap Press of Harvard University Press, 2006), 44.

(39) Herf, *The Jewish Enemy*, 45 に引用されている.

(40) 以下を参照. Robert Gerwarth, *Hitler's Hangman: The Life of Heydrich* (New Haven: Yale University Press, 2011), 127.〔『ヒトラーの絞首人ハイドリヒ』宮下嶺夫訳（白水社, 2016)〕

(41) ラインハルト・ハイドリヒ, 警察と SA に宛てた 1938 年 11 月 10 日午前 1 時 20 分付の電報. in Rabinbach and Gilman (eds.), *The Third Reich Sourcebook*, 231.

(42) Gerwarth, *Hitler's Hangman*, 128.〔『ヒトラーの絞首人ハイドリヒ』宮下嶺夫訳（白水社, 2016)〕

(43) 以下を参照. Gordon J. Horwitz, *In the Shadow of Death: Living Outside the Gates of Mauthausen* (New York: The Free Press, 1990), 29.

(44) Reinhard Heydrich, 'The Visible Enemy: The Jews', in Rabinbach and Gilman (eds.), *The Third Reich Sourcebook*, 197, 199.

(45) ハイドリヒのために作成された, 1934 年 5 月 24 日付の SD の覚え書き, 以下に引用されている. Gerwarth, *Hitler's Hangman*, 95.〔『ヒトラーの絞首人ハイドリヒ』宮下嶺夫訳（白水社, 2016)〕

(46) Ian Kershaw, 'Hitler's Role in the Final Solution', *Yad Vashem Studies*, 34 (2006), 29.

(47) Rudolf Bing, 'My Life in Germany before and after January 30, 1933' (1940), in Matthäus and Roseman, *Jewish Persecution*, vol. 1, 351–2.

(48) Wolfgang Benz, 'The November Pogrom of 1938: Participation, Applause, Disapproval', in Christhard Hoffmann, Werner Bergmann and Helmut Walser Smith (eds.), *Exclusionary Violence: Antisemitic Riots in Modern German History* (Ann Arbor: University of Michigan Press, 2002), 151.

(49) 'Decree for the Restoration of the Street Scene and Decree Concerning Reparations from Jews of German Nationality' (both 12 November 1938), in Noakes and Pridham (eds.), *Nazism 1919–1945*, vol. 2, 560.

(50)「1938年11月12日，ユダヤ人問題に関するゲーリングとの会議の記録（一部）Doc. 1816-PS, IMT, vol. 28, 538; Friedländer, *Years of Persecution*, 283.

(51) しかし出発点としては，George L. Mosse の著書や，Léon Poliakov and Joseph Wulf (eds.) による文献集，*Das Dritte Reich und seine Denker* (Frankfurt am Main: Ullstein, 1983) を参照．思想史の流れを汲む最近の著作では以下も参照．Christopher M. Hutton, *Race and the Third Reich: Linguistics, Racial Anthropology and Genetics in the Dialectic of Volk* (Cambridge: Polity Press, 2005); Neumann, *Die Weltanschauung des Nazismus*; Wolfgang Bialas and Anson Rabinbach (eds.), *Nazi Germany and the Humanities: How German Academics Embraced Nazism* (Oxford: Oneworld Publications, 2007); Susanne Heim, Carola Sachse, and Mark Walker (eds.), *The Kaiser Wilhelm Society under National Socialism* (Cambridge: Cambridge University Press, 2009); Dirk Rupnow; *Judenforschung im Dritten Reich: Wissenschaft zwischen Politik, Propaganda und Ideologie* (Baden-Baden: Nomos Verlagsgesellschaft, 2011); David B. Dennis, *Inhumanities: Nazi Interpretations of Western Culture* (Cambridge: Cambridge University Press, 2012); Andreas Höfele, *No Hamlets: German Shakespeare from Nietzsche to Carl Schmitt* (Oxford: Oxford University Press, 2016); Julien Reitzenstein, *Himmlers Forscher: Wehrwissenschaft und Medizinverbrechen im 'Ahnenerbe' der SS* (Paderborn: Schöningh, 2014); Hans-Christian Harten, *Himmlers Lehrer: Die weltanschauliche Schulung in der SS 1933–1945* (Paderborn: Schöningh, 2014); André Mineau, *SS Thinking and the Holocaust* (Amsterdam: Rodopi, 2012); Christian Ingrao, *Believe and Destroy: Intellectuals in the SS War Machine* (Cambridge: Polity Press, 2013); Ingrao, *The Promise of the East: Nazi Hopes and Genocide 1939–1943* (Cambridge: Polity Press, 2018); Johann Chapoutot, *The Law of Blood: Thinking and Acting as a Nazi* (Cambridge, Mass.: Harvard University Press, 2018).

(52) Herwig Hartner-Hnizdo, *Volk der Gauner* (1939), 'Accident of History or Destiny of the Race?' として以下に抜粋されている．Rabinbach and Gilman (eds.), *Third Reich Sourcebook*, 218–20.

(53) Fritz Arlt, 'Der Endkampf gegen das Judentum', *Der Weltkampf*, 1 (1938), 'The Final Struggle against Jewry' として以下に抜粋されている．Rabinbach and Gilman (eds.), *Third Reich Sourcebook*, 228–30.

(54) Peter Viereck, *Meta-Politics: The Roots of the Nazi Mind*, rev. edn (New York: Capricorn Books, 1965 [1941]), 231.〔『ロマン派からヒトラーへ――ナチズムの源流』西城信訳（紀伊國屋書店，1973）252頁〕ヴィーレックはこの箇所でとくにローゼンベルクについて書いている．

(55) NSDAP Office for [Ideological] Training, Ideological Report, Lahr, 2 December 1938, in Otto Dov Kulka and Eberhard Jäckel (eds.), *The Jews in the Secret Nazi Reports on Popular Opinion in Germany, 1933–1945* (New Haven: Yale University Press, 2010), 379.

(56) Frank Bajohr and Dieter Pohl, *Massenmord und schlechtes Gewissen: Die deutsche Bevölkerung, die NS-Führung und der Holocaust* (Frankfurt am Main: Suhrkamp Taschenbuch Verlag, 2008), 37–45.

(57) Fritzsche, *Life and Death in the Third Reich*, 133.

(58) Benz, 'The November Pogrom of 1938', 152.

(59) Dan Diner, 'The Catastrophe before the Catastrophe: 1938 in Historical Context', in his *Beyond the Conceivable: Studies on Germany, Nazism, and the Holocaust* (Berkeley: University of California Press, 2000), 78–94.

(60) G. W. Allport, J. S. Bruner and E. M. Jandorf, 'Personality under Social Catastrophe: Ninety Life Histories of the Nazi Revolution', *Character and Personality*, 10:1 (1941), 14.

(61) Report B307 in Ruth Levitt (ed.), *Pogrom November 1938: Testimonies from 'Kristallnacht'* (London: Souvenir Press, 2015), 446. 官庁の手続きが複雑だった様子が窺えるよう，ドイツ語の用語を残してある．

(62) ゲルハルト・カンからハインツ・ケラーマンに宛てた1938年10月24日の手紙 Matthäus and Roseman (eds.), *Jewish Responses*, vol. 1, 322–3.

(63) Armin Schmid and Renate Schmid, *Lost in a Labyrinth of Red Tape: The Story of an Immigration that Failed* (Evanston: Northwestern University Press, 1996), 55.

(64) Michael Wildt, *Hitler's Volksgemeinschaft and the Dynamics of Radical Exclusion: Violence against Jews*

in Provincial Germany, 1919–1939 (New York: Berghahn Books, 2012) を参照.

(65) Walter Tausk, *Breslauer Tagebuch 1933–1940* (Leipzig: Reclam, 1995), 164 (12 November 1938) [orig.: 'Wenn ich mitgegangen wäre, mit beiden Armen hätte ich geholfen, für die Winterhilfe wegschaffen, was die für die Winterhilfe weggeschafft haben!']. 歳末助け合いとは，衣類その他の物品（ナチの犠牲者から盗んだ品の場合もあった）を貧しいドイツ人に配る慈善行為だった.

(66)「革命という名の秩序，秩序という名の革命」は，ケヴィン・パスモアが *Fascism: A Very Short Introduction* (Oxford: Oxford University Press, 2002), 29〔『ファシズムとは何か』福井憲彦訳（岩波書店，2016)〕のなかでファシズムを簡潔に要約した言葉である.

(67) 例として以下を参照. Tim Cole, 'Constructing the "Jew", Writing the Holocaust: Hungary 1920–45', *Patterns of Prejudice*, 33:3 (1999), 19–27; Frank Caestecker and Bob Moore, 'Refugees from Nazi Germany and the Development of Refugee Policies, 1933–1937', in Caestecker and Moore (eds.), *Refugees from Nazi Germany and the Liberal European States* (New York: Berghahn Books, 2010), 207–43.

(68) Katarzyna Person, *Assimilated Jews in the Warsaw Ghetto, 1940–1943* (Syracuse, NY: Syracuse University Press, 2014).

(69) 非ユダヤ教徒のユダヤ人についてのこの指摘については，Harry Legg に感謝している.

(70) たとえばある場面で，主人公のひとりであるパウル・ローダーが秘密を打ち明ける相手が必要になった際，仕事仲間のことを考える．それぞれ1933年以前，そして場合によってはそれ以後もナチに反対していたが，彼らがナチ狂信者だからではなく，彼が話すべきことを信用して話せる人間がただひとりの例外を除いていなくなっていることに気づく．Anna Seghers, *The Seventh Cross*, trans. Margot Battauer Dembo (London: Virago, 2019), 302–9〔『第七の十字架』新村浩，山下肇訳（岩波書店，2018)〕を参照．このようなナチ化された生活の過程は，以下でも簡潔に描かれている．Wolfgang Staudte's 1949 film *Rotation*.

(71) Wildt, *Hitler's Volksgemeinschaft*, 272.

(72) Sebastian Haffner, *Defying Hitler: A Memoir* (London: Phoenix, 2003), 221, 230.

(73) Report B328 in Levitt (ed.), *Pogrom November 1938*, 494.

(74) 同上 , 496.

(75) 同上 , 499.

(76) 同上 , 504.

(77) 同上 , 510.

(78) Wünschmann, *Before Auschwitz*, 211–12.

(79) 同上 213.

(80) Wildt, 'Violence against Jews in Germany, 1933–1939', 208.

(81)「親衛隊全国指導者保安局　1938年11月9，10，11日のアクションについての極秘報告」Rabinbach and Gilman (eds.), *Third Reich Sourcebook*, 232.

(82) Martha Dodd, *My Years in Germany* (London: Victor Gollancz, 1939), 261, 273.

(83) 同上 , 261.

第三章　「最終的解決」以前

(1) S. Erckner, *Hitler's Conspiracy against Peace* (London: Victor Gollancz, 1937), 280–1.「奇妙な平和主義」もエルクナーの用語である（24–8）．エルクナーの著書はまずドイツ語で，*Die grosse Lüge* (The Big Lie) (Paris: Editions du Carrefour, 1936) という書名で出版された.

(2) Erckner, *Hitler's Conspiracy against Peace*, 286.

(3)「許可」については以下を参照. Aristotle Kallis, *Genocide and Fascism: The Eliminationist Drive in Fascist Europe* (London: Routledge, 2009), esp. ch. 10; 死体の影響については以下を参照. Yehonatan Alsheh, 'The Biopolitics of Corpses of Mass Violence and Genocide', in Jean-Marc Dreyfus and Élisabeth Anstett (eds.), *Human Remains and Mass Violence: Methodological Approaches* (Manchester: Manchester

University Press, 2014), esp. 24–7;「高揚感」の概念については以下を参照．Saul Friedländer, 'The "Final Solution": On the Unease in Historical Interpretation', in his *Memory, History, and the Extermination of the Jews of Europe* (Bloomington: Indiana University Press, 1993), 109–10. 以下も参照．Dan Stone, 'Genocide as Transgression', *European Journal of Social Theory*, 7:1 (2004), 45–65.

(4) Peter Longerich, *Holocaust: The Nazi Persecution and Murder of the Jews* (Oxford: Oxford University Press, 2010), 121 に引用されている．

(5) Bradley F. Smith and Agnes F. Peterson (eds.), *Heinrich Himmler, Geheimreden 1933 bis 1945 und andere Ansprachen* (Berlin: Propyläen, 1974), 37–8, cited in Friedländer, *Years of Persecution*, 292.

(6) Longerich, *Holocaust*, 120.

(7) Doron Rabinovici, *Eichmann's Jews: The Jewish Administration of Holocaust Vienna, 1938–1945* (Cambridge: Polity Press, 2011), 63.

(8) トビアス・ファーブ，上海，1939 年 4 月 28 日，合衆国の受取人名は不明． Alexandra Garbarini with Emil Kerenji, Jan Lambertz and Avinoam Patt (eds.), *Jewish Responses to Persecution*, vol. 2: *1938–1940* (Lanham, MD: AltaMira Press in association with the United States Holocaust Memorial Museum, 2011), 58. ファーブは 1947 年に中国を出てアメリカに渡り，妻と再会してカリフォルニアに定住した．

(9) エドゥアルド・コーンがニューヨークの AJDC にアスンシオンから送った 1939 年 6 月 4 日付の手紙．Garbarini ほか (eds.), *Jewish Responses*, vol. 2, 65. コーン夫妻が再会できたかどうかは不明．

(10) 1938年7月6日付，WJC がエヴィアン会議代表団に宛てた覚書．Matthäus and Roseman (eds.), *Jewish Responses*, vol. 1, 316.

(11) ヒトラー，1939 年 1 月 30 日，「大ドイツ帝国議会に向けた演説」Rabinbach and Gilman (eds.), *Third Reich Sourcebook*, 723–4;「発作的な表現」という言葉はフリードレンダーによる．*Years of Persecution*, 292.

(12) Friedländer, *Years of Persecution*, 307.

(13) Joseph Goebbels, 'The Glue of the Enemy Coalition: The Origin of the World's Misfortune', ダス・ライヒ，1945 年 1 月 21 日． Herf, *The Jewish Enemy*, 255 に引用されている．

(14) Longerich, *Hitler*, 605 参照．

(15) Albert Lichtblau, 'Austria', in Wolf Gruner and Jörg Osterloh (eds.), *The Greater German Reich and the Jews: Nazi Persecution Policies in the Annexed Territories 1935–1945* (New York: Berghahn Books, 2015), 47.

(16) Rabinovici, *Eichmann's Jews*, 60; 以下も参照．Gabriele Anderl and Dirk Rupnow, *Die Zentralstelle für jüdische Auswanderung als Beraubungsinstitution* (Vienna: Oldenbourg, 2004).

(17) Lichtblau, 'Austria', 61. 以下も参照．Bettina Stangneth, 'Otto Adolf Eichmann: Reich Main Security Office. The RSHA's "Jewish Expert"', in Hans-Christian Jasch and Christoph Kreutzmüller (eds.), *The Participants: The Men of the Wannsee Conference* (New York: Berghahn Books, 2017), 40–56.

(18) Jörg Osterloh, 'Sudetenland', in Gruner and Osterloh (eds.), *The Greater German Reich and the Jews*, 88.

(19) 以下に引用されている．Peter Hayes, 'The Economy', in Robert Gellately (ed.), *The Oxford Illustrated History of the Third Reich* (Oxford: Oxford University Press, 2018), 189.

(20) Adam Tooze, 'The Economic History of the Nazi Regime', in Jane Caplan (ed.), *Nazi Germany* (Oxford: Oxford University Press, 2008), 168–95 を参照．

(21) Carroll P. Kakel, III, *The American West and the Nazi East: A Comparative and Interpretive Perspective* (Houndmills: Palgrave Macmillan, 2011), 102–5; Edward B. Westermann, *Hitler's Ostkrieg and the Indian Wars: Comparing Genocide and Conquest* (Norman: University of Oklahoma Press, 2016).

(22) Alexandra Garbarini, Emil Kerenji, Jan Lambertz and Avinoam Patt, 'Volume Introduction', in Garbarini et al. (eds.), *Jewish Responses*, vol. 2, xxx, n. 9.

(23) Jürgen Matthäus, Jochen Böhler and Klaus-Michael Mallmann, *War, Pacification, and Mass Murder,*

1939: The Einsatzgruppen in Poland (Lanham, MD: Rowman & Littlefi eld, 2014) を参照.

(24) Markus Roth, 'The Murder of the Jews of Ostrów Mazowiecka in November 1939', in Claire Zalc and Tal Bruttmann (eds.), *Microhistories of the Holocaust* (New York: Berghahn Books, 2017), 227.

(25) Roth, 'The Murder of the Jews of Ostrów Mazowiecka', 229.

(26) Jacob Sloan (ed.), *Notes from the Warsaw Ghetto: The Journal of Emmanuel Ringelblum* (New York: Schocken Books, 1974), 11 (entry for 1 January 1940)〔『ワルシャワ・ゲットー――捕囚 1940-42 のノート』大島かおり訳（みすず書房，2006)〕. リンゲルブルムは日記に，12月の初めにオストルフのユダヤ人600人が町の外で射殺されたらしいと記している. Roth, 'The Murder of the Jews of Ostrów Mazowiecka', 236 参照. Aba Gordin and M. Gelbart (eds.), *Memorial (Yizkor) Book of the Jewish Community of Ostrów Mazowiecka* (New York: JewishGen, 2013) も参照.

(27) Alexander B. Rossino, 'Destructive Impulses: German Soldiers and the Conquest of Poland', *Holocaust and Genocide Studies*, 11:3 (1997), 351-65; Alexander B. Rossino, *Hitler Strikes Poland: Blitzkrieg, Ideology, and Atrocity* (Lawrence: University Press of Kansas, 2003); Klaus-Michael Mallmann and Bogdan Musial (eds.), *Genesis des Genozids: Polen 1939-1941* (Darmstadt: Wissenschaftliche Buchgesellschaft, 2004); Jochen Böhler, *Auftakt zum Vernichtungskrieg: Die Wehrmacht in Polen 1939* (Frankfurt am Main: Suhrkamp, 2006); Doris L. Bergen, 'Instrumentalization of *Volksdeutschen* in German Propaganda in 1939: Replacing/Erasing Poles, Jews, and Other Victims', *German Studies Review*, 31:3 (2008), 447-70.

(28) Richard Bessel, *Nazism and War* (London: Phoenix, 2005), 91.〔『ナチスの戦争――1918-1949』大山晶訳（中央公論新社，2015）125 頁〕

(29) Joseph Goebbels, *Tagebücher 1924-1945*, ed. Ralf Georg Reuth (Munich: Piper, 1992), vol. 3, 1340 (entry for 2 November 1939).

(30) Phillip T. Rutherford, *Prelude to the Final Solution: The Nazi Program for Deporting Ethnic Poles, 1939-1941* (Lawrence: University Press of Kansas, 2007). ラザフォードは，ヴァルテガウでポーランド人に対処する際，経済的合理性がジェノサイドのイデオロギーよりも優先されたが，ユダヤ人の場合にはそれが逆転したと指摘している.

(31) Rossino, *Hitler Strikes Poland*, 197, 226.

(32) Stone, *Breeding Superman*, ch. 5.

(33) Garland E. Allen, 'The Ideology of Elimination: American and German Eugenics, 1900-1945', in Francis R. Nicosia and Jonathan Huener (eds.), *Medicine and Medical Ethics in Nazi Germany: Origins, Practices, Legacies* (New York: Berghahn Books, 2002), 33; Paul Weindling, 'The "Sonderweg" of German Eugenics: Nationalism and Scientific Internationalism', *British Journal of the History of Science*, 22:3 (1989), 321-33; Weindling, 'German Eugenics and the Wider World: Beyond the Racial State', in Bashford and Levine (eds.), *The Oxford Handbook of the History of Eugenics*, 315-31.

(34) Michael Burleigh, *Death and Deliverance: 'Euthanasia' in Germany c. 1900-1945* (Cambridge: Cambridge University Press, 1994).

(35) Amir Teicher, 'Why Did the Nazis Sterilize the Blind? Genetics and the Shaping of the Sterilization Law of 1933', *Central European History*, 52:2 (2019), 289-309.

(36) Gisela Bock, 'Nazi Sterilization and Reproductive Policies', in Dieter Kuntz (ed.), *Deadly Medicine: Creating the Master Race* (Washington, DC: United States Holocaust Memorial Museum, 2004), 62, 80.

(37) Hitler, *Mein Kampf*, 367.〔『わが闘争 下』平野一郎，将積茂訳（KADOKAWA，1973）49, 50 頁〕

(38) Dagmar Herzog (ed.), *Sexuality and German Fascism* (New York: Berghahn Books, 2005) を参照.

(39) 以下を参照. Udo Benzenhöfer, *Der Fall Leipzig (alias 'Fall Kind Knauer') und die Planung der NS-'Kindereuthanasie'* (Münster: Klemm und Oelschläger, 2008); Ulf Schmidt, *Karl Brandt: Medicine and Power in the Third Reich* (London: Hambledon Continuum, 2007), 117-20; *Histories of the Holocaust*, ch. 4 の拙論も参照.

(40) Allison Owings, *Frauen: German Women Recall the Third Reich* (New Brunswick, NJ: Rutgers

University Press, 1995), 416. 以下も参照. Caterina Pascual Söderbaum's remarkable novel *The Oblique Place* (London: Maclehose Press, 2018).

(41) Michael H. Kater, 'Criminal Physicians in the Third Reich: Toward a Group Portrait', in Nicosia and Huener (eds.), *Medicine and Medical Ethics*, 79.

(42) 1948年11月18日の修道女ラインヒルディスの証言. Ernst Klee, *'Euthanasie' im NS-Staat: Die 'Vernichtung lebensunwerten Lebens'* (Frankfurt am Main: Suhrkamp Taschenbuch Verlag, 1985), 182. 〔『第三帝国と安楽死——生きるに値しない生命の抹殺』松下正明訳（批評社, 1999)〕ラインヒルディスはヴュルテンベルク州イェステッテンの管区養護施設の修道女だった.

(43) Bernburg, Brandenburg, Grafeneck, Hadamar, Hartheim, Sonnenstein.

(44) Noakes and Pridham (eds.), *Nazism 1919–1945*, vol. 3, 1030; Klee, *'Euthanasie' im NS-Staat*, 184. 〔『第三帝国と安楽死——生きるに値しない生命の抹殺』松下正明訳（批評社, 1999）237頁〕ヘレーネはグラーフェネックで殺された.

(45) Beth Griech-Polelle, 'Image of a Churchman Resister: Bishop von Galen, the Euthanasia Project and the Sermons of Summer 1941', *Journal of Contemporary History*, 36:2 (2001), 41–57.

(46) Richard F. Wetzell, 'Eugenics, Racial Science, and Nazi Biopolitics: Was There a Genesis of the "Final Solution" from the Spirit of Science?', in Pendas, Roseman and Wetzell (eds.), *Beyond the Racial State*, 165.

(47) Fritzsche, *Life and Death in the Third Reich*, 158.

(48) Bessel, *Nazism and War*, 93. 〔『ナチスの戦争—— 1918–1949』大山晶訳（中央公論新社, 2015）129頁〕

(49) 1941年3月28日にフランクフルト・アム・マインのユダヤ人問題研究所の開所式でアルフレート・ローゼンベルクが述べた演説「世界的問題としてのユダヤ人問題」からの抜粋. Jürgen Matthäus and Frank Bajohr (eds.), *The Political Diary of Alfred Rosenberg and the Onset of the Holocaust* (Lanham, MD: Rowman & Littlefi eld, 2015), 371–2.

(50) Wünschmann, *Before Auschwitz*, 225–6; Leon Szalet, *Experiment 'E': A Report from an Extermination Laboratory* (New York: Didier Publishers, 1945); Szalet は1939年9月にドイツで検挙されザクセンハウゼンに送られたポーランド・ユダヤ人の数少ない生存者のひとりだった. 娘の奔走により1940年5月7日に解放され, 数日後, ふたりは上海に向けて出航した.

(51) Ringelblum, *Notes from the Warsaw Ghetto*, 40 (entry for 16 May 1940). 〔『ワルシャワ・ゲットー——捕囚 1940–42 のノート』大島かおり訳（みすず書房, 2006）43頁〕

(52) Dan Michman, 'Why Did Heydrich Write the *Schnellbrief*? A Remark on the Reason and on Its Significance', *Yad Vashem Studies*, 32 (2004), 433–47.

(53) Yitzhak Arad, Yisrael Gutman and Abraham Margaliot (eds.), *Documents on the Holocaust: Selected Sources on the Destruction of the Jews of Germany and Austria, Poland, and the Soviet Union*, 4th edn (Jerusalem: Yad Vashem, 1990), 173–4.

(54) Dan Michman, *The Emergence of Jewish Ghettos during the Holocaust* (Cambridge: Cambridge University Press, 2011), 72–3.

(55) Longerich, *Holocaust*, 160–1.

(56) Christopher R. Browning による造語. 'Nazi Ghettoization Policy in Poland, 1939–1941', in his *The Path to Genocide: Essays on Launching the Final Solution* (Cambridge: Cambridge University Press, 1992), 28–56; Browning, *Origins of the Final Solution*, ch. 4.

(57) 以下に引用されている. Browning, 'Before the "Final Solution": Nazi Ghettoization Policy in Poland (1940–1941)', in *Ghettos 1939–1945: New Research and Perspectives on Defi nition, Daily Life, and Survival* (Washington, DC: USHMM, 2005), 5. 以下も参照. Gordon J. Horwitz, *Ghettostadt: Łodz and the Making of a Nazi City* (Cambridge, Mass.: The Belknap Press of Harvard University Press, 2008), 27–8, and the discussion in Michman, *The Emergence of Jewish Ghettos*, 81–2.

(58) 以下を参照．Stephan Lehnstaedt, 'Generalgouvernement: Ideologie und Ökonomie der Judenpolitik', in Jürgen Hensel and Stephan Lehnstaedt (eds.), *Arbeit in den nationalsozialistischen Ghettos* (Osnabrück: fi bre Verlag, 2013), 159–80; Lehnstaedt, 'Jüdische Arbeit in Generalgouvernement, Warthegau und Ostoberschlesien', in Imke Hansen, Katrin Steffen and Joachim Tauber (eds.), *Lebenswelt Ghetto: Alltag und soziales Umfeld während der nationalsozialistischen Verfolgung* (Wiesbaden: Harrasowitz Verlag, 2013), 210–25.

(59) *The Diary of Mary Berg: Growing Up in the Warsaw Ghetto*, ed. S. L. Shneiderman (Oxford: Oneworld, 2006), 39, 1941 年 2 月 5 日付.

(60) Peretz Opoczynski, 'Smuggling in the Warsaw Ghetto, 1941', in Lucy S. Dawidowicz (ed.), *A Holocaust Reader* (West Orange, ØÙ: Behrman House, 1976), 200.

(61) Opoczynski, 'Smuggling', 207.

(62) 他の証言もある．以下を参照．Skorczewski and Stone, '"I Was a Tape Recorder"'.

(63) Dr Israel Milejkowski in 'Evaluating the Ghetto: Interviews in Warsaw, 1941', in Dawidowicz (ed.), *A Holocaust Reader*, 223.

(64) Josef Zełkowicz, *In Those Terrible Days: Writings from the Łodz Ghetto*, ed. Michal Unger, trans. Naftali Greenwood (Jerusalem: Yad Vashem, 2002), 141. 議論については以下を参照．Amos Goldberg, *Trauma in First Person: Diary Writing during the Holocaust* (Bloomington: Indiana University Press, 2017), 68. Lawrence L. Langer, 'Ghetto Chronicles: Life at the Brink', in his *Admitting the Holocaust: Collected Essays* (New York: Oxford University Press, 1995), 41 には，「すべての証拠が示唆しているのは，ゲットーのほとんどの住民が，飢えや病気や絶望によって，通常なら自分たちの繁栄を助けてくれる家族や共同体の支えの絶え間ない崩壊に直面していたということだ」という記述がある．以下も参照．Michael R. Marrus, 'Killing Time: Jewish Perceptions During the Holocaust', in Shmuel Almog et al. (eds.), *The Holocaust: History and Memory. Essays Presented in Honor of Israel Gutman* (Jerusalem: Yad Vashem, 2001), 10–38.

(65) Goldberg, *Trauma in First Person*, 68.

(66) Emmanuel Ringelblum, 'Oyneg Shabes', in David G. Roskies (ed.), *Voices from the Warsaw Ghetto: Writing Our History* (New Haven: Yale University Press, 2019), 48.

(67) Oscar Singer, 'Notes by a Jewish Observer in the Łodz Ghetto Following the Deportation of the Children', 16 September 1942, in Arad, Gutman and Margaliot (eds.), *Documents on the Holocaust*, 285.

(68) Dan Diner, 'Historical Understanding and Counterrationality: The *Judenrat* as Epistemological Vantage', in Saul Friedländer (ed.), *Probing the Limits of Representation: Nazism and the 'Final Solution'* (Cambridge, Mass.: Harvard University Press, 1992), 128–42.〔『アウシュヴィッツと表象の限界』上村忠男，小沢弘明，岩崎稔訳（未來社，1999）〕

(69) 'From the Minute Book of the Bialystok Judenrat', in Dawidowicz (ed.), *A Holocaust Reader*, 278 (20 June 1942) and 282–3 (15 August 1942).

(70) Friedländer, *The Years of Persecution*, 314.

(71) これはとくにエルンスト・ノルテの主張だが，出発点はまったく異なるものの，Arno J. Mayer の主張でもある．論考については以下を参照．Dan Stone, 'The Course of History: Arno J. Mayer, Gerhard L. Weinberg, and David Cesarani on the Holocaust and World War II', *Journal of Modern History*, 91:4 (2019), 883–904. 以下も参照．Hans-Christian Harten, *Himmlers Lehrer: Die weltanschauliche Schulung in der SS 1933–1945* (Paderborn: Ferdinand Schöningh, 2014), 459–71, esp. 468 のなかで Harten は，ナチがマルクス主義を，民族を滅ぼすためにユダヤ人が夢見た巨大な欺瞞のシステムとみなしていたことについて示している．'Am Bolschewismus zeigte sich, dass das Wesen des Judentums nicht allein die Gier nach Geld, sondern mehr noch nach Macht und in letzter Konsequenz nach der Weltherrschaft war.'

(72) 古典的な研究としては以下のようなものがある．Robert Koehl, *RKFDV: German Resettlement and Population Policy 1939–1945. A History of the Reich Commission for the Strengthening of Germandom*

(Cambridge: Mass.: Harvard University Press, 1957); Alexander Dallin, *German Rule in Russia 1941–1945: A Study of Occupation Policies* (London: Macmillan, 1957).

(73) Fritzsche, *Life and Death in the Third Reich*, 180 を参照.

(74) Longerich, *Politik der Vernichtung*, 579. Longerich, *Hitler*, 700–3 も参照.

(75) Browning, *Origins*, 88–9.

(76) Himmler, 'Denkschrift' (28 May 1940), in *Ursachen und Folgen*, ed. Herbert Michaelis and Ernst Schraepler (Berlin, Wendler, 1976), doc. 2879d.

(77) Browning, *Origins*, 89.

第四章　絶滅戦争

(1) Baruch Milch, *Can Heaven Be Void?*, ed. Shosh Milch-Avigal, trans. Helen Kaye (Jerusalem: Yad Vashem, 2003), 180.

(2) Fritz Siegel の日記. Hans Dollinger (ed.), *Kain, wo ist dein Bruder? Was der Mensch im Zweiten Weltkrieg erleiden mußte–dokumentiert in Tagebüchern und Briefen* (Frankfurt am Main: Fischer Taschenbuch Verlag, 1989), 100–1 ('Habe mich selbstverständlich freiwillig gemeldet'). クルプキで起こったことの詳細については以下を参照. Waitman Wade Beorn, 'Genocide in a Small Place: *Wehrmacht* Complicity in Killing the Jews of Krupki, 1941', *Holocaust Studies*, 16: 1–2 (2010), 97–128.

(3) ヒトラーからフランクへの指示, 1940 年 10 月 2 日. Noakes and Pridham (eds.), *Nazism 1919–1945*, vol. 3, 988.

(4) 1940 年 4 月 23 日の議事録におけるフランクの発言. Noakes and Pridham (eds.), *Nazism 1919–1945*, vol. 3, 990.

(5) Ian Kershaw, '"Working towards the Führer": Reflections on the Nature of the Hitler Dictatorship', in his *Hitler, the Germans and the Final Solution* (New Haven: Yale University Press, 2008), ch. 1.

(6) 以下を参照. Raul Hilberg, 'The Bureaucracy of Annihilation', in François Furet (ed.), *Unanswered Questions: Nazi Germany and the Genocide of the Jews* (New York: Schocken Books, 1989), 119–33; and the essays in Christopher R. Browning, Peter Hayes and Raul Hilberg, *German Railroads, Jewish Souls: The Reichsbahn, Bureaucracy, and the Final Solution* (New York: Berghahn Books, 2020).

(7) 一例として以下を参照. Wolf Gruner, 'The History of the Holocaust: Multiple Actors, Diverse Motives, Contradictory Developments and Disparate(Re) actions', in Christian Wiese and Paul Betts (eds.), *Years of Persecution, Years of Extermination: Saul Friedländer and the Future of Holocaust Studies* (London: Continuum, 2010), 323–41. 市長や市職員といった行政職員を重視したものとしては, Mary Fulbrook, *A Small Town Near Auschwitz: Ordinary Nazis and the Holocaust* (Oxford: Oxford University Press, 2012) を参照.

(8) 国防軍の一連隊は 2000 人の兵からなっていた. 1939 年から 45 年にかけて, 約 1800 万人が国防軍で戦った.

(9) Peter Hayes, 'Hilberg, the Railroads, and the Holocaust', in Browning, Hayes and Hilberg, *German Railroads, Jewish Souls*, 123.

(10) 同上, 123–7. 以下も参照. Simone Gigliotti, *The Train Journey: Transit, Captivity, and Witnessing in the Holocaust* (New York: Berghahn Books, 2009), esp. ch. 1.

(11) Donald Bloxham, *The Final Solution: A Genocide* (Oxford: Oxford University Press, 2009), 230.

(12) 以下を参照. Richard J. Evans, 'The Decision to Exterminate the Jews of Europe', in Larissa Allwork and Rachel Pistol (eds.), *The Jews, the Holocaust and the Public: The Legacies of David Cesarani* (Houndmills: Palgrave Macmillan, 2020), 127–8. アメリカの参戦が「最終的解決」に重要な役割を果たしたと強調する歴史家の例は以下. Christian Gerlach, 'The Wannsee Conference, the Fate of the German Jews, and Hitler's Decision in Principle to Exterminate All European Jews', *Journal of Modern History*, 70:4 (1998), 759–812; Cesarani, *Final Solution*, 447–9; Yitzhak Arad, *The Operation Reinhard Death Camps:*

Belzec, Sobibor, Treblinka, rev. edn (Bloomington: Indiana University Press, 2018), 33.

(13) Longerich, *Holocaust*, 265 に引用されている．

(14) Goebbels, 'Die Juden sind schuld!', 16 November 1941, in Gilman and Rabinbach (eds.), *The Third Reich Sourcebook*, 737.

(15) Christopher R. Browning, 'The Decision-Making Process', in Dan Stone (ed.), *The Historiography of the Holocaust* (Houndmills: Palgrave Macmillan, 2004), 188. 以下も参照．Browning, 'On My Book *The Origins of the Final Solution*: Some Remarks on Its Background and on its Major Conclusions', in David Bankier and Dan Michman (eds.), *Holocaust Historiography in Context: Emergence, Challenges, Polemics and Achievements* (Jerusalem: Yad Vashem, 2008), 413, 彼はこのなかで「10月13日から25日までの12日という短い期間に，ガス室を備えた収容所を建設する計画が，ベウジェツのみならずヘウムノ，リガ，モギリョフ，ビルケナウと，おそらくソビボルで浮上し，さらに（おそらくビルケナウは例外として）ベルリンは中心的に関与していて地元のイニシアチブにたんに反応していたわけではないと主張している．

(16) Jürgen Matthäus が以下で鋭く指摘している．'Operation Barbarossa and the Onset of the Holocaust, June–December 1941', in Christopher R. Browning, with a contribution by Jürgen Matthäus, *The Origins of the Final Solution: The Evolution of Nazi Jewish Policy, September 1939–March 1942* (London: William Heinemann, 2004), 297.

(17) Christopher R. Browning, *Ordinary Men: Reserve Police Battalion 101 and the Final Solution in Poland* (New York: HarperPerennial, 1993), xv. 〔『増補 普通の人びと――ホロコーストと第101警察予備大隊』谷喬夫訳（筑摩書房，2019）13頁〕

(18) ヘルタ・ファイナーがインゲ・ファイナーに宛てた1941年1月19日の手紙．Hertha Feiner, *Before Deportation: Letters from a Mother to Her Daughters, January 1939–December 1942*, ed. Karl Heinz Jahnke (Evanston: Northwestern University Press, 1999), 39. ヘルタのもうひとりの娘マリオンは，Marion Boyars 出版社を設立した．

(19) この驚くべき欺瞞と窃盗行為については，以下を参照．Jonathan R. Zatlin, 'The Ruse of Retirement: Eichmann, the *Heimeinkaufsverträge*, and the Dispossession of the Elderly', in Christoph Kreutzmüller and Jonathan R. Zatlin (eds.), *Dispossession: Plundering German Jewry, 1933–1953* (Ann Arbor: University of Michigan Press, 2020), 169–201.

(20) 以下を参照．Theresa Walch, 'Just West of East: The Paradoxical Place of the Theresienstadt Ghetto in Policy and Perception', *Naharaim*, 14:2 (2020), オンラインは以下．doi.org/10.1515/ naharaim-2020-2001.

(21) マリエ・ベイダーからエルンスト・レーヴィへの1942年4月17日付の手紙．Marie Bader, *Life and Love in Nazi Prague: Letters from an Occupied City*, ed. Kate Ottevanger and Jan Lánícek (London: Bloomsbury Academic, 2019), 232.

(22) Jan Lánícek, 'Epilogue', in Bader, *Life and Love in Nazi Prague*, 241–5. イズビツァについては以下を参照．Steffen Hänschen, *Das Transitghetto Izbica im System des Holocaust: Die Deportationen in den Distrikt Lublin im Frühsommer 1942* (Berlin: Metropol, 2018). テレジエンシュタットについては以下を参照．Anna Hájková, *The Last Ghetto: An Everyday History of Theresienstadt, 1941–1945* (Oxford: Oxford University Press, 2020).

(23) ヘンリエッテ・ポラチェックから Fritz Heller への1942年5月16日付の手紙．*A Thousand Kisses: A Grandmother's Holocaust Letters*, ed. Renata Polt (Tuscaloosa: University of Alabama Press, 1999), 186.

(24) Ariana Neumann, *When Time Stopped: A Memoir of My Father, Survival and What Remains* (London: Scribner, 2020), 262–3.

(25) Martin Dean, *Collaboration in the Holocaust: Crimes of the Local Police in Belorussia and Ukraine, 1941–44* (Houndmills: Macmillan Press, 2000), 20.

(26) Giselher Wirsing, *Der maßlose Kontinent* (Jena: Eugen Diederichs Verlag, 1942), 437–9, Léon Poliakov and Joseph Wulf (eds.), *Das Dritte Reich und seine Denker* (Frankfurt am Main: Ullstein, 1983 [1959]), 478

に引用されている.

(27) Harten, *Himmlers Lehrer*, 478.

(28) これはヒトラーの言葉である．1941年3月30日の軍指導部との会議での発言を参照．Noakes and Pridham (eds.), *Nazism 1919–1945*, vol. 3, 1086.

(29) 1940年10月26日のNSDAP指導者に向けたウィーンでの演説．Noakes and Pridham (eds.), *Nazism 1919–1945*, vol. 3, 900.

(30) Karl Schleunes and Uwe Dietrich Adam through David Cesarani より．

(31) Field Marshal Walter von Reichenau, 'Orders for Conduct in the East', in Rabinbach and Gilman (eds.), *Third Reich Sourcebook*, 741.

(32) OKW, 'Directives for the Behaviour of the Troops in Russia', 19 May 1941, in Noakes and Pridham (eds.), *Nazism 1919–1945*, vol. 3, 1090. 以下も参照．Robert Gellately, *Hitler's True Believers: How Ordinary People Became Nazis* (Oxford: Oxford University Press, 2020), 299.

(33) David Furber and Wendy Lower, 'Colonialism and Genocide in Nazi-Occupied Poland and Ukraine', in A. Dirk Moses (ed.), *Empire, Colony, Genocide: Conquest, Occupation and Subaltern Resistance in World History* (New York: Berghahn Books, 2008), 376.

(34) Furber and Lower, 'Colonialism and Genocide', 377.

(35) A. Dirk Moses, 'Empire, Colony, Genocide: Keywords and the Philosophy of History', in Moses (ed.), *Empire, Colony, Genocide*, 37–9.

(36) ヴァルター・マトナーの手紙からの引用．Klaus-Michael Mallmann, Volker Rieß and Wolfram Pyta (eds.), *Deutscher Osten, 1939–1945: Der Weltanschauungskrieg in Photos und Texten* (Darmstadt: Wissenschaftliche Buchgesellschaft, 2003), 28. 同じ手紙の少し異なる訳では以下も参照．Matthäus, 'Operation Barbarossa and the Onset of the Holocaust', 298.

(37) Marina Tikhonovna Isaichik, in Svetlana Alexievich, *Second-Hand Time*, trans. Bela Shayevich (London: Fitzcarraldo Editions, 2016), 135.〔『セカンドハンドの時代――「赤い国」を生きた人びと』松本妙子訳（岩波書店，2016）99頁〕

(38) 'A Man's Story', in Alexievich, *Second-Hand Time*, 300, 304, 305.〔上掲訳書246, 249, 250頁〕

(39) Ian Rich, *Holocaust Perpetrators of the German Police Battalions: The Mass Murder of Jewish Civilians, 1940–1942* (London: Bloomsbury, 2018), 2, 5. 'Backbone' refers to Dieter Pohl, 'The Murder of Ukraine's Jews under German Military Administration and in the Reich Commissariat Ukraine', in Ray Brandon and Wendy Lower (eds.), *The Shoah in Ukraine: History, Testimony, Memorialization* (Bloomington: Indiana University Press, 2008), 60.

(40) Harten, *Himmlers Lehrer*, 474–8.

(41) 'Geheimer Erlass des ObdH über die Erziehung des Offi zierkorps, 18.12.1938', 以下に引用されている．Bryce Sait, *The Indoctrination of the Wehrmacht: Nazi Ideology and the War Crimes of the German Military* (New York: Berghahn Books, 2019), 182.

(42) *Mitteilungsblätter für die weltanschauliche Schulung der Ordnungspolizei*, 27 (1 December 1941), 以下に引用されている．Matthäus, 'Operation Barbarossa and the Onset of the Holocaust', 300.

(43) 'Vernehmung von Friedrich W., 1941 Angehöriger des Einsatzkommandos 8, v. 3.10.1962 (Auszug)', in Mallmann, Rieß and Pyta (eds.), *Deutscher Osten*, 131.

(44) 'Report of a Photographer' (Gunsilius), 11 November 1958, in Ernst Klee, Willi Dressen and Volker Riess (eds.), *'Those Were the Days': The Holocaust as Seen by the Perpetrators and Bystanders* (London: Hamish Hamilton, 1991), 31.

(45) Kazimierz Sakowicz, *Ponary Diary, 1941–1943: A Bystander's Account of a Mass Murder*, ed. Yitzhak Arad (New Haven: Yale University Press, 2005), 16 (August 1941).

(46) Sakowicz, *Ponary Diary*, 28 (2 September 1941).

(47) Dan Stone, 'Modernity and Violence: Theoretical Reflections on the Einsatzgruppen', *Journal of*

Genocide Research, 1:3 (1999), 367–78. Edward Weisband, *The Macabresque: Human Violation and Hate in Genocide, Mass Atrocity, and Enemy-Making* (New York: Oxford University Press, 2017).

(48) Milch, *Can Heaven Be Void?*, 131–2. ミルヒについては以下も参照. Natalia Aleksiun, 'Daily Survival: Social History of Jews in Family Bunkers in Eastern Galicia', in Wendy Lower and Lauren Faulkner Rossi (eds.), *Lessons and Legacies*, vol. 12: *New Directions in Holocaust Research and Education* (Evanston: Northwestern University Press, 2017), 304–31.

(49) ソフィア・ラトナーが子どもたちに宛てた 1941 年 9 月 6 日付の手紙. Arkadi Zeltser (ed.), *To Pour Out My Bitter Soul: Letters of Jews from the USSR, 1941–1945* (Jerusalem: Yad Vashem, 2016), 47. ヴィテフスク・ゲットーの住民は 1941 年 10 月 8 日から 10 日にかけて餓死させられた.

(50) ヴィニツァのトゥメル・ホンチャルが息子に宛てた1942年4月15日付の手紙. Zeltser (ed.), *To Pour. Out My Bitter Soul*, 48. 1942 年 4 月にヴィニツァにいたユダヤ人は, 1941 年 9 月に起こったアインザッツグルッペンによる銃撃の第一波の生き残りだった. 労働させるために選別された約 1000 人を除いて, 残りは 1942 年 4 月 16 日にピャトニチュニーの森で殺された.

(51) Omer Bartov, 'The Holocaust', in Robert Gellately (ed.), *The Oxford Illustrated History of the Third Reich* (Oxford: Oxford University Press, 2018), 230.

(52) オメル・バルトフの優れた著書 *Anatomy of a Genocide: The Life and Death of a Town Called Buczacz* (New York: Simon & Schuster, 2018) を参照.

(53) 以下を参照. Karel Berkhoffet al., *Basic Historical Narrative of the Babyn Yar Memorial Center* (October 2018), オンラインは at: http://babynyar.org/en/ narrative. 彼らは「大規模で地域的. これは東欧におけるホロコーストのおもな特徴である」と書いている. (6).

(54) 1959 年 8 月 27 日のフリッツ・ホーファーの供述. Klee, Dressen and Riess (eds.), *'Those Were the Days'*, 65.

(55) 1964年5月28日のクルト・ヴェルナーの供述. Klee, Dressen and Riess (eds.), *'Those Were the Days'*, 67.

(56) 世界ユダヤ人会議 (WJC), ジュネーヴ, 1941 年 1 月 21 ～ 23 日のルーマニア, ブカレストでのポグロムの記録. Jürgen Matthäus with Emil Kerenji, Jan Lambertz and Leah Wolfson (eds.), *Jewish Responses to Persecution*, vol. 3: *1941–1942* (Lanham, MD: AltaMira Press in association with the United States Holocaust Memorial Museum, 2013), 89.

(57) Adrian Cioflâncă, 'Masacrul antisemit de la Jilava: Ce ştim în plus (II)', *Revista 22* (17–23 January 2017), 10–11.

(58) WJC, ジュネーヴ, クロアチア独立国, ザグレブのユダヤ人共同体の 1941 年 4 月以後の動きについての報告, 1945 年 7 月 8 日. Matthäus et al. (eds.), *Jewish Responses*, vol. 3, 93.

(59) Friedländer, *The Years of Extermination*, 240.

(60) 同上.

(61) 1943 年 7 月 18 日付のアリエフ・クロニツキの日記. Emil Kerenji (ed.), *Jewish Responses to Persecution*, vol. 4: *1942–1943* (Lanham, MD: Rowman & Littlefi eld, 2015), 430. クロニツキ一家はドイツ軍に捕らえられ, 1944 年 1 月に殺害された.

(62) ジュリン（トランスニストリア）のミルジャム・コルベルによる 1942 年 7 月 15 日付と 1943 年 3 月 20日付の日記. Kerenji (ed.), *Jewish Responses to Persecution*, vol. 4, 431, 432. ミルジャムと妹のシシと両親は戦争を生き延びた.

(63) 1942年9月6日, ワルシャワ・ゲットーのアンナ・グラスベルク＝グルナから「マリア」に宛てた手紙. Kerenji (ed.), *Jewish Responses to Persecution*, vol. 4, 412–13. マリアはワルシャワの「アーリア人側」でアンナの娘の世話をしていた.

(64) Milch, *Can Heaven Be Void?*, 147–8.

(65) 以下を参照. Saul Friedländer, 'From Anti-Semitism to Extermination: A Historiographical Study of Nazi Policies Toward the Jews and an Essay in Interpretation', in Furet (ed.), *Unanswered Questions*, 26.

(66) 1941年7月31日，ヘルマン・ゲーリングがハイドリヒに向けた，ユダヤ人問題の最終的解決の準備開始命令．Rabinbach and Gilman (eds.), *Third Reich Sourcebook*, 740. ブラウニングは，ゲーリングの通達を「実現可能性の調査」に関する権限付与と見るべきで，ヨーロッパ・ユダヤ人殺害の決定的な命令と見るべきではないと主張している． Browning, 'On My Book *The Origins of the Final Solution*', 410.

(67) Friedländer, 'From Anti-Semitism to Extermination', 27.

(68) Fritzsche, *Life and Death in the Third Reich*, 207.

(69) Mark Roseman, *The Villa, the Lake, the Meeting: Wannsee and the Final Solution* (London: Penguin, 2003), 84. Bloxham, *The Final Solution*, 227 も参照.

(70) 会議のプロトコルについては以下を参照．Rabinbach and Gilman (eds.), *Third Reich Sourcebook*, 752–7. ミシュリンについては以下を参照．Jeremy Noakes, 'The Development of Nazi Policy towards the German-Jewish "Mischlinge", 1933–1945', *Leo Baeck Institute Yearbook*, 34 (1989), 291–354; ヴァンゼー会議については以下を参照．Teicher, *Social Mendelism*, esp. 199–200 .

(71) Roseman, *The Villa, the Lake, the Meeting*, 103.

(72) 同上，106. ヴァンゼー会議が以前の内容の繰り返しだったという考えについては以下を参照．Peter Klein, 'Die Wannsee-Konferenz als Echo auf die gefallene Entscheidung zur Ermordung der europäischen Juden', in Norbert Kampe and Peter Klein (eds.), *Die Wannsee-Konferenz am 20. Januar 1942: Dokumente, Forschungsstand, Kontroversen* (Cologne: Böhlau Verlag, 2013), 182–201. ヴァンゼー会議での，ユダヤ人労働力の使用に関するハイドリヒの宣言は，RSHAの野心やポーランド人労働力の不足を考えれば，婉曲的なものではなく真剣に受け止めるべきものだという主張に関しては以下も参照．Gerhard Wolf, 'The Wannsee Conference in 1942 and the National Socialist Living Space Dystopia', *Journal of Genocide Research*, 17:2 (2015), 153–75.

(73) Browning, *Origins of the Final Solution*, 412.

(74) 1961年6月のアイヒマンの証言．Raul Hilberg (ed.), *Documents of Destruction: Germany and Jewry 1933–1945* (London: W. H. Allen, 1972), 102–3, 以下に引用されている．Browning, *Origins of the Final Solution*, 413

(75) すべて以下に引用されている．Browning, *Origins of the Final Solution*, 404 (Rosenberg), 407 (Goebbels), 408–9 (Frank).

(76) Peter Black, 'Foot Soldiers of the Final Solution: The Trawniki Training Camp and Operation Reinhard', *Holocaust and Genocide Studies*, 25:1 (2011), 1–99; Black, 'Who Were the Trawniki-Men? Preliminary Data and Conclusions about the Foot Soldiers of "Operation Reinhard"', in Peter Black, Béla Rásky and Marianne Windsperger (eds.), *Collaboration in Eastern Europe during the Second World War and the Holocaust* (Vienna: New Academic Press, 2019), 21–68.

(77) Donald Bloxham, *Genocide, the World Wars and the Unweaving of Europe* (London: Vallentine Mitchell, 2008), 155.

(78) Black, 'Foot Soldiers of the Final Solution', 45.

(79) Dan Michman, 'Täteraussagen und Geschichtswissenschaft: Der Fall Dieter Wisliceny und der Entscheidungsprozeß zur "Endlösung"', in Jürgen Matthäus and Klaus-Michael Mallmann (eds.), *Deutsche, Juden, Völkermord: Der Holocaust als Geschichte und Gegenwart* (Darmstadt: Wissenschaftliche Buchgesellschaft, 2006), 205–19. ヴィスリツェニーはスロヴァキア，テッサロニキ，ハンガリーからの移送の責任者で，1948年にチェコスロヴァキアで裁判にかけられ処刑された． Safrian, *Eichmann's Men* も参照.

(80) Ulrich Herbert, 'The German Military Command in Paris and the Deportation of the French Jews', in Herbert (ed.), *National Socialist Extermination Policies: Contemporary German Perspectives and Controversies* (New York: Berghahn Books, 2000), 146.

(81) 同上，149.

(82) Debórah Dwork and Robert Jan Van Pelt, *Holocaust: A History* (London: John Murray, 2002), 233.

(83) 以下を参照．Wolfgang Seibel, *Persecution and Rescue: The Politics of the 'Final Solution' in France, 1940–1944*, trans. Ciaran Cronin (Ann Arbor: University of Michigan Press, 2016), xv.
(84) Milch, *Can Heaven Be Void?*, 198.

第五章　大陸規模の犯罪

(1) Jan T. Gross, 'Opportunistic Killings and Plunder of Jews by Their Neighbors – A Norm or an Exception in German-Occupied Europe?', in Lower and Rossi (eds.), *Lessons and Legacies*, vol. 12, 26.
(2) Tatjana Tönsmeyer, 'Besatzung als europäische Erfahrungs-und Gesellschaftsgeschichte: Der Holocaust im Kontext des Zweiten Weltkrieges', in Frank Bajohr and Andrea Löw (eds.), *Der Holocaust: Ergebnisse und neue Fragen der Forschung* (Frankfurt am Main: Fischer Taschenbuch Verlag, 2015), 281–98, esp. 284–5, では，「協力」はその戦時の起源と，「裏切り」を連想させることから，分析用語としては有用ではないと指摘している．私はこの見解に共感するが，ここではこの言葉が敵の見解だけでなく「協力者」の自己認識をある程度形容するものであることから，分析上の有用性を保持していることを示したい．
(3) Jochen Böhler and Robert Gerwarth (eds.), *The Waffen-SS: A European History* (Oxford: Oxford University Press, 2017).
(4) Hannah Arendt, 'The Seeds of a Fascist International' (June 1945), in *Essays in Understanding 1930–1954: Uncollected and Unpublished Works by Hannah Arendt*, ed. Jerome Kohn (New York: Harcourt Brace & Company, 1994), 150.〔『アーレント政治思想集成 1　組織的な罪と普遍的な責任』齋藤純一訳（みすず書房，2002）202 頁〕
(5) ティモシー・スナイダーは *Black Earth: The Holocaust as History and Warning* (London: The Bodley Head, 2015), esp. ch. 9〔『ブラックアース――ホロコーストの歴史と警告』池田年穂訳（慶応義塾大学出版会，2016)〕のなかでそう主張している．
(6) *Donauzeitung* によるツォラコグルへのインタビュー．*Eleutheron Vema*,1941 年 9 月 7 日号に転載．以下に引用されている．Andrew Apostolou, 'Greek Collaboration in the Holocaust and the Course of the War', in Giorgos Antoniou and A. Dirk Moses (eds.), *The Holocaust in Greece* (Cambridge: Cambridge University Press, 2018), 94.
(7) Apostolou, 'Greek Collaboration', 112. 略奪については同巻の以下を参照．Leon Saltiel, 'A City against Its Citizens? Thessaloniki and the Jews', 113–34; and Maria Kavala, 'The Scale of Jewish Property Theft in Nazi-occupied Thessaloniki', 183–207.
(8) Kerenji (ed.), *Jewish Responses to Persecution*, vol. 4, 252.
(9) ナチ占領下のベラルーシにもたらされた恐怖を描写したものとしてはソ連時代後期の注目すべき映画，*Come and See* (1985, dir. Elem Klimov) を参照．
(10) Richard Evans, *The Coming of the Third Reich* (New York: Penguin Books, 2003), 461.〔『第三帝国の歴史――第三帝国の到来 下』大木毅監修，山本孝二訳（白水社，2018）317 頁〕
(11) Raul Hilberg, *The Destruction of the European Jews*, rev. edn (New York: Holmes & Meier, 1985), vol. 3, 1044.〔『ヨーロッパ・ユダヤ人の絶滅』望田幸男，原田一美，井上茂子訳（柏書房，2012）280 頁〕しかし彼の主張がなぜ「完全に統一されていない」のかについては，ヒルバーグの最終改訂版についての Tom Lawson の重要な書評を参照．オンラインは以下．*Reviews in History*, 31 March 2004: https://reviews.history.ac.uk/review/394.
(12) Diana Dumitru, *The State, Antisemitism and Collaboration in the Holocaust: The Borderlands of Romania and the Soviet Union* (Cambridge: Cambridge University Press, 2016).
(13) Omer Bartov, *Anatomy of a Genocide: The Life and Death of a Town Called Buczacz* (New York: Simon & Schuster, 2018); Waitman Wade Beorn, 'All the Other Neighbors: Communal Genocide in Eastern Europe', in Simone Gigliotti and Hilary Earl (eds.), *A Companion to the Holocaust* (Hoboken, NJ: Wiley Blackwell, 2020), 153–72.
(14) Seibel, *Persecution and Rescue*, 281–2.

(15) Robert Edwin Herzstein, *When Nazi Dreams Come True: The Horrifying Story of the Nazi Blueprint for Europe* (London: Abacus, 1982); Raimund Bauer, *The Construction of a National Socialist Europe during the Second World War: How the New Order Took Shape* (London: Routledge, 2020); Johannes Dafinger and Dieter Pohl (eds.), *A New Nationalist Europe under Hitler: Concepts of Europe and Transnational Networks in the National Socialist Sphere of Influence, 1933–1945* (London: Routledge, 2019); Johannes Dafinger, 'The Nazi "New Europe": Transnational Concepts of a Fascist and Völkisch Order for the Continent', in Arnd Bauerkämper and Grzegorz Rossolinski-Liebe (eds.), *Fascism without Borders: Transnational Connections and Cooperation between Movements and Regimes in Europe from 1918 to 1945* (New York: Berghahn Books, 2017), 264–87.

(16) Grzegorz Rossolinski-Liebe, 'Stepan Bandera, der ukrainische Nationalismus und der transnationale Faschismus', *Ost-West: Europäische Perspektive*, 21:3 (2020), 201–9; Grzegorz Rossolinski-Liebe, 'The Fascist Kernel of Ukrainian Genocidal Nationalism', *The Carl Beck Papers in Russian and East European Studies*, 2402 (2015); Per Anders Rudling, 'Rehearsal for Volhynia: Schutzmannschaft Battalion 201 and Hauptmann Roman Shukhevych in Occupied Belarussia, 1942', *East European Politics and Societies and Cultures*, 34:1 (2020), 158–93; John-Paul Himka, 'Ukrainian Collaboration in the Extermination of the Jews during the Second World War: Sorting Out the Long-Term and Conjunctural Factors', *Studies in Contemporary Jewry*, 13 (1997), 170–89.

(17) Grzegorz Rossolinski-Liebe, 'Conceptualizations of the Holocaust in Germany, Poland, Lithuania, Belarus, and Ukraine: Historical Research, Public Debates, and Methodological Disputes', *East European Politics and Societies and Cultures*, 34:1 (2020), 134. 以下も参照. John-Paul Himka, 'Former Ukrainian Policemen in the Ukrainian National Insurgency: Continuing the Holocaust Outside German Service', in Lower and Rossi (eds.), *Lessons and Legacies*, vol. 12, 141–63.

(18) Johannes Koll, 'From Greater German Reich to Greater Germanic Reich: Arthur Seyss-Inquart and the Racial Reshaping of Europe', in Dafinger and Pohl (eds.), *A New Nationalist Europe under Hitler*, 64.

(19) Laurien Vastenhout, *Between Community and Collaboration: 'Jewish Councils' in Western Europe under Nazi Occupation* (Cambridge: Cambridge University Press, 2022). アムステルダムのユダヤ人の生存率の違いについては，裕福なユダヤ人ほど生き延びる可能性が高かったことを示している．以下を参照. Peter Tammes, 'Surviving the Holocaust: Socio-demographic Differences among Amsterdam Jews', *European Journal of Population*, 33 (2017), 293–318.

(20) Rob Bakker, *Boekhouders van de Holocaust: Nederlandse ambtenaren en de collaboratie* (Hilversum: Verbum, 2020).

(21) Ido de Haan, 'Failures and Mistakes: Images of Collaboration in Postwar Dutch Society', in Roni Stauber (ed.), *Collaboration with the Nazis: Public Discourse after the Holocaust* (Abingdon: Routledge, 2011), 77.

(22) Arne Johan Vetlesen, *Evil and Human Agency: Understanding Collective Evildoing* (Cambridge: Cambridge University Press, 2005), xii. 以下も参照. Bjarte Bruland, 'Collaboration in the Deportation of Norway's Jews: Changing Views and Representations', in Roni Stauber (ed.), *Collaboration with the Nazis: Public Discourse after the Holocaust* (Abingdon: Routledge, 2011), 125–37.

(23) Seibel, *Persecution and Rescue*, 5.

(24) 同上, 287.

(25) 同上.

(26) 同上 2, 157–8 に引用されている． 以下も参照. Friedländer, *The Years of Extermination*, 420–1, フリードレンダーは，サリエージュの教書は「猛烈で即時的な道徳的反応の表明」だったが，それだけでなく，リヨンからの使者に提案されたものであったと主張している．したがって，この教書は個人的な声明であると同時に，主教総会に「フランスの教会は沈黙し続けていたわけではない」という面目を保たせるものでもあった (421).

(27) 以下も参照．Paul Webster, *Pétain's Crime: The Full Story of the French Collaboration in the Holocaust* (London: Pan Macmillan, 2001), 169; Susan Zuccotti, *The Holocaust, the French, and the Jews* (Lincoln: University of Nebraska Press, 1999), 146–7; Renée Poznanski, *Jews in France during World War II*, trans. Nathan Bracher (Hanover: Brandeis University Press, 2001), 296; Michael Phayer, *The Catholic Church and the Holocaust, 1930–1965* (Bloomington: Indiana University Press, 2000), 92–3.

(28) Poznanski, *Jews in France during World War II*, 302.「被占領地域」とは，1942年11月にドイツが全土を占領する以前のヴィシー・フランスの南部地域を指す．

(29) Michael R..Marrus and Robert O. Paxton, *Vichy France and the Jews*, 2nd edn (Stanford: Stanford University Press, 2019), xii.

(30) Randolph L. Braham, 'Hungary', in David Wyman (ed.), *The World Reacts to the Holocaust* (Baltimore: Johns Hopkins University Press, 1996), 205. 強調は筆者による．

(31) Regina Fritz, 'Inside the Ghetto: Everyday Life in Hungarian Ghettos', *Hungarian Historical Review*, 4:3 (2015), 606–40.

(32) Gábor Kádár and Zoltán Vági, *The Final Decision: Berlin, Budapest, Birkenau 1944* (forthcoming) を参照.

(33) Zoltán Vági and Gábor Kádár with László Csosz, 'Introduction', in Vági, Csosz and Kádár, *The Holocaust in Hungary: Evolution of a Genocide* (Lanham, MD: AltaMira Press in association with the United States Holocaust Memorial Museum, 2013), xxx.

(34) 以下を参照．Raz Segal, *Genocide in the Carpathians: War, Social Breakdown, and Mass Violence, 1914–1945* (Stanford: Stanford University Press, 2016), 15:「カルパティア・ルテニアのユダヤ人の殺戮は，「大ハンガリー」のビジョンと，ユダヤ人その他の集団の扱いに関するハンガリー当局の計画と構想から生じた」

(35) この主張の代表例は以下．Bartov, *Anatomy of a Genocide*.「ジェノサイドが社会的な企てである」は以下より．Edward Westermann, 'Old Nazis, Ordinary Men, and New Killers: Synthetic and Divergent Histories of Perpetrators', in Gigliotti and Earl (eds.), *A Companion to the Holocaust*, 129.

(36) Braham, 'Hungary', 224, n. 66 は，「ハンガリー・ユダヤ人約60万人とルーマニア・ユダヤ人約27万人が，それぞれホルティとアントネスクの統治時代に殺された．矢十字党も鉄衛団も大量移送の時期には政権を掌握していなかった」と指摘している．以下も参照．László Karsai, 'The "Jewish Policy" of the Szálasi Regime', *Yad Vashem Studies*, 40:1 (2012), 119–56.

(37) Vági, Kádár and Csosz, 'Introduction', xxviii–xxix.

(38) Menachem Mendel Selinger, *Wir sind so weit. . . The Story of a Jewish Family in Nazi Europe. Memories and Thoughts 1939–1945*, trans. Robert Burns (Milan: Il Faggio, 2020), vol. 1, 270.

(39) H. James Burgwyn with Amadeo Osti Guerrazzi, *Mussolini and the Salò Republic, 1943–1945: The Failure of a Puppet Regime* (Houndmills: Palgrave Macmillan, 2018), 145. とはいえ，Burgwyn はユダヤ人迫害についてイタリアのファシストの間にはさまざまな意見があったことを強調し，「日和見的な理由から」ムッソリーニは「ナチの大量虐殺への明白な協力に政権を危険なほど近づけた」と述べている．(146).

(40) Simon Levis Sullam, *The Italian Executioners: The Genocide of the Jews of Italy* (Princeton: Princeton University Press, 2018), 44.

(41) Levis Sullam, *The Italian Executioners*, 52.

(42) コロニア・リベラ・イタリアーナの代表者，ルイージ・ザッペッリから赤十字国際委員会会長 Max Huber に宛てた1944年7月28日付の手紙．Leah Wolfson (ed.), *Jewish Responses to Persecution*, vol. 5: *1944–1946* (Lanham, MD: Rowman & Littlefi eld in association with the United States Holocaust Memorial Museum, 2015), 30.

(43) Levis Sullam, *The Italian Executioners*, 49. 以下も参照．Liliana Picciotto, 'The Shoah in Italy: Its History and Characteristics', in Joshua D. Zimmerman (ed.), *The Jews in Italy under Fascist and Nazi Rule, 1922–1945* (New York: Cambridge University Press, 2005), 209–23.

(44) このパラグラフは以下による．Nina Paulovicová, 'The "Unmasterable Past"? The Reception of the Holocaust in Postcommunist Slovakia', in John-Paul Himka and Joanna Beata Michlic (eds.), *Bringing the Dark Past to Light: The Reception of the Holocaust in Postcommunist Europe* (Lincoln: University of Nebraska Press, 2013), 551–6. 以下も参照．Ivan Kamenec, *On the Trail of Tragedy: The Holocaust in Slovakia* (Bratislava: H&H, 2007); Livia Rothkirchen, 'Czechoslovakia', in Wyman (ed.), *The World Reacts to the Holocaust*, 156–99. 1941年秋には，「移住」という言葉はすでに「殺人」の婉曲表現になっていた．

(45) Vanda Rajcan, Madeline Vadkerty and Ján Hlavinka, 'Slovakia', in Geoffrey Megargee (ed.), *USHMM Encyclopedia of Camps and Ghettos, 1933–1945*, vol. 3, 844 (German intervention); 847 (Mach).

(46) 以下を参照．Wolf Gruner, 'Protectorate of Bohemia and Moravia', in Gruner and Osterloh (eds.), *The Greater German Reich and the Jews*, 99–135; Gruner, *The Holocaust in Bohemia and Moravia: Czech Initiatives, German Policies, Jewish Responses* (New York: Berghahn Books, 2019).

(47) スロヴァキア，ノヴェメストのラビ，アブラハム・フリーデルの1942年2月の日記．Matthäus et al., *Jewish Responses to Persecution*, vol. 3, 236.

(48) Rory Yeomans, *Visions of Annihilation: The Ustasha Regime and the Cultural Politics of Fascism 1941–1945* (Pittsburgh: University of Pittsburgh Press, 2013), 14.

(49) 1941年5月10日付 *Hrvatski branik*. 以下に引用されている．Rory Yeomans, Eradicating "Undesired Elements": National Regeneration and the Ustasha Regime's Program to Purify the Nation, 1941–1945', in Weiss-Wendt and Yeomans (eds.), *Racial Science in Hitler's New Europe 1938–1945*, 208.

(50) Yeomans, *Visions of Annihilation*, 15.

(51) 同上，25–6. 以下も参照．Ivo Goldstein, 'The Independent State of Croatia in 1941: On the Road to Catastrophe', *Totalitarian Movements and Political Religions*, 7:4 (2006), 417–27.

(52) Matthew Feldman, *Politics, Intellectuals and Faith* (Stuttgart: ibidem Verlag, 2020), 181.

(53) Alexandra Lohse, 'Croatia', in Megargee (ed.), *USHMM Encyclopedia of Camps and Ghettos, 1933–1945*, vol. 3, 49. 以下も参照．Alexander Korb, *Im Schatten des Weltkriegs: Massengewalt der Ustaša gegen Serben, Juden und Roma in Kroatien 1941–1945* (Hamburg: Hamburger Edition, 2013).

(54) Ivo Goldstein and Mirza Velagic, 'Jasenovac III', in Megargee (ed.), *USHMM Encyclopedia of Camps and Ghettos, 1933–1945*, vol. 3, 61.

(55) Duro Schwarz, 'The Jasenovac Death Camps', *Yad Vashem Studies*, 25 (1996), 390.

(56) 同上，396.

(57) 1941年4月以降のザグレブのユダヤ人共同体の活動報告，Matthäus et al., *Jewish Responses to Persecution*, vol. 3, 96.

(58) 以下に引用されている．Victor Neumann, *The Banat of Timisoara: A European Melting Pot* (London: Scala Arts & Heritage Publishers, 2019), 392. アントネスク政権の民族的願望というより広い考えについては，以下も参照．Viorel Achim, 'The Romanian Population Exchange Project Elaborated by Sabin Manuila in October 1941', *Jahrbuch des italienisch-deutschen Instituts in Trient*, 27 (2001), 593–617.

(59) 以下に引用されている．Dennis Deletant, 'Transnistria and the Romanian Solution to the "Jewish Problem"', in Ray Brandon and Wendy Lower (eds.), *The Shoah in Ukraine: History, Testimony, Memorialization* (Bloomington: Indiana University Press, 2008), 161.

(60) Diana Dumitru, 'Peasants' Perceptions of Jewish Life in Interwar Bessarabia and How This Became Interwoven into the Holocaust', *Plural*, 1: 1–2 (2013), 131–48.

(61) Vladimir Solonari, 'A Conspiracy to Murder: Explaining the Dynamics of Romanian "Policy" towards Jews in Transnistria', *Journal of Genocide Research*, 19:1 (2017), 1–21. 以下も参照．Andrej Angrick, 'The Escalation of German-Rumanian Anti-Jewish Policy after the Attack on the Soviet Union', *Yad Vashem Studies*, 26 (1998), 237–8.

(62) トランスニストリアの概要については以下を参照．Ronit Fischer, 'Transnistria: The Holocaust in Romania', in Jonathan C. Friedman (ed.), *The Routledge History of the Holocaust* (London: Routledge,

2011), 278–91; Svetlana Burmistr, 'Transnistrien', in Wolfgang Benz and Barbara Distel (eds.), *Der Ort des Terrors: Geschichte der nationalsozialistischen Konzentrationslager*, vol. 9: *Arbeitserziehungslager, Ghettos, Judenschutzlager, Polizeihaftlager, Sonderlager, Zigeunerlager, Zwangsarbeitslager* (Munich: C. H. Beck, 2009), 391–416; Deletant, 'Transnistria and the Romanian Solution to the "Jewish Problem"', 156–89.

(63) Solonari, 'A Conspiracy to Murder', 16 を参照．以下も参照．Dalia Ofer, 'Life in the Ghettos of Transnistria', *Yad Vashem Studies*, 25 (1996), 229–74; and Dalia Ofer and Sarah Rosen, 'An Account from Transnistria: The Diary of Lipman Kunstadt, a Social Critic from Within', in Suzanne Bardgett, Christine Schmidt and Dan Stone (eds.), *Beyond Camps and Forced Labour: Proceedings of the Sixth International Conference* (Houndmills: Palgrave Macmillan, 2020), 49–66.

(64) Andrej Angrick, 'Transnistrien: Nicht länger der vergessene Friedhof?', in Jürgen Hensel and Stephan Lehnstaedt (eds.), *Arbeit in den nationalsozialistischen Ghettos* (Osnabrück: fi bre Verlag, 2013), 305. モギリョフでユダヤ人が生き延びたことに関する説得力ある記述については，以下を参照．Siegfried Jagendorf, *Jagendorf's Foundry: A Memoir of the Romanian Holocaust, 1941–1944* (New York: HarperCollins, 1991).

(65) Angrick, 'Transnistrien', 306–7.

(66) 同上，309.

(67) イソペスクについては以下に引用されている．Diana Dumitru, 'Genocide for "Sanitary Purposes"? The Bogdanovka Murder in Light of Postwar Trial Documents', *Journal of Genocide Research*, 21:2 (2019), 162.

(68) Neumann, *The Banat of Timisoara*, 392.

(69) DirecĐia Generala a PoliĐiei, 1942年10月16日の報告書．Ottmar Trasca (ed.), *'Chestiunea evreiasca' în documente militare române, 1941–1944* (Bucharest: Institutul European, 2010), 699.

(70) Stefan Cristian Ionescu, 'Legal Resistance Through Petitions during the Holocaust: The Strategies of Romanian Jewish Leader Wilhelm Filderman, 1940–44', in Thomas Pegelow Kaplan and Wolf Gruner (eds.), *Resisting Persecution: Jews and Their Petitions during the Holocaust* (New York: Berghahn Books, 2020), 92–113, esp. 104–6.

(71) フォン・キリンガーからRichter, Auswärtiges Amtへの1942年10月5日付の手紙．Ottmar Trasca and Dennis Deletant (eds.), *Al III-lea Reich si Holocaustul din România 1940–1944: Documente din arhivele germane* (Bucharest: Editura Institutului NaĐional pentru Studierea Holocaustului din România 'Elie Wiesel', 2007), 533.

(72) Trasca and Deletant (eds.), *All III-lea Reich si Holocaustul din România*, 534. 実際，ドイツの観測筋はルーマニア化の措置が民族ドイツ人の利益にならないことについて不満を表明していた．以下を参照．Hilberg, *The Destruction of the European Jews*, vol. 2, 763.〔『ヨーロッパ・ユダヤ人の絶滅』望田幸男，原田一美，井上茂子訳（柏書房，2012)〕

(73) Abba Kovner, 'The Mission of the Survivors', in Yisrael Gutman and Livia Rothkirchen (eds.), *The Catastrophe of European Jewry: Antecedents–History–Reflections* (Jerusalem: Yad Vashem, n.d. [1976]), 672–3. これは1945年7月17日にイタリアで，コヴネルがユダヤ人旅団とユダヤ人パルチザンにイディッシュ語で演説した内容である．

(74) Hilberg, *The Destruction of the European Jews*, vol. 2, 759.〔『ヨーロッパ・ユダヤ人の絶滅』望田幸男，原田一美，井上茂子訳（柏書房，2012）64頁〕

(75) Seibel, *Persecution and Rescue*, 285.

(76) Paul Hagen, *Will Germany Crack? A Factual Report on Germany from Within*, trans. Anna Caples (London: Victor Gollancz, 1943), 145.

(77) Peter Hayes, *Why? Explaining the Holocaust* (New York: W. W. Norton, 2017), 293. 以下も参照．Yehuda Bauer's review of Rebecca Erbelding's book (see below) in *Yad Vashem Studies*, 47:1 (2019), 243. ここでは，「WRBが「少なすぎて遅すぎた」という考えはまったくの誤りだ．1942年と1943年に達成できることはさらにわずかだっただろう．連合国にはイデオロギーに突き動かされたジェノサイドにさらさ

れた何百万の人々を救う手立てはなかった」と述べられている．

(78) Wolfson (ed.), *Jewish Responses to Persecution*, vol. 5, 15.

(79) ハンガリーにおけるWRBの活動については以下を参照．Rebecca Erbelding, 'The United States War Refugee Board, the Neutral Nations and the Holocaust in Hungary', in International Holocaust Remembrance Alliance (IHRA) (ed.), *Bystanders, Rescuers or Perpetrators? The Neutral Countries and the Shoah* (Berlin: Metropol, 2016), 183–97. スウェーデン外交機関の引用は196より．

(80) Richard Breitman, 'Roosevelt and the Holocaust', in Verne W. Newton (ed.), *FDR and the Holocaust* (New York: Palgrave Macmillan, 1996), 123:「国務省や陸軍省，さらに戦争情報局といった新しい機関には，アメリカがヨーロッパ・ユダヤ人を積極的に援助することに強く反対する雰囲気があった［…］ヨーロッパにはつねにそういった問題があり，今重要なのは戦争に勝つことだった」．同じ巻のなかでBreitmanは，「ナチのユダヤ人虐殺に対するアメリカ政府の消極性を遅ればせながら終わらせたという点では，多くの著者が戦争難民委員会の手腕を評価しているが，委員会の有効性については見解が分かれている」と述べている ('The Failure to Provide a Safe Haven for European Jewry', 137)．戦争難民委員会が組織したものも含め，ゲットーや収容所におけるナチの被害者への援助物資その他の支援については，以下を参照．Jan Lánícek and Jan Lambertz (eds.), *More than Parcels: Wartime Aid for Jews in Nazi-Era Camps and Ghettos* (Detroit: Wayne State University Press, 2022).

(81) 前者の主張については以下を参照．Rebecca Erbelding, *Rescue Board: The Untold Story of America's Efforts to Save the Jews of Europe* (New York: Doubleday, 2018)

(82) Frank Munk, *The Legacy of Nazism: The Economic and Social Consequences of Totalitarianism* (New York: The Macmillan Company, 1943), 60.

(83) 同上，62, 63.

(84) 以下を参照．Avraham Milgram, 'Portugal and the Jews 1938–1945', in IHRA (ed.), *Bystanders, Rescuers or Perpetrators?*, 101–11; and, especially, Kaplan, *Hitler's Jewish Refugees.*

(85) Saul Friedländer, *Where Memory Leads: My Life* (New York: Other Press, 2016), 173. 以下の映画も参照．*When Memory Comes: A Film about Saul Friedländer*, dir. Frank Diamand (2012).

(86) Cláudia Ninhos, 'What Was Known in the Neutral Countries about the On-Going Genocide of European Jews?' in IHRA (ed.), *Bystanders, Rescuers or Perpetrators?*, 125–37.

(87) Irene Flunser Pimentel and Cláudia Ninhos, 'Portugal, Jewish Refugees, and the Holocaust', *Dapim: Studies on the Holocaust*, 29:2 (2015), 109; Corry Guttstadt, 'Origins of the 1942–1943 German Ultimatum on the.Repatriation of Jews with Citizenship of Neutral and Germanallied Countries', in IHRA (ed.), *Bystanders, Rescuers or Perpetrators?*, 139–43. 以下も参照．Rainer Schulze, 'The *Heimschaffungsaktion* of 1942–43: Turkey, Spain and Portugal and Their Responses to the German Offer of.Repatriation of their Jewish Citizens', *Holocaust Studies*, 18: 2–3 (2012),. 49–72.

(88) Guttstadt, 'Origins of the 1942–1943 German Ultimatum', 142.

(89) Hayes, *Why?*, 296. 保護パスの例は以下に見られる．Vági, Kádár and Csosz, *The Holocaust in Hungary*, 316 and 318.

(90) Kovner, 'The Mission of the Survivors', 675.

(91) Françoise Frenkel, *No Place to Lay One's Head*, trans. Stephanie Smee (London: Pushkin Press, 2018), 132 [orig. *Rien où poser sa tête* (Geneva: Edition J.-H. Jeheber, 1945)]. 分析についてはWildt, *Hitler's Volksgemeinschaft*を参照．また，笑いといった儀式的な屈辱を含む暴力については以下を参照．Martina Kessel, *Gewalt und Gelächter: 'Deutschsein' 1914–1945* (Wiesbaden: Franz Steiner Verlag, 2019).

第六章　収容所と移動式のホロコースト

(1) Herzberg, *Amor Fati*, 63. 以下も参照．David Koker, *At the Edge of the Abyss: A Concentration Camp Diary, 1943–1944*, trans. Robert Jan van Pelt (Evanston: Northwestern University Press, 2012), 189 (9 May 1943).「点呼は一種の宗教儀式で，あらゆる宗教儀式と同様に，人々が非常にはっきりと見透かす空虚な

形式だった」. Koker はオランダのヴーフ収容所について書いている.

(2) Abraham Krzepicki, 'Eighteen Days in Treblinka', in Alexander Donat (ed.), *The Death Camp Treblinka: A Documentary* (New York: Holocaust Library, 1979), 79. 移送の体験については Simone Gigliotti, *The Train Journey: Transit, Captivity, and Witnessing in the Holocaust* (New York: Berghahn Books, 2009) を参照.

(3) Krzepicki, 'Eighteen Days in Treblinka', 108.

(4) 同上, 119.

(5) 以下に引用されている. Jacob Flaws, 'Sensory Witnessing at Treblinka', *Journal of Holocaust Research*, 35:1 (2021), 49 (German guard, Królikowski), 51 (Sypko).

(6) Lewi Stone, 'Quantifying the Holocaust: Hyperintense Kill Rates during the Nazi Genocide', *Science Advances*, 5:1 (2019), eaau7292.

(7) 以下を参照. Jan Henrik Fahlbusch, 'Im Zentrum des Massenmords: Ernst Zierke im Vernichtungslager Bełzec', in Wojciech Lenarczyk, Andreas Mix, Johannes Schwartz and Veronika Springmann (eds.), *KZ-Verbrechen: Beiträge zur Geschichte der nationalsozialistischen Konzentrationslager und ihrer Erinnerung* (Berlin: Metropol, 2007), 53–72.

(8) ヴェッツェルからオストラント国家弁務官 Hinrich Lohse に宛てた 1941 年 10 月 25 日付の文書. Noakes and Pridham (eds.), *Nazism*, vol. 3, 1144. 少し異なる訳が以下に引用されている. Matthäus, 'Operation Barbarossa and the Onset of the Holocaust', 304. 以下も参照. Friedlander, *The Origins of Nazi Genocide*, 211; Raul Hilberg, 'Die Aktion Reinhard', in Eberhard Jäckel and Jürgen Rohwer (eds.), *Der Mord an den Juden im Zweiten Weltkrieg: Entschlußbildung und Verwirklichung* (Stuttgart: Deutsche Verlags-Anstalt, 1985), 127.

(9) 1960 年 3 月 26 日付のアウグスト・ベッカーによる供述. 以下に引用されている. Klee, Dressen and Riess (eds.), *'Those Were the Days'*, 69.

(10) ブラックの供述. Noakes and Pridham (eds.), *Nazism*, vol. 3, 1145.

(11) 'The Treblinka Slaughter House (A Report from the Underground in Poland)', *Polish Jew*, 3:18 (August–September 1943), 1; Krzepicki, 'Eighteen Days in Treblinka', 77–145.

(12) 'The Treblinka Slaughter House', 1.

(13) 'Horrors of Treblinka', *Polish Jew* (February 1944), 7; International Tracing Service Digital Archive, Wiener Holocaust Library, London (henceforth ITS DAWL), 1.2.7.2/82170598_1.

(14) 報告書の筆者が誰だったかは不明.

(15) 以下を参照. Timothy Snyder, 'Holocaust: The Ignored Reality', *New York Review of Books* (16 July 2009); Snyder, 'Commemorative Casualty', *Modernism/Modernity*, 20:1 (2013), 77–93; Arad, *The Operation Reinhard Death Camps*; Grossman, 'Treblinka'.

(16) Longerich, *Holocaust*, 382; Helge Grabitz and Wolfgang Scheffl er, *Letzte Spuren: Ghetto Warschau, SS Arbeitslager Trawniki, Aktion Erntefest. Fotos und Dokumente über Opfer des Endlösungswahns im Spiegel der historischen Ereignisse* (Berlin: Edition Hentrich, 1988), 328–33.

(17) Waitman Wade Beorn, 'Last Stop in Lwów: Janowska as a Hybrid Camp', *Holocaust and Genocide Studies*, 32:3 (2018), 445–71.

(18) 'Extract from Written Evidence of Rudolf Höss, Commander of the Auschwitz Extermination Camp', in Arad, Gutman and Margaliot (eds.), *Documents on the Holocaust*, 350–1.

(19) 'Göring's Commission to Heydrich, July 31, 1941', in Dawidowicz (ed.), *A Holocaust Reader*, 72–3.

(20) 1939 年 9 月から 1942 年 3 月までの期間についてブラウニングが 400 ページにわたり入念に分析したのち述べているように,「ユダヤ人の消滅が「いつか, どうにかして」から「ただちに大量殺戮」へと急に変化したのは, 1941年の夏だった」(*Origins of the Final Solution*, 433). このことは, 決定がヒトラーとヒムラーによって 1941 年夏になされ, その後の 6 〜 9 か月は SS が任務を遂行するために必要な他機関をどうやって従わせるかを検討するのにあてられたと示唆しているように思われる.

(21) Debórah Dwork, *Auschwitz and the Holocaust*, Hugo Valentin Lectures, IV (Uppsala: The Uppsala Programme for Holocaust and Genocide Studies, 2007), 15. 以下も参照. Sybille Steinbacher, 'East Upper Silesia', in Gruner and Osterloh (eds.), *The Greater German Reich and the Jews*, 248; Steinbacher, *'Musterstadt Auschwitz': Germanisierungspolitik und Judenmord in Ostoberschlesien* (Munich: K.G. Saur, 2000); Debórah Dwork and Robert Jan Van Pelt, *Auschwitz 1270 to the Present* (New Haven: Yale University Press, 1996).

(22) Steinbacher, 'East Upper Silesia', 252.

(23) 'Reminiscences of Pery Broad', in *KL Auschwitz Seen by the SS: Rudolf Höss, Pery Broad, Johann Paul Kremer* (Warsaw: Interpress Publishers, 1991), 131.

(24) Dwork, *Auschwitz and the Holocaust*, 27; Franciszek Piper, *Auschwitz: How Many Perished. Jews, Poles, Gypsies. . .* (Cracow: Poligrafi a ITS, 1992).

(25) 以下を参照. Michael Thad Allen, 'Not Just a "Dating Game": Origins of the Holocaust at Auschwitz in the Light of Witness Testimony', *German History*, 25:2 (2007), 162–91; Steinbacher, 'East Upper Silesia', 259.

(26) カムラーについては以下を参照. Michael Thad Allen, *The Business of Genocide: The SS, Slave Labor, and the Concentration Camps* (Chapel Hill: University of North Carolina Press, 2002), 140–8. T4作戦とラインハルト収容所のつながりについては以下を参照. Friedlander, *The Origins of Nazi Genocide*; and my discussion in *Histories of the Holocaust*, ch. 4.

(27) Simon Umschweif, 'Sonderkommando Krematorium' (1958), Wiener Holocaust Library, P.III.h. (Auschwitz), no. 768, 3.

(28) 写真の最新の綿密な評価については以下を参照. Stefan Hördler, Christoph Kreutzmüller and Tal Bruttmann, 'Auschwitz im Bild: Zur kritischen Analyse der Auschwitz-Alben', *Zeitschrift für Geschichtswissenschaft*, 63: 7–8 (2015), 609–32.

(29) Stone, *Histories of the Holocaust*, 154も参照.

(30) Yoysef Vaynberg, 'Kol Nidre in Auschwitz', in Jack Kugelmass and Jonathan Boyarin (eds.), *From a Ruined Garden: The Memorial Books of Polish Jewry*, 2nd edn (Bloomington: Indiana University Press, 1998), 234, from the Stryzow (Strizhuv) memorial book. ショーファはおそらく「カナダ」と呼ばれるバラックで見つけられた. このバラックでは被収容者が移送者の衣類や所持品の仕分け作業をしていた.

(31) デヴィッド・ボーダーによるヘレン・ティハウエルへのインタビュー. Jurgen Matthaus (ed.), *Approaching an Auschwitz Survivor: Holocaust Testimony and Its Transformations* (New York: Oxford University Press, 2009), 130. デヴィッド・ボーダーによるインタビューは元々ドイツ語で行われたが英語版が以下のサイトで公開されている. https://iit.aviaryplatform.com/collections/231/collection_resources/17690/transcript?u=t&keywords[]=helena&keywords[]=t&.

(32) デヴィッド・ボーダーによるヘレン・ティハウエルへのインタビュー. (ed.), *Approaching an Auschwitz Survivor*, 131, 132.

(33) 同上, 132.

(34) 同上, 165.

(35) Gertrud Deak, *A Woman Survives Auschwitz and the Death March*, Wiener Holocaust Library, P.III.h. (Auschwitz), no. 864 (1958), 7. ディークは1960年代にウィーナーライブラリーで働いた時期があった. 戦後に彼女が語った内容のいくつかは, 彼女の著書, *A Cat Called Adolf* (London: Vallentine Mitchell, 1995)でも語られている.

(36) Deak, *A Woman Survives Auschwitz and the Death March*, 8.

(37) Gideon Greif, *We Wept Without Tears: Testimonies of the Jewish Sonderkommando from Auschwitz* (New Haven: Yale University Press, 2005), 180.

(38) 'Report of Rudolf Vrba and Alfred Wetzler', in Henryk Swiebocki (ed.), *London Has Been Informed. . . Reports by Auschwitz Escapees* (Oswiecim: Auschwitz-Birkenau State Museum, 2002), 214.

(39) 以下を参照. Isabel Wollaston, ‘Emerging from the Shadows? The Auschwitz Sonderkommando and the “Four Women” in History and Memory’, *Holocaust Studies*, 20:3 (2014), 137–70.

(40) Nicholas Chare and Dominic Williams, *Matters of Testimony: Interpreting the Scrolls of Auschwitz* (New York: Berghahn Books, 2016), 1–5.〔『アウシュヴィッツの巻物――証言資料』二階宗人訳（みすず書房，2019)〕

(41) Zalman Gradowski, ‘Writings’, in Ber Mark (ed.), *The Scrolls of Auschwitz* (Tel Aviv: Am Oved, 1985), 173.〔引用の訳文は次の文献より．ニコラス・チェア／ドミニク・ウィリアムズ『アウシュヴィッツの巻物　証言資料』二階宗人訳（みすず書房，2019）92 頁〕

(42) 同上，175. 以下も参照. Nicholas Chare and Dominic Williams (eds.), *Testimonies of Resistance: Representations of the Auschwitz-Birkenau Sonderkommando* (New York: Berghahn Books, 2019). アドルノとホルクハイマーの古典的著書 *Dialectic of Enlightenment* (London: Verso, 1989 [1944]) は「完全に啓蒙された大地は恐ろしい勝利を発散する」(3) で始まる．この主張は，Walter Benjaminの有名な言葉，「文明の文書はすべて野蛮の文書である」に負うところが大きい．以下を参照. Benjamin, ‘Theses on the Philosophy of History’, in *Illuminations*, ed. Hannah Arendt, trans. Harry Zohn (London: Fontana, 1992), 248.〔引用の訳文は次の文献より．ダン・ストーン『ホロコースト・スタディーズ――最新研究への手引き』武井彩佳訳（白水社，2012）122 頁〕

(43) Piper, *Auschwitz: How Many Perished*, 52, Table III.

(44) Nikolaus Wachsmann, ‘Being in Auschwitz: Lived Experience and the Holocaust’, *TLS*, 24 January 2020.

(45) Christian Gerlach, *The Extermination of the European Jews* (Cambridge: Cambridge University Press, 2016), 214.

(46) Boaz Neumann, ‘National Socialism, Holocaust, and Ecology’, in Stone (ed.), *The Holocaust and Historical Methodology*, 112.

(47) Naomi Sampson, *Hide: A Child's View of the Holocaust* (Lincoln: University of Nebraska Press, 2000), 74–5.〔引用の訳文は次の文献より．ダン・ストーン『野蛮のハーモニー』上村忠男編訳（みすず書房，2019）39 頁〕

(48) *The Diary of Dawid Sierakowiak: Five Notebooks from the Łodz Ghetto*, ed. Alan Adelson (London: Bloomsbury, 1997), 170, 1942年5月20日付. 以下を参照. ‘The Holocaust and “the Human” ’, in Richard H. King and Dan Stone (eds.), *Hannah Arendt and the Uses of History: Imperialism, Nation, Race, and Genocide* (New York: Berghahn Books, 2007), 232–49, and Tomasz Łysak, ‘Holocaust Studies in the Era of Climate Change’, in Ben Fletcher-Watson and Jana Phillips (eds.), *Humanities of the Future: Perspectives from the Past and Present* (Edinburgh: IASH Occasional Papers, 2020), 147–64.〔引用の訳文は次の文献より．ダン・ストーン『野蛮のハーモニー』上村忠男編訳（みすず書房，2019）38 頁〕

(49) Bartov, *Anatomy of a Genocide*, 244.

(50) Buzha W., 以下に引用されている. Rebecca Clifford, *Survivors: Children's Lives after the Holocaust* (New Haven: Yale University Press, 2020), 252.〔『ホロコースト最年少生存者たち――100人の物語からたどるその後の生活』山田美明訳，芝健介監修（柏書房，2021）327–28 頁〕

(51) Neumann, ‘National Socialism, Holocaust, and Ecology’, 120.

(52) Bloxham, *The Final Solution*, 252.

(53) ‘“A Total Cleanup”: Himmler's Order, July 19, 1942’, in Dawidowicz (ed.), *A Holocaust Reader*, 97.「集合収容所」(*Sammellager*, つまり強制労働施設）は，ワルシャワ，クラクフ，チェストホヴァ，ラドム，ルブリンにあった．以下も参照. Dwork, *Auschwitz and the Holocaust*, 21.

(54) ミュールドルフについては以下を参照. Edith Raim, ‘Mühldorf’, in Megargee (ed.), *USHMM Encyclopedia*, vol. 1, part A, 500–3.

(55) ユルゲン・バスフロイントについては以下. Donald L. Niewyk (ed.), *Fresh Wounds: Early Narratives of Holocaust Survival* (Chapel Hill: University of North Carolina Press, 1998), 266–7. ボーダーのユルゲ

ン・バスフロイントへのインタビューは以下．https://iit.aviaryplatform.com/collections/231/collection_resources/17583?u=t&keywords[]=Jurgen&keywords[]=Bassfreund.

(56) Yittel Nechumah Bineth (Kornelia Paskusz), 'The Miracle of Our Survival', in Ferenc Laczó (ed.), *Confronting Devastation: Memoirs of Holocaust Survivors from Hungary* (Toronto: Azrieli Foundation, 2019), 149–57.

(57) Sara Michalowicz, ITS Ermittlungsblatt betr. des Lagers Mittelsteine, 26 February 1950, ITS DAWL, 1.1.0.7/87764788. ミッテルシュタインはグロス＝ローゼン補助収容所のひとつだった．さらなる論考については Stone, *Fate Unknown*, ch. 3 を参照．

(58) 以下に引用されている．Daniel Uziel, 'Jewish Slave Workers in the German Aviation Industry', in Claire Zalc and Tal Bruttmann (eds.), *Microhistories of the Holocaust* (New York: Berghahn Books, 2017), 160. マルククレーベルクについては以下を参照．Christine Schmidt van der Zanden, 'Women behind Barbed Wire: The Fate of Hungarian Jewish Women Refl ected in ITS', *Freilegungen: Jahrbuch des International Tracing Service*, 4 (2015), 61–77.

(59) Uziel, 'Jewish Slave Workers', 161 に引用されている．

(60) Miriam Jung, University of Southern California Visual History Archive, interview 12042; Vera Hájková-Duxová, 'Such Was Life', in Anita Franková (ed.), *World without Human Dimensions: Four Women's Memories* (Prague: State Jewish Museum, 1991), 101. クリスティアンシュタットについてのさらなる情報は以下を参照．Dan Stone, 'Christianstadt: Slave Labour and the Holocaust', in Stone, *Fascism, Nazism and the Holocaust: Challenging Histories* (London: Routledge, 2021), ch. 7.

(61) Deak, *A Woman Survives Auschwitz and the Death March*, 10.

(62) 同上，11–12.

(63) 同上，13–14.

(64) Ellie Mari Joelson, Testimony, Berlin, 1969 年 11 月 26 日付, ITS DAWL, 5.1/82314060.

(65) Rosa Rubin, Haifa, Testimony for Zentralstelle, Ludwigsburg, 1971 年 2 月 18 日　付 , ITS DAWL, 5.1/82314068.

(66) Neufeld, 'Mittelbau Dora', in Megargee (ed.), *Encyclopedia of Camps and Ghettos 1933–1945*, vol. I, part B, 967.

(67) グロス＝ローゼンとアウシュヴィッツの補助収容所については Stone, *Fate Unknown*, ch. 3,「死の行進」については ch. 5 を参照．

(68) 'The German Concentration Camps', ITS DAWL, 6.1.1/ 82328575–8585. より詳細な論考については Stone, *Fate Unknown*, ch. 3 を参照．

(69) 'The German Concentration Camps', ITS DAWL, 6.1.1/82328575.

(70) 同上.

(71) Gerlach, *The Extermination of the European Jews*, 199; Nikolaus Wachsmann, *KL: A History of the Nazi Concentration Camps* (London: Little, Brown, 2015), 466.

(72) Jan Sehn, 'Protokoł', 11 November 1950, ITS DAWL, 1.1.0.6/82338946_1–8992_1.

(73) Wachsmann, *KL*, 5.

(74) Jens-Christian Wagner, 'War and Extermination in the Concentration Camps', in Jane Caplan and Nikolaus Wachsmann (eds.), *Concentration Camps in Nazi Germany: The New Histories* (London: Routledge, 2010), 135–6.

(75) Marc Buggeln, 'Were Concentration Camp Prisoners Slaves? The Possibilities and Limits of Comparative History and Global Historical Perspectives', *International Review of Social History*, 53 (2008), 125.

(76) Jens-Christian Wagner, 'Work and Extermination in the Concentration Camps', in Caplan and Wachsmann (eds.), *Concentration Camps in Nazi Germany*, 135–6. 補助収容所の歴史については以下も参照．Karin Orth, *Das System der nationalsozialistischen Konzentrationslager: Eine politische*

Organisationsgeschichte (Zurich: Pendo Verlag, 2002), 162–98; and Wachsmann, *KL*, 464–79.

(77) Mark Spoerer, 'The Nazi War Economy, the Forced Labor System, and the Murder of Jewish and Non-Jewish Workers', in Gigliotti and Earl (eds.), *A Companion to the Holocaust*, 142.

(78) Geoffrey P. Megargee, 'Editor's Introduction to the Series and Volume I', in Megargee (ed.), *Encyclopedia of Camps and Ghettos 1933–1945* (Bloomington: Indiana University Press in association with the United States Holocaust Memorial Museum, 2009), vol. 1, part A, xxiii–xxiv.

(79) さらなる論考については以下を参照. Dan Stone, 'Ideologies of Race: The Construction and Suppression of Otherness in Nazi Germany', in Gigliotti and Earl (eds.), *A Companion to the Holocaust*, 59–74, and *Concentration Camps: A Very Short Introduction* (Oxford: Oxford University Press, 2019), ch. 3.

(80) Primo Levi, 'Arbeit macht frei' (1959), in *The Black Hole of Auschwitz*, trans. Sharon Wood (Cambridge: Polity Press, 2005), 9.

(81) Milan Slavický, 以下に引用されている. Rudolf Mrázek, *The Complete Lives of Camp People:. Colonialism, Fascism, Concentrated Modernity* (Durham, Øä: Duke University Press, 2020), 108.

第七章　大いなる怒り——「解放」と余波

(1) Tuvia Borzykowski, *Between Tumbling Walls*, trans. Mendel Kohansky (Tel Aviv: Hakkibutz Hameuchad Publishing House, 1976), 224. ボルジコフスキはワルシャワ・ゲットーのユダヤ人戦闘組織の一員だった. 彼の回想録は，彼がイスラエルに移住した 1949 年に，ポーランドで初めてイディッシュ語で出版された.

(2) Niewyk, *Fresh Wounds*, 264–5; 原記録については以下を参照. https://iit.aviaryplatform.com/collections/231/collection_resources/17583?u=t&keywords[]=Jurgen&keywords[]=Bassfreund.

(3) *Fate Unknown*, ch. 3 の拙論を参照.

(4) https://iit.aviaryplatform.com/collections/231/collection_resources/17619/transcript?u=t&keywords[]=ludwig&keywords[]=hamburger&.

(5) Helena Kubica, 'Die jüngsten Opfer der Todesmärsche von Auschwitz', *Freilegungen: Jahrbuch des International Tracing Service*, 2 (2013), 112–21.

(6) Stefan Hördler, 'The Disintegration of the Racial Basis of the Concentration Camp System', in Pendas, Roseman and Wetzell (eds.), *Beyond the Racial State*, 498–9; Simone Gigliotti, Marc J. Masurovsky and Erik B. Steiner, 'From the Camp to the Road: Representing the Evacuations from Auschwitz, January 1945', in Anne Kelly Knowles, Tim Cole and Alberto Giordano (eds.), *Geographies of the Holocaust* (Bloomington: Indiana University Press, 2014), 195–7; Shmuel Krakowski, 'The Death Marches in the Period of the Evacuation of the Camps', in Yisrael Gutman and Avital Saf (eds.), *The Nazi Concentration Camps* (Jerusalem: Yad Vashem, 1984), 475–89; Bella Gutterman, *A Narrow Bridge to Life: Jewish Forced Labor and Survival in the Gross-Rosen Camp System, 1940–1945* (New York: Berghahn Books, 2008), 215; Stone, *Liberation of the Camps*, 57–61.

(7) Krakowski, 'The Death Marches in the Period of the Evacuation of the Camps', 489.

(8) Daniel Blatman, 'The Death Marches and the Final Phase of Nazi Genocide', in Caplan and Wachsmann (eds.), *Concentration Camps in Nazi Germany*, 167–85; Blatman, 'On the Traces of the Death Marches: The Historiographical Challenge', *Freilegungen: Jahrbuch des International Tracing Service*, 1 (2012), 85–107.

(9) Tim Cole, *Holocaust Landscapes* (London: Bloomsbury, 2016), 182; Martin Clemens Winter, 'Evacuating the Camps: The Last Collective Crime of Nazi Germany', *Dapim: Studies on the Holocaust*, 29:3 (2015), 138–53. 以下も参照. Daniel Blatman, '"Why Didn't They Mow Us Down Right Away?" The Death-March Experience in Survivors' Testimonies and Memoirs', in Norman J. W. Goda (ed.), *Jewish Histories of the Holocaust: New Transnational Approaches* (New York: Berghahn Books, 2014), 152–69; Leni Yahil, *The Holocaust: The Fate of European Jewry* (New York: Oxford University Press, 1991), 526–42; Christine Schmidt and Dan Stone, *Death Marches: Evidence and Memory* (London: Stephen Morris, 2021).

(10) Gigliotti, Masurovsky and Steiner, 'From the Camp to the Road', 217.

(11) Raymond Phillips (ed.), *Trial of Josef Kramer and Forty-Four Others (The Belsen Trial)* (London: William Hodge and Company, 1949), 285.

(12) Herzberg, *Amor Fati*, 76.

(13) 同上，77.

(14) 以下に引用されている．Joachim Neander, 'Auschwitz.–. Grosswerther – Gunskirchen: A Nine Months' Odyssey Through Eight Nazi Concentration Camps', *Yad Vashem Studies*, 28 (2000), 307.

(15) Yahil, *The Holocaust*, 540 に引用されている．

(16) Deak, *A Woman Survives Auschwitz and the Death March*, 15.

(17) Thomas Buergenthal, *A Lucky Child: A Memoir of Surviving Auschwitz as a Young Boy* (London: Profile Books, 2015), 89–90.

(18) 同上，98.

(19) Herzberg, *Amor Fati*, 85.

(20) 以下を参照．Christopher E. Mauriello, *Forced Confrontation: The Politics of Dead Bodies in Germany at the End of World War II* (Lanham, MD: Lexington Books, 2017).

(21) Creasman in Sam Dann (ed.), *Dachau 29 April 1945: The Rainbow Liberation Memoirs* (Lubbock: Texas Tech University Press, 1998), 42.

(22) Lt George Moise, 'Concentration Camp at Nordhausen', in Kevin Mahoney (ed.), *1945: The Year of Liberation* (Washington, DC: United States Holocaust Memorial Museum, 1995), 136–7.

(23) Isaac Levy, *Witness to Evil: Bergen-Belsen 1945* (London: Peter Halban, 1995), 10.

(24) Constantine Simonov, *The Lublin Extermination Camp* (Moscow: Foreign Languages Publishing House, 1944).

(25) とくに以下を参照．Vasily Grossman, 'The Hell of Treblinka', in his *The Road: Short Fiction and Articles* (London: Maclehose Press, 2011), 126–79. Jan Tomasz Gross with Irena Grudzinska Gross, *Golden Harvest: Events at the Periphery of the Holocaust* (New York: Oxford University Press, 2012).

(26) Derrick Sington, *Belsen Uncovered* (London: Duckworth, 1946), 16.

(27) 同上，47.

(28) Paul Kemp, 'The Liberation of Bergen-Belsen Concentration Camp in April 1945: The Testimony of Those Involved', *Imperial War Museum Review*, 5 (1990), 33. 以下も参照．Hagit Lavsky, 'The Day After: Bergen-Belsen from Concentration Camp to the Centre of the Jewish Survivors in Germany', *German History*, 11:1 (1993), 36–59; Johannes-Dieter Steinert, *Nach Holocaust und Zwangsarbeit: Britische humanitäre Hilfe in Deutschland. Die Helfer, die Befreiten und die Deutschen* (Osnabrück: Secolo, 2007).

(29) ゴニンについては以下に引用されている．'The Liberation of Bergen-Belsen Concentration Camp in April 1945', 32.

(30) Major Charles Philip Sharp, *Notes. From 1 Jan 45*, 57, Philip Sharp Collection, USHMM, Washington, DC, 2004.664.3; Anita Lasker-Wallfisch, 'A Survivor's Memories of Belsen', in Suzanne Bardgett and David Cesarani (eds.), *Belsen 1945: New Historical Perspectives* (London: Vallentine Mitchell, 2006), 25; Glyn Hughes, evidence for the prosecution, 18 September 1945, in Phillips (ed.), *Trial of Josef Kramer and Forty-Four Others*, 33.

(31) W. R. F. Collis, 'Belsen Camp: A Preliminary Report', *British Medical Journal* (9 June 1945), 815.

(32) ガルシアの証言は以下に引用されている．Florian Freund, *Concentration Camp Ebensee: Subcamp of Mauthausen* (Vienna: Austrian Resistance Archives, 1998), 57–9.

(33) Norbert Wollheim, 'Belsen's Place in the Process of "Death-and-Rebirth" of the Jewish People', in Irgun Sheerit Hapleitah (ed.), *Belsen* (Tel Aviv: Irgun Sheerit Hapleita Me'Haezor Habriti, 1957), 52.

(34) Michał Głowinski, *The Black Seasons*, trans. Marci Shore (Evanston: Northwestern University Press, 2005), 126–7. 地元の事情については以下を参照．Eliyana Adler, 'Hrubieszów at the Crossroads: Polish

Jews Navigate the German and Soviet Occupations', *Holocaust and Genocide Studies*, 28:1 (2014), 1–30.
(35) Isaac Goodfriend in Brewster Chamberlin and Marcia Feldman (eds.), *The Liberation of the Nazi Concentration Camps 1945: Eyewitness Accounts of the Liberators* (Washington, DC: United States Holocaust Memorial Council, 1987), 145–6.
(36) 1946年9月1日のデヴィッド・ボーダーによるBernard Warsagerへのインタビュー．書き起こしたものは以下．https://iit.aviaryplatform.com/collections/231/collection_resources/17692/transcript?u=t&keywords[]=bernard&keywords[]=warsage&.
(37) Eva Kolinsky, 'Experiences of Survival', *Leo Baeck Institute Yearbook*, 44 (1999), 260に引用されている．
(38) Evelyn Le Chêne, *Mauthausen: The History of a Death Camp* (London: Methuen & Co., 1971), 169.
(39) Miriam Warburg, 'Conditions of Jewish Children in a Bavarian Rehabilitation Camp', in *Jews in Europe To-day: Two Reports by Jewish Relief Workers in Germany* (London: Jewish Central Information Office, November 1945); Wiener Holocaust Library, Henriques Papers, HA6A-3/3/78/v.
(40) ハリソン報告書は以下に掲載されている．Leonard Dinnerstein, *America and the Survivors of the Holocaust* (New York: Columbia University Press, 1982), 291–305, ここには291–2 and 300–1から引用．オンラインは以下．https://germanhistorydocs. ghi-dc.org/pdf/eng/Harrison_Report_ENG.pdf.
(41) 例として以下を参照．Eliana Hadjisavvas, '"From Dachau to Cyprus": Jewish Refugees and the Cyprus Internment Camps.–. Relief and Rehabilitation, 1946–1949', in Bardgett, Schmidt and Stone (eds.), *Beyond Camps and Forced Labour*, 145–64.
(42) 1945年10月31日付のウォールの手紙．Michael Feldberg, '"The Day is Short and the Task is Great": Reports from Jewish Military Chaplains in Europe, 1945–1947', *American Jewish History*, 91: 3–4 (2003), 621.
(43) Y. Marguliets et al., *A zikorn far Rivne* (1947), 以下に引用されている．Gabriel Finder, 'Yizkor! Commemoration of the Dead by Jewish Displaced Persons in Postwar Germany', in Alon Confino, Paul Betts and Dirk Schumann (eds.), *Between Mass Death and Individual Loss: The Place of the Dead in Twentieth-Century Germany* (New York: Berghahn Books, 2008), 241.
(44) 例として以下を参照．Claudette Bloch, 'Avant-Propos', in Amicale des Déportés d'Auschwitz (ed.), *Témoignages sur Auschwitz* (Paris: Édition de l'Amicale des Déportés d'Auschwitz, 1946), 1 (「アウシュヴィッツ近辺の収容所でナチが行った残虐行為についての語りは、すでに多くが公刊されている」).
(45) *Unzer Sztime*, 20 (15 May 1947): 'Ein Nazi-Urteil im Nachkriegsdeutschland', in Hildegard Harck (ed.), *Unzer Sztyme: Jiddische Quellen zur Geschichte der jüdischen Gemeinden in der Britischen Zone 1945–1947* (Kiel: Landeszentrale für politische Bildung Schleswig-Holstein, 2004), 77.
(46) 例として以下を参照．Anna Holian, 'The Architecture of Jewish Trade in Postwar Germany: Jewish Shops and Shopkeepers between Provisionality and Permanence', *Jewish Social Studies*, 23:1 (2017), 101–33; *Unzer Sztime*, 17 (25 January 1947): 'Hooligan-Überfall auf Juden in Hannover', in Harck (ed.), *Unzer Sztyme*, 72.
(47) 以下に引用されている．Laura Jockusch, *Collect and Record! Jewish Holocaust Documentation in Early Postwar Europe* (New York: Oxford University Press, 2012), 130–1, 142.
(48) Norbert Horowitz, 'Yiddish Theatre of She'erit Hapleta', in *From the Recent Past* (New York: Congress for Jewish Culture, 1955), vol. 1, 160 (Yiddish), 以下に引用されている．Ella Florsheim, 'Yiddish Theater in the DP Camps', *Yad Vashem Studies*, 40:2 (2012), 107–8. 'Katzet' = KZ, 'concentration camp'.
(49) Marian Zyd in *Di Jidisze Cajtung* (Buenos Aires), 1945年11月2日付．以下に引用されている．Florsheim, 'Yiddish Theater', 127. 以下も参照．Sophie Fetthauer, *Musik und Theater im DP-Camp Bergen-Belsen: Zum Kulturleben der jüdischen Displaced Persons 1945–1950* (Neumünster: von Bockel Verlag, 2012).
(50) Richard Crossman, *Palestine Mission: A Personal Record* (London: Hamish Hamilton, 1946), 85.

(51) Hanna Yablonka, 'Holocaust Survivors in Israel: Time for an Initial Taking of Stock', in Dalia Ofer, Françoise S. Ouzan and Judith Tydor Baumel-Schwartz (eds.), *Holocaust Survivors: Resettlement, Memories, Identities* (New York: Berghahn Books, 2012), 187.'*She'erit hapletah*' については同巻の以下を参照．Zeev Mankowitz, 'She'erit Hapletah: The Surviving Remnant. An Overview', 10–15.

(52) アブラモヴィッチから海外救済ユダヤ人委員会（ロンドン）への1945年12月20日付の手紙．Wiener Holocaust Library (WHL), Henriques Papers, HA6A-1/3/21.

(53) アブラモヴィッチからJCRA宛，1946年6月6日付，WHL, Henriques Papers, HA6B-2–15/6/C.

(54) グリンガウスの主張は以下に引用されている．Zeev W. Mankowitz, *Life between Memory and Hope: The Survivors of the Holocaust in Occupied Germany* (Cambridge: Cambridge University Press, 2002), 283.

(55) Jacqueline Mesnil-Amar, *Maman, What Are We Called Now?*, trans. Francine Yorke (London: Persephone Books, 2015), 161–2.

(56) Pieter Lagrou, *The Legacy of Nazi Occupation: Patriotic Memory and National Recovery in Western Europe, 1945–1965* (Cambridge: Cambridge University Press, 2000).

(57) 中高年の人々については以下を参照．Dan Stone, '"Somehow the pathetic dumb suffering of these elderly people moves me more than anything": Caring for Elderly Holocaust Survivors in the Immediate Postwar Years', *Holocaust and Genocide Studies*, 32:3 (2018), 384–403. 子どもたちについては以下を参照．Debórah Dwork, *Children with a Star: Jewish Youth in Nazi Europe* (New Haven: Yale University Press, 1991)〔『星をつけた子供たち』芝健介監修，甲斐明子訳（創元社，1999)〕; Simone Gigliotti and Monica Tempian (eds.), *The Young Victims of the Nazi Regime: Migration, the Holocaust and Postwar Displacement* (London: Bloomsbury Academic, 2016); Stone, *Fate Unknown*, ch. 8.

(58) Dawn Skorczewski and Bettine Siertsema, '"The Kind of Spirit that People Still Kept": VHA Testimonies of Amsterdam's Diamond Jews', *Holocaust Studies*, 26:1 (2020), 62–84; Bettine Siertsema, *The Rescue of Belsen's Diamond Children* (Houndmills: Palgrave Macmillan, 2022); Christine Schmidt, '"Privilege and Trauma": Sieg Maandag's Climb Upwards', *American Imago*, 80 (2023); Gunnar S. Paulsson, *Secret City: The Hidden Jews of Warsaw 1940–1945* (New Haven: Yale University Press, 2002); Barbara Engelking and Jan Grabowski (eds.), *Night without End: The Fate of Jews in German-Occupied Poland* (Jerusalem: Yad Vashem, 2022).

(59) Głowinski, *The Black Seasons*, 82.

第八章　ホロコーストの記憶

(1) Herzberg, *Amor Fati*, 59

(2) 2021年2月16日，YIVOのオンラインイベント *Holocaust Scholarship on Trial* でのコメント．Https://www.youtube.com/watch?v=jqYs8S2w_kY&feature=youtu.be. エンゲルキングとグラボウスキはこの本の編者である（2巻に9人の著者による1700ページ以上の文章が収められている）．グロスは以前に「ポーランド国家の名誉を毀損した」として起訴されそうになったが，国際的な反発を受けて取り下げられた．与党は彼らのキャンペーンを継続する別の方法を探しているように思われる．ポーランドにおけるより広範な政治的背景については以下を参照．Jörg Hackmann, 'Defending the "Good Name" of the Polish Nation: Politics of History as a Battlefi eld in Poland, 2015–2018', *Journal of Genocide Research*, 20:4 (2018), 587–606.

(3) ヤン・グラボウスキ，'Holocaust History under Siege', 2021年11月17日，ロンドン博物館での講演会．

(4) Report of the Academic Board Working Group on Racism and Prejudice, UCL, 16 December 2020, 63–4.

(5) Timothy Snyder: https://www.nytimes.com/2021/01/09/magazine/ trump-coup.html と Richard Evans: https://www.newstatesman.com/world/2021/01/ new-statesman-trump-era の比較．

(6) Barry Langford, 'British Cinema and the Holocaust'; Sue Vice, 'British Holocaust Literature', both in Tom Lawson and Andy Pearce (eds.), *The Palgrave Handbook of Britain and the Holocaust* (Houndmills:

Palgrave Macmillan, 2020), 261–80 and 281–300; Victoria Stewart, 'Glimpsing the Holocaust in Post-war Detective Fiction', *Patterns of Prejudice*, 53:1 (2019), 74–85.

(7) Daniel Levy and Natan Sznaider, 'Memory Unbound: The Holocaust and the Formation of Cosmopolitan Memory', *European Journal of Social Theory*, 5:1 (2002), 87–106; Levy and Sznaider, 'The Institutionalization of Cosmopolitan Morality: The Holocaust and Human Rights', *Journal of Human Rights*, 3:2 (2004), 143–57.

(8) https://asso-flossenburg.com/wp-content/uploads/2020/02/1991-07-Reconnaissance-de-la-route-de-CHAM-R-Deneri-et-F-Perrot.pdf. 以下も参照．Christine Schmidt and Dan Stone, *Death Marches: Evidence and Memory* (London: Stephen Morris, 2021). 2021年6月から8月にかけてウィーナー・ホロコースト図書館とハダースフィールド大学ホロコースト展示学習センターで開催された展覧会のカタログ．

(9) Andrei S. Markovits and Rebecca S. Hayden, '"Holocaust" Before and After the Event: Reactions in West Germany and Austria', in Rabinbach and Zipes (eds.), *Germans and Jews since the Holocaust*, 234.

(10) Tony Kushner, *The Holocaust and the Liberal Imagination: A Social and Cultural History* (Oxford: Blackwell, 1994), 6.

(11) Kushner, *The Holocaust and the Liberal Imagination*, 244.「このテーマを歴史化しようとするReitlingerとPoliakovの試みは将来の研究の基礎を築いたが，当時の大衆にはほとんど影響を与えなかった」．

(12) Mary Fulbrook, *Reckonings: Legacies of Nazi Persecution and the Quest for Justice* (Oxford: Oxford University Press, 2018), 281–2. 以下も参照．Annette Weinke, *Eine Gesellschaft ermittelt gegen sich selbst: Die Geschichte der Zentralen Stelle Ludwigsburg 1958–2008*, 2nd edn (Darmstadt: Wissenschaftliche Buchgesellschaft, 2009).

(13) Melanie A. Sully, 'The Waldheim Connection', in F. Parkinson (ed.), *Conquering the Past: Austrian Nazism Yesterday and Today* (Detroit: Wayne State University Press, 1989), 294–312.

(14) Richard von Weizsäcker, Address to the Bundestag, 8 May 1985, in Geoffrey Hartman (ed.), *Bitburg in Moral and Political Perspective* (Bloomington: Indiana University Press, 1986), 264–5.

(15) Ernst Nolte, 'Between Historical Legend and Revisionism? The Third Reich in the Perspective of 1980', in James Knowlton and Truett Cates (eds.), *Forever in the Shadow of Hitler? Original Documents of the Historikerstreit, the Controversy Concerning the Singularity of the Holocaust* (Atlantic Highlands, NJ: Humanities Press, 1993), 14. 原文は1980年7月24日の *Frankfurter Allgemeine Zeitung* に見られる．以下も参照．Nolte, *Three Faces of Fascism* (London: Weidenfeld & Nicolson, 1965 [orig. 1963]).〔引用の訳文は次の文献より．J・ハーバーマス／E・ノルテ他『過ぎ去ろうとしない過去』徳永恂訳（人文書院，1995）31頁〕

(16) Michael Stürmer, 'History in a Land without History', in Knowlton and Cates (eds.), *Forever in the Shadow of Hitler?*, 16.〔引用文の訳文は上掲訳書36頁〕

(17) Jürgen Habermas, 'A Kind of Settlement of Damages: The Apologetic Tendencies in German History Writing' (11 July 1986); 'On the Public Use of History: The Official Self-Understanding of the Federal Republic is Breaking Up' (7 November 1986), both in Knowlton and Cates (eds.), *Forever in the Shadow of Hitler?*, 43, 165.〔引用文の訳文は上掲訳書68, 202頁〕

(18) Lagrou, *Legacy of Nazi Occupation*.

(19) Henry Rousso, *The Vichy Syndrome: History and Memory in France since 1944* (Cambridge, Mass.: Harvard University Press, 1991); Éric Conan and Henry Rousso, *Vichy: An Ever-Present Past* (Hanover, Øæ: University Press of New England, 1998).

(20) Norman G. Finkelstein, *The Holocaust Industry: Reflections on the Exploitation of Jewish Suffering* (London: Verso, 2000).〔『ホロコースト産業――同胞の苦しみを「売り物」にするユダヤ人エリートたち』立木勝訳（三交社，2004）〕

(21) やや陰謀論的ではあるが比較的冷静な分析については以下を参照．Peter Novick, *The Holocaust and*

Collective Memory: The American Experience (London: Bloomsbury, 2000).

(22) Andy Pearce, *Holocaust Consciousness in Contemporary Britain* (London: Routledge, 2014). 以下の章も参照. Lawson and Pearce (eds.), *The Palgrave Handbook of Britain and the Holocaust.*

(23) ホロコーストと人権法の関連については Johannes Morsink, *The Universal Declaration of Human Rights and the Holocaust: An Endangered Connection* (Washington, DC: Georgetown University Press, 2019) と Marco Duranti, 'The Holocaust, the Legacy of 1789 and the Birth of International Human Rights Law: Revisiting the Foundation Myth', *Journal of Genocide Research,* 14:2 (2012), 159–71. を比較. 以下も参照. Nathan Kurz, '"Hide a Fact Rather than State It": The Holocaust, the 1940s Human Rights Surge, and the Cosmopolitan Imperative of International Law', *Journal of Genocide Research,* 23:1 (2021), 37–57; Kurz, *Jewish Internationalism and Human Rights after the Holocaust* (Cambridge: Cambridge University Press, 2020); James Loeffler, *Rooted Cosmopolitans: Jews and Human Rights in the Twentieth Century* (New Haven: Yale University Press, 2018); Loeffler, 'Becoming Cleopatra: The Forgotten Zionism of Raphael Lemkin', *Journal of Genocide Research,* 19:3 (2017), 340–60. Samuel Moyn, *The Last Utopia: Human Rights in History* (Cambridge, Mass.: The Belknap Press of Harvard University Press, 2010) は人権が主として1970年代に構築されたと主張している. *yizkerbikher*については以下を参照. Jack Kugelmass and Jonathan Boyarin, *From a Ruined Garden: The Memorial Books of Polish Jewry,* 2nd edn (Bloomington: Indiana University Press, 1998).

(24) 例として以下を参照. Mark L. Smith, *The Yiddish Historians and the Struggle for a Jewish History of the Holocaust* (Detroit: Wayne State University Press, 2019).

(25) Jie-Hyun Lim, 'Triple Victimhood: On the Mnemonic Confl uence of the Holocaust, Stalinist Crime, and Colonial Genocide', *Journal of Genocide Research,* 23:1 (2021), 105–26.

(26) Jacob S. Eder, *Holocaust Angst: The Federal Republic of Germany and American Holocaust Memory since the 1970s* (New York: Oxford University Press, 2016); Carole Fink, *West Germany and Israel: Foreign Relations, Domestic Politics, and the Cold War, 1965–1974* (Cambridge: Cambridge University Press, 2019).

(27) Maria Mälksöo, 'The Memory Politics of Becoming European: The East European Subalterns and the Collective Memory of Europe', *European Journal of International Relations,* 15:4 (2009), 653–80; Lidia Zessin-Jurek, 'The Rise of an East European Community of Memory? On Lobbying for the Gulag Memory via Brussels', in Małgorzata Pakier and Joanna Wawrzyniak (eds.), *Memory and Change in Europe: Eastern Perspectives* (New York: Berghahn Books, 2016), 131–49; Jelena Subotic, *Yellow Star, Red Star: Holocaust Remembrance after Communism* (Ithaca: Cornell University Press, 2019); Ljiljana Radonic (ed.), *The Holocaust/Genocide Template in Eastern Europe,* special issue of *Journal of Genocide Research,* 20:4 (2018).

(28) こういった予期せぬつながりが, 以下の主題となっている. Michael Rothberg, *Multidirectional Memory: Remembering the Holocaust in the Age of Decolonization* (Stanford: Stanford University Press, 2009).

(29) Carolyn J. Dean, *The Moral Witness: Trials and Testimony after Genocide* (Ithaca: Cornell University Press, 2019). 以下も参照. Emma Kuby, *Political Survivors: The Resistance, the Cold War, and the Fight against Concentration Camps after 1945* (Ithaca: Cornell University Press, 2019).

(30) このフレーズはDirk Moseによる. 'Genocide and the Terror of History', *Parallax,* 17:4 (2011), 91. 以下も参照. Dan Stone, 'Genocide and Memory', in Bloxham and Moses (eds.), *The Oxford Handbook of Genocide Studies,*. 102–19.

(31) Herzberg, *Amor Fati,* 89.

(32) 以下を参照. Marko Živkovic, 'The Wish to be a Jew: The Power of the Jewish Trope in the Yugoslav Confl ict', *Cahiers de l'URMIS,* 6 (2000), 69–84; David B. MacDonald, *Balkan Holocausts? Serbian and Croatian Victim-Centred Propaganda and the War in Yugoslavia* (Manchester: Manchester University Press, 2002). 以下も参照. Filip David, *The House of Remembering and Forgetting,* trans. Christina Pribichevich Zoric (London: Peter Owen, 2017).

(33) Dirk Mose, '"White Genocide" and the Ethics of Public Analysis', *Journal of Genocide Research*, 21:2 (2019), 201–13; Patrik Hermansson, David Lawrence, Joe Mulhall and Simon Murdoch, *The International Alt-Right: Fascism for the 21st Century?* (London: Routledge, 2020).
(34) このフレーズはトニー・ジャットのもの．Tony Judt; *Postwar: A History of Europe since 1945* (London: William Heinemann, 2005), 803:「「ホロコースト」を認めることが，われわれの現代ヨーロッパへの入場券である」．〔『ヨーロッパ戦後史 下』浅沼澄訳（みすず書房，2008）451頁〕
(35) Dovid Katz, 'The Baltic Movement to Obfuscate the Holocaust', in Alex J. Kay and David Stahel (eds.), *Mass Violence in Nazi-Occupied Europe* (Bloomington: Indiana University Press, 2018), 236. 以下も参照．John-Paul Himka and Joanna Beata Michlic, 'Introduction', in Himka and Michlic (eds.), *Bringing the Dark Past to Light: The Reception of the Holocaust in Postcommunist Eastern Europe* (Lincoln: University of Nebraska Press, 2013), 1–24, e.g. 7:「ユダヤ共産主義というテーマは［…］ホロコーストの間のユダヤ人に対するあらゆる悪行を正当化し極小化するとともに，第二次世界大戦時と1945年以降の共産主義時代に自分たちは犠牲者だったというナラティヴを強引に押し進めることに役立っている」．
(36) たとえば Mälksoo, 'The Memory Politics of Becoming European' と以下の比較．Michael Shafir, 'Four Pitfalls West and East: Universalization, Double Genocide, Obfuscation and Competitive Martyrdom as New Forms of Holocaust Negation', *Revista de Istorie a Evreilor din România*, 4–5 (2019–20), esp. 443–75, 446–7.
(37) Judt, *Postwar*, 804.〔『ヨーロッパ戦後史 下』浅沼澄訳（みすず書房，2008）452頁〕
(38) 以下に引用されている．István Rév, 'Liberty Square, Budapest: How Hungary Won the Second World War', *Journal of Genocide Research*, 20:4 (2018), 623. 以下も参照．Dan Stone, 'On Neighbours and Those Knocking at the Door: Holocaust Memory and Europe's Refugee Crisis', *Patterns of Prejudice*, 52: 2–3 (2018), 231–43.
(39) さらなる詳細については以下を参照．Dan Stone, 'Integrated Approaches and Boundaries in Holocaust Scholarship', in Roseman and Stone (eds.), *The Cambridge History of the Holocaust*, vol. 1.
(40) 一例として以下を参照．Jan Burzlaff, 'The Holocaust and Slavery? Working Towards a Comparative History of Genocide and Mass Violence', *Journal of Genocide Research*, 22:3 (2020), 354–66, esp. 358–9.
(41) Aimé Césaire, *Discourse on Colonialism* (New York: Monthly Review Press, 1972 [orig. 1955]), 14.〔『帰郷ノート――植民地主義論』砂野幸稔訳（平凡社，2004）126頁〕この議論の最近の再提示については以下を参照．Vinay Lal, 'Genocide, Barbaric Others, and the Violence of Categories: A Response to Omer Bartov', *American Historical Review*, 103:4 (1998), 1187–90.
(42) 以下を参照．Anonymous, 'Palestine between German Memory Politics and (De-) Colonial Thought', *Journal of Genocide Research* (online 2020): https://doi.org/10.1080/14623528.2020.1847852.
(43) Ralf Michaels, 以下に引用されている．Anonymous, 'Palestine between German Memory Politics', 6.
(44) Grabowski, 'Germany is Fueling a False History of the Holocaust across Europe'. 過去に対するドイツのアプローチへの大きな称賛については以下を参照．Susan Neiman, *Learning from the Germans: Confronting Race and the Memory of Evil* (London: Penguin, 2020).
(45) Michael Rothberg, 'Comparing Comparisons: From the "Historikerstreit" to the Mbembe Affair', *Geschichte der Gegenwart* (23 September 2020). オンラインは以下．https://geschichtedergegenwart.ch/comparing-comparisons-from-the-historikerstreit-to-the-mbembe-affair/.
(46)「記憶を助ける結びつき」については以下を参照．Lim, 'Triple Victimhood'; Benoît Challand, '1989, Contested Memories and the Shifting Cognitive Maps of Europe', *European Journal of Social Theory*, 12:3 (2009), 397–408.「安全保障パラノイア」については以下を参照．A. Dirk Moses, *The Problems of Genocide: Permanent Security and the Language of Transgression* (New York: Cambridge University Press, 2021).
(47) Zygmunt Bauman, *Modernity and the Holocaust* (Cambridge: Polity Press, 1989).〔『近代とホロコースト』森田典正訳（大月書店，2006）〕以下の拙論も参照．*Histories of the Holocaust*, ch. 3.
(48) さらなる論考については以下を参照．Dan Stone, *Constructing the Holocaust: A Study in

Historiography (London: Vallentine Mitchell, 2003), esp. ch. 7: 'Modernity and the Origins of the Holocaust'.

(49) Morris Edward Opler, 'The Bio-social Basis of Thought in the Third Reich', *American Sociological Review*, 10:6 (1945), 776–83 (783).

(50) Michael D. Weinman, 'Arendt and the Legitimate Expectation of Hospitality and Membership Today', *Moral Philosophy and Politics*, 5:1 (2018), 127–49.

(51) Jean-François Lyotard, *The Differend: Phrases in Dispute* (Manchester: Manchester University Press, 1988), 106.

(52) Norman Manea, *The Hooligan's Return: A Memoir*, trans. Angela Jianu (New York: Farrar, Straus and Giroux, 2003), 224.

(53) Manea, *Hooligan's Return*, 244.

(54) 2018年1月30日，ホロコースト記念日におけるヤニス・ブタリスのスピーチ．オンラインは以下．https://www.facebook.com/alex.moissis/posts/10212981136936138.

おわりに

(1) Hanna Krall, 'To Outwit God', in Krall, *The Subtenant and to Outwit God* (Evanston: Northwestern University Press, 1992), 222.

(2) Hannah Arendt, 'Truth and Politics', in *Between Past and Future: Eight Exercises in Political Thought* (New York: Penguin, 1993 [1961]), 239.〔『過去と未来の間――政治思想への8試論』引田隆也，齋藤純一訳（みすず書房，1994）323頁〕

(3) Katharine Burdekin, *Swastika Night* (New York: Feminist Press, 1985), 72.〔『鉤十字の夜』日吉信貴訳（水声社，2020）89頁〕この本はもともと1937年にMurray Constantineという偽名でゴランツ社から出版された．

(4) Burdekin, *Swastika Night*, 148–9.〔上掲訳書181–82頁〕

(5) Jacqueline Mesnil-Amar, *Maman, What Are We Called Now?*, trans. Francine Yorke (London: Persephone Books, 2015), 152–3. もともとは1945年9月20日に 'Those Who Sleep at Night', *Bulletin du service central des déportés israélites* として発表された．私はメニル＝アマールの意見が中世世界に対して不当であることを承知している！

(6) 以下を参照．Patrik Hermansson, David Lawrence, Joe Mulhall and Simon Murdoch, *The International Alt-Right: Fascism for the 21st Century?* (London: Routledge, 2020), esp. part III.

(7) Lawrence L. Langer, *Admitting the Holocaust* (New York: Oxford University Press, 1995), 183.

(8) E. M. Cioran, *A Short History of Decay* (London: Quartet, 1990), 179.〔『崩壊概論　E・M・シオラン選集1』有田忠郎訳（国文社，1975）288頁〕

著者略歴

(Dan Stone)

ロンドン大学ロイヤル・ホロウェイ校歴史学部教授．同大学ホロコースト研究所所長．ホロコーストの歴史以外にも，比較ジェノサイド論，ファシズム，「人種」概念の歴史，それに歴史理論などに関心を寄せている思想史家である．*Patterns of Prejudice, Journal of Genocide Research, Critical Philosophy of Race, The Journal of Holocaust Research, Hypothesis and History of Communism in Europe* 各誌の編集委員，帝国戦争博物館のホロコースト・ギャラリー再編成のための学術諮問委員会議長を務める．近年の著書に，*The Holocaust, Fascism and Memory: Essays in the History of Ideas* (Basingstoke and New York: Palgrave Macmillan, 2013), *Goodbye to All That? The Story of Europe since 1945* (Oxford University Press, 2014), *The Liberation of the Camps: The End of the Holocaust and its Aftermath* (Yale University Press, 2015), *Concentration Camps: A Very Short Introduction* (Oxford University Press, 2019) など．近年の編著書に *The Oxford Handbook of Postwar European History* (Oxford: Oxford University Press, 2011), *The Holocaust and Historical Methodology* (New York: Berghahn Books, 2012) など．邦訳は，*Histories of the Holocaust* (Oxford: Oxford University Press, 2010) が『ホロコースト・スタディーズ――最新研究への手引き』（武井彩佳訳，白水社，2012 年）として，また上村忠男編訳により『野蛮のハーモニー――ホロコースト史学論集』（みすず書房，2019 年）が刊行されている．

訳者略歴

大山晶〈おおやま・あきら〉1961 年生まれ．大阪外国語大学外国語学部ロシア語科卒業，翻訳家．おもな訳書に『ナチスの戦争 1918－1949』『ナチの妻たち――第三帝国のファーストレディー』（以上，中央公論新社），『アインシュタインとヒトラーの科学者』『ヒトラーとシュタウフェンベルク家』『世界を変えた 100 の本の歴史図鑑』『産業革命歴史図鑑』（以上，原書房）などがある．

解説者略歴

武井彩佳〈たけい・あやか〉早稲田大学第一文学部史学科卒業．同大学より文学博士取得．専門はドイツ現代史，ユダヤ史，ホロコースト研究．学習院女子大学国際文化交流学部教授．著書に『戦後ドイツのユダヤ人』（白水社，2005 年），『ユダヤ人財産はだれのものか――ホロコーストからパレスチナ問題へ』（白水社，2008 年），『〈和解〉のリアルポリティクス――ドイツ人とユダヤ人』（みすず書房，2017 年），『歴史修正主義――ヒトラー賛美，ホロコースト否定論から法規制まで』（中公新書，2021 年），訳書にダン・ストーン著『ホロコースト・スタディーズ――最新研究への手引き』（白水社，2012 年），監訳書にウェンディ・ロワー著『ヒトラーの娘たち――ホロコーストに加担したドイツ女性』（明石書店，2016 年）がある．

ダン・ストーン
終わらぬ歴史　ホロコースト
大山晶訳
武井彩佳解説

2025年 2月17日　第1刷発行

発行所 株式会社 みすず書房
〒113-0033 東京都文京区本郷2丁目20-7
電話 03-3814-0131（営業） 03-3815-9181（編集）
www.msz.co.jp

本文組版 キャップス
本文印刷所 精文堂印刷
扉・表紙・見返・カバー印刷所 リヒトプランニング
製本所 東京美術紙工
装丁 安藤剛史

ISBN 978-4-622-09757-0
［おわらぬれきしホロコースト］